北京科技大学文化系列丛书

集萃满井 逸韵致远

北京科技大学文化立项成果汇编第二辑

尹兆华 邢华超 主编

中国文联出版社

图书在版编目（CIP）数据

集萃满井　逸韵致远 / 尹兆华，邢华超主编．-- 北京：中国文联出版社，2024.6
（北京科技大学文化系列丛书）
ISBN 978-7-5190-5502-8

Ⅰ．①集…　Ⅱ．①尹…　②邢…　Ⅲ．①北京科技大学—校园文化—文集　Ⅳ．①G649.281-53

中国国家版本馆 CIP 数据核字（2024）第 074663 号

主　　编　尹兆华　邢华超
责任编辑　阴奕璇
责任校对　吉雅欣
装帧设计　肖华珍

出版发行　中国文联出版社有限公司
社　　址　北京市朝阳区农展馆南里 10 号　　邮编　100125
电　　话　010-85923025（发行部）　010-85923091（总编室）
经　　销　全国新华书店等
印　　刷　天津和萱印刷有限公司

开　　本　710 毫米 ×1000 毫米　1/16
印　　张　31
字　　数　495 千字
版　　次　2024 年 6 月第 1 版第 1 次印刷
定　　价　68.00 元

编 委 会

主　编：尹兆华　邢华超

副主编：杨　阳　郝勇飞

编　委：王丽红　薛　浪　张　盼

王宗贤　李忆妍　何雅妮

曹君同　苏若涵　李旭阳

目　录

第四编　校园文化，清风朗朗　311

第一编

厚德育人，师韵兰香

北京科技大学建校以来，一直秉持着以教书育人为重的教育理念。回望漫漫历史长河，建设学校和学院文化、传承师韵已经成为北京科技大学发展建设中的一部分。

习近平总书记在全国高校思想政治工作会议上指出，高校要坚持把立德树人作为中心环节。习近平总书记指明了要注重以文化人以文育人，广泛开展文明校园创建，开展形式多样、健康向上、格调高雅的校园文化活动，从而教育引导学生正确认识时代责任和历史使命，激励学生自觉把个人理想追求融入国家和民族的事业中，成为德才兼备、全面发展的人才。为此，我们不懈努力，依托新时代“三全育人”的思想，坚持为社会培育出德智体美劳全面发展的社会主义建设者和接班人。

北京科技大学有着悠久的历史和优良的传统。进入新时代，我们依旧坚持以育人为办学的中心和主要目的，积极进行仪式教育、开展系列文化活动等，坚持建设厚德育人，师韵若兰的校园文化，营造出积极向上的文化氛围，以期达到以文化人、以文育人的效果，落实好立德树人根本任务。

新媒体环境下以校庆为契机依托院史进行文化育人的探索与实践

项目概述

校史、院史作为大学文化的重要组成部分，是对学校发展轨迹的真实记录，是一种文化教化，使大学校园内的师生等都能感到校史、院史所记载的厚重历史和成长轨迹，在潜移默化中受其熏陶和感染，对大学生有着积极的引导作用。同时，在新媒体蓬勃发展的今天，文化育人有了新的格局和方式，对以文化人的建设也有了新的探索。

一、项目背景及意义

机械工程学院自 1952 年成立以来，一代代机械人奋斗在满井村这片热土上，创造出了许多在国内外具有重要影响的成果，世界第一台弧形连铸机、最早的热连轧计算机控制实验系统、最早的零件轧制技术等重要技术和产品均诞生于机械工程学院，同时也有陈先霖、崔崑、胡正寰、钟掘、关杰等工程院院士，以及中国深海载人潜水器“蛟龙号”总指挥、天问一号火星探测器总指挥、中国载人航天工程专家，政界精英、企业领袖等一批国家栋梁和优秀人才在此学习和工作。机械工程学院也从以冶金机械系为基础发展成为涵盖多个领域的培养复合型人才的综合学院，但“冶金机械”精神始终贯穿每个机械人的成长发展。

校庆是弘扬学校优良传统的重要时机，而校庆活动是为学校发展积累丰厚物质和精神财富的重要庆祝活动，作为校园文化建设中重要的一部分，对大学生提升综合素质与爱校情怀有着重要的影响。习近平总书记在全国高校思想政治工作会议上指出，要更加注重以文化人、以文育人。

2022年，北京科技大学将迎来70周年校庆。70年来，代代北科大人自强不息、敢为人先的实干奉献，凝练了“求实鼎新”的校训，展现了北科大人不忘初心的理想追求与精神风貌。值此之际，机械工程学院作为学校最早设立的系所之一，也将迎来70周年院庆。学院将通过编撰院史、布置主题展览等为校庆贡献机械力量。

在新媒体环境下，多元文化格局对大学生思想认知产生了巨大冲击，以“00后”为主体的当代大学生深深体会到互联网带来的便捷性与丰富性，又常因多元文化碰撞产生困惑。由此可见，新媒体的发展为高校开展校史文化育人工作既提供了机遇也增加了挑战，这也提示了强化文化育人工作的紧迫性。

在此背景下，机械工程学院坚持做好“以文化人、以文育人”的工作，借助校庆的环境氛围，充分挖掘院史文化的育人功能，深入研究和探讨如何利用好新媒体技术，最大限度地发挥院史文化育人功能，使文化育人真正落地生根。

二、具体实施情况

（一）健全组织建设

机械工程学院自立项以来，首先完成了支持项目开展的组织建设，形成了以学院领导班子统筹，教职工队伍支持，学生团队配合的全方位、多层级、互动式的项目团队，为项目的顺利开展提供了重要的基础保障。

（二）加强院史研究

院史研究是学院文化建设的一项基础性工作，它为人们认识了解学院提供历史资源，为师生的归属感提供认同基础，为学院未来发展提供决策参考。学院坚持实事求是的原则，把握学院发展的主线，准确、客观地编写院史，形成多元、立体、生动、翔实的院史文化资源库。院史工作组成立后，学院多次开展院史工作讨论会，形成院史工作方案。邀请学校领导、学院老领导、老教师代表等回学院交流，形成了一批院史研究和院史教育的师资力量，根据学院发展和育人需要，突出研究重点。除历史沿革、大事汇编、校友事迹等常规工作外，还深入总结了学院传承精神，搜寻可穿越时空的宝贵素材和生动教材，提炼、传承和弘扬机械学院文化精神。

（三）线下营造校庆氛围

院史展览和院史文化教育是学院文化建设的一项重要工程，是弘扬学院优良传统、展示学院成就的重要途径。学院将机电楼10楼营造为一个小型展览地，通过在楼道内拜读具有代表性和重要意义的事件进行院史宣传，对全院师生进行院史文化教育。在挑选院史展览的内容时结合了建校建院70周年展览主题和学生实际需求，突出学院成绩与特色。展览海报根据学院的突出成果、学科特色、科研成绩等内容，坚持真实性和客观性的原则，尊重史实进行专题展览。

（四）制作院史周边文创作品

学院定做了70周年主题宣传册、纪念盘、机电楼拼图等具有学院特色的文创作品。从学院自身的性质、文化、理念出发，体现出了机械精神，传播学院文化，向校内外师生及校友等关注学院的人介绍学院70年来发展的成绩，提升学院形象。优质的文创产品对学院文化的宣传起着重要作用，70周年主题宣传册记录了学院70年以来的重要成绩、学科发展等信息；机电楼拼图共70片，象征着建校和建院70年来的峥嵘岁月，拼图图案取材自机电楼全景照片，通过写意的笔法绘制于拼图上。包装内装有木质相框，完成拼装后，可将拼图置于相框内，摆放于桌前或悬挂于墙上。外包装主色调为科技蓝，并印制有机械工程学院院徽。高质量的文创作品赠予师生及校友，为良好宣传学院文化起到促进作用。

（五）开展丰富的校史院史活动

校园活动作为教育和培养大学生的重要形式，需要通过灵活多样、贴切温馨、富有实效的活动载体开展院史教育，吸引广大学生校友积极主动参与其中，从而达到院史教育传播学院文化知识、传递情感、增强文化认同和凝聚发展力量的目的。学院策划设计以“求实鼎新”为主题的文化月系列活动，引导广大学生参与校庆系列活动。活动分为四个板块，除了一些常规的校史文化知识竞赛、征文比赛、篮球赛等活动，还通过举行微视频比赛、诗朗诵、院史宣讲等其他形式，将院史文化与各类活动结合起来，利用好学校社团、学生组织等平台，营造团结奋进、昂扬向上的文化氛围，激励广大学生的爱校荣校精神，营造浓厚热烈的校庆氛围，增强学校的凝聚力、向心力和感召力，彰显学校发展历史、辉煌成就和时代特色，传承校训精神。

（六）多平台推动校史院史文化宣传

院史文化可以通过多种途径和多种渠道进行宣传，学院拓展渠道途径，创新方式方法，将院史育人思想贯穿学生求学生涯整个教育过程。学院在公众号“机械学子”上推出校庆特辑专栏，以校庆倒计时重要节点为契机，宣传校史、院史文化。学院创作校庆原创歌曲《七秩共你万象新》，作词作曲与演唱均由学院学生完成，主题MV召集有意愿的学生参与录制，让更多学生亲身参与到喜迎校庆活动中来。《七秩共你万象新》主题MV等校庆有关视频在机电楼大厅电视循环播放，营造校庆氛围。

（七）增强校友联络

校友的社会经历、成长经验、奋斗精神是学校最生动的育人资源。学院通过校友活动，在校庆当天邀请校友回校共叙科大情谊，共谋母校发展，更好地联络凝聚校友、宣传校庆活动、助力学院发展。联络校友活动是学院联系校友、服务学校的重点工作，能够增强校友与母校的联系，增强了校友的认同感和归属感，推动学院文化的传承与可持续发展。学院还分批次赠送校友校庆文化纪念品，听取广大校友对学院工作的建议和意见。

（八）加强新生校史院史教育

学院组织新生参观校史馆，通过在校史馆观看藏品背后的校史故事引发回忆，强化归属，激发憧憬。一幅老照片、一扇老校门、一个老校徽、一场生动的讲解将每一次参观转化为校史馆里“行走的思政课”，将前辈的奋斗、大师的美德、不同时期的办学理念凝结，赋予校史馆里“行走的思政课”以丰富的育人内容。学院为学生发放入学的第一份礼物——《钢铁摇篮 机械雄鹰——北京科技大学机械工程学院七十年历程》院史书籍，使学生通过翻阅学院辉煌历史坚定前进信心，努力成为立大志、明大德、成大才、担大任、堪担民族复兴重任的时代新人，并组织学生撰写心得体会形成育人闭环。

三、项目成果成效

高等学校文化建设要以习近平新时代中国特色社会主义思想为指导，坚持辩证唯物主义和历史唯物主义的立场、观点和方法。学院以校庆为契机依托院史进行文化育人过程中，以立德树人、资政育人为根本，按照

“尊重历史、实事求是”的原则和“广征、核准、精编、严审”的工作方针，全面回顾学院发展历程，总结建院以来的育人思想、科研成就和教学经验，进一步丰富教育思想，凝练学院特色，弘扬学院传统，探索学院精神，为实现学院发展目标提供历史资鉴。

在此次文化建设项目中，经过机械工程学院领导班子以及师生的共同努力，现对项目成果成效总结如下：

第一，在全院范围内形成了“学党史、知院史”的良好氛围，对于传承弘扬优良传统和精神，增强师生责任感和使命感，进一步推动全院各项事业快速发展具有重要意义。让学院全体师生在此次参与院史编撰工作中深刻体会到了“冶金机械”精神的传承感，这既有机械人在“把科研转化为生产力”的过程中干实事、鼓实劲、落实处的求实精神，又有老一辈机械人以国家需求为己任，在科研中不断创新求索的精神，还包括冶金机械教研室老前辈们的“事业心、凝聚力、奉献精神”。

第二，价值观引领。一代又一代的教育先辈们在艰苦奋斗过程中的爱国主义与荣校爱校情怀对大学生的价值观起到很好的引领作用，对坚定大学生的理想信念具有重要意义。习近平总书记指出：“人类社会发展的历史表明，对于一个民族、一个国家来说，最持久、最深层的力量是全社会共同认可的核心价值观。”如果没有共同的核心价值观，一个民族、一个国家就会魂无定所、行无依归。同样，学院也需要有全体师生共同认可的核心价值观，而院史文化作为学院核心价值观的直接体现，时时刻刻左右着教师和学生的治学理念、思维方法、价值判断和行为习惯。通过梳理历史，学院最终完成了《钢铁摇篮 机械雄鹰——北京科技大学机械工程学院七十年历程》一书，书中记述过去、留存史料，通过系统梳理自身发展脉络，记录总结办学历程，凝练传承精神文化，为师生在奋斗路上提供了精神力量，为学院今后的发展提供了历史借鉴。

第三，文化传承与创新。大学校史文化是在继承先前优秀文化传统、结合适应社会发展的新因素的基础上形成的，因此是大学师生的价值观念、思想意识、行为方式等的充分体现。同理，学院历史发挥出自身的团结凝聚功能，将全院师生在情感和心理上凝聚在一起，形成一股齐心合力、团结一致、积极向上的工作和学习态度及群体意识，能够推动全院上下奋发向前。学院以建校 70 周年为契机，通过各类形式的活动进行文化育人，激励了教职员工奋发向上工作，学生认真努力学习、树立远大理想目标。无数的学院英才人物和英雄事迹激励了全院师生的荣校爱校情怀，催人奋进，对于团结师生凝聚力、推动学院高质量发展有重要作用。同时，在院史文化育人的过程中，引导师生取其精华，传承创新，使学院历史文化不断地延续下去，成为学院发展的力量源泉。

四、项目建设思考

作为高校文化的重要组成部分，学院历史是一本学院立德树人的教科书，它承载着历史，鞭策着今天，激励着未来，在立德树人过程中具有特殊的地位和作用。学院的历史是历代创业者、全体师生共同的历史，他们是学院历史的创造者和见证者。学院以70周年校庆和院庆的重大活动为契机，加强院史意识的培养和院史知识宣传教育，加强院史文化转化和院史文创产品开发，使院史文化转化为精神文化、制度文化、学术文化、行为文化、标识文化、环境文化，融入学院教育教学实践和师生日常生活，潜移默化，以文化人，以文育人。要按照“存史、资政、育人”的要求，讲好学院故事，弘扬学院文化，发扬学院精神。

项目结题，育人未止。学院将继续完成依托院史进行文化育人工作，通过参考其他院校院史，对照编写大纲，以《师韵》《师者风范》为蓝本，深入挖掘学院重要人与物，以学院发展时间为线索，继续调动全院师生力量，共同打造属于机械人自己的文化宣传品牌。

在今后的学院文化建设中，首先要以院史的育人功能为核心，保障学院精神的传承，借此对学生进行爱院荣院教育。把对学院重要资料的保护当成一件日常的、基础的、重要的工作来做，要经常关注学院发生的大事要事，收集最新资料，并根据学院有关情况变化和院史最新研究成果，对院史资料进行不定期补充更新。

其次要继续加强院史的宣传力度，使之成为对师生进行传统教育和思政教育的重要素材。结合新媒体多渠道宣传的时代特点，通过网站、微博、微信、学院电子屏、宣传栏等各种媒体形式，以及印制宣传单、宣传手册，通过“机械学子”和学校新媒体平台对院史重要文化进行宣传，扩大文化宣传覆盖面，形成线上线下共同发力的院史宣传学习局面，加强院史知识和院史文化的宣传与传播。把院史作为新生入学教育和新入职教师岗前培训的必修课，为新生和新职工注入“冶金机械”精神，积极探索院史进课堂的方法和路径。要充分发挥校史文化育人功能，紧跟时代发展步伐，充分认识新媒体在校史文化育人中的积极作用，并立足实际采用加强校史文化研究分析、不断完善校史课程体系、丰富校史教学实践等策略，以提高校史文化教育的趣味性和有效性，使学生在不断学习中朝着更好的方向迈进。

机械学院70年的发展有力践行了学校“学风严谨、崇尚实践”的优良传统，在建党100周年、北科大建校70周年之际，深入推进学院“四史”学习教育，对进一步弘扬机械精神，推动学院发展有着重要的历史和现实意义。希望新时代机械人通过学习院史，能够更好地认识过去、把握当下，进一步弘扬机械精神，开拓学院事业新局面。

（2021年立项项目　撰稿人：李鹏）

新时代校园文化品牌创建与研究
——以昌平创新园区“红色文化”“校本文化”“奋进文化”为例

项目概述

习近平总书记指出：中国特色社会主义文化，源自中华民族五千多年文明历史所孕育的中华优秀传统文化，熔铸于党领导人民在革命、建设、改革中创造的革命文化和社会主义先进文化，植根于中国特色社会主义伟大实践。北京科技大学坚持在学校建设中融入革命文化和中华民族优秀传统文化，熔铸出独特的、有特色的校园文化。

一、项目背景及意义

2018 年 7 月，根据北京市疏解任务和学校发展需求，学校决定成立昌平创新园区管委会（党委），承担本部疏解任务。目前已有涉及北京科技大学冶金、材料、能源、环境等多个“一流学科”、10 家研究生培养单位 1400 余名研究生和 200 余名教职员工，昌平创新园区现为北京科技大学研一新生人数最多的校区。2020 年 7 月，本课题获得“北京科技大学 2020 年度文化建设项目立项”。

园区党委立足学校“多点办学”新发展阶段，紧扣立项主题“新时代校园文化品牌创建与研究”，结合园区入住研究生、入驻单位不断增多，现有硬件资源与研究生培养需求、入驻单位发展需求的实际。从以爱党爱国为核心，培育“红色文化”；以“校训、校友、校情”为切入点，传承“校本文化”；以大项目建设历程为主题，挖掘“奋进文化”三个方面探索创建园区特色文化品牌，搭建“文化育人”新平台，全面提升新时代研究生育人成效。

二、具体实施情况（主要做法）

（一）以爱党爱国为核心，培育“红色文化”

结合爱党、爱国、爱校、爱园、爱人、爱己的“六爱精神”和入驻园区的国庆 70 周年“凝心铸魂”彩车及周边场地建设的爱国主义教育基地，紧扣习近平新时代中国特色社会主义思想、社会主义核心价值观、中华人民共和国成立 70 周年等元素，设计并建成园区“红色广场”打卡点。

图 1 “红色广场”打卡点

结合党史学习教育，紧扣建党 100 周年，在园区护栏设计“党史路”，展示我党从 1921 年 7 月的中共一大起，我们党走过的波澜壮阔、彪炳史册的 100 年，我们党带领全国人民书写的无数人间奇迹、创造的无数丰功伟业的奋斗历程。“党史路”也将发展成为园区师生爱国主义教育基地，目前已进入施工阶段。

图 2 “党史路”

结合园区师生实际需求，围绕学习习近平新时代中国特色社会主义思想及学校重要文件精神，已设计建成园区整体文化建设方案，建设体现学校元素的园区景观：红色“立德厅”（又名“党建厅”）、绿色“树人厅”（又名“育人厅”）。园区党委在两厅开展“红船精神”“井冈山精神”“长征精神”“延安精神”“西柏坡精神”“抗战精神”“抗美援朝精神”“两弹一星精神”“雷锋精神”“载人航天精神”“脱贫攻坚精神”“伟大抗疫精神”12 种精神的学习以及迎接建党 100 周年光辉历程的学习。

图 3 “立德厅”和“树人厅”

除此之外，在红色党建厅开展党史宣讲、唱红色歌曲、看红色电影、讲党课、举行支部组织生活会等活动，园区党委教育引导广大研究生发扬红色传统、传承红色基因，教育激励园区研究生学史明理、学史增信、学史崇德、学史力行，成为知史爱党、知史爱国、知史明智、知史担责的新时代研究生和社会主义接班人，在今后理论学习中，要加强党史学习，广大师生要带着感情、带着信仰、带着使命去学习党史，党史是最好的教科书，同时也是个人成长最好的营养剂，通过党史学习教育告诫学生，力量来自信仰，斗志来自信念，广大青年要再接再厉，走好新时代长征路。

图 4　在红色党建厅开展活动

自两厅建设后，继续开展了“6个覆盖”理论学习体系，覆盖领导班子成员、党支部书记、党员、积极分子、全体师生职工，不断提升政治判断力、政治领悟力、政治执行力。

（二）以“校训、校友、校情”为切入点，传承“校本文化”

因园区远离校本部，为增强研一新生对学校归属感、认同感，园区紧扣“校本文化”，已设计建成园区校训文化展示墙、等比例体现本部“泰山石”等特色景观，目前已成为园区毕业生毕业留念的打卡之地，有效传承了“校本文化”。

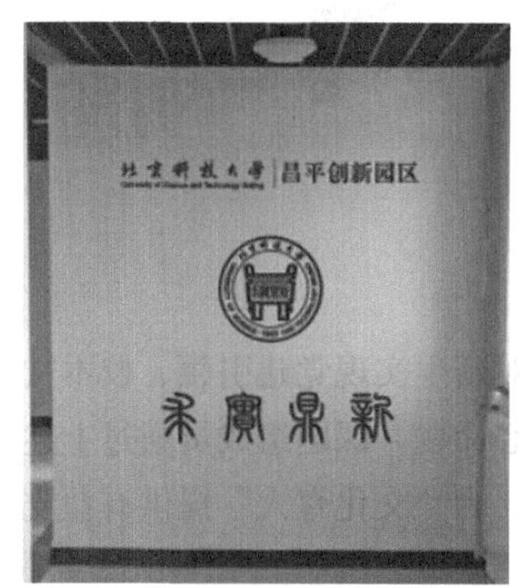

图5 紧扣“校本文化”

（三）以大项目建设历程为主题，挖掘“奋进文化”

2007年，国家发展改革委批复国家重大科技基础设施项目——“重大工程材料服役安全研究评价设施”立项，国家材料服役安全科学中心是教育部直属高校承担的第一个国家重大科技基础设施项目。10余年来，国家材料服役安全科学中心的“重大工程材料服役安全研究评价设施”7个子项目已完成工艺测试验收，且其中4个子项目在国际评估中获评“国际领先”。我国第一个直接面向国民经济主战场的“国之重器”已整装待发。结合国家材料服役安全科学中心发展历程，已完成设计主楼南楼“文化墙”，展示国科奋进史、大装置。目前已在实施阶段。

图 6　文化墙

三、项目成果成效（特色亮点）

学校“多点办学”背景下，如何更好地对新生实现党建引领、校本文化认同、科研兴趣培养，始终是本课题的核心命题。课题组成员通过上述设施的建设，为“思政育人”提供有效载体、为“文化育人”提供有益支撑、为“科研育人”提供有效途径。

（一）为“思政育人”提供有效载体

学校“多点办学”背景下，主要针对园区内理工科研究生的特点，在红色党建厅举办多次园区特色党建活动，切实推进“思政育人”，广受好评。

本学期在红色党建厅开展“习近平新时代中国特色社会主义思想研习班”3 次，园区党委书记在此专题研学，广泛受到好评。

图 7　开展“习近平新时代中国特色社会主义新思想研习班”

结合党史学习教育，设计党史专题展览“党的12种精神”和“建党100周年党史学习”，园区20多个学生党支部在此召开专题组织生活，开展情景教育、学好党史，深入开展学史明理、学史增信、学史崇德、学史力行，力争成为知史爱党、知史爱国、知史明智、知史担责的新时代研究生和社会主义接班人。

结合上半年发展党员等工作，在红色党建厅开展组织成员谈话、重点发展党员共学党章2次，广受好评。

图8 开展组织成员谈话、重点发展党员共学党章

（二）为“校本文化”提供有益支撑

在园区主楼三层核心厅同比例营造校本部“泰山石”等代表景观、“求实鼎新”校庆布景、液晶屏，让学生在上课路上就能感受本部文化、传承校本精神。

园区党委还持续强化“北科大创新园”公众号作用，讲好“园区故事”，全方位真实记录园区各项事业发展历程，全部由党委书记审核把关，至今已累计发布推送650余篇，每日阅读量超过2000人次、关注总人数3316人，切实建设园区师生的精神高地与情感家园。

下一步，园区党委还将研究制定《国家科学中心师生爱校荣校教育工作方案》，组织新入职教师参观校史馆、专题讲座、名师面对面等知校、爱校活动；加快推进园区主楼三层、教学区文化建设，引入校史相关内容，加强校本文化在园区的宣传力度；加强新生入学教育，全覆盖开展本部校史馆参观及园区文化建设相关内容的参观学习。

（三）为“科研育人”提供有效途径

目前正在园区主楼设计的“奋进之路”等方案，将充分展示、发挥大科学装置科研育人优势，在对国科设施的展示、国科科研能力的展示中，激发学生科研兴趣、提升对设施的熟悉程度，牢记北科大人从建校之初服务国家、科技强国的初心使命和历代北科大人立足时代、勇担重任、不忘初心、牢记使命的传承精神，求真学问、练真本领，恪守学术道德，提升学术能力，切实立大志、明大德、成大才、担大任，下苦功夫、坐冷板凳、磨真本领，求知、创新、实践，努力成长为堪当民族复兴重任的时代新人，让青春在实现国家科技自立自强的奋斗征程中，做出自己的贡献，焕发北科大学子绚丽的风采，促进“科研育人”。

下一步，园区党委还将针对入驻园区的10家研究生培养单位的学生、校内外人员，建立预约式、分层次的科学装置开放参观机制，以多种形式加大对装置宣传力度；通过合作研究和本科生导师制度，吸引相关领域的研究生和本科生到园区参与科研活动；结合国科中心相关设施和科研方向，探索实地教学模式；把国科中心作为学校和附近高校大学生实习基地，激发科研兴趣，培养爱国情怀；结合党史学习、校史学习，建立学生兼职讲解员队伍，吸引学生在积极参与活动中热爱装置建设，热爱科学研究，热爱社会实践。

面向未来，园区党委将按照学校对园区“科学技术研究基地、高端人才培养基地、科技成果转化基地”定位，聚焦国家科学中心验收及转型，继续践行“一家亲”工作理念、“一体化”学工模式、“一盘棋”奋进姿态，“思想凝聚力量、爱心浇铸栋梁、服务助推发展”的工作思路，不断夯实“延伸管理+属地管理”的工作体系，深化思政育人、文化育人、科研育人，为把园区打造成学校“双一流”建设事业、“皇冠上的宝石、高原上的高峰”不懈奋斗。

（2020年立项项目　撰稿人：宗燕兵）

新媒体视域下的招生宣传工作探索和实践

项目概述

新时代招生宣传工作中的“新媒体”元素不可或缺，且预计将发挥越来越大的作用。在新媒体视域下研究和探索招生宣传工作如何开展，能够有助于抢占媒体传播空间，创作符合考生家长“口味”的宣传内容，能够“填充”招生宣传全媒体矩阵。以招生宣传为内容的传播行为，更是一种校园文化传播和精神传播，通过新媒体技术和平台，能够最大化地“发出北科大声音”“讲好北科大故事”。

一、项目背景及意义

随着新高考改革逐步深化推进，高校本科招生宣传正处于一个具有新生态特征的时期。1. 宣传目标群体发生变化，从 2018 年开始，“00 后考生”逐步成为高考主力军，“70 后”父亲和母亲拥有本科及以上学历的比例超过 20%，他们对招生信息的内容喜好、获取渠道偏好等都有变化。2. 专业宣传成为招生宣传的重要内容，新高考“专业（组）+ 学校”志愿填报模式对考生填报志愿和高校招生录取的影响较大，越来越多的考生将专业作为重要考量因素，也对高校开展招生宣传提出更高的要求：必须要加强专业宣传。3. “新媒体”改变招生宣传渠道和方式，打破宣传的地理和时间限制，也使得招生宣传的内容更加丰富，形式更加多样，同时给考生和家长提供了更为便捷的信息获取的渠道和与高校招生宣传人员互动的机会。

在这样的形势背景下，各高校在选择合适的招生宣传策略的同时，结合新时期对招生宣传工作的新要求，同时关注考生、家长以及社会的真实诉求。一方面，高校在传统媒体宣传阵地（电视、电台、报纸、杂志、访谈等）继续加大宣传力度；另一方面，随着互联网信息时代的发展，新媒体技术为高校的招生宣传工作带来了新机遇和新挑战，招生宣传进入“新媒体”阶段。

二、实施内容

（一）开展新生调研，了解新媒体在招生宣传工作的需求和应用

通过对学校2020级本科生的问卷调查，收集分析考生和家长在志愿填报过程中的一些行为特征以及他们对于新媒体传播和接收情况的反馈，解析当前社会大众对于哪些平台更为关注，从而有针对性地在一些新媒体平台开展招生宣传。

（二）继续运营好招生办微信公众号和头条号，发挥“窗口”作用

组建团队运营招生办微信公众号，从考生、家长需求角度出发，凝练、发布相关内容，将招办公众号打造成一个信息传递、内容输出、咨询答疑的集成平台。继续加强头条号阵地的宣传，把握社会化大众的手机传媒信息接收喜好，主动输出宣传点。

（三）尝试拓展更多新媒体宣传形式

百度是国内最大的搜索引擎，知乎是近些年青少年交流的热点“场所”，在新生调研中，百度和知乎也是考生比较关注的点，基于现在的网络搜索和信息获取特点，开展“百度词条优化”和“知乎回答优化”项目。

（四）开通运营招办视频号

视频号作为一个逐渐兴起的短视频平台，因其极强的用户黏度和便捷性，将成为一个非常重要的宣传阵地。通过发布精制小视频、直播等吸引考生家长关注。

（五）制造“微博热搜”

微博是青少年一块活跃地，对于一些热点事件，制造新浪微博热搜话题，增加北科大曝光量。

（六）继续开展媒体宣传合作

近年来一直保持跟部分主流媒体的宣传合作，进行招生政策解读、学校推介、专业推介等。此类媒体具有较大的大平台效应，具有较强的网络“存在感”。

三、宣传矩阵建设报告

（一）公众号运营情况

1. 运营数据整体状况

北京科技大学招生办公众号是学校官方发布招考资讯、学校介绍、专业介绍的官方微信平台，是学校招生宣传“发声”的主要渠道和窗口。

北京科技大学招生办公众号数据表

序号	指标	数据
1	粉丝数	35293
2	文章评论数	255
3	文章收藏量	1143
4	文章分享量	11000
5	在看量	1599
6	点赞量	2989
7	发文量	75
8	阅读量	253000

说明：所有公众号数据均来自微信公众号官方后台。

所有数据统计时间：2020.9.1—2021.7.16，日后各数据会有变动。

2021 年，配合学校整体全媒体宣传需要，继续加大与学校官微的合作，在招生宣传黄金时期（5、6 月），部分以招生宣传为主的文案由官微发布。

阅读量最高：1.05 万，点赞数最高：691。

A+！北科大位列2021年中国大学本科毕业生质量排名榜第24！

10466　57　3　134

原创　用起来！北科大专属壁纸献礼校庆！

6895　634　85　691　0

2. 用户人群分析

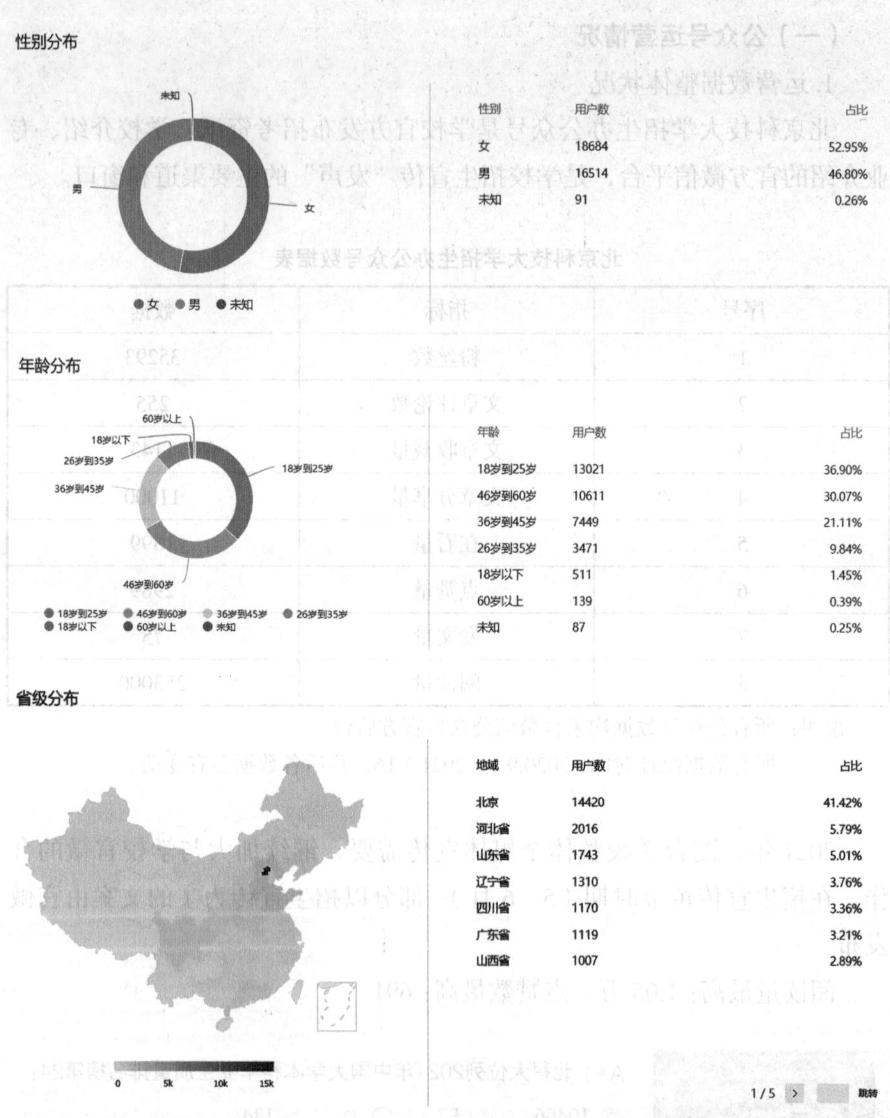

从粉丝关注情况看，以在校生、父母辈为主，初高中生也有一定关注。从地区来看，华北地区除北京之外，河北、山东、山西等省份相对关注人数较多，跟地理位置、生源分配有关。下一步要进一步加强全国其他地区的宣传覆盖力度。

3. 模块主题分类

（1）“内容关键词”词云图

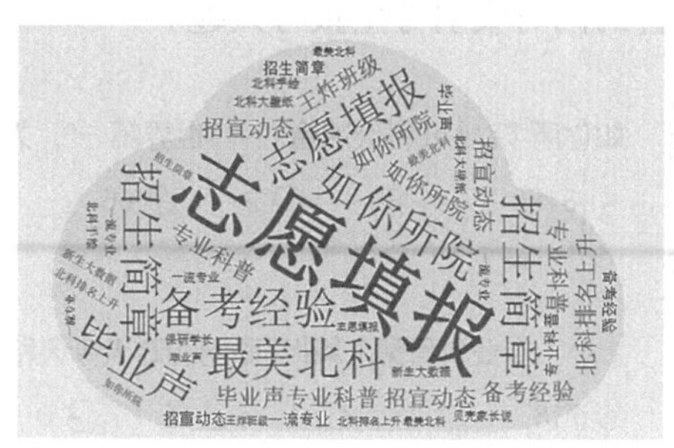

（2）招生简章发布及答疑

官方发布招生简章，解答考生政策性疑问。

北京科技大学2021年视觉传达设计专业招生简章

1455　0　1　8

已修改　志愿填报ing | 北科大2021年本科招生常见问题解答

4809　8　2　22

（3）报考指导以及直播预告

对专题讲座或直播的宣传，以及填报志愿的经验分享。使考生更加了解志愿填报的相关注意事项，汲取经验的同时更加了解北科大。

北科大@你 | 相约中国教育电视台，招生咨询大直播！

2249　13　1　19

原创　优先选专业or院校？快来看看小贝壳们怎么说

1691　2　0　13　1

（4）专业和学院的介绍

通过专题系列文章，介绍北科大的各个专业具体学习的内容、前景发展以及优势等，科普的同时吸引考生报考兴趣。

如你所“院”丨北科大冶金——“世界第一”，为国“储能”

5185　38　2　66

原创　专业科普第③篇||物联网的昨天今天和明天

718　2　1　5　0

已修改　保送清北、高薪签约大厂、一作发SCI……来计通，梦远航！

4406　18　6　38

（5）招宣动态及其他招生宣传活动的总结

招宣动态丨外国语学院赴广西参加“你好，我的大学”联合招生宣传活动

458　1　0　6

（6）北科大优秀人物故事

展现一位或多位北科大优秀人物或集体的事迹，用榜样的力量感召大家，也反映出北科大人才培养出色。

原创　“保研”帅学长说：不做焦虑的“内卷人”，要做骄傲的北科人

3991　39　13　140　1

原创　已修改　带你探一探北科这几个“王炸”班级

4095　17　5　68　0

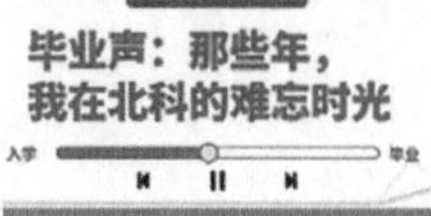

毕业声丨那些年，我在北科的难忘时光

1325　1　0　7

（7）高考经验分享

给学弟学妹分享经验的同时，加深北科大印象。

原创 已修改 经验分享 | 一模结束后，该如何备考？

1625 10 2 25 0

原创 已修改 贝壳家长说|赠君言语温，圆梦六月里

1242 8 1 26 0

如果我，考上了北科大

3249 33 5 62

（8）北科大校园风景优美图文

抓取北科大风景的一个点，用优美的语言或手绘图片展现，表达北科大之美。

高考倒计时一天|贝壳手绘版晚霞，助你轻松上阵

2155 51 3 89

原创 高考倒计时100天&元宵佳节|当北科遇上剪纸，许你心目中大学的……

2561 21 3 42 0

（9）问题征集和互动类

对某个考生关注的问题进行回答征集，以自身体验“现身说法”，让考生了解真实的、最好的北科大的一面。

已修改　在北科大国家级一流专业就读是种什么体验？他们这样说……

3847　16　8　50

已修改　高考之后，我为什么选择了北科大？

4910　55　12　78

原创　书信寄恩思 文字记谢意

2154　73　2　283　0

4. 通过晒录取通知书、畅想大学、新生入学大数据、入学100天感受等方式，加强与新生的互动。表现北科大学子昂扬向上的姿态，以及来到北科大的收获等。

新起点·新征程 | 听听20级小贝壳怎么说

2566　17　4　56

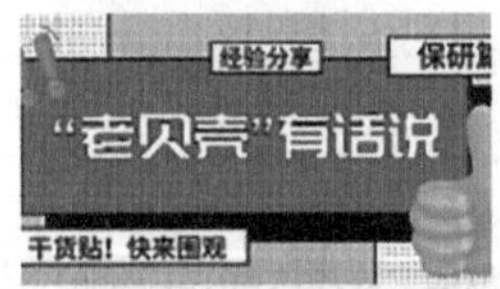

“老贝壳”对新生的“肺腑之言”

2514　27　1　64

贝壳大陆开服！大数据速读北科大2020级新生角色设定书！

3854　36　9　68

高中恩师拍了拍你：“勇敢追梦，未来可期”

1644　17　6　28

5. 部分互动留言展示

星.sailing 14

“全体村民请注意，全体村民请注意，咱们村的周麦考上了北京科技大学，但是因为交不起学费，想放弃……” 全村人为周麦捐款，周麦回乡带村民致富。

这个视频我刷到过无数次，每次都会热泪盈眶，北科凝结了情怀，凝结了梦想，凝结了求实鼎新。

报考北科是我始终不后悔的一件事，在这里真的拓展了视野，你不用担心吃不饱，穿不暖，只需要埋头苦干，努力学习，求实鼎新！

Y.G

真的是太好了，把学科目录专业都讲了吧😁

L.. 9

1.北科地理位置优越，地处北京市海淀区学院路，周围也有很多优秀的大学。
2.北科学术氛围浓厚，教学实力强。
3.材料，冶金等学科优势明显，也有理科试验班，工科试验班等特色专业。

wang. 6

谁会拒绝一所每个月都发60块补助的大学呢😼😼

凡也 5

北科食堂物美价廉，宿舍上床下桌，老师认真负责，同学和睦相处，男女比例良好，校园网全覆盖。是广大学生读大学的不二之选

弓長 3

冶金材料这最牛，
堪称学术中巨头，
世界排名相当靠前，
那可不是吹牛，
另有机器人工程，
闪烁智慧的光芒，
要说一流学科建设，
北科大是真的强。
冲着专业排名选择了材料。

未来可期 9

北科等我，九月见，高考一定上岸🖤

开心胡伊帆 1

加油加油(ง •̀_•́)ง上岸北京

杨洪恩 1

文案排版牛啊牛啊，欢迎报考北科

Mi Manchi 　5

表白北科，九月等我！

孙彦江　1

1992年毕业，快30年了，好想回去看看曾经住过的10斋。

北京科技大学招生办(作者)　1

明年70周年校庆、毕业30年返校！

小寒　7

家长申请，有一天进入贝壳，看门前的毛泽东像、看高耸挺立的主楼、在银杏大道上漫步而过、走进2008年奥运场馆五环体育场，去鸿博万秀，去看看孩子生活长大的地方！

lihua　2

今日我以母校为荣，他日母校以我为荣。北科学子加油

苏苏　2

想起去年孩子高考，北科大招办的电话随时都有人接，而且极有耐心，大赞。

记忆似水　6

每份成绩的取得都是严谨，务实，勤奋与智慧的体现

北角　1

夏令营结缘

研究生来此

原来只是在留言里拼秘密的说我要上岸.也终于得偿所愿，祝福北科生日快乐，希望北科越来越好，也感恩北科曾经带给我的希望，祝福每一个有梦想并为之努力的人

小蕊　3

祝福儿子的学校生日快乐！为国家培养更多的栋梁之材！

上帝的宠儿

我女儿就在材料科学工程系，为北科大自豪

λ　8

当年报考贝壳是因为看到知乎上有个回答说我们贝壳的校风学风很好，现在看来也确实是的。来到这里，真的遇见好多惊喜和意外啊，遇到了好多好多让我为之向往的人，他们会学习会生活会玩耍。感觉北科大的每一个清晨、每一处风景都有惊喜啊，就像这些壁纸上面画的那样，充满了美好与朝气，有时候走在图书馆的木板路上，太阳清清爽爽地照下来，小鸟叽叽喳喳地叫，突然就被感动到了哈哈哈。能画出这样的壁纸的一定也是感受到过这份美好的叭。嘿嘿所以从来没有中过奖的我可以拥有一份手账嘛。

最后祝北科大69周年校庆快乐啊！我们风华正茂永远在路上！

（二）头条号运营情况

2020—2021年运营周期主要为2021年本科招生工作做的宣传和服务，故本报告截取了2020年12月1日—2021年7月5日的数据。

1. 运营数据整体概述

北京科技大学本科招生头条号拥有粉丝数达9727人。共计发布80篇文章内容，其中有20篇文章的阅读量破万。文章阅读量累计145.9万，展现量1947.9万。从互动数据看，文章评论数679条，文章收藏量3550，文章分享量3845，文章点赞量20499。

北京科技大学本科招生头条号数据表

序号	指标	数据
1	粉丝数	9727
2	文章评论数	679
3	文章收藏量	3550
4	文章分享量	3854
5	文章点赞量	20499
6	发文量	80
7	阅读量过万文章	20
8	阅读量	145.9万
9	展现量	1947.9万

说明：所有头条号数据均来自今日头条官方后台。

所有数据统计时间：2020.12.1—2021.7.5，日后各数据会有变动。

2. 用户人群分析

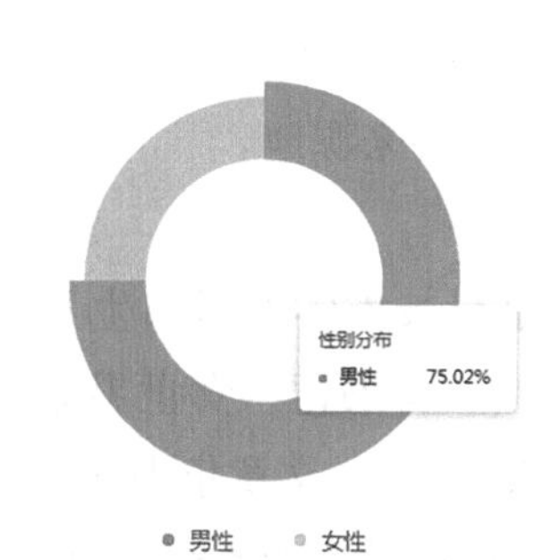

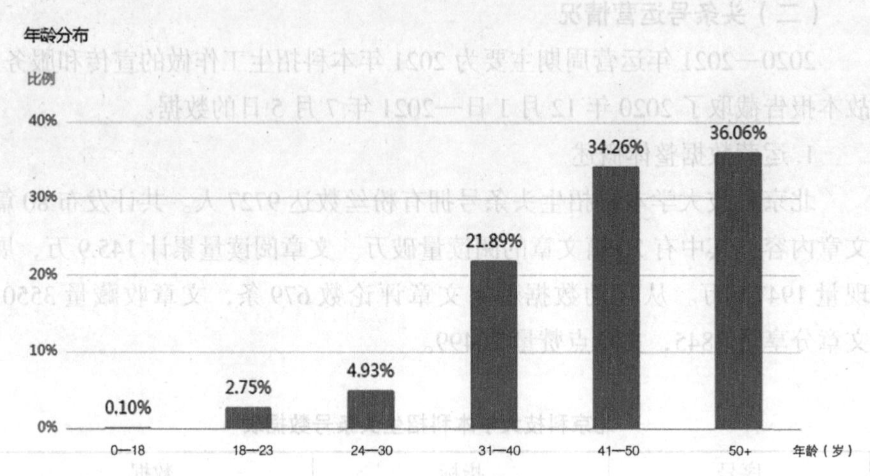

北京科技大学本科招生办的粉丝主要以男性为主，占比达 75.02%。从年龄分布上看，30 岁及以上的粉丝占绝大部分，占比为 92.21%。头条号的年轻用户较少，综合来看，以父辈用户为主。

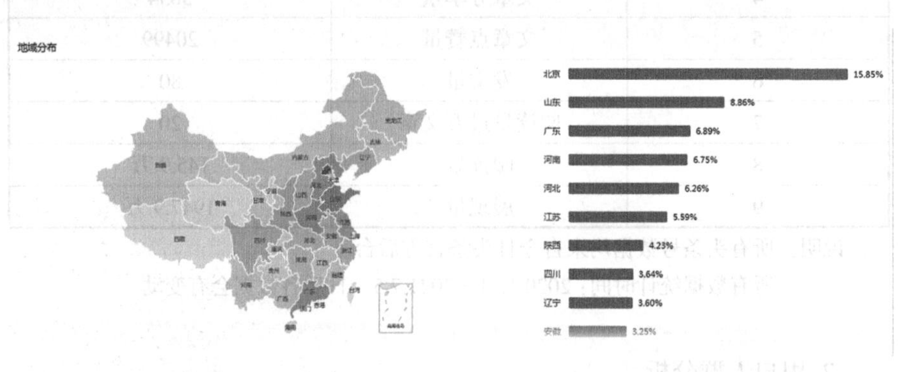

从地区分布来看，北京的用户最多，占比达 15.85%。紧随其后的省份依次是山东、广东、河南、河北和江苏，占比均超过 5%。这些省份同样也是北京科技大学生源主要来源地。

3. 优质文章分析

在本周期内，北京科技大学本科招生共发布 80 篇内容，其中展现量最高的文章是《女院士、女书记、女世界冠军、女董事长，这 14 位“女神”都毕业于同一所大学！》，文章集中介绍了北科大 14 位女性校友的故事，获得了巨大曝光，展现量达 558.8 万，阅读量达 39.8 万。

女院士、女书记、女世界冠军、女董事长，这14位“女神”都毕业于同一所大学！

已发布

展现 558.8万 · 阅读 39.8万 · 点赞 7595 · 评论 4

除此之外，还产出了《今天，这场大会引全国沸腾！央视特写，这群大学生在第一现场！》《2021 高考十大热搜专业出炉！这个专业今年最受考生关注！》《今天！ 2021 中国大学排名正式公布，86 所“双一流”高校跻身百强！》等具有高传播度的优质文章。这些文章的特点是依托热点事件讲述北科大人故事。如借助建党 100 周年的活动，介绍北京科技大学学生深度参与活动。依托高考热搜专业，深度介绍北京科技大学的人工智能、机器人工程、物联网工程和计算机科学与技术专业。

今天，这场大会引全国沸腾！央视特写，这群大学生在第一现场！

已发布

展现 143.0万 · 阅读 9.7万 · 点赞 1038 · 评论 6

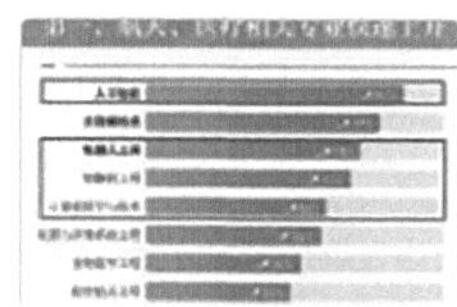

2021高考十大热搜专业出炉！这个专业今年最受考生关注！

已发布

展现 36.2万 · 阅读 1.4万 · 点赞 45 · 评论 14

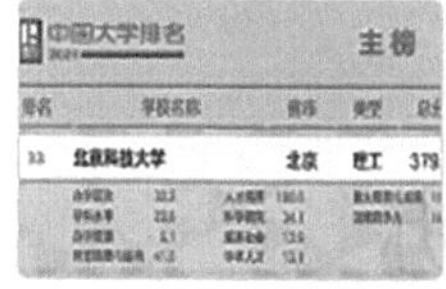

今天！2021中国大学排名正式公布，86所“双一流”高校跻身百强！

已发布

展现 80.1万 · 阅读 7.4万 · 点赞 457 · 评论 5

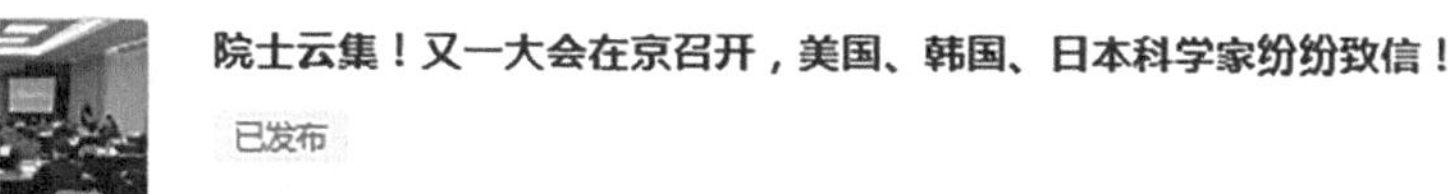

院士云集！又一大会在京召开，美国、韩国、日本科学家纷纷致信！

已发布

展现 30.9万 · 阅读 3.3万 · 点赞 226 · 评论 0

全国两会“点名”！这些大学专业未来或将爆“火”！

已发布

展现 52.6万 · 阅读 3.9万 · 点赞 244 · 评论 1

提前“预言”！2021年，将要发生的5件“大事”！

已发布

展现 267.5万 · 阅读 34.0万 · 点赞 4766 · 评论 4

北京95后“神颜”女兵：退伍考上名校研究生，获新华社、《人民日报》聚焦！

已发布

展现 62.7万 · 阅读 2.8万 · 点赞 141 · 评论 17

中国"超牛"教授：一举打破国外垄断，研究应用于核电、武器等国防重大装备！

已发布

展现 59.1万 · 阅读 3.7万 · 点赞 552 · 评论 75

"火"了！央视、新华社、人民网、《光明日报》等20余家媒体密集报道这所大学！

已发布

展现 32.4万 · 阅读 3.7万 · 点赞 81 · 评论 0

世界首次实现！中国又一科研成果领先国际，获国内外广泛关注！

已发布

展现 61.2万 · 阅读 7.5万 · 点赞 704 · 评论 3

（三）微信视频号运营状况分析

1. 运营数据整体概述

北京科技大学招生办

视频号ID: sphGHOmBrct8nPD

动态 25　关注者 795

2021 年，北京科技大学招生办开通微信视频号，通过视频号增加内容在朋友圈的曝光。开通三个月以来，共计发布视频 25 个，粉丝增长 795 个，视频分享量达 1689，视频点赞量达 3067，总播放量达 18.9 万。

北京科技大学招生办视频号数据表

序号	指标	数据
1	粉丝数	795
2	视频分享量	1689
3	视频点赞量	3067
5	视频发布量	25
6	阅读量过万视频	5
7	阅读总量	18.9 万

说明：所有数据均来自视频号官方后台。

所有数据统计时间：2021.4.16—7.15，日后各数据会有变动。

2. 用户人群分析

从关注人群来看，粉丝男女比例基本持平。女生人数占比略高于男生人数。除去无法识别的用户，18—24 岁的用户数占比最高，接近四分之一。北京市的粉丝数占比最高，说明当前的粉丝主要以学校的用户为主，后期需要持续发力。

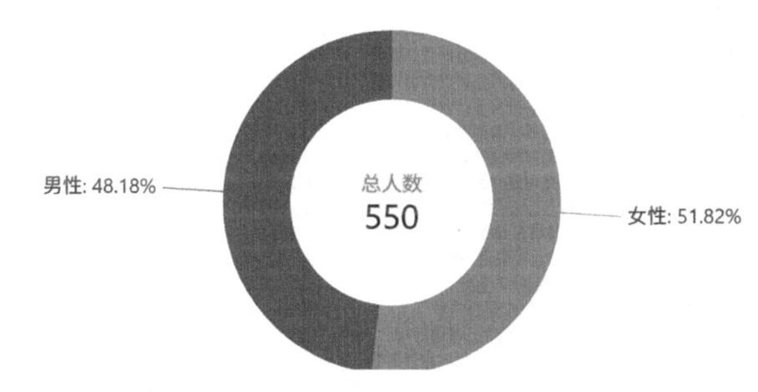

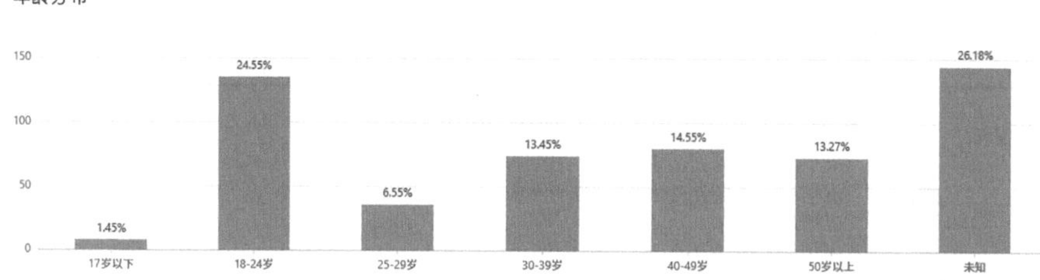

省级分布

中国（包括港澳台地区）546人　海外4人

排名	省份	人数	占比
1	北京市	245	44.87%
2	山东省	41	7.51%
3	河北省	28	5.13%
4	广东省	23	4.21%
5	辽宁省	19	3.48%

1　2　3　4　…　6　>　1　跳转

3. 优质视频分析

在发布的 25 个视频中，播放量最高的视频是《张梓琳喊你报考她的母校》，播放量达 6.3 万，点赞 364 个，分享 223 次。

动态描述	发布时间	浏览次数	点赞次数	评论次数	分享次数	收藏次数
揭秘录取通知书"生产线"@微信时刻 @微信派	2021/7/13	1817	12	0	4	0
张梓琳喊你报考她的母校#欢迎新同学@微信派@微信时刻	2021/6/28	62879	364	4	223	3
高科技、热门、高薪，这就是大数据专业。#欢迎新同学#专业揭秘@微信派@微	2021/6/28	692	9	0	13	1
带你了解法学、社工和德语专业#我的专业我来说#欢迎新同学@微信时刻 @微信	2021/6/26	2962	70	0	34	0
学好材料，走遍天下#我的专业我来说#欢迎新同学@微信派@微信时刻	2021/6/26	889	12	0	8	0
自动化专业，让世界更智能 #我的专业我来说#欢迎新同学@微信时刻 @微信派	2021/6/26	2830	67	1	35	1
视传设计？创造美的专业！#欢迎新同学#我的专业我来说@微信派@微信时刻	2021/6/19	1588	27	0	6	0
环境和化学是"天坑"？No！#欢迎新同学#我的专业我来说@微信派@微信时刻	2021/6/19	569	16	0	7	1
带你了解数学专业的奥秘#欢迎新同学#我的专业我来说@微信派@微信时刻	2021/6/19	5557	75	0	41	1
计算机类专业为何一直热#欢迎新同学#专业揭秘@微信派@微信时刻	2021/6/17	3211	81	0	61	1
高级感爆棚的国贸专业#欢迎新同学#专业揭秘@微信派@微信时刻	2021/6/17	1628	25	0	31	0
什么是北科大快乐星球？#欢迎新同学#招生宣传片@微信派@微信时刻	2021/6/17	9635	314	13	129	2
揭秘世界第一的冶金专业#欢迎新同学#专业揭秘@微信派@微信时刻	2021/6/17	5313	133	3	123	3
了解你"最熟悉"的英语专业#欢迎新同学#专业揭秘@微信派@微信时刻	2021/6/17	5627	134	1	68	3
一流的土资，一流的专业@微信派 @微信时刻#我的专业我来说#欢迎新同学	2021/6/16	5400	92	1	54	0
学环境专业，未来大有用途@微信派@微信时刻#专业揭秘#欢迎新同学	2021/6/16	11945	209	2	183	2
能源专业究竟有多重要？@微信派@微信时刻#专业揭秘#欢迎新同学	2021/6/16	5092	117	0	120	2
90s说工商管理和大数据#我的专业我来说#欢迎新同学@微信派@微信时刻	2021/6/13	2576	47	0	21	0
帅小伙带你揭秘北科大安全工程！#专业揭秘#欢迎新同学@微信派@微信时刻	2021/6/10	18900	350	7	199	6
计通专业哪里好，学长学姐有话说 #我的专业我来说#欢迎新同学@微信派@微信	2021/6/10	5597	87	1	49	0
90s带你了解北科大通信工程 #专业揭秘 #欢迎新同学 @维新派@微信时刻	2021/6/9	10854	190	3	128	1
北科人物·87岁的中国科学院院士 #北科人物#北京科技大学@北京科技大学 @微	2021/5/14	13745	357	5	78	2
这是一个把时间凝聚成梦的地方！#青年星火计划 #2021 @微信派 @中青校媒	2021/5/1	969	22	0	2	0
溯流而上只为你♡北科大！@微信派 @中青校媒 #青年星火计划 #2021	2021/4/26	2135	55	0	20	0
把最好的北科带回家 @北京科技大学招生办 @微信派 @中青校媒 #青年星火计划	2021/4/16	6177	202	3	52	0
	合计	188587	3067	44	1689	29

动态信息

张梓琳喊你报考她的母校#欢迎新同学@微信派@微信时刻

2021年06月28日 22:18

浏览次数	点赞次数	评论次数	分享次数	收藏次数
6.3万	364	4	223	3

播放量第二的是《帅小伙带你揭秘北科大安全工程！》，播放量 1.9

万，点赞 350 个，分享 199 次。

帅小伙带你揭秘北科大安全工程！#专业揭秘#欢迎新同学@微信派@微信时刻

2021年06月10日 18:19

浏览次数	点赞次数	评论次数	分享次数	收藏次数
1.9万	350	7	199	6

播放量第三的是《北科大人物：87 岁的中国科学院院士》，播放量 1.3 万，点赞 357 个，分享 78 次。

北科人物·87岁的中国科学院院士 #北科人物#北京科技大学@北京科技大学 @微信派 @微信时刻

2021年05月14日 11:59

浏览次数	点赞次数	评论次数	分享次数	收藏次数
1.4万	357	5	78	2

（四）知乎优化效果分析

通过 2020 级新生问卷分析，我们关注到，近年来学生使用知乎获取高校信息的数量有所增加，部分知乎网友的回答甚至影响了考生的报考。因而在 2021 年 6 月 6 日至 7 月 15 日期间，针对部分与北京科技大学相关的重点话题，组建团队（专业宣传大使）进行了运营维护，并与知乎站方合作投放了相关资源。

此次运营维护主要选择了三个比较有代表性的知乎问答。一个关于专业学习，一个关于未来学生就业，还有一个关于在北科大四年的学习体验，这三个问题涉及的角度均为考生关注的方向。

北京科技大学知乎投放数据

投放词条	曝光量（次）	点击量（次）	点击率（%）
北京科技大学有哪些好专业？	132887	8583	6.46
北京科技大学就业好吗？	112866	7369	6.53
在北京科技大学就读是一种什么体验？	176357	14117	8.00
合计	422110	30069	7.12

从投放的效果来看，每一个问题均获得了 10 万次以上的曝光量，其中“在北京科技大学就读是一种什么体验？”获得了超过 17 万次的曝光，近 1.5 万的点击量，点击率达 8 %。

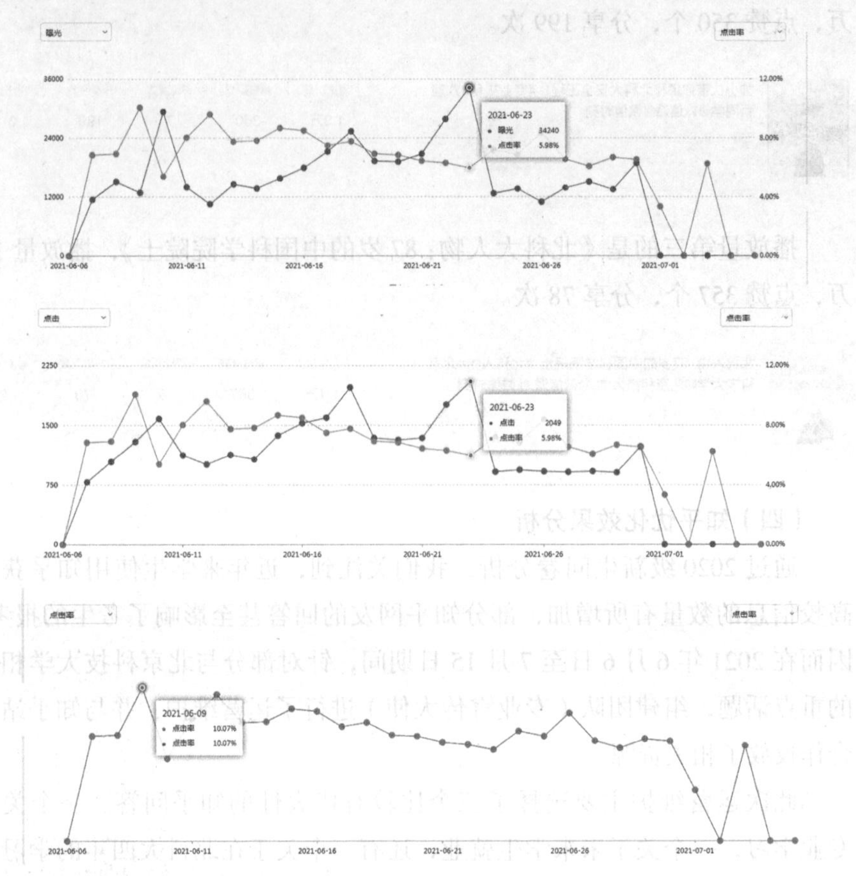

三个问题总计曝光 42 万次，总点击量 3 万多次。分时段观测，6 月 23 日，相关问题的曝光量最高，高达 34240 次，这与高考成绩公布有很大的关系。同样，当天问题的点击量也是最高，点击量高达 2049 次。但是，点击率最高的日期是在 2021 年 6 月 7 日，当天最高点击率是 10.07%。

10 个回答　　默认排序

啦啦啦

14 人赞同了该回答

一、就业创业：

目前大三在读不涉及就业，但直观感觉学校会提供很多实习的机会，目前导员每天都会在年级群发布三个以上的实习机会，都是校招相关。有幸参与北科职协举办的“模拟求职”比赛，初赛学院会邀请校外的HR，初赛过后评委老师所在公司确实向我发出实习面试的邀请，进入复赛还有专门老师指导无领导小组讨论的经验，决赛邀请了字节跳动的经理，据说决赛会现场发offer。（据就业舍此次运维也得到了各个学院专业大使的支持和参与，招生办连续多年开展“我为专业代言”品牌活动，从各个学院甄选优秀的大四学子参与。他们用自己的亲身经历参与知乎问答“在北京科技大学就读是一种什么体验”。不少大使积极参与评论区的互动，为考生答疑解惑。

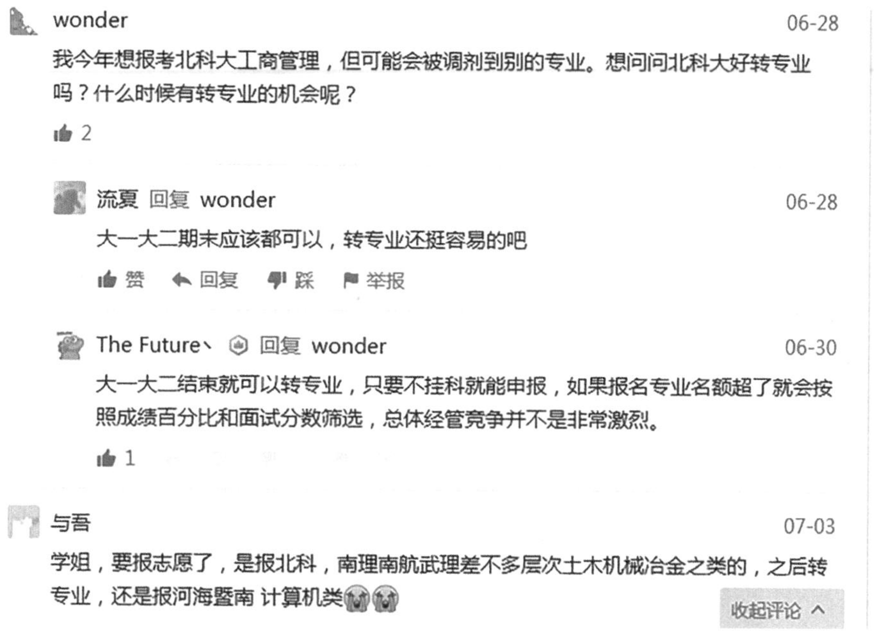

wonder 06-28

我今年想报考北科大工商管理，但可能会被调剂到别的专业。想问问北科大好转专业吗？什么时候有转专业的机会呢？

2

流夏 回复 wonder 06-28

大一大二期末应该都可以，转专业还挺容易的吧

赞 回复 踩 举报

The Future、 回复 wonder 06-30

大一大二结束就可以转专业，只要不挂科就能申报，如果报名专业名额超了就会按照成绩百分比和面试分数筛选，总体经管竞争并不是非常激烈。

1

与吾 07-03

学姐，要报志愿了，是报北科，南理南航武理差不多层次土木机械冶金之类的，之后转专业，还是报河海暨南 计算机类😱😱

收起评论 ^

（五）百度词条优化效果分析

今年，在招生新媒体宣传这部分，重点优化了部分与北京科技大学相关的百度搜索词条。这些词条包括“北京科技大学怎么样”“北京科技大学好不好”“北京科技大学—就业怎么样 / 好不好”“北京科技大学—考研 / 保研怎么样”“北京科技大学王牌专业”。相关词条搜索的 1—5 页进行了优化，用户搜索后，对于负面的信息进行置后处理，优先展示官方内容。

（六）微博热搜效果分析

2021 年，招生宣传增加了与学生社团的深度合作，以北科大故事为依托，策划并制作多个热搜议题。

热搜话题包括 # 张梓琳邀你报考她的母校 #、# 北科大补办 20 届毕业典礼 #、# 北科大毕业赠礼银杏卡片 #、# 北科大学生为高考加油 #。四个话题最高登陆微博同城热搜的第 4—5 位，吸引了不少北京同城用户的参与。

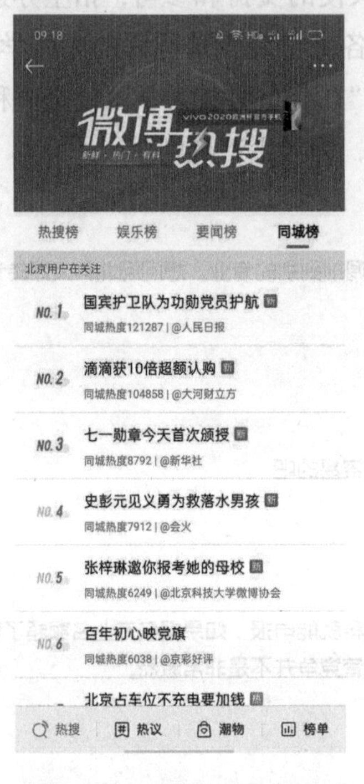
微博热搜
新鲜·热门·有料
热搜榜
娱乐榜
要闻榜
同城榜
北京用户在关注
NO.1 国宾护卫队为功勋党员护航
同城热度121287 | @人民日报
NO.2 滴滴获10倍超额认购
同城热度104858 | @大河财立方
NO.3 七一勋章今天首次颁授
同城热度8792 | @新华社
NO.4 史彭元见义勇为救落水男孩
同城热度7912 | @会火
NO.5 张梓琳邀你报考她的母校
同城热度6249 | @北京科技大学微博协会
NO.6 百年初心映党旗
同城热度6038 | @京彩好评
北京占车位不充电要加钱
热搜
热议
潮物
榜单

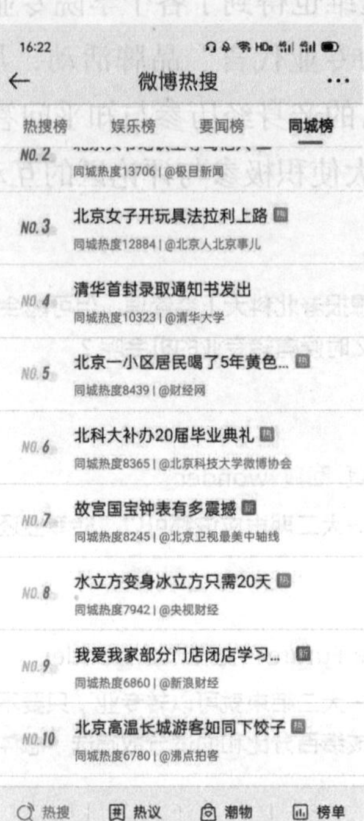
16:22
微博热搜
热搜榜
娱乐榜
要闻榜
同城榜
NO.2
同城热度13706 | @极目新闻
NO.3 北京女子开玩具法拉利上路
同城热度12884 | @北京人北京事儿
NO.4 清华首封录取通知书发出
同城热度10323 | @清华大学
NO.5 北京一小区居民喝了5年黄色...
同城热度8439 | @财经网
NO.6 北科大补办20届毕业典礼
同城热度8365 | @北京科技大学微博协会
NO.7 故宫国宝钟表有多震撼
同城热度8245 | @北京卫视最美中轴线
NO.8 水立方变身冰立方只需20天
同城热度7942 | @央视财经
NO.9 我爱我家部分门店闭店学习...
同城热度6860 | @新浪财经
NO.10 北京高温长城游客如同下饺子
同城热度6780 | @沸点拍客
热搜
热议
潮物
榜单

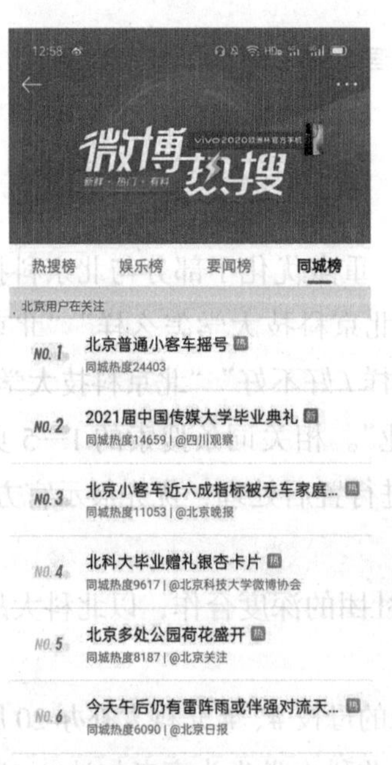
微博热搜
新鲜·热门·有料
热搜榜
娱乐榜
要闻榜
同城榜
北京用户在关注
NO.1 北京普通小客车摇号
同城热度24403
NO.2 2021届中国传媒大学毕业典礼
同城热度14659 | @四川观察
NO.3 北京小客车近六成指标被无车家庭...
同城热度11053 | @北京晚报
NO.4 北科大毕业赠礼银杏卡片
同城热度9617 | @北京科技大学微博协会
NO.5 北京多处公园荷花盛开
同城热度8187 | @北京关注
NO.6 今天午后仍有雷阵雨或伴强对流天...
同城热度6090 | @北京日报
新时代新故宫
热搜
热议
潮物
榜单

微博热搜
新鲜·热门·有料
热搜榜
娱乐榜
要闻榜
同城榜
北京用户在关注
NO.1 北京老太太有多爱美
同城热度6788 | @北京人北京事儿
NO.2 院士建议北京逐步禁售燃油车
同城热度6478 | @中新视频
NO.3 北京4.5万高考生明日开考
同城热度6301 | @北京晚报
NO.4 北京高考考务人员全部接种新冠疫...
同城热度5900 | @北京晚报
NO.5 北科大学生为高考加油
同城热度5696
NO.6 军人地位和权益保障法将三审
同城热度5671 | @央视军事
北京45238名考生参加高考
热搜
热议
潮物
榜单

（七）线上宣传、网络直播类项目

从2021年4月至6月，与多个媒介开展招生宣传合作，包括中国教育电视、光明网等国家级媒体，北京时间、《北京考试报》、《泉州日报》等地方媒体，腾讯看点、今日头条、微博等网络新媒体，通过网络直播、电台直播、访谈、电台直播等形式，多渠道、多平台"发声"。

线上宣讲、网络直播类、新闻报道项目

序号	媒体	内容	主讲人
1	中国教育电视台	电视、APP等现场直播	王鲁宁、尹兆华
2	北京时间（北京市全媒体中心）	网络直播	王鲁宁、孙长林
3	央视频	新闻录播	尹兆华
4	人民网	网络直播	尹兆华
5	知乎	网络直播	尹兆华
6	腾讯看点	网络直播	孙长林
7	《北京考试报》	网络直播	孙长林
8	今日头条	网络直播	李擎
9	泉州日报社	网络直播	李擎
10	北京城市广播	电台、网络直播	王进
11	新浪微博（《新京报》）	网络直播	王进、田舒臣、杨鸿越
12	新浪微博	网络直播	王进、梁哲
13	光明网	网络直播	孙长林等
14	凤凰网	视频访谈	孙长林、王新东
15	腾讯会议（北京专场）	网络直播	尹兆华
16	腾讯会议（山东专场）	网络直播	尹兆华
17	教育头条	网络直播	王进
18	贵州经济广播	电台直播	张家盛
19	视频号（全国）	网络直播	孙长林
20	视频号（土资）	网络直播	刘洋
21	视频号（冶金）	网络直播	刘晓明

续表

序号	媒体	内容	主讲人
22	视频号（材料）	网络直播	曹文斌
23	视频号（机械）	网络直播	李洪波
24	视频号（能环）	网络直播	邢奕
25	视频号（自动化）	网络直播	李擎
26	视频号（计通）	网络直播	王建萍
27	视频号（数理）	网络直播	陈骏
28	视频号（化生）	网络直播	范慧俐
29	视频号（经管）	网络直播	范小华
30	视频号（文法）	网络直播	王霁霞
31	视频号（外国语）	网络直播	陈
32	视频号（高工）	网络直播	贺东风

四、影响新生报考北科大的新媒体热点

新媒体的出现让无处不在的信息有了宣泄口，而当代人也真正做到了足不出户便知天下事。在这错综复杂的信息中，自然少不了新媒体平台上关于北京科技大学的热点事件或新闻。热点，是指人们喜闻乐见、不断讨论的话题，代表着人们的关注点。而学生是否留意这些热点，并且又是否影响了考生的报考方向呢？针对这一问题，本问卷也设计专门问题进行调研。

调查显示，有 1160 名学生是没有留意到这些热点事件和新闻的，占比高达 42.88%，这也说明了在新媒体迅速发展，庞大复杂的信息纷涌而至的时候，其中的一些信息不免会被淹没在这“信息海”中，所以如何能让学生在这茫茫信息中寻找到关键有用的信息便成了重中之重。除此之外，通过统计数据可以看到，有 995 名受访学生是留意到该信息但是却并没有影响报考的，占总人数的 36.78%，这一数据也表明了在吸引学生眼球的同时还需要加强宣传内容的针对性，让迷茫的考生看到北科大的优势从而吸引更多的学生选择北科大。仅有 550 名学生不仅留意到北科大热点信息并且是影响报考的，占总人数的 20.33%。

除此之外，2020 年北科大新生调查报告上，有这样一个问题：新媒体平台中北京科技大学的哪一个热点事件您印象最深刻，甚至影响了您选择北京科技大学？一些北科大热点事件通过新媒体平台传播，被高考生和家长关注，甚至影响了他们选择北科大。这些令考生深刻的北科大热点主要集中于以下事件。

（一）北科大进入世界 500 强

一般来说，学校的实力问题是学生选择大学时的首选，所以呢，北科大在 QS 和软科上的排名上升也是最受大家关注的。有 35% 的受访同学在调查中提到，关注到了北科大在 QS 和软科的上升。

QS 世界大学排名是参与机构最多、世界影响范围最广的排名之一，北科大在此的排名上升，代表着北科大的综合实力正在不断地增强，而且也越来越多地得到国际方面的认可。

软科世界大学学术排名，是世界范围内首个综合性的全球大学排名，它以其评价体系的客观和透明引领了国际大学排名的浪潮，是全球最具影响力和权威性的大学排名之一，许多政府和大学从该排名出发，分析比较本国、本校的情况，采取各种措施来提升大学的国际竞争力。北科大在软科排名上的提高，体现了北科大办学的全球视野，说明北科大的国际竞争力不断提高，这样来看，同学们最关注 QS 和软科大学排名的原因就不言而喻了。

（二）习近平总书记给北科大全体巴基斯坦留学生回信

大家较为熟知的是习近平总书记给北科大全体巴基斯坦留学生的回信。约有 30% 的同学提到，通过习近平总书记的回信了解到了北科大。

2021 年 3、4 月，中巴合作抗击新冠肺炎疫情的报道触动了北科大巴基斯坦留学生们，增进中巴友谊，作为留学生责无旁贷，经过酝酿，留学生们动笔写下了一封信。在信中，他们向习近平总书记讲述了自己在中国留学的经历和感受，表达了对中国抗击疫情的支持和学成后为增进中巴友谊做贡献的愿望。寒假回国的同学们也都在网上签下了自己的名字。这封承载着 52 名不同专业、不同学位留学生真挚情感的联名信，寄往习近平总书记手中。

习近平总书记在 2020 年 5 月 17 日给北京科技大学全体巴基斯坦留学生回信，对各国优秀青年来华学习深造表示欢迎，鼓励他们多同中国青年交流，同世界各国青年一道，携手为促进民心相通、推动构建人类命运共同体贡献力量。

通过《人民日报》、央视新闻等主流媒体的报道，大家得以了解到北科大优秀的留学生们，同时，在留学生和习近平总书记的信件中，使得考生深刻地感受到了深厚的中巴友谊。

（三）航天领域的北科大校友——赫荣伟

关于北科大校友的新闻深受考生的关注。赫荣伟是北科大矿机（车辆）专业93级校友，1997年毕业后放弃回辽宁工作的计划，进入中国航天工业总公司（中国航天科技集团有限公司前身）五院529厂工作。从普通的技术员到“嫦娥四号”探测器系统总指挥，再到火星探测器总指挥，他从未停止前进的脚步。

2021年7月23日，执行我国首次火星探测任务的“天问一号”探测器发射成功，开启火星探测之旅。北科大校友赫荣伟担任火星探测器总指挥，助力中国航天再次“走向胜利之路”！北科大校友在航天事业的卓越贡献也被同学们看在眼里，大约有15%的同学们表示，对北科大校友赫荣伟担任“天问一号”总指挥印象最为深刻。

（四）暴雨挡不住77岁院士加班的脚步

院士动态同样备受同学们的关注，毕竟每所大学院士的数量在一定程度上代表着学校的科研实力。蔡美峰院士，历任北京科技大学采矿系讲师、教授、博士生导师、系副主任、资源工程学院（现土木与资源工程学院）院长、学术委员会主席、矿业工程国家一级重点学科首席学科带头人，2013年当选中国工程院院士。去年夏天，在抖音和哔哩哔哩上，关于蔡院士的这样一条视频广为流传，北京的暴雨挡不住77岁院士加班的脚步，蔡院士刻苦钻研、乐在研究的精神对同学们的感触非常深，即使年岁已高，但是院士不怕艰辛、刻苦钻研的精神，仍值得我们学习。不少考生在调研中表示对这件事最有感触。

（五）北科大版《昨日青空》引关注

同学们不仅关注学校的排名和科研实力，文娱体育等文化方面的内容也是同学们关注的重点。《昨日青空》作为一首以青春为主题的歌曲，备受大家喜爱，而大学生则是青春的代名词，在毕业季与疫情的双重背景下，2020年7月20日，北科大版《昨日青空》推出，通过MV，大家看到了北科大学子的青春活力，看到了北科大学子们离别前深深的不舍。歌曲一经推出便广受好评，首发微博已经获得近 30 万的阅读量。同时有 8% 的 20 级新生同学们表示，通过北科大版《昨日青空》开始正式地了解北科大。

（六）北京科技大学青年突击队

疫情期间，青年人也是抗击疫情的中流砥柱，北科大学子也在其中贡献了自己的力量。2020 年 4 月 13 日，“北科大”青年突击队 30 名青年师生圆满完成新国展集散点抗疫任务，平安归来。天下兴亡，匹夫有责。北科大师生不惧生死，圆满完成任务，心中的敬佩油然而生。北科大师生的奉献精神，也是同学们关注的重点，5% 的同学们表示，对北科大人的爱国与奉献精神十分钦佩。

（七）北科大学霸宿舍

同学们不仅关注学校方面的热点，对学长学姐的优秀表现也是十分在意的。5% 的同学表示，是在抖音了解到了北科大的“学霸宿舍”从而对北科大心生向往的。

在北科大，有这样一个宿舍——5 斋 434：所有成员均深造，两人进入清华大学，一人斩获 4 所常青藤名校 offer，三人分别进入中科院、北京航空航天大学和北京科技大学读研。大学四年宿舍全员总共获奖学金 7 万元，斩获各类国家级、省市级与校级竞赛奖励近 30 个、荣誉称号 16 个。两人成为中共预备党员，四人有海境外交流经历，他们相聚 5#434 宿舍携手互助、共同进步，这样的学霸谁不爱？

（八）在北京科技大学就读是一番什么体验

在知乎、B 站等媒体上，北科大学子对北科大的评价也是影响同学们的一部分。知乎上有“在北京科技大学就读是一番什么体验？”等问题，相关问题已经出现了近一万个讨论。

哔哩哔哩上北科大学子的 vlog 也是同学们了解北科大的一部分。通过 B 站，大家知道了北科大宿舍上床下桌，条件不错，北科大有晚自习、晨跑，学风严谨，活动丰富，四年能收获很多。

（九）北科大小学期

北科大在课程方面的安排，也是大家对北科大的关注点。北科大设有小学期，北科大转专业无门槛，等等，都是同学们的关注点，10% 的同学认为这些也是影响自己选择北科大的因素。小学期开设创新创业、外语、计算机三门课程，学生根据自身喜好与需求来选择，这样更有利于同学们的全面发展。同时，北科大转专业零门槛更加有利于学生自身的发展，找到自己适合的、自己喜欢的发展方向，这样的安排可以说很人性化了。

（十）其他

追本溯源才能了解全貌，不少同学在了解北科大的历史后更加坚定了自己的选择。如我国第一颗人造卫星——东方红一号的壳体材料是由北科大研制的。同时，在体育方面，北科大曾是北京奥运会的比赛场馆，北科大体育馆承办了北京奥运会柔道与跆拳道的项目，曾经举办过世界体育的最高赛事，说明学校实力肯定是不差的，而且也具有一定的地位，同样吸引了同学们对北科大的关注。

北科大热点在新媒体平台走红并给新生留下深刻印象，足以说明宣传其实是有一定效果并且是实际可行的。如果可以在方式上做出突破能够吸引学生的眼球，并且在内容方面做到新颖精彩的话，将校园新闻以适用于新媒体传播的方式包装推广出去，获得最大的关注，提升学校在新媒体平台的声量。未来，定将会有更多的优秀学子受优秀的北科大故事感染选择北科大，会聚学院路 30 号。

五、招生宣传全媒体建设方案

从常态化的招生宣传到新媒体时代的招生宣传，招生人面临着机遇和挑战。北京科技大学招生办在大量的实践中，结合新时代媒体生产的特点，探索了一套独特的正能量全媒体运营策略。

（一）抓好主线，形成多线齐发的内容分发体系

建设好招生办自己的新媒体矩阵。坚持北京科技大学招生办微信公众号的“权威信息发布”的定位，利用好视频号、微博、知乎等新媒体平台。用好视频号，以原创短视频宣传北科大。利用微博热搜，增大北科大故事的曝光度。

（二）增强全校联动，保持内容输出

建设好全校联动的新媒体矩阵，善于利用新媒体联盟，挖掘选题，采编素材，加强同学校各级部门、学生社团、教师团工委的合作，输出大量优质内容。如，与各个学院学业中心合作，挖掘优秀学习榜样，就深造问题，挖掘一批深造的学生个人、宿舍和班集体。与就业中心合作，针对就业情况好的个人或集体进行跟进报道。

（三）以赛促建，打造优质队伍

一方面，比赛是挖掘人才的方式之一，招生宣传的全媒体建设离不开人。通过举办“我为北科大代言”等比赛，挖掘有宣传天赋的学生加入招生宣传团队中。旨在建设一个“讲故事，懂规则”的团队。既能写好北科大故事，又能用好新媒体平台规则。在规则之内，将北科大声音传播得更远。

另一方面，好的宣传需要好的故事，好的故事需要基本功过硬的笔杆子执笔。学习新媒体语言，适应新媒体传播方式，书写新媒体背景下的北科大故事，更离不开素质过硬的写作人。

（四）创新求变，加大视频产出，丰富传播形式

短视频的盛行，使用户接收信息的手段发生变化。招生宣传更应该努力适应媒体业态的变化，要从用户的需求出发，加大原创视频输出，提升原创能力，提高视频质量。善于把信息以视频的形式展现，如重要的权威信息发布也可以制作成简易的短视频进行多平台传播。

（五）完善机制，整合校外资源，加强媒体合作

一方面，加强与平台方的合作，主动参与平台方举办的精品活动，如参与微博、微信站方的“高考季”和“毕业季”活动，获得站方的资源扶持，参与站方的活动，不仅带来了粉丝的迅速增长，更将许多优质内容广泛传播，在网友中树立了学校的正面形象；此外，长期的合作也使得双方建立彼此信任的合作关系，平台方也会在技术和资源上对学校予以扶持。

另一方面，同主流媒体之间的合作不仅可以拓宽宣传的思路，也更容易把握传播的规律，让优质的内容传播得更远。在实践中要善于广泛整合资源力量，对外协调合作专业机构队伍，形成目标一致、强强联合的“航母”效应。比如《人民日报》、人民网、新华网等相继报道了数理学院宋震的故事。

（六）差异化运营，重视二次创作，打造次生热点

已有热搜点通常是受众的关注点。关注热点事件，变被动为主动，在高校招生宣传中，要随时关注新闻动态，对用户关注的校园事件再次挖掘新闻点，找准差异，精确制导。

（2020年立项项目　撰稿人：王进）

高校辅导员“浸入式”网络文化育人品牌培育实践探索

项目概述

随着社交媒体技术的不断发展，微博、微信等网络媒体社交平台逐渐改变着人们的生活方式，而学生是这些网络媒体社交平台的直接使用者，这些平台不可避免地对大学生的学习和获取筛选知识的能力产生一定影响，因此以网络为媒介、以思想政治教育为立足点的网络思政教育显得尤为重要。这种新型特色教育形式如何与时俱进，如何根据阶段性要求不断完善加强，逐渐渗透大学生的日常生活中，以及如何产生积极潜移默化的影响是值得思考的问题。

一、项目背景及意义

教育部、共青团中央《关于加强和改进高等学校校园文化建设的意见》明确指出：“要充分发挥网络等新型媒体在校园文化建设中的重要作用，建设好融思想性、知识性、趣味性、服务性为一体的校园网站，不断扩展校园文化建设的渠道和空间，积极开展健康向上、丰富多彩的网络文化活动，形成网络文化建设工作体系，牢牢把握网络文化建设主动权，使网络成为校园文化建设新阵地。”

“浸入式”网络文化育人是互联网时代的必然要求。党的十九大报告中，习近平总书记指出要“办好网络教育”，为加快教育现代化、建设教育强国指明了道路。网络信息化技术日趋成熟，互联网成为人们交换信息的主要渠道，而信息化为大学生思想政治教育创设了新的条件。当前大学生思想政治教育需要从“水渠式”转换为“浸入式”，充分发挥特色化、借助情感教育倡导人本化、依托协同机制实现品牌化，拓展与创新课程思政的范畴，努力构建具备协同力、领导力、亲和力的“大思政”格局。

“浸入式”网络文化育人是高校思政工作者的实际需求。作为新时代高校大学生思想引领工作的重要组成部分，培育推广高校原创网络文化作品不仅仅是一项基础工作、一项研究课题，更是一项伟大的历史使命、历史征程。在信息时代背景下，要求高校思政工作者善于用网络技术手段，培育高校原创网络文化作品，进而打造网络文化育人品牌，进一步营造浓厚的校园育人氛围，增强大学生思想引领实效，着力提升新时代高校思政工作者思想引领能力。

“浸入式”网络文化育人有利于促进网络思政教育范式的转型和升级。通过对当前高校开展网络思政教育、培育原创网络文化作品的实践机制和典型案例的调研评价，分析提炼网络思政教育目前存在的主要问题及其深层原因，提出运用新媒体新技术开展大学生网络思想政治教育实效性提升的创新机制和有效路径，协助推进学校“三全育人”综合改革进程。

二、具体实施情况

（一）总体分析

根据《“00后”大学生互联网使用情况、习惯特点与接受网络思想政治教育情况》调研报告显示，当前，互联网新媒体越来越深刻地影响着学生思想。绝大部分学生日均上网时间都达到了1—2小时，一大部分学生甚至超过5小时。网络普及化这一现象带来的直接结果便是，绝大多数的大学生拥有同等的机会便捷地获取各种最新消息，对于他们来说，几乎不再存在信息闭塞、不对称等情况。网络的普及化与便捷化，使得大学生能够紧跟时事热点，聚焦时政新闻。同时，交互性强的新媒体为展现自我、讨论交流提供了平台，这种即时互动的形式喜闻乐见，可以有效避免空洞的说教。

（二）前期准备

在理论研究的基础上，通过问卷分析、个体访谈，调研选取“00后”大学生这一代“网络原住民”作为研究样本，全面调查其网络使用习惯、使用特点和网络思想政治教育接受情况，力求全面、客观、真实地反映当代大学生的网上学习生活状态，探寻其中的共性规律和个性特征，从而更加准确地把握教育对象的特点，进一步从思政教育切入点分析提炼目前存在的主要问题及其深层原因，合理运用互联网等工具技术创新大学生教育和学习思维培养的有效路径，便于课题的充分开展。

（三）具体实施

项目开展以来，依托辅导员网络思政工作室，为在校大学生提供了一批高质量的网络文化产品，一年来作品“不断线”，将网络思想政治教育“常态化”。作品内容在“贝壳学子在线”“经管小核”等新媒体平台发表，并积累形成一部作品集。工作室从以下四个方面开展：

文：“春风化语”对话集。听学生之声，思学生之想，做学生前行路上的阳光，温暖的守护者。以暖心文字传递真情，以师生对话交流思想，以切身感受与学生共情共勉，以悉心守护陪伴学生从懵懂走向成熟，从迷茫走向坚定，共度青葱岁月。

“清塘如许”享阅读。“问渠那得清如许，为有源头活水来。”阅读，就是最好的清源。以推荐经典书籍、分享阅读笔记、交流读书感悟为一体，既是知识的搬运工，也是思想的智慧库，与学生一起从书本中看“世界”，寻找诗和远方。

影：“智祯句酌”脱口秀。观社会热点，聊生活百态，听身边小事，思人生之路。摒弃让人昏昏欲睡的“枯燥说教”，抛开让人食之无味的“心灵鸡汤”，围绕学生日常关注的时政热点、所遇到的思想困惑，以生动幽默的语言予以阐释，精准滴灌学生心灵。

“微影流光”短视频。用短视频展观点、说时事、观流行，做放飞青春的先行者，做学生展示自我的平台。以时下兴盛的流媒体形式，在短视频领域开辟思想文化交流的伊甸园，实现人人参与、精准匹配、吸引注意，书写时代强音。

音：“静待佳音”直播间。人生犹如大海行船，每个人手握船舵，终其一生都在寻找前进的方向。规划，是为了更好地指导当下。有前辈的故事，有丰富的知识，有专业的指导，引导学生重新定位自我，寻找职业方向，助力职业成长。

“时说新语”微党课。身边的人讲身边的事，探索党课新模式，紧抓微型党课教育特点，“旧故事新讲法”，凝聚推进党建教育的蓬勃力量。

像：“图闻有道”图像荟。图像汇聚，传客观新闻。以实拍图集形式，分享社会、校园与身边大小事，借助图像传递信息，更是借其揭示背后的深层意义，让学生在网络上零距离接触百态人间，让思政教育在潜移默化中生根发芽。

“榛知实鉴”影鉴志。以艺术之美传递正能量，以现实之“鉴”传达应知应“见”。以生动形象的绘画展现社会、学校中的热点话题，以学生喜闻乐见的图鉴、影鉴等形式，带给学生视听的盛宴和心灵的涤濯。

项目实施过程中，努力探索高校原创文化作品培育推广的优质经验，打造系统化、规范化的长效工作机制，选拔一批代表性高、育人性强，同时具备推广性的案例，打造出一条建设高校原创网络文化作品培育工作的参考路径。

（四）后期反馈

项目组成员致力于用丰富立体的文化产品来征服人，日常塑造正确价值观和形象，引发情感共鸣，加强育人影响力，真正做到将思想政治教育“入脑”“入心”“入行”。网络文化作品发布后，在校教师、学生主动转发并进行留言反馈，引发强烈反响并获得一致好评。

三、项目亮点成效

（一）阶段性成果

项目开展以来，以每周、每两周1期的频率更新原创内容，在学校、学院官方平台发布，截至2021年7月，已发布相关推送43篇，累计阅读量33000+。发布的作品在学生群体中反响热烈，影响范围覆盖全校多个学院学生。项目探索出“三个一”工作路径：构建一个具有吸引力、影响力、感染力的网络思想教育平台；打造一支集教育、管理、技术、研究于一体的网络思政团队；推出一批有态度、有温度、有厚度、有力度的网络文化作品。

（二）项目特色亮点

形成一套较为成熟的高校网络文化育人推广模式。网络时代的大学校园文化建设是一项长期的系统工程，“既有赖于构成校园文化各要素之间的内在协调，又有赖于大学文化与大众文化的相融与共生”。正确把握网络文化的精神内涵，将其融入校园文化建设之中，实现真正相互间的良性互动、和谐共生，形成可复制、可借鉴、可推广的高校原创网络文化作品培育推广机制。

培育一支具有互联网思政教育思维的强劲骨干队伍。大学生思想政治教育这一任务，需要靠“人”的努力去完成。利用网络文化育人途径，培育出一支理论水平过硬、自身修养较高、勇于献身思想理论教育事业的队伍。

形成一本高质量原创网络文化作品系列作品集。经过积累形成系列优秀案例集、书籍推荐单、系列短视频等作品集，可供传阅和推广。

（2020 年立项项目　撰稿人：倪宇）

矿业工程学科传统文化建设与育人实践探索

项目概述

如何总结北京科技大学和矿业工程学科的历史，在新时代背景下讲好学科故事，传承学科精神，打造百年学科精品，创造一流品牌学科，对创新校园文化、改善育人环境、传承学术思想、建设一流学科有着重要意义。基于此，本项目通过回顾矿业工程学科近年来在传统文化建设方面开展的工作，探索育人实践，总结经验成效，以更好地继承和发扬矿业工程学科传统，指导和激励当代师生为建设世界一流学科和国际著名的高水平研究型大学做出更大贡献。

一、项目背景及意义

北京科技大学矿业工程学科的历史渊源可追溯至1895年北洋西学学堂创办的中国近代史上第一个矿冶学科，迄今已有120多年历史。1952年建校时，该学科就汇聚了北洋大学、清华大学等6所国内著名大学相关学科的优势力量和优秀骨干。如攀枝花钒钛磁铁矿的首位发现者刘之祥，著名采矿、通风和安全专家华凤诹，著名采矿专家和教育家童光煦，矿物加工专家陈荩等。具有光荣传统的矿业工程学科伴随着新中国发展的曲折和坎坷、繁荣和辉煌，在不懈奋斗、茁壮成长的过程中，走过了不断创新发展的历史，也留下了一串串可圈可点的足迹。可以说，北京科技大学矿业工程学科的成长、发展和演变，与中国矿业的成长和发展一路相伴。

钢铁工业在国民经济中的地位和作用，也就决定了北京科技大学矿业工程学科的地位和作用。在中华人民共和国成立的70多年中，该学科肩负着为国家建设开发矿产资源、冶炼钢铁材料、解决工业食量的重任。几十年来，一批批名师巨擘在国家发展的困难时期毅然回国、报效祖国，一批批青年学子在国家经济振兴之时选择矿业、一生无悔。正是他们的精神、思想和言行，传承着北洋、钢院、科大矿业的传统文化和学科血脉，学风严谨、崇尚实践，厚德博学、砺能善创，才有了如今矿业工程学科的蓬勃发展，矿业工程和教育领域的人才辈出，矿业经济乃至整个工业的腾飞。于学馥、高澜庆、蔡美峰，一个个熟悉、亲切的名字，一辈辈知名的教授、学者，是他们用自己毕生的精力和心血，书写了北京科技大学、书写了矿业工程学科的辉煌历史。在铸就祖国钢铁工业一座座历史丰碑的同时，也铸就了矿业人、矿业学科所特有的个性、品德、文化与传统。

进入新时代，学校、学科的发展都进入了一个关键时期。曾一度成为北京科技大学“脊梁”与“灵魂”的矿业工程学科，如今已是国家“双一流”建设学科。为此，我们更应该传承学科精神，打造百年学科精品，创造一流品牌学科。

二、具体实施情况（主要做法）

（一）系统梳理了北京科技大学矿业工程学科历史

学科通过参考历年《北京科技大学年鉴》《北京科技大学校史资料》《北京科技大学（北京钢铁学院）纪事：1952—2012》及高澜庆《北京科技大学矿业学科的建立与发展历史沿革回顾（1952—1966）》，孙维约《北京科技大学采矿系系志（1952—1993）》，曹诺农、袁怀雨《北京科技大学地质系志（1952—1994）》等资料，组织师生查阅现存档案及有关回忆录、访问记录等，系统梳理了北京科技大学矿业工程学科 1952 年至 2020 年 68 年的发展历程，按矿业学科前身、北京钢铁工业学院时期（1952—1960）、北京钢铁学院时期（1960—1988）、北京科技大学时期（1988—1998）（冶金部时期）、北京科技大学时期（1998—2018）（教育部时期）、北京科技大学时期（2018 至今）（国防科工局、教育部共建时期）五个时段分别整理，汇编了北京科技大学矿业工程学科历史大事记（未完）。

（二）抓取典型人物，挖掘矿业工程学科文化内核

学科以优秀前辈刘之祥、于学馥等为代表，梳理人物生平和学术发展脉络，凝练典型人物为人师表的道德风骨、春风化雨的育人风范、科研报国的大家精神，挖掘和打造矿业工程学科文化内核。

1. 刘之祥

刘之祥教授是我国采矿业界的前辈，是新中国采矿学科建设的宗师。刘之祥，1902 年生，河北清苑人，民盟盟员。1922 年考入北洋大学预科，1924 年转采矿专业本科学习。1928 年至 1929 年开滦煤矿实习生，1929 年留校任教。1937 年 9 月至 1939 年年初任青海金矿探矿队长。1937 年随北洋大学内迁，1939 年任国立西北工学院矿冶系副教授，之后到会理铜矿任工程师，1940 年年初任国立西康技艺专科学校副教授、教授及总务长、教务长、采矿系主任等职务。1945 年 12 月至 1947 年 7 月先后到英国皇家采矿学院、美国科罗拉多州矿业学院进行考察和研究，后回北洋大学任教，任采矿系教授、系主任、采矿研究所所长。1948 年年底任北洋大学临时维持委员会副主席，后兼代理工学院院长。1949 年年初任新组建的北洋大学校务委员会常委兼秘书长，教学和研究职务不变。1952 年院系调整，刘之祥教授随北洋大学矿冶学科一起调入新建的北京钢铁学院（现北京科技大学），担任校务委员会委员、工会主席、采矿系教授等。1956 年经教育部批准确定为三级教授。刘之祥教授在采矿史及冶金史、海洋矿产资源和开发利用、采矿专业教材建设及采煤、冶金、石油等多个学科领域均有突出贡献。

1940 年 5 月至 7 月，刘之祥受委派对宁属北部地区开展地质矿产调查，他只身进入极度荒凉和落后的少数民族地区，初步探查了这一地区的地貌特征、地质结构，探明了储藏的金、银、铜、铁、煤、石棉、云母、瓷土等多种矿产资源，考察了该地区资源的初期开发情况。1940 年 8 月 17 日，刘之祥带队从西昌出发，用 87 天的时间，行程 1880 多公里，途经盐源、盐边等西康省多县和云南省丽江、永胜两县，用地质调查仪器，对沿途地质矿产进行了测量、勘探、调查，11 月 11 日回到西昌。其中，9 月 5 日，刘之祥一行到达盐边县攀枝花地区，傍晚在当地保长家院子里发现两块铁矿石。9 月 6 日早晨，刘之祥等来到尖包包、乱崖、硫磺沟等山峦，发现了多处铁矿露头，并初步预测了铁矿石储量。带回西昌的矿石标本经化验，确认为含钒、钛等多金属磁铁矿，从而揭开了攀枝花钒钛磁铁矿的面纱。1941 年 8 月，刘之祥用了 10 个月左右时间整理资料、绘制地质矿产图，向社会公开发表两次地质矿产调查报告。

刘之祥教授所著的《中国古代矿业发展史》依据当时大量古籍资料，

划分了史前原始公社时代［50 万年前—纪元前 2198（？）］、奴隶社会［纪元前 2198（？）—纪元前 1122］、初期封建社会（纪元前 1122—纪元前 221）、专制主义封建社会（纪元前 221—907）、末期封建社会和资本主义萌芽时期（907—1840）的中国矿业发展，形成了这一学科知识体系。1967 年发表的《海洋采矿》、1972 年发表的《开发海洋矿产资源》等科普专著以及《海底矿床开采》论文等，全面而精要地介绍和论述了海洋资源中矿产资源及开采情况，在"革命"年代仍旧关注世界范围内的专业前沿动态，引发对矿产资源开发、利用的警醒和思考，并且引领学术研究开拓新的领域，向纵深发展。

2014 年 4 月 23 日，学科举办刘之祥教授纪念座谈会，邀请刘之祥亲属、学生、同事及采矿系师生共计 50 余人参加。座谈会上，刘之祥教授的女婿吴焕荣先生介绍了刘之祥教授生平及在人才培养、科学研究、矿产勘探调查及攀枝花大型钒钛磁铁矿发现、中华人民共和国成立前后参与北洋大学"爱校护校"活动、中华人民共和国成立后参与北京科技大学建设与发展等方面的贡献。刘之祥教授的同事也一同追忆了与刘之祥教授的交往经历，深情缅怀了刘之祥教授一生不畏艰险、不务虚名的高贵品格，开拓前沿、严谨求实的治学典范和报效祖国、服务人民的民族情怀。同时，刘之祥亲属将刘之祥教授《康滇边区之地质与矿产》报告及附图手稿（1941 年 8 月，国立西康技艺专科学校学术专刊第三号）、口述资料光盘（1985 年制）等发现攀枝花大型钒钛磁铁矿的相关资料捐赠给校史馆。

图 1　刘之祥先生史料文献研究

2019年，学科支持吴焕荣先生出版《攀枝花铁矿发现人刘之祥及其学术研究成果》一书，通过刘之祥生平概述、发现攀枝花矿产资源的代表人、学术地位和研究成果、回忆文稿、学生回忆恩师刘之祥五个部分的内容，系统回顾了刘之祥教授发现攀枝花钒钛磁铁矿对国家、社会做出的重大贡献，在中国古代矿业史和我国海洋矿产资源开发研究中取得的开拓性成果以及在北京科技大学矿业工程学科建设中的奠基性作用，既是为了表达对刘之祥教授的缅怀之情，也是为了学习和继承刘之祥教授对国家、民族的高度责任感和对学术孜孜以求的研究精神。

2. 于学馥

于学馥先生曾先后担任国际岩石力学学会成员、国际岩石力学学会中国小组成员、中国岩石力学与工程学会常务理事、教育工作委员会主任委员、地下与地下空间岩石工程专业委员会副主任委员、《岩石力学与工程学报》主编；中国核学会铀矿冶学会理事；《铀矿冶》学报编辑；中国煤炭学会岩石力学专业委员会副主任委员；中国科学院工程地质开放实验室学术委员会委员；中国科学院武汉岩土力学研究所开放实验室学术委员会委员；中国岩土工程研究中心学术委员会顾问委员；中国地质灾害研究会地质灾害与防治学报编辑委员会委员；中国金属学会首届名誉理事；北京市地下铁道公司顾问；北京科技大学采矿奖学金管理委员会副主任委员；焦作矿业学院、包头钢铁学院名誉教授。于先生曾当选为北京市一、二、三届人民代表，北京市政协第六、七届委员会委员；民盟中央科技委员会副主任委员，民盟北京市委常委、科技委员会主任委员。

在教学方面，20世纪50年代于先生在北京钢铁学院任教时首次在中国创建并发展了岩石力学专业，开设了系列化的岩石力学课程。于学馥先生编写并于1956年正式出版的《岩石力学与矿山支架》是在北图可以查到的我国第一本岩石力学专用教材（仅存一本）；在北京科技大学图书馆还查到于学馥先生1954年手写的研究生教材《井巷掘进讲义》。于先生先后为学生开设过："岩石力学""采矿原理""金属矿床开发""采煤学""井巷掘进与支护"等20余门的课程。他的著书《地下工程围岩稳定分析》《岩石记忆与开挖理论》《岩石力学新概念与开挖结构优化设计》《现代工程岩石力学基础》，至今仍然是我国高等学校采矿工程和岩土力学专业研究生必修课程和博士研究生的重要参考书。他为我国采矿和岩石工程培养输送了大批高级科学技术人才（包括中国工程院院士2名），培养博士、硕士研究生50多名。还有大量本科生和矿山、科研单位的技术人员。他们中不少人成为国家重要部门和教育、经济、技术、科研领导岗位上的带头人。1981年，于学馥被国务院评为我国采矿专业第一批博士生导师（全国仅2人）。

在科学研究方面，于先生早在20世纪50年代末，早于国外18年提出了“轴变论”，推动采矿和地下工程技术原理从静态迈向动态研究的第一步。此后，80年代初期，形成了一套建立在非均质、非连续介质理论之上，以现代数学力学分析和计算机数值模拟分析为主的地下围岩稳定分析理论。同时，又在国际上首先提出了岩石记忆的新概念和岩石记忆与开挖新理论，并相继与系统论、控制论、突变论、模糊理论等新学科交叉，形成了采矿和岩石开挖系统控制理论体系与研究方法，使岩石工程从静态确定性分析方法研究向动态非确定性分析研究发展，为我国现代岩石力学与采矿科学理论发展奠定了基础。

于先生始终沿着学科前沿，坚持开拓创新，不断推动岩石力学教育和学科的发展。同时，理论联系实际，将岩石力学理论用于指导国家重大工程建设，解决了一大批生产实践中的重大技术难题，为国家做出了突出的贡献。有许多突出的工程实例在我国岩石力学和采矿界是广为人知的，如，在20世纪国家“六五”和“七五”计划期间，主持国家重大科技攻关项目“金川资源综合利用”中的采矿问题研究，他首先改变了金川基建巷道支护原理、研究方法与施工技术，使金川在两年内全面投产，摆脱了金川长达14年不能投产的困境；在国内率先提出“浅埋暗挖法”的地铁施工方案，并在修建北京复兴门至西单段的地铁工程中成功实施，为在北京市和全国地铁建设中全面推广“暗挖法”奠定了坚实的基础；等等。

2019年9月22日，学科联合中国岩石力学与工程学会举办了“纪念于学馥先生百年诞辰岩石力学学术研讨会”，邀请了于润沧院士、郑颖人院士、彭苏萍院士、金智新院士、张玉卓院士、蔡美峰院士、冯夏庭院士、杨仁树校长、葛世荣校长、张来斌校长、孙友宏校长、杨更社教授、宋慰祖先生以及来自全国各地的岩石力学专家、于学馥先生的同事、学生、部分亲属等近200人出席会议，通过大会发言、专题报告、实物展览等多种形式，集中展现了于学馥先生生前的学术著作、科研成果、社会荣誉等丰硕成就，共同缅怀了于学馥先生的高尚品格、学术思想和治学风范，共同分享了与于先生一起生活、学习、工作时的人生经历。

图 2　纪念于学馥先生百年诞辰岩石力学学术研讨会

（三）开展育人实践，践行矿业工程学科文化传承

学科将矿业特色与时代要求相结合，确立鲜明的实践主题，努力创造精品，扩大育人效果。

2019 年 7 月 12 日，学科组织开展学生暑期“矿业学科历史寻访”社会实践活动，在宣传部、档案馆、科技史与文化遗产研究院、马克思主义学院、校友会等相关单位及个人的支持下，对学生进行档案查阅、口述史采访培训，期待通过年轻矿业人的努力，加深对矿业工程学科及专业的认知和认同，使矿业文化代代传承，将矿业精神发扬光大。

图 3　“矿业学科历史寻访”社会实践培训讲座

学生实践团积极查阅北京科技大学图书馆电子资源、档案馆现存档

图 4　“矿业学科历史寻访”人物访谈

案、国家图书馆相关史料、《北京科技大学年鉴》等各种文献资源，了解收集到矿业工程学科自 1952 年以来的建设和发展历程，加深了对矿业工程学科历史的了解。先后进行了 21 人次的人物访谈工作，采访对象涵盖 80 岁以上高龄的退休老教师、在职教师以及矿业新一代研究生和毕业校友，通过对不同时代北科大矿业人的访谈，从不同角度进一步了解了矿业发展历史中学科先辈做出的杰出贡献，以及学科发展演化的具体故事和现如今的新方向新变化。后期成果方面，制作了一整套《矿行》系列明信片，将访谈经典语录与独家北科大校园美景结合，增强了访谈精华内容在艺术方面的感染力以及传播力；整理了所有北科大矿业人访谈录，将完整的精彩问答配以精美设计编为一本《百年矿业》访谈录；拍摄制作《北科大矿业人》微纪录片；通过“北科大矿业学科历史寻访实践团”公众号以及“北科大矿业学科历史寻访实践团”微博号将实践成果线上推广、宣传给大众，获得了极高的阅读量以及视频播放量。

实践活动充分发挥、挖掘了学生的自主能动性，增强了学生对矿业工程学科的了解，破除了刻板印象与抵触情绪，提高了新一代青年对矿业学科重要作用的认识，明确了作为矿业传承人所肩负的责任；更通过宣传记录主动将北科大矿业人亲历亲述的学科故事以及他们为矿业发展奋斗的坚定信念与创新精神分享给其他学生，让更多人真正地逐渐了解矿业、理解矿业学科的重要意义与发展的必要性，使更多青年学子愿意投身于矿业事业。

图 5 《矿行》系列明信片

2021 年，为扩大宣传影响，树立典型示范，学科继续推行精品实践项目，成立了以矿业学科带头人和辅导员为指导老师，以“百年矿业追本溯源院史探索”“矿业变迁与祖国建设寻访”“矿业青春奉献祖国寻访”为主题的三个实践团队。“百年矿业追本溯源院史探索”实践团主要探究土资学院发展历程、重要人物、重要时间节点、专业衍生和取缔等相关事件，通过老教授和青年新生代矿业人的视角深入了解矿业的发展与变迁；深入了解老教授和青年杰出人物为学校为矿业发展做出的重大贡献；深度领会矿业人艰苦奋斗、求实鼎新、无私奉献的伟大精神；并基于所得资料补充完善历史资料中遗漏、缺失的部分，完善学科学院简史。“矿业变迁与祖国建设寻访”实践团主要研究中华人民共和国成立前后矿业发展变化，从老教授的视角探究中国矿业的发展与北科大矿业在祖国建设中的力量，深入挖掘老前辈的光辉事迹，对老前辈进行著书立传。“矿业青春奉献祖国寻访”实践团主要探究矿业校友在岗位上为祖国建设做出的贡献，探究院友的光辉事迹，形成一部访谈录。同时，力求通过访谈新生代矿业学子获得反馈，进行教学目标调整。

（四）探索方式方法，彰显矿业工程学科传统文化

学科通过文化上墙、建造矿石标本展览馆、建设矿业数字博物馆等，探索出综合利用“实体空间＋虚拟平台”的形式，集中展示矿业工程学科历史上的标志性事件和人物，以及佐证的各类文件、照片、证书、书信、手稿、实物、模型等珍贵史料，多渠道、立体化、全方位展示矿业工程学科文化积淀，弘扬矿业精神，激励当今时代师生，助力一流学科建设发展。

图6　矿业工程学科文化上墙

图7　矿石标本展览馆

图 8　矿业数字博物馆

三、项目成果成效（特色亮点）

本项目通过探索学科文化建设的新举措、新方式，深入挖掘矿业工程学科的厚重文化及其内涵，进一步凝练了百年矿业的文化传统，明晰了学科方向的渊源，夯实了学科文化的根基，形成了以下四个特色亮点，并以史为师，教育今人铭记历史，汲取精华，面向未来，砥砺前行！

（一）以弘扬矿业先辈和大师精神为载体塑造矿业文化内核

“所谓大学者，非谓大楼之谓也，有大师之谓也。”北京钢铁学院成立伊始就会聚了刘之祥、童光煦、卢焕云、华凤诹、陈兆东等国内矿业领域顶尖人才，又有于学馥、高澜庆等一批青年才俊加盟。他们立志于矿业报国，躬身于祖国矿业建设，执着于矿业高等教育，汇聚形成了百年矿业文化的厚重底色和精神内核。

（二）以追求专业发展与学术创新为根本凝练学科优势文化

我国的矿业工程学科虽肇始于 19 世纪末，但真正的发展是在中华人民共和国成立后。伴随着钢院和采矿系的成立，硬岩采矿学、矿山地质、冶金地质、包体成矿、围岩支护、地压控制等专业课程从无到有，并逐步形成了矿业学科专业人才培养体系。轴变论、岩石记忆理论等新理论的提出，以“浅埋暗挖”为代表的一大批新技术的涌现，成功解决了一大批工程难题。这都是北京科技大学矿业工程学科“求实鼎新”文化内涵的良好诠释。

（三）以服务社会发展与工业建设为目的彰显学科育人传统

一代代北科大矿业人在重大矿业工程建设中做出了重大贡献，从攀枝花矿区的发现到金川矿区的开发，从地质找矿到开采选冶，从邯邢、到迁安，从晋西、到鲁东，足迹遍布大江南北。在矿业“救国、报国、兴国”崇高理想和事业实践的指引下，先后培养了以工程院院士范维堂、蔡美峰、张玉卓为代表的一批批矿业学子，继续书写着北京科技大学矿业工程学科服务祖国建设的美好诗篇。

（四）以运用现代技术和调研方法为手段展示学科传统文化

为了抢救矿业文化，走访校友、口述历史，编辑出版了《攀枝花铁矿发现人刘之祥及其学术研究成果》、“百年矿业”等史料文献；举办了“纪念于学馥先生百年诞辰岩石力学学术研讨会”；创建了矿业数字博物馆、矿物标本展览馆等学科文化宣传工程，全方位展示了一代代矿业人的传统和风貌，激励当今时代师生为矿业工程一流学科建设努力奋斗。

（2020 年立项项目　撰稿人：纪洪广）

大安全学科文化传承与传播研究

项目概述

本项目通过总结安全科学与工程学科在文化建设工作方面的经验成效，探索创新文化传承与传播路径，讲好学科故事，扩大文化传播，以指导和激励当代学科人“继续发扬严谨治学、甘为人梯的精神，培养更多听党话、跟党走、有理想、有本领、具有为国奉献钢筋铁骨的高素质人才”，努力为国家发展作出新的更大的贡献！

一、项目背景

北京科技大学的安全科学与工程学科是国家一级重点学科、北京市“高精尖”建设学科，是北京科技大学矿业工程国家“双一流”建设学科群的主要学科之一。1993 年、1998 年先后获批硕、博士学位授予权，2011 年获批一级学科博士学位授予权，2012 年设立博士后科研流动站。2020 年，北京科技大学贯彻落实总体国家安全观，提出“1+2+N”的大安全学科建设发展战略，标志着北京科技大学安全科学与工程学科建设进入了新的历史发展阶段。

学科文化传承创新，是学科建设的主要任务之一。2022 年 4 月 21 日，习近平总书记给北京科技大学老教授亲切回信，对学校 70 年办学成就给予了充分肯定，为学校奋进新征程指明了发展方向。作为建校初期成立的安全科学与工程学科，在新时代背景下开展学科文化研究，梳理学科发展历史脉络，传承弘扬老一辈科学家的精神风貌，激发师生的爱国情怀、奉献精神和奋斗精神，对加强学科建设和人才培养，推进学校“双一流”建设和高质量发展具有重要意义。

二、安全科学与工程学科的发展历程

项目研究人员通过参考历年《北京科技大学年鉴》《北京科技大学校史资料》《北京科技大学（北京钢铁学院）纪事：1952—2012》及高澜庆《北京科技大学矿业学科的建立与发展历史沿革回顾（1952—1966）》、孙维约《北京科技大学采矿系系志（1952—1993）》等资料，查阅现存档案及有关回忆录，以及对安全科学与工程学科老教授进行访谈等，系统梳理了安全科学与工程学科 1952 年至 2022 年 70 年的发展历程。

北京科技大学的安全科学与工程学科始于矿业工程一级学科下属的安全技术及工程二级学科，历史渊源可追溯至 1895 年北洋西学学堂创办的中国近代史上第一个矿冶学科。

1952 年，采矿系由北京工业学院采矿系、天津大学采矿系金属组、清华大学采矿系采金属组等系科合并组建，清华大学的卢焕云任系主任。采矿系只成立了采矿教研组（含选矿），童光煦任教研组主任。

1957 年，采矿教研组分为采矿方法教研组和通风安全教研组。通风安全教研组主任由建校元老、天津大学的华凤诹担任，教师包括系主任卢焕云和 1953 年中南矿冶学院、东北工学院分配到采矿系的暨朝颂、高武勋。

1973 年，通风安全教研组恢复，归属于采矿系采矿工程教研室。

1994 年，资源工程学院成立，通风安全教研室仍保留在采矿工程教研室。

1996 年，环境工程系成立，安全方向的行政关系隶属于环境工程系，学科仍归属于矿业工程学科。

2002 年，安全技术及工程被认定为北京市重点学科。

2003 年，金属矿山高效开采与安全教育部重点实验室获批建设，并于 2012 年通过教育部组织的专家验收。

2007 年，获批建设教育部安全工程特色专业，招收第一届本科生。同年，安全技术及工程被认定为国家重点学科。

2008 年，获批建设北京市安全工程特色专业。同年，“国家材料服役安全科学中心”获国家发展改革委员会批复组建。

2010 年，安全科学与工程系成立，张英华任主任，黄国忠任党支部书记。

2011 年，安全科学与工程获批国家一级学科，招收第一届研究生。同年，“矿山避险技术研究中心”获国家安全生产监督管理总局批复建设，并于 2013 年被确定为“安全科技成果研发平台试点单位”。

2015 年，国家杰出青年科学基金获得者何学秋教授调入安全科学与工程系工作。

2016 年，安全工程专业顺利通过工程教育专业认证。

2019 年，安全科学与工程进入北京高校高精尖学科建设名单，获批国家级一流本科专业建设点。

2020 年，大安全科学研究院成立，北京科技大学校长杨仁树任院长，金龙哲任常务副院长。研究院下设资源开发安全研究所、金属冶炼安全研究所、材料服役安全研究所、职业安全健康研究所、公共安全与应急管理研究所、城市地下空间安全研究所、公共安全法治研究所和安全教育研究与培训中心。

2021 年，“金属冶炼重大事故防控技术支撑基地”获国家发展改革委员会批复建设，“冶金安全与风险防控”重点实验室获应急管理部批复组建，“粉尘危害工程防护”重点实验室获国家卫生健康委批复挂牌组建。

表 1　1957 年至今安全科学与工程学科人员名单

年份	调入 / 留校教师	调出 / 退休教师	人数
1957	卢焕云、华凤诹、暨朝颂、高武勋	—	4
1959	韦冠俊、冯铭瀚、龚竟成、赵景宣	—	8
1960	刘学丰、苗田仁、蔡似惠、李怀宇	—	12
1961	王静英、魏淑华、鲁玉玲	—	15
1966	—	刘学丰、苗田仁、蔡似惠、鲁玉玲、卢焕云	10
1972—1978	袁俊芳、李丛芳、张凤珠	华凤诹、冯铭瀚、李丛芳、张凤珠	9
1979	—	高武勋	8
1985	—	赵景宣	7
1989	—	暨朝颂	6

续表

年份	调入 / 留校教师	调出 / 退休教师	人数
1990	江小平	魏淑华	6
1992	杜翠凤	—	7
1994	谢振华	韦冠俊、江小平	6
1995	—	龚竟成	5
1996	蒋仲安		6
1997	金龙哲	李怀宇	6
1998	—	王静英	5
2003	刘双跃、黄国忠	—	8
2005	张英华	—	9
2006	欧盛南	—	10
2007	黄志安、刘建	—	11
2010	栗婧、杨轶芙	—	13
2011	王辉、高玉坤	—	15
2012	高娜	—	16
2013	龚敏、李铁	—	18
2014	陈举师	谢振华、栗婧	17
2015	何学秋、白智明、赵焕娟	—	20
2016	宋大钊、汪澍、李振雷	—	23
2018	邱黎明	刘双跃	23
2019	王公达、周正青、张志博、魏祎璇、王远	陈举师	27
2020	蒋慧灵、牛会永、高学鸿、周亮、刘佳、孙英峰、Majid、左进京	—	35
2021	何生全、刘建国、张磊、邓青、冯瑞、王海燕	—	41
2022	庞磊	—	42

三、安全科学与工程学科的文化内核

安全科学与工程学科的发展与国家安全生产的发展休戚相关，经历了曲折和坎坷、繁荣和辉煌。始终肩负着为国家建设保障安全生产和职业健康的重任，在金属矿山开采、煤矿开采、冶金、城市地下工程建设等行业领域为资源安全开采、金属安全冶炼、重大工程设施和装备安全服役、城市安全、健康中国保驾护航。一代代安全人始终坚守学科信念，勇于担负学科使命，传承发扬学科精神，不断开创学科成就，为我国安全科学技术的发展做出了卓越贡献。

项目研究人员组织开展了安全科学与工程学科老教授的人物访谈工作，通过征询、调查、筛选、整合，梳理了老教授的生平和学术发展脉络，凝练典型人物追求真理的道德风骨、为人师表的育人风范、科研报国的大家精神，挖掘和打造安全科学与工程学科文化内核，反映学科独有的特征和科学家精神。

（一）暨朝颂访谈录

问：您在大学期间读的就是矿冶系，您当初为什么选择这个领域呢？

暨：1948 年我考入了湖南大学的矿冶系，高年级才分采矿与冶金，入学时只有 22 人，其中高中同班同学就有 4 人。我们 4 人都选择了采矿，当时我们就是抱着工业救国的目的考入矿冶系的。要振兴中华民族就需要有自己的工业，工业离不开钢铁和煤炭。大学在煤矿实习时，一出矿，眉毛鼻孔都是黑的，我当时的想法是等自己工作后，一定要改变这种现状。

问：那又是什么原因使您成为钢院的助教呢？

暨：毕业后，我被分配到东北工学院苏联专家研究生班学习，由于苏联专家改调北京钢铁学院，我们都来到了北京钢铁学院。我有家庭负担，采矿系也缺师资，故此成为助教。当时的研究生与现在的研究生性质有点不同，当时的研究生是教育部为培养高校教师而设置的，任务是学习苏联的先进的东西，补学过去未学到的东西。当时苏联专家要求采矿系的研究生要补“矿井火灾”这门课，采矿系系主任将此任务交给我来完成。我只得边翻译苏联的教材，边为自己的同学和 55 级的大学生上课。

这段经历很难忘怀，我自学了俄语，能比较快地将俄文资料翻译成教材，从而引起了我对沃罗宁的《矿内气体动力学基础》深度钻研的动力，进一步又追索到流体力学的兴趣。

问：能谈一下您在这方面的研究成果吗？

暨：我的科研成果，只是沧海中的一滴水珠，无足挂齿。但因为涉及的是学风问题，希望引起人们的注意。特别是我们从事矿业学科的，主要跟岩石打交道，不要犯普朗特没有搞清气体分子运动论，就来一个“借用”，把科学的假说变成胡说的错误。为了达到自己的设想，数学运算时又来了一个假说，实际是偷换物理概念和违反物理方程的基本要求。

退休前十余年间，我把精力用于微气压计和井下静电空气净化器的研制，但是没有形成研究团队，也没有选择好的支持协作单位。退休后，我全力以赴地把精力投入《矿内气体动力学》及《流体力学》的研究。其中，我在为研究生写的《矿内气体动力学》讲义中，对有关分子运动论中气体分子平均自由程公式做了进一步的推演，突破了普朗特混合长度理论的立论假设，为彻底批判普朗特混合长度理论奠定了基础；同时利用 J. 拉夫等人的实验资料和利用雷诺湍流微分方程建立湍流雷诺运动方程式，完成自己的湍流空间位置特征长度理论和流速分布函数，完善了《矿内气体动力学》有关内容，而且揭露了尼古拉兹试验的错误。

沃罗宁、普朗特、卡门的错误都是属于物理概念和简单的数学方法性质的错误，而这些低级错误的东西被视为经典论述分别达半个世纪和一个世纪之久，是值得学术界或矿业界深思的一个问题：为什么用主观唯心主义，用一个主观假设连着一个主观假设拼凑出来的、所谓的理论得到人们的信赖。我的结论是：从事科学工作的人，要首先用辩证唯物主义来武装自己的头脑。

问：您的科学精神非常让人钦佩，您能否谈一下对你影响很大的人呢？

暨：我深受两个人的影响。一个是长郡中学的数学老师杨少岩，他对我的教育影响很深刻。如果有人做作业抄选解，他马上没收你的选解，并指出，人家的东西也不一定是正确的，这会害你一辈子的。他培养了我的科学思维方法，培育了我的钻研精神。

另一个是受钱学森的影响也是巨大的。1956 年当时提出向科学进军的口号，校工会请了钱老给我们做报告。他说：“要善于学习，独立思考，一个人的知识，学校老师只占 10% 以下，90% 都要靠自学和钻研。”

（二）龚竟成访谈录

问：龚教授您好！感谢您接受我们的采访。我们知道您也是北京科技大学、当时称北京钢铁学院的毕业生，您能谈一下当时为什么选择钢院吗？

龚：当时因为中华人民共和国刚成立不久，国家要发展重工业，我就报考重工业。钢铁是重工业的基础，所以我报的第一、二个志愿都是北京钢铁学院的专业。那时的采矿专业还叫地下开采与经营，我被录取了。我们考到钢院的时候，报纸上都登了。1953 年，报上都发表录取在哪个学校、什么系。当时我们的学校地位还是比较高的，八大学院里头，我们钢铁学院叫钢老三。我是 1953 年入学，1957 年毕业的。

问：咱们学校的安全科学与工程学科可追溯至建校初期的通风安全教研室，您能描述下当时教研室的情况吗？

龚：当时，我入校的时候通风教研室就存在了，后来把流体也放进去了。我在学校的时候都合在一起了，包括流体力学和通风环保。

问：您毕业之后就留在钢院任教了是吗？

龚：是的，开始是助教，然后讲师、副教授、教授。

问：那您教学的内容和方式都有什么变化呢？

龚：助教就是帮助教授，当时我帮华凤诹教授辅导学生。然后就变成讲师，讲师要讲课的，要给同学们上课。

问：您主要开设了什么课程呢？

龚："矿井通风与安全"。

问：您长期致力于通风方面的研究，能给我们介绍一下您的科研方向吗？

龚：我研究了一辈子的风机，直到退休。原来的风机效率比较低，我们国家当时专门引进苏联的通风机。矿用的主通风机是大通风机，有几百千瓦的，上千千瓦的，再到 2500 千瓦。矿井使用通风机，是要把里面的污浊空气，比如说瓦斯、二氧化碳、一氧化碳，抽出来、排出去，再让新鲜空气进去，让井下的矿山工人呼吸到新鲜的空气。

问：您开始研究风机的时候，是跟着老师一起做研究，还是自己开始做的？

龚：是我自己闯出来的一条路。我到过好多矿山，风机效率太低，大风机耗电非常厉害的，有耗1000瓦的，2000瓦的。特别是我到山西鹊儿山煤矿。原来他们晚上灯都不能开，因为风机的耗电大，要保证这个矿山风机的用电，所以别的地方都不能用电。我给他们改造风机后，整个村子一片光明，他们非常高兴。

问：您当时主要是借鉴苏联的一些教材，拿苏联的风机来研究吗？

龚：开始的时候是学的苏联，有一个2BY型风机。我们仿造他们，做了麒麟B–2风机，用了好久。后来麒麟B–2效率也不是很高，又重新改造。之后，风机效率都提高了。实际上是一个先学习，然后再发现问题，不断改进的过程。

问：您在科研方面，对年轻人有什么好的建议吗？

龚：做科研，有基础理论的研究和实际问题的研究。我们要根据实际情况来解决实际问题。比如说当时这个矿山的主通风机，它效率比较低，我们就要解决这个问题。当时我们国家引进苏联的技术，但是苏联当时技术上还不够先进，应该用扭曲的风叶，他们还是正的风叶，不符合牛顿理论先进的要求，这样效率比较低。我去过两次苏联。我们已经改造了挺多的，他们还在用老的风机。我到他们风机维修厂去看，他们的风机还在用正的风叶，我们风机的风叶已经扭曲啦。我们比他们还走得快一点，本来是借鉴苏联，到后来我们自己研究。

我跟中科院的华耀南研究员合作。他是中科院院长吴仲华的研究生，中国科技大学毕业的，我们江苏的同乡。我实际操作方面了解得比较多，他的理论造诣很高，我们结合起来做这方面的研究。我们用他的“三元流动理论”来研究改造风机，取得了很好的效果。

问：能谈谈您对暨朝颂老师的印象吗？

龚：他是我的老师。他是1953年中南大学毕业来北京钢铁学院任教的。他很聪明，教学效果很好，对学生比较严厉，要求比较高。

（三）李怀宇访谈录

问：李教授您好！您是1955年考入北京钢铁学院采矿系的。当时采矿系有几个专业？您考的是什么专业？

李：当时就只有一个专业，矿山开采与经营，也就是采矿工程。

问：您毕业后就留在通风安全教研室了，是哪一年呢？做什么工作？

李：我到通风安全教研室，是1960年。引荐我的是龚竟成，本来我应该分到爆破，后来他需要然后我就过来了。因为我是提前了三个月留校，就带65级、66级的学生到烟筒山、庞家堡实习。这实习是半年，没有实习完，我又回来了。

之后，劳动部、煤炭部和冶金部在1960—1962年组织了一个矿山掘进快速通风科研课题组，我被派去现场搞研究，一待就是两年，中间不能回来。1962年回来以后，我给卢焕云助课，讲《防排水》。当时华凤诹是教研主任，韦冠俊是支部书记。后来又让我去当系秘书，开始是帮助于学馥，后来是高武勋。

问：当时国内的高校也有通风安全方向了吧？

李：通风安全方向，或者说教研室、教研组，除了北京钢铁学院之外，其他的一些工科院校也有。有这个实力比我们强的，比如东北大学。另外还有中南大学，防排水的教材就是他们主编的，我们是参加。

问：您能讲一下安全专业的发展吗？

李：通风安全专业，或者说这样一个研究方向，国家很早就意识到了它在采矿领域的重要性。这个不是专业、学科成立不成立的问题，它是客观存在于采矿各个环节中间的。矿山行业哪一个环节都离不开安全。从选址设计开始，到开采时岩石力学的问题，包括露天矿边坡稳定、矿井的围岩稳定，以及设备安全、毒气防护、人员救护等。

现在我们的安全专业是建立起来了，但是有条件，你没有人不行，另外还要有钱，国家还要重视。现在安全一出来，安全工程确确实实比采矿还显得发展得要好，它是由很小发展成这样子的。

我刚进学校的时候，那个时候还是刚刚成立通风安全教研室，但那时是人最多的时候。中华人民共和国成立前过来的有个老教授，叫华凤诹。另外有一个比我老的，叫暨朝颂。57级毕业的留了3个，我们这一届留了4个，都在通风安全。除了这些以外，我们有两个实验员，还有两个进修教师，所以我们就13个人了，到以后再也没有比这个更多的。然后我在那里工作以后没有两年，3个人调走。所以，到20世纪90年代初的时候已经青黄不接了。所以当时我考虑必须得进人，否则我们就七八个人，维持不下去了。所以第一个留的就是杜翠凤，紧接着第二年我又留一个博士后，就是蒋仲安。金龙哲非常有能力，他也留下来了。后来还有谢振华，这样连着留了几个人，就做好了安全发展的一个条件。

问：您能再介绍一下学科早期的科研情况吗？

李：我们那个时候的科研不叫科研，叫技术革新。1958 年、1959 年就是搞“大跃进”的时候，我们搞了两个东西，一个是超声波通风，这个没搞起来。第二个是电子解算通风网络。

1960 年就是那三个部的课题了，当时是冶金部安全技术研究所的马秉衡负责，我参与的。那个是真实的科研项目，在武钢程潮铁矿做的，就是要解决生产实践问题，但是没钱，都是学校给我出的。这是第一个正经的科研课题。

“文化大革命”期间，我们一边劳动，一边实习，一边科研，有时候搞一些巷道通风，还有采场的防毒、快速通风，但根本就没成。等到“文化大革命”接近尾声的时候，我们基本上没有搞科研了，准备恢复上课，然后给社会办了好多培训班，都是通风安全的训练班，仅山东训练班就办了 7 个。那几年，我们基本上都在现场待着，一年有七八个月都待在现场。

20 世纪六七十年代我们经过比较长时间的摸索，到 80 年代有一点起色，开始搞一些自选的科研。我们老先生搞了一个防尘的，还有防尘装置、采样装置，这是一个。另一个，我们参加了冶金部的矿井通风系统指标鉴定的课题。再一个，我们拿到冶金部黄金局 25000 元的科研项目，这是我们第一笔科研经费。最后我们搞了一个金昌通风，我得了一个三等奖、一个四等奖。“六五”“七五”攻关的时候，通风还没有课题，等到“八五”，通风也有课题了。陆陆续续地，我们的科研开始起步了。

问：早期的主要科研方向都有什么呢？

李：第一个是暨朝颂老师的科研成果对苏联科学技术博士沃罗宁教授创建的矿内气体动力学理论提出异议，建立了矿山各种通风过程的数学模型，这个是通过文章发表的。第二个就是研制空气净化机组，通过了冶金部和有色总公司的鉴定，并获得矿井空气净化器实用新型专利。

冯铭翰老师搞的钻头，为什么呢？长沙矿山研究院当时找他干点儿活，他就跟他们一起搞，最后拿到了国家一等奖。虽然排名后一点，但还是一等奖，而且是我们学校三个“国家级有突出贡献的中青年专家”之一（1988 年）。

问：咱们还编写了《中国冶金百科全书》，您能说一下具体情况吗？

李:《中国冶金百科全书·采矿卷》由我们采矿系负责，任天贵任编辑委员会主任，我任学术秘书，包含19个分支。暨朝颂作为主编负责矿山环境工程部分，我作为副主编负责矿山通风与防尘部分，东北大学的王英敏任主编。

这本书编了13年，经历了3次大审，是很不容易的，也成为经典。

四、安全科学与工程学科文化传承

项目研究人员通过充分的调查、访谈，不断进行分类、筛选、纠错、整合，使学科史、学科人物从隐性知识转化为显性记录，反映安全科学与工程学科独有的学科知识、学术氛围、行为准则和价值诉求，使学科文化得到较为完整的传承。

（一）以弘扬学科先辈和大师精神为载体塑造学科文化内核

“所谓大学者，非谓大楼之谓也，有大师之谓也。”没有一流的学术队伍，就不可能有世界一流学科，也不可能有世界一流大学。安全科学与工程学科在建校伊始就会聚了卢焕云、华凤诹等国内安全领域顶尖人才，又有暨朝颂、李怀宇等一批青年才俊加盟。他们躬身于三尺讲台，立志于科技报国，汇聚形成了安全科学与工程学科文化的厚重底色和精神内核。

（二）以追求专业发展与学术创新为根本凝练学科优势特色

随着通风安全教研室和安全科学与工程系的成立，矿井通风与安全、矿井粉尘防治、安全科学原理、安全科学技术等专业课程从无到有，并逐步形成了学科人才培养体系。矿内气体动力学、安全流变—突变论等新理论的提出，粉尘防治、矿山紧急避险等新技术的涌现，成功解决了一大批工程难题。这都是安全科学与工程学科文化内涵的良好诠释。

（三）以服务社会发展与工业建设为目的彰显学科育人传统

一代代北科大安全人在重大工程建设中做出了重大贡献，从矿山安全避险六大系统到川藏铁路，从通风安全到金属冶炼安全，从山东、江苏，到西藏、新疆，足迹遍布大江南北。在“救国、报国、兴国”崇高理想和事业实践的指引下，先后培养了以金龙哲、张兴凯、梁铁山为代表的一批批安全学子，继续书写着北京科技大学安全科学与工程学科服务祖国建设的美好诗篇。

五、大安全学科文化传承与传播

安全科学与工程学科在建校以来的70年里，内涵和外延不断扩大，从矿业工程一级学科下的安全技术及工程二级学科，已经成长为涵盖资源开发安全、材料服役安全、金属冶炼安全、城市地下空间安全、职业健康安全、公共安全与应急管理、公共安全法治等研究方向的交叉学科，与矿业工程、材料科学与工程以及冶金工程、土木工程、环境工程、管理科学与工程、控制科学与工程等学科交叉融合，形成了“1+2+N”多学科交叉融合的大安全新工科交叉融合创新体系。

（一）问题与挑战

1. 学科文化冲突

大安全科学研究院作为大安全学科交叉平台，促进学科交叉带有人为推进和催生的性质，并不是一个自然的自发的学科融合和交叉的过程，学科文化的冲突可能更加明显。不同学科的学者们在一起进行学科交叉的研究工作时，就可能由于知识的特点、学科内部各种规则、学术生活样态以及学科思维方面的不相容而产生摩擦和冲突。

2. 学科组织冲突

大安全科学研究院作为新的交叉学科组织，在交叉学科建设中存在难以打破的、原有的组织壁垒，这其实都是强化自身学科文化与其他学科文化差异的外在表现。学科本来只是学问的分支。随着学科的分裂和细化，每一个学科群落为了与别的学科群落相区别，保护自己的文化的独特性，形成一个个组织，也有了越来越多的院（系）。这进一步维护和强化了各自群落内部的学科文化，不利于学科文化的融合。

（二）路径与举措

“随着科学的发展，许多知识的生产和重要发现已经不是在传统的单一学科内部，而是在学科的交叉处、学科的空白处产生。”要高质量建设大安全学科，不仅要在组织、制度、体制机制上优化和突破，也要在文化上进一步解放和包容，推进扩大学科之间的价值共识，形成学术共同体文化整合，推进大安全学科交叉融合协同创新，从而更好地服务国家经济建设和科技创新。

1. 构建包容的大安全学科文化生态。既要弘扬和彰显各个学科文化，更要推进交叉学科文化的互动融合，破除学科间的封闭隔阂，尊重和理解不同学科的学术语言方式、思维方式、价值理念等，消除学科偏见和学科歧视，消解学科冲突风险，以文化包容促进机制创新。

2. 凝练交融的大安全学科文化内涵。围绕大安全学科文化建设，梳理学科子文化下学术大师的典型事迹，既凸显某一领域的特色贡献，又弘扬普遍的“胸怀祖国、服务人民，勇攀高峰、敢为人先，追求真理、严谨治学，淡泊名利、潜心研究，集智攻关、团结协作，甘为人梯、奖掖后进”科学家精神，厚植交叉学科的文化基础。

3. 推动开放的大安全学科文化传播。运用电视台、报社、出版社、网站、官微等各类社会传播媒介，通过权威解读、专题报道、系列讲座、访谈记录等形式深入宣传大安全学科理念，深化大安全学科的社会影响；推动大安全学科文化与国际接轨，以英文网站、国外刊物、国际合作交流平台为载体，推进建设重大文化品牌项目，提升学科的国际竞争力和影响力。

（2021 年立项项目　撰稿人：金龙哲）

传承“百年矿业”精神背景下的学院文化育人模式项目

项目概述

在“十四五”规划开局和向着第二个“百年奋斗目标”勇毅迈进的今天，学校、学科的发展都进入了一个关键时期。以习近平新时代中国特色社会主义思想为指导，端正理念，提升潜质，挖掘百年学科发展精神，凝练矿业学科一个多世纪以来所形成的文化和传统。构建“百年矿业”精神背景下的文化育人新模式，创新依附载体和传承方式，夯实学科精神对“三全育人”综合改革、一二课堂协同发力、学院整体文化氛围营造的重要作用。

一、背景及意义

北京科技大学的矿业学科历史悠久，最早可追溯至1895年北洋西学学堂，这也是中国近代史上创办的第一个矿业学科，迄今已有120多年历史。建校之初，该学科汇聚了北洋大学、清华大学以及相关学科的优势力量和优秀骨干。在中华人民共和国成立后的几十年里，该学科肩负着为国家建设开发金属矿产资源冶炼钢铁材料，解决工业食量的重任。钢铁在国民经济中的地位和作用，也就决定了北京科技大学矿业工程学科的地位和作用。

几十年来，北京科技大学矿业学科历经风雨，练就了矿业人特有的钢筋铁骨。一辈辈、一代代矿业人，传承北洋、钢院、科大矿业的传统文化和学科血脉，沿着老一辈矿业人所奠定的矿业路，学风严谨，勇于实践，历练修养，创新发展，创造出无数个辉煌。童光煦、于学馥、高澜庆，矿业前辈用自己毕生的精力和心血，书写了钢铁学院，书写了矿业学科的辉煌历史。在铸就祖国钢铁工业一座座历史丰碑的同时，也铸就了矿业人、矿业学科所特有的个性、品德、文化与传统。

二、具体实施情况及主要做法

（一）深挖学科历史积淀，拓展学院文化内涵

1. 开展院史资料汇编，打好文化育人基础

人类文明史也是一部矿业开发史，矿产资源是社会发展的物质基础。20 世纪 50 年代，中华人民共和国成立之初，百废待兴，百业待举，为培养国家钢铁工业建设所急需的人才，北京钢铁工业学院应运而生，采矿系也成为 1952 年建校伊始最早成立的系之一。

对百年矿业学科的发展历史、演变过程，机构设置、人员变动，历史文献、标志等文献素材进行梳理更新，并对矿业学科发展与北科大矿业学科建设的相关性进行深入挖掘。通过走访调研、实地参观、校企交流等形式，联络行业前辈，获取行业发展历程中鲜为人知又感动人心的故事、事件，理顺学科发展历史脉络。

在当前已有资料的基础之上，以童光煦、于学馥两位矿业泰斗的个人成长发展、教育育人经历为基本点，发散性地将北科大矿业学科成长发展历程中的名师风采、师生事迹、生活趣事以及相关实物佐证进行更新、编排、归档，形成贴近史实、贴近师生生活的矿业文化素材库。

2. 开展访谈调研活动，定好文化育人基调

受到矿业学科工科属性的影响，目前留存并体系完整的材料多以记录工艺流程、技术指南等内容为主，记载文化精神内涵的文字、图像素材相对稀缺，且材料的准确性有待进一步验证。为确保能够更多地获取内容充实、体裁丰富、富含教育意义、能够引起新一代师生共鸣的历史文化材料，在开展历史资料整理汇编的基础上，积极联络学科专业内权威的老一辈教职员工，根据其研究方向、执教年代，分层次、分批次地开展交流研讨。一方面，通过组织交流座谈，获取与北科大矿业学科发展息息相关的口述历史，作为矿业学科发展史料的补充和完善，增强矿业文化素材库的生活化、趣味性。另一方面，邀请学科专业老前辈对已收集整理的图文素材开展校对整理工作，最大程度地确保素材库中内容的准确性，对事实负

责、对学科负责。

此外，访谈调研活动的对象也不局限于老一辈矿业人这一范畴。通过梳理北科大矿业学科在建校 70 年中的发展历程，对进入改革开放以及新时期以来，服务贡献矿业学科发展的新一辈矿业人进行分类分组，以教学、科研、学生工作为标签，组建"百年矿业"精神传承人才库，形成"院士导学、教授领学、青年教师助学"的文化传承模式。组织开展院士教授访谈、青年教师沙龙等活动，了解新一代矿业人眼中的矿业精神，以青年学子喜闻乐见的形式有效记录、广泛传播新时期矿业精神，将"百年矿业"精神与新时期党和国家发展的历史重任建立有机关联。

3. 优化文化宣传形式，用好学科文化品牌

高效整合新兴媒体与传统媒介的宣传效力，打好"百年矿业"精神传承与矿业文化育人的"组合拳"。以迎接北京科技大学 70 周年校庆为重要契机，组建成立学院文化宣传工作专班；以习近平总书记给我校老教授重要回信精神为工作指导，紧紧围绕培育"为国奉献钢筋铁骨的高素质人才"这一目标开展文化育人工作。依托矿业文化素材库以及对新老矿业人的访谈录，编制侧重不同历史时期的宣传手册；以展现新时期学科高质量发展为主题拍摄宣传片；以学院吉祥物"灵兔"为基础，设计制作文化创意周边产品。抓好 70 周年校庆校友返校、大规模线上线下宣传的重要契机，以大屏幕展播、校友返校伴手礼馈赠等形式，将新一代文化产品推出学校、走向社会，在社会面上营造出矿业精神广泛传播的氛围。

矿业精神文化形成育人效果，需要文化实体产品与文化精神承载双线并行、相辅相成。为进一步在校园内营造浓厚的矿业精神育人氛围，学院系统性梳理整合了现有的学术交流、学生活动，以"百年矿业"精神为主线，对教学科研、评奖评优、文体竞赛等活动进行有机整合，将矿业文化与精神传承融入每一场研讨、每一次评选当中，让青年师生在潜移默化中逐渐加深对矿业文化与精神的理解，达到"润物无声"的育人效果，引导师生厚植家国情怀，牢记历史使命，传承矿业精神，勇担时代重任。

（二）创新文化精神载体，革新文化传承渠道

1. 以一二课堂教育联动创新传承模式

充分发挥第一课堂在学科专业教育领域的优势，以及第二课堂在教育开展形式上的特长。总结凝练百年矿业学科优良传统的构成、内涵、特

质，将其与当前正在推进的“三全育人”综合改革、第二课堂育人体系融会贯通。以“五育并举”为核心，结合新时代发展要求赋予其新的历史意义，形成具有鲜明学院及学科特色的育人新模式。

全面夯实以第一课堂为主体的“百年矿业”精神课程思政建设。将文化精神传承纳入本学院各学科专业课程教学当中，充分展现矿业学科作为土木与资源工程学院前身与起点的重要历史地位，以第一课堂教学作为精神传承与文化育人的首要阵地。在第二课堂领域，一方面做好活动设计与策划，结合“五育并举”教育理念，丰富常规性活动的教育引导意义；另一方面积极探索在矿业精神传承这一大背景下与第一课堂开展有机联动。通过设立“第二课堂金课”，邀请专业课教师参与金课课程方案的编制工作，在第二课堂课程趣味性的基础上，确保“百年矿业”的精神内核能够精准、高效地通过课堂活动形式传播给每一名学生。

2. 以多元化平台展示优化传承途径

优秀精神内涵的发展离不开高质量的传播媒介。依托新媒体技术开展丰富多样的宣传展示活动，以师生喜闻乐见的形式让矿业精神落地生根。重新规划设计学院一楼大厅展示窗口，设立动态展播屏幕、学科专业介绍人机交互平台、教授墙及文化墙、矿石展览厅等展示窗口，为师生营造浸润式矿业精神文化传播氛围。

以矿业精神为指导，系统性整合学院现有的文艺体育、评奖评优及总结表彰等活动。将“百年矿业”精神与“厚德博学，砺能善创”院训有机结合，培育新时期土资学院院风、学风、教风，形成全院上下“风清气正，守正创新”的新局面，引导全院师生以实际行动做矿业精神传承与发展的践行者。

3. 践行“百年矿业”精神，夯实学科育人实效

“百年矿业”精神的形成，是一代代矿业人在艰苦卓绝的拼搏与奋斗中不断总结传承下来的，是诞生于实践、成长于实践、发扬于实践的优秀精神品质。在面向第二个“百年奋斗目标”的新时期，师生继承与弘扬“百年矿业”精神也必须将第一步落在实践上。

积极动员广大师生参与矿业精神探寻发掘与传承的工作，以矿业精神为指引，动员师生奔赴祖国各地开展科技服务、挂职锻炼与教育扶贫工作。以矿业精神为标尺，选拔优秀师生参与服务保障党和国家重要活动工

作。以矿业精神为动力，激励师生积极主动投身疫情防控志愿服务与支援保障工作。以实际行动践行“百年矿业”精神。

三、项目成果成效

（一）实现矿业精神与文化育人的高质量积淀与转化

牢牢把握校庆系列互动重要契机，以习近平总书记重要回信精神为指引，做好历史文化内容的积累与转化工作。组织开展离退休老教授座谈会3场，梳理总结口述矿业学科发展史料万余字，历史照片累计近400张；组织工作专班利用重阳节、教师节、元旦等赴老教授家中开展走访慰问活动，邀请老教授参与矿业学科史料修改校对工作；组织攀枝花铁矿发现人刘之祥教授个人档案捐赠仪式，筑牢矿业精神根基，助力学校的文化传承，为校史增色添彩。

针对参与向习近平总书记写信的我院两位中国工程院院士开展“人梯”事迹寻访，以两位院士求学、执教经历为主线开展访谈，整理访谈记录与事迹材料2万余字，形成微信公众号推送广泛转发。校庆前夕，蔡美峰院士及其夫人捐资300万元设立“蔡美峰张贵银矿业教育基金”，展现了矿业人爱国、爱校、爱矿业的高尚精神和情怀，鼓舞广大学子深植远大理想和抱负。教师节前夕，组织蔡美峰院士参与北京学联组织策划的“我心目中的‘大先生’”评选并最终获评，通过线上宣传将蔡院士源自矿业精神的严谨治学理念向广大学子做深入宣传。

紧抓“七秩”校庆契机，组建文化传承工作小组，对学院各类文化宣传素材进行修订更新。共完成1部学院宣传片摄制；1份学院历史宣传册及1份近十年发展成就宣传册编制设计；完成吉祥物“灵兔”手持玩偶设计及制作，学院文化创意周边产品设计及制作等系列工作。以实体产品与成果助力“百年矿业”精神赓续传承。

（二）实现矿业精神与文化育人的改革创新

积极与学校层面育人改革工作保持同频共振。与校团委合作开展“第二课堂金课”研讨，以学习传承生产一线党员先进模范事迹为核心目标，初步拟定设立“党旗在工地上飘扬”作为学院首个第二课堂金课，将第二课堂的授课地点延伸至生产科研第一线，帮助学生“零距离”感受传承百年的矿业精神。

以“传承百年矿业精神”为主题，重新规划设计学院特种奖学金答辩、班徽班服设计大赛、“追寻榜样足迹”总结表彰大会等奖、评、展活动以及学院师生趣味运动会、研究生合唱文化节等文体类活动。借助活动的广泛传播性与易接纳性，在推动矿业精神传播工作中形成全院上下“一盘棋”的良好风气。

（三）实现矿业精神与文化育人的落地见效

积极探索以实践形式推动“百年矿业”精神育人作用落地生效。鼓励矿业学子积极投身社会志愿服务、基层组织建设以及科技服务与挂职锻炼工作，采矿工程专业博士研究生党员郑迪获评第二批全国高校“百名研究生党员标兵”。连续三年组建“百年矿业”历史探访调研学生暑期社会实践团，奔赴祖国各地矿产企业、生产一线，了解矿业行业发展，发掘感人事迹。连续两年以践行“百年矿业”精神为初衷，成立“长青”暑期支教实践团，组织 188 名学生奔赴国内 9 省 13 地市开展约 2300 小时的教育扶贫与支教工作，用实际行动诠释在“百年矿业”精神的指引下，以新时代青年力量助推乡村振兴事业蓬勃发展。

恰逢双奥举办，又遇疫情肆虐。在矿业精神的指引和鼓舞下，学院共选拔近 30 名师生全程参与 2022 北京冬奥会与冬残奥会的志愿服务与保障工作。在年初我国部分地区疫情暴发之时，各年级学子积极响应，短时间内筹集物资及时运往疫区，为地方疫情防控工作送去“及时雨”，充分展示土资学子在“百年矿业”精神的教育熏陶下所形成的人文素养与家国情怀。

（2021 年立项项目　撰稿人：于宝库）

“三全育人”视域下分校区文化建设研究结题报告

项目概述

该项目基于“三全育人”视域，以北京科技大学管庄校区为研究案例，分析了加强分校区文化建设的主要困境，旨在探索加强分校区文化建设的措施，提升分校区的办学质量和高校的人才培养质量。建设分校区，实现多校区办学，是我国大部分高校纵深发展的重要途径之一，对提升资源利用率和教育教学质量具有积极意义。

一、项目背景及意义

（一）多校区办学的现实背景

从1992年开始，随着我国高等教育事业的迅速恢复与发展，高等教育教学质量得以提升，我国高校开始由单一类院校向综合性大学转变，分校区作为高等教育体制改革和结构调整的产物，应势而生。促成此发展局面的主要原因有二：一是“共建、调整、合作、合并”八字方针的提出，将高校的教育管理权做了大范围调整，对一些物理距离较小、学科专业相近的大学和学院进行资源整合与校区合并，21世纪初达到了高校合并的高峰期；二是党和国家高度重视高等教育事业的规模发展与质量提升，先后出台了系列政策文件及其有关规定，这在很大程度上给予高校招生办学的自主权，促进了高校大规模招生，从而导致学生数量及学习需求与校区资源（教育设施、办学空间等）不匹配的现象，一定程度上影响了高校的办学质量和教学水平，为解决这一供需矛盾，各高校纷纷开始建设分校区。

（二）管庄校区文化建设的主要困境

北京科技大学自2017年起，每年安排六百余名研一新生在管庄校区进行为期半年至一年的学习生活。由于距主校区较远，且校园环境存在差异，管庄校区文化建设目前主要面临两个困境：一是学生工作缺乏合力和凝聚作用；二是学生缺乏明确的自我定位。

1. 学生工作缺乏合力和凝聚作用

学生工作缺乏合力与凝聚作用，主要体现在研究生个人和学校教师、行政人员两大方面。由于学校主要机关部门在主校区办公，且学院的行政管理人员和思政教育工作者多集中在主校区，一些大型活动或者大部分常规活动往往选择在主校区开展，驻管庄校区研究生受到距离、课业等因素的限制，经常无法参加主校区举办的思想引领学习与实践活动，加上相关服务部门和基础硬软件设施不够完善，缺少文化载体和精神激励，使得主校区的文化氛围对管庄校区学生的辐射力较弱，进而导致研究生新生难以与学校产生真正的情感共鸣，对学校的主流价值理念容易出现不认同的现象，对学生工作的顺利开展与特色发展造成了一定程度上的阻碍。此外，分校区的校园文化分野还体现在教师队伍中，部分教师和行政人员流动于多个校区之间，能够较好地灵活调整教学方式和工作模式，个别教师或行政人员则常驻管庄校区，在对主文化的传播过程中存在差异性见解，这就可能在一定程度上导致部分学生工作缺乏清晰的主线，在通知传达、制度解读、工作接洽等环节存在偏差，不利于学校和各个学院在研究生专业素养、培养质量等方面的深入发展。

2. 学生缺乏明确的自我定位

大部分高校在进行多校区办学过程中，分校区与主校区之间往往存在着校园母体文化传播缺失的问题。研一新生接受能力强、思维跳跃大、思想变化快，本科教育与研究生教育存在较大差异，要求研究生具有明确的自我认知和较强的主观能动性，新生需要一定的外界指导和自我调整才能适应新的学习和生活环境。研究生所属的课题组几乎都在主校区，由于课程安排较满，驻管庄校区的研究生无法按时参加组会讨论，与学校、导师及高年级硕博士研究生不能及时进行学术研究指导和科研生涯指南，且容易受到具有一定差异的教学行为文化的影响，导致科研动态不同步；任教老师大多进行流动教学，留给学生课后辅导答疑的时间和机会较少，存在一定的信息沟通障碍，无法及时满足研究生对于价值观、科研、生活、工作等多方面的发展需求；大部分学术讲座及衍生课堂也都在主校区开展，从而可能产生了一种独特的亚文化。物理空间距离的存在，会扩大心理空间上的距离，在不同校区学习与生活的同一大学学生主体也会由于物理空间的距离，产生明显的群体身份认同分野。在缺乏高年级学生、梯队成员和导师引导的环境下，容易因缺乏自律而迷失，长此以往，难免导致个别研究生在新鲜期过后产生失落、茫然的心理隐患。

二、具体实施情况

分校区文化建设可以丰富学校精神文明建设，促进学校各项活动丰富开展，助推学校内涵提升。几年来管庄校区提出以“五课”为核心的“三全育人”模式，努力形成兼具“管庄特色”和“管庄风格”的“以文化人，以文育人”长效工作机制。一方面，加强学校先进文化移植传承，可以更好地加强主校区和分校区的融合，跨越地域上的距离，形成强大的凝聚力。另一方面，分校区应探索增强文化软实力建设的新路子，吸收独特的地缘文化，以融合、传承、丰富、补充主校区文化。

（一）传承融入主校区先进文化

1. 强化学校先进文化移植，推动学校主体信念整合

在管庄校区为学校先进文化影响和作用的发挥搭建平台，营造必要的氛围和文化环境。加强理论学习制度化、规范化建设。根据学校党委统一工作部署，管庄校区“同频共振”，结合实际，切实抓好每月党组织生活和党日活动，深入开展“不忘初心，牢记使命”主题教育，按照学校教职工理论学习的总体部署，充分结合管庄校区实际情况，立足于服务学校“双一流”建设和融入学校发展大局，以学校和校区发展为主线，以发展成果和身边榜样为激励，充分利用校内、校外资源，有针对性地开展理论学习活动，不断增强全员、全过程、全方位育人理念，为促进校区稳定融合发展提供有力思想保证和舆论氛围。

开展校情校史教育活动，厚植青年学生知校爱校荣校情怀。通过组织校区新生参观校史馆及其他富有文化底蕴的主校区建筑，组织校区师生参与主校区全校性活动等，通过图片、文字、图表、沙盘、实物陈列、电子资料等手段，向管庄校区师生展示学校悠久的办学历史、优良的办学传

统、先进的办学理念、深厚的文化底蕴和改革发展的崭新风貌，强化本部校区与管庄校区彼此间的交互性，避免管庄校区师生身份认同和角色认知缺失，激发师生信念凝聚，增强管庄校区师生对本部主流文化的认可，培养校区师生校园文化的整体意识，凝聚发展共识，构建高质量的校园文化。

2. 加强教学及教育管理深度融合，推动多部门协同育人机制研究

教学行为文化与管理行为文化同样是大学文化建设的重点环节。管庄校区持续落实《管庄校区综合改革方案》，稳步推进机构调整和人事、财务制度改革，建立管庄校区融入学校发展一体化进程的体制机制，进一步理顺新体制下与学校相关部门的分管指导、工作衔接和业务流程。2018 年开始启动校区规章制度全面清理修订工作，制定、修订和公布执行了 25 项规章制度文件，包括合同管理、信息管理、奖励办法、教材选用与建设、课程考核、学生学籍和考勤等管理办法。2019 年又废止 44 项，新制定 13 项规定，包括梳理、优化了学费、医疗报销等内部流程。将校区医务工作纳入校医院统一管理。同时，把师德师风教育和推进“三全育人”工作作为重要内容。2019 年以来，邀请学校宣传教师工作部、教务处等部处负责人，学校“北京市师德先锋”获得者、“全国五一劳动奖章”获得者走进校区举办理论学习活动 5 次，其中“三全育人”专题学习和政策解读 4 次，在教职工中开展“三全育人”大讨论 1 次，加强理论武装和思想宣传工作，建立大学发展行动共同体。切实加强主校区与分校区的教学及管理深度交互融合，为分校区文化育人建设提供“沃土”，推动协同育人，有效提升学校的整体办学水平。

（二）积极探索创新分校区特色文化

1. 融合吸收地缘特色文化，创新拓展学校文化阵地

管庄校区继承发扬“求实鼎新”校训，从实际出发，融合吸收管庄校区独特的地缘文化，丰富校区文化内涵，增加校区文化多样性。建立以“五课”（启航课、成长课、思政课、情怀课、安全课）为支撑、以微信公众号“管庄 USTBer”为主要线上教育展示平台的特色育人模式。坚持“求同存异”，在各入驻二级学院已有特色文化育人活动中，形成“管庄特色”“管庄风格”的“以文化人，以文育人”长效工作机制。通过组织开展“情暖管庄，你我同包”研究生“迎冬至，包饺子”活动、“二十四节

气”新宣活动、“浓浓腊八粥，暖暖众人情”志愿服务活动，组织参观香山革命纪念地、“历史不会忘记，我们更应铭记——‘一二·九’爱国运动知识竞赛”等活动，结合传统节日、纪念日、重大事件开展主题教育。同时建立社会主义核心价值观教育长效机制，积极开展线上主题班会、组织生活会，开展《社会主义核心价值观二十四字解》系列文化讲座活动；组织“我和我的祖国”主题系列活动，加强爱国主义教育；通过“管庄USTBer”微信公众号，发布“最美人物”海报，引导学生向楷模学习致敬；通过“网连网，心连心”学生战“疫”专题实践，学生们主动提出“我们，用我们的方式参战”，做到了“心系荆楚大地，致敬国士无双”。积极从校区文化育人制度建设、文化活动线下阵地建设和网络新媒体文化建设等方面发挥作用，拉近两地师生距离，提升校区文化品位，创新拓展学校文化阵地，扩大学校及校区文化影响力。

2. 挖掘校区文化育人要素，打造管庄特色文化品牌

立足校区特色，组织开展“管庄印象”主题摄影比赛、“我型我宿，我寝我爱”管庄校区2020年宿舍文化节等活动，充分利用图片、视频、动漫、微电影等传统宣传途径和新媒体宣传阵地，积极发挥学生的创造力，进行楼宇、宿舍及景观文化建设。结合庆祝建校70周年之际，充分挖掘校区校友文化资源，设立线上线下“互联网+”文创中心，成立“多功能联合社团”，组织开展线上中华优秀传统文化传承专栏征稿活动、茶文化体验之旅、绘制京剧脸谱、领略国粹文化等文化传承与创新活动。同时文创中心推出以四个季节的管庄校区为背景的“四季管庄”U盘和“时光寄语”卡片，利用校园文创载体，整合并激发校区文化建设，滋养并提炼校园无形文化财富，增强学生的自我认同感与归属感，凝聚管庄情怀。

三、项目成果成效

（一）研究类成果

通过本次“三全育人”视域下分校区文化建设研究项目，探索建立了一套“三全育人”视域下具有管庄特色的文化育人模式，即以“五课”为核心的“三全育人”模式，坚持“求同存异”，在各入驻二级学院已有特色文化育人活动中，形成了兼具“管庄特色”和“管庄风格”的“以文化人，以文育人”长效工作机制。加强了学校先进文化移植传承，增强了学

校文化凝聚力。并吸收管庄校区独特的地缘文化，以融合、传承、丰富、补充主校区文化。同时公开发表（在投）论文1篇。

（二）实践类成果

结合学校“三全育人”综合改革进程，将文化建设项目融入培育和践行社会主义核心价值观中，结合国家时事，弘扬民族精神，充分利用图片、视频、动漫、微电影等传统宣传途径和新媒体宣传阵地，积极发挥学生的创造力，进行楼宇、宿舍及景观文化建设，打造了各类文化主题活动，形成活动宣传推送稿50余篇。创立线上线下“互联网+”文创中心，成立“多功能联合社团”，组织开展各类文化传承与创新活动的同时，打造“管庄特色”文创礼物，推出以四个季节的管庄校区为背景的“四季管庄”U盘和“时光寄语”卡片，利用校园文创载体，滋养并提炼校园无形文化财富，增强学生的认同感与归属感，凝聚管庄情怀。

（2020年立项项目　撰稿人：马永春）

“三全育人”视角下新媒体中心的育人体系构建

项目概述

在新时代，高校应当承担相应责任，为社会培养德智体美劳各方面全面发展的社会主义建设者和接班人。北京科技大学从 2018 年开始践行“三全育人”的改革实践理念，坚持从各方面规范人才培养。相应地，北京科技大学的新媒体中心也与时俱进，初步形成了较为完善的育人体系。

一、项目背景及意义

党的十八大以来，以习近平同志为核心的党中央围绕“培养什么人、怎样培养人、为谁培养人”的根本问题，高度重视党对教育工作的领导，坚持立德树人，加强学校思想政治工作、推进教育改革和教育现代化。在全国教育大会上，习近平总书记指出：“培养德智体美劳全面发展的社会主义建设者和接班人，加快推进教育现代化、建设教育强国、办好人民满意的教育。”中共中央、国务院《关于加强和改进新形势下高校思想政治工作的意见》明确提出，坚持全员全过程全方位育人（以下简称“三全育人”），要求高校要把立德树人作为根本任务，融入思想道德教育、文化知识教育、社会实践教育各环节，把思想政治工作贯穿教育教学全过程，把思想价值引领贯穿教育教学全过程和各环节，形成教书育人、科研育人、实践育人、管理育人、服务育人、文化育人、组织育人长效机制。2018 年，教育部设立第一批“三全育人”综合改革试点，进一步推动“三全育人”理念在实践中深入人心。

二、具体实施情况（主要做法）

本项目基于对学校新媒体中心和二级单位新媒体中心现状的全面调研，通过广泛征求新媒体学生队伍意见，结合学校“三全育人”综合改革工作，提出具有学校特色、可行性强的新媒体中心育人体系建设思路。项目研究采用的方式方法包括：梳理学校各级新媒体中心建设现状，调研兄弟院校建设情况；通过问卷调研、座谈会、访谈等形式广泛了解新媒体中心对于学生骨干成长成才的激励作用；征集学校师生对于新媒体中心建设的意见和建议；提出可行性强的新媒体中心育人体系构建方案；在条件允许的情况下，拟开设试点实施方案。

本项目的具体实施做法如下：

高校宣传媒体一般包括学校创办的报纸、杂志、网络、微信、微博、短视频等系列平台，以及各学院和职能部处的宣传渠道。学校新媒体中心作为现代大众传媒的主力军，应当建设成为“三全育人”理论思考和具体措施集中发布的主阵地，推动形成全媒体发声的强大合力。

1.“党管媒体”，坚持正确的政治方向

坚持党性原则是学校新媒体中心构建“三全育人”体系的首要原则，是宣传媒体的旗帜鲜明的身份。北京科技大学新媒体中心始终跟党走，按照习近平总书记的指示：“坚持党性，核心就是坚持正确政治方向，站稳政治立场，坚定宣传党的理论和路线方针政策，坚定宣传中央重大工作部署，坚决同党中央保持高度一致。”在具体工作开展过程中，学校新媒体中心始终坚持以马克思主义新闻观为指导，坚决拥护党中央决策部署，宣传党的政策方针和学校的办学理念，加强责任教师和运营学生的党性教育，牢牢掌握意识形态的话语权和主动权。同时，学校各级宣传媒体根据学校“三全育人”综合改革进行的不同阶段有针对性地进行宣传，在全校范围内立体化进行政策解读、开展立德树人大讨论，使得各部门各学院都能明确认识且贯穿落实自身的“三全育人”工作职责。

2. 育人宣传，健全媒体的宣传机制

在“三全育人”视角下构建新媒体中心的育人体系，一套完整的制度机制设计是坚实的制度保障。对此，北京科技大学新媒体中心形成了一套育人工作的宣传机制。首先，加强学校党委的顶层制度设计，梳理建立适合“三全育人”综合改革的媒体育人机制。在党委领导下，对于各级媒体平台进行统一规划、严格管理，减少各自为战，形成宣传合力。其次，将机制设计合法化，出台相关管理办法。学校制定《北京科技大学新媒体管理办法（试行）》《北京科技大学新闻发布和新闻宣传工作管理办法》《北京科技大学全媒体稿酬发放及奖励办法（试行）》，明确官方媒体平台和各级校园宣传媒体工作的基本遵循，强调育人导向，从根本上做到有“法”可依、有据可查。最后，统筹各级资源建立实体化新媒体中心、成立媒体联盟，自上而下统一学校各级宣传媒体的步调。通过定期召开联盟成员例会、布置阶段性重点宣传工作，搜集宣传线索、多触角挖掘宣传内容，建立起高效的宣传沟通机制和信息共享渠道。

（2020 年立项项目　撰稿人：高龑）

后勤育人文化的建设与实践

项目概述

高校后勤工作服务范围较广，参与人员较多，其中餐饮服务、住宿服务、教室管理、校园绿化卫生等工作，更是与学生日常学习生活息息相关，且相关服务均是与学生面对面地直接接触，对学生的示范影响作用较大。近年来，随着学校“三全育人”工作的全面推进，后勤工作在服务育人、环境育人、实践育人等方面发挥了重要作用，成为学校育人工作中的重要一环。

一、项目背景及意义

2016年，习近平总书记在全国高校思想政治工作会上指出，要坚持把立德树人作为中心环节，紧紧围绕学生的人生观、世界观、价值观教育，把育人工作融入学生学习、生活、成长成才全过程。2018年，我校入选教育部首批“三全育人”综合改革试点高校。学校高度重视“三全育人”工作的推进与落实，以课程育人、科研育人、管理育人、服务育人等10大育人体系为基础，将“三全育人”工作要求融入学校《章程》、事业发展规划和人才培养方案等制度体系，进一步明确了各单位“三全育人”责任，将“三全育人”工作作为单位和干部履职的重要内容，将从事学生党建、学生管理、后勤服务等工作的相关部门统一纳入“三全育人”的工作体系中来，努力实现有效资源向育人环节聚集。

通过具体工作的实践与总结，我校后勤部门逐步凝练出“求实求精，为人为新”的后勤文化精神，同时引导广大后勤员工将这种文化精神落实在具体的后勤服务工作中。基于上述情况，科学系统地做好后勤育人文化的建设工作，同时探索出行之有效的实践途径，使其在后勤各项服务工作中落实落地，具有重要的价值与意义。

二、具体实施情况

围绕立德树人这一根本任务，后勤主动融入学校“三全育人”大格局，将育人工作与后勤日常工作相结合，通过加强文化、制度、队伍建设，提升后勤育人水平和能力，丰富育人活动形式，拓宽育人工作平台，强化后勤育人效果。

（一）完善服务育人工作机制

用优质的服务感染人。服务育人是学校对后勤育人工作最本质的要求，为此后勤管理处通过加强服务文明建设，深化以人为本的服务理念，加强后勤文化宣传，倡导求真务实、精益求精、无私奉献的工匠精神，增强员工服务意识；通过加强制度建设，规范岗位职责、工作要求、考核标准，完成152个岗位说明书的编制工作，完善、规范、简化后勤工作流程，提高工作效率，提升服务育人标准；以岗位说明书为基础，加强员工通识教育与专业技能培训，创新培训形式，通过拍摄服务行为短视频、技能比赛、星级员工经验分享等，增强培训效果，推动窗口服务工作的标准化、规范化、精细化，促进员工综合素质和服务育人水平的双提升；加强服务品牌活动建设，依托“劳动竞赛月”“文明服务月”提高专业技能和服务文明，提升服务育人质量和效果。

（二）营造良好育人校园环境

用优美的环境熏陶人。打造具有人文内涵的校园文化景观，建设美丽校园。一是强化顶层设计，注重对校园环境及基础条件建设的统筹规划，维修改造资金向改善学生学习、生活条件方面倾斜，陆续实施完成教学楼、学生公寓盥洗间，塑胶篮球场、网球场改造等改善办学条件项目，改善学生学习、生活环境。二是在学生内开展文明宿舍评选、文明离校系列活动，积极落实垃圾分类工作，在营造美好校园环境的同时，引导学生树立爱校荣校意识，倡导校园文明。三是营造“春彩、夏花、秋叶、冬木”为主题的四季校园环境，打造出银杏灯光大道、学子路行道树美化绿化工程、图书馆3000平方米景观草坪等文化景观，营造“一草一木都能说话”的充满艺术氛围和人文精神的校园环境，不仅改善了校园环境，也使师生融入校园，感受校园文化，感受自然魅力，提升了环境育人的体验感和获得感。

（三）丰富校园文化育人内涵

用实干的精神示范人。“求实求精，为人为新”作为后勤文化的核心内容，是学校“求实鼎新”校训的内化和延伸，是后勤人共同价值观、发展愿景、服务理念、精神风貌的体现、传承和创新。秉承求实、求精的后勤文化，一方面坚持在干部、职工中全面开展以“察实情、办实事、求实效”为核心的工作作风建设，以作风建设带动后勤队伍建设，以踏实的作风、良好的行为、敬业的精神向师生展示后勤形象，发挥后勤在全员、全过程、全方位育人工作中的重要作用。另一方面强化后勤员工以人为本的服务理念，弘扬求真务实工作作风，做到以文化人、以文育人，使后勤文化成为推进后勤发展的原动力，为后勤的改革发展提供精神支持和动力保障。同时，以“劳动竞赛月”“文明服务月”为平台，创建多项服务品牌活动和主题教育活动：“拿手菜”“岗位技能大赛”“争创标杆楼宇”等活动，提高员工业务技能，激发工作热情；学生积极参与“节能宣传周”“宿舍文化节”“柿子文化节”“银杏景观文化节”“饺子节”等，这些传统特色活动已成为学生爱校、荣校教育的有效载体，丰富学生校园文化生活。

（四）拓宽实践育人工作平台

用丰富的实践锻炼人。积极发挥后勤“第二课堂”育人功能，引导学生参与后勤服务，学生担当食堂值班经理、担任学生公寓楼层长，邀请学生参与员工培训情景短视频拍摄，邀请学生参与星级员工评选等活动，使同学们走进后勤，参与后勤工作，了解后勤、认识后勤。此外，利用后勤工作特点，面向学生开展了毕业生生活技能课、劳动志愿服务、能动专业学生到锅炉房进行参观实习等活动，拓展实践育人平台，多方位为学生成长成才提供服务。

三、项目成果成效

（一）建立健全后勤立德树人工作机制

作为学校育人工作的一个重要环节，后勤管理处制定《落实后勤服务立德树人职责实施细则》，围绕立德树人根本任务，提出建立以“服务育人、管理育人、环境育人、文化育人、实践育人”为宗旨的后勤育人工作体系，以培养学生良好行为习惯、提升生活及劳动技能、爱校荣校情怀、优良道德品质、健康审美品位为目标，主动融入学校“三全育人”大格局，自觉承担育人任务，并形成育人文化引领后勤全体员工切实将育人在工作中落小、落实、落细。

（二）科学构建后勤“三全育人”实现途径

一是全员育人意识和能力增强。通过完善后勤岗位说明书，健全岗位育人职责及工作标准，加强岗前教育培训，实现后勤“一岗一书”，做到工作流程、行为、考核有依据、有标准，工作责任有落实，工作追踪反馈有效到位，将服务育人工作落实落细，进一步提高员工服务育人水平能力。

二是全程全方位育人工作内容丰富。将育人全面融入后勤工作中，不仅将维护学校正常教学工作秩序，创造良好教学、生活环境等后勤服务保障基础工作做好，更是提高工作站位，从提升员工综合素质、改善学生学习生活条件、打造校园文化景观、营造良好学风校风等方面出发，丰富后勤育人工作内容。

三是育人功能实现路径创新。合理整合育人资源，发挥后勤“第二课堂”功能，推动后勤育人工作从传统的服务育人、环境育人等隐性教育逐步向实践育人渗透，引导学生主动参与后勤工作，开展岗位历练、生活劳动技能教育、美育文化培养等，提高后勤实践育人环节的科学性与系统性。

（三）推动完善后勤育人工作体系建设

围绕服务育人、管理育人、环境育人、文化育人、实践育人，后勤通过健全相关管理制度，规范学生行为，培养良好行为习惯；通过配合学校其他部门加强校园建筑文化、公寓文化、风景文化等文化建设，丰富学校文化育人内涵；通过服务感化、环境熏陶、行为示范、劳动实践等方式，引导和帮助学生健康成长成才、树立正确的价值观和道德情操。后勤将育人融于日常工作之中，后勤员工在平凡而具体的工作中践行育人工作追求，通过点滴工作的实施与推进，潜移默化地影响学生、感染学生，发挥出后勤“润物细无声”的育人作用。

（2020 年立项项目　撰稿人：鲍博）

以后勤文化建设为抓手，助力高校践行育人理念

项目概述

高校后勤工作短期看保障，中期看效益，长期看文化。高校后勤文化作为高校校园文化的重要组成部分，拥有独特的教育属性，承担着“管理育人”“服务育人”的重要功能。因此，建设符合学校特色发展的后勤文化，是高校实现育人理念，营造和谐校园氛围的基石。同时，对丰富和发展高校校园文化，推动高校教育事业蓬勃发展具有十分重要的现实意义。

一、新时期加强高校后勤文化建设的必要性

（一）后勤文化建设是营造“育人”环境的必然之举

“育人”往往指的是教师对学生的教导与培育，而大多数人普遍认为校园的文化是“课堂文化”，只有在教室、在课堂上才是学校教育功能的体现。其实，后勤文化同样具有教育功能。在人的成长过程中，教育是复杂的工程，它受多方面因素的制约和影响，教育除了依托于书本和课堂，同样也可以依托其他载体，譬如优美富有诗意的校园环境带给学生美的享受和熏陶，又可以激发学生热爱校园、热爱学习、热爱生活的高尚品德，学生每一天的生活都积极向上，对未来的生活充满期盼。同时，在严格的后勤管理制度引导下，学生的生活习惯和优良品行得以塑造和提升。正是因为后勤文化补充和丰富了教育形式，才帮助学校更全面地培养出一批又一批的优秀青年。

（二）后勤文化建设与校园文化建设相辅相成

在校园文化的发展过程中，后勤文化也起着推波助澜的作用。校园

文化是学校的底蕴，影响着学校整体发展的方向，而后勤文化是校园文化建设的基础，是校园文化不可分割的一部分。良好的后勤文化渗透在校园的一草一木、一墙一瓦、一室一房，让校园内每一位师生都能感受校园里的生机与活力、神圣与诗意，这一切仅靠教师在黑板上的文字是无法达到的。因此校园文化带动着后勤文化的发展，同样后勤文化也丰富了校园文化的内涵，两者密不可分。

（三）后勤文化建设是高校后勤发展的核心

后勤文化是后勤工作的核心和灵魂，荀子云："木受绳则直，金就砺则利"，说的是环境对事物的发展有着至关重要的作用。后勤职工大多都来自全国各地，但大家的目标和职责都是相同的——服务于学校，服务于师生。如何实现这一目标，靠的就是文化建设。一个良好的文化环境可以增强职工的凝聚力和向心力，激发员工的开拓创新的斗志，为员工提供了健康向上的氛围，加强员工之间的团结友谊，沟通合作。只有在良好的文化环境下工作，员工在本职岗位上才能各尽其能、积极进取，形成一个风气正、人心齐、干劲足的良性循环，有了这样高素质的员工队伍，就能适应日益变化的发展形势，使后勤发展不断壮大。

（四）后勤文化建设是高校后勤员工应尽的职责

一个良好的后勤文化建设离不开每一名优秀的后勤员工，营造一个风气正、品行端的后勤文化氛围也是每个后勤员工应尽的职责和义务。这份职责并不是一句口号，而需要每位员工通过不断提高自身能力和专业水平，去建设一个创新型后勤。后勤员工机械性地做重复的工作，就会产生惰性心理，只有不断前进创新，员工才能保持积极奋进的状态，才能更好地推进文化建设，更有利于"育人"环境的提升。

二、当前北京科技大学后勤文化建设的实践

（一）育人文化建设

后勤人是不上讲台的老师，后勤人的精神面貌、工作状态，都深深地影响着学生的成长。北京科技大学后勤始终强调树立育人意识，在岗位工作中要以饱满的精神风貌、规范的工作态度、敬业奉献的服务精神做好学生们课堂外的老师。北科大后勤将育人作为一切工作的出发点和落脚点，提升服务水平和质量；围绕物业、饮食、运行等工作内容，拓宽劳动实践

育人平台，探索育人工作新思路、新模式，面向学生普及生活常识及劳动技能，实现劳动实践课程化，推动后勤育人工作显特色、创亮点。如组织开展“走进后勤员工的一天”体验活动，设立学生食堂经理、学生楼层长等岗位，使学生参与后勤服务；组织学生五百余人次参与春补春种、落叶清扫、扫雪铲冰、大扫除、垃圾分类、楼宇测温等劳动实践。组织学生党员、留学生前往植树基地参与义务植树活动，开设校园绿植科普讲堂和实地观摩课；为“绿盾协会”提供花卉种植实践基地，进行植物种植和养护指导；开展毕业生烹饪技能课，讲授烹饪基本知识及技能。

（二）环境文化建设

好的生活就是好的教育，好的校园生活是不亚于课堂教学的重要教育内容，打造优美的校园生活环境就是为这种生活教育创造文本与语境。北京科技大学后勤始终强调校园环境作为高校隐形课堂的重要意义，构建美丽校园。北科大后勤结合校园建筑及基础设施现状，围绕校园“绿化、硬化、美化、亮化”的建设要求，组织实施涵盖标志建筑外墙、校园道路、环境绿化等基础设施整治提升等项目，打造优美宜人的育人环境和“三季有花，四季常绿”校园美景，彰显我校办学历史传承，突出特色文化景观，为全校师生创造良好、优质的学习生活环境。如教学区、家属区道路铺装改造，方便师生出行；修复主楼、理化楼等校园标志性建筑原貌，西门围墙、南二门、北门、操场等维修改造；完成学子路行道树银杏树补种工程；教学区道路铺装；完成家属区 13 栋楼宇屋面维修改造，解决了师生漏雨烦心事；启动教学区内路灯、庭院灯、教学区绿化改造工作。

（三）工作文化建设

后勤信息化建设是工作文化建设的重中之重。搭建完善的信息化管理平台既有利于后勤管理工作的顺利开展，又能提高后勤工作的服务质量。北京科技大学后勤围绕学校发展需要和师生员工实际需求，全面推进以安全保障、智能服务、智慧管理为主要内容的智慧后勤建设，以信息化带动后勤管理和服务的科学水平，推动后勤服务质量和工作效率的提升。北科大后勤完成餐饮管理系统（一期）建设，优化线上点餐功能，增加智能取餐柜；上线新版学生公寓智能管理系统，新增的宿舍分配、住宿分析等功能，为管理提供了大数据支持；升级调度座席管理系统，逐步实现客户信息与历史服务记录对接、微信等网络渠道回访的新功能，全方位提升维修工作效率；完成节能监管平台项目三期验收，基本实现教学区全部楼宇远传智能用电，家属区电子支付购电比例达93.89%。

（四）团队文化建设

后勤团队建设是提升后勤服务能力的基础，加强后勤团队文化建设是提高后勤人员综合素质、不断加强后勤保障能力的有效路径。北京科技大学后勤着力打造一支务实、廉洁、专业、活力的工作团队，从而全面提升后勤服务的质量和保障能力。北科大后勤以制度建设为基础，提高维修保障、物业服务、设备维护等工作的专业化、规范化、标准化，提高服务工作效能；以队伍建设为抓手，做好员工培训教育规划，重点做好员工通识培训、专业技能培训，拓宽人员招聘渠道，提高员工服务水平和综合素质；认真开展廉政文化教育活动，对财务、招标等重点工作建立完整的监管流程；组织开展校园健步走活动、趣味运动会等，增强团队活力，营造领导关心下属，员工关爱学生的和谐团队氛围，增强员工认同感和归属感。

三、后勤文化助力高校践行“育人”理念的新思路

（一）与传统文化相结合

中华文化是中国几千年的文化瑰宝，其丰富的人文内涵和高尚的精神品质，能帮助学生树立正确的人生观，进而影响他们的世界观和价值观。中华文化是新时代下取之不尽的精神财富，更是高校文化发展的精神内核，拥有巨大的能量。习近平总书记指出：“中国优秀传统文化的丰富哲学思想、人文精神、教化思想、道德理念等，可以为人们认识和改造世界提供有益启发。”高校是文化汇聚的中心，将中国传统文化融入其中，既丰富了后勤文化内容，又保障了其发展的可持续性。

习近平总书记强调：“不忘历史才能开辟未来，善于继承才能善于创新。”面对丰富多样的传统文化，选取优秀的与校园文化联系紧密的传统文化内容，将其表现在校园景观之中，创建校园传统文化角、历史优秀人物塑像等文化景观。通过耳濡目染，让师生身临其境，对传统文化内容、人物有更直观的认识和体会。同时，以师生广泛认同的表现方法，组织与景观、人物塑像相结合的传统文化活动，增加传统文化的感染力。作为新时代的后勤人，一定要善于挖掘传统文化中与后勤文化有关的资源，创造

性、创新性地进行继承和发展，如“守信”的思想，高校后勤人若能坚守诚信理念，开展诚信服务管理工作，自然能得到师生的信任，而且，还能实现对学生潜移默化的“诚信教育”。

（二）与红色文化相结合

习近平总书记说道：“传统不能丢，丢了就丢了魂；红的基因不能变，变了就变了质。”红色文化是中国历史给后人留下的特殊财富，是先烈们艰苦奋斗、救国图存创造的伟大精神财富，是一代代革命人传承的红色基因，是新时代下良好的思想教育素材。目前后勤文化建设中，对红色文化资源的开发不够充分，存在如下问题：一是校内红色景观缺失，学校内资源整合具有局限性，无法将各地区红色文化进行整合，不能广泛吸收红色资源的精神价值；二是校园景观无红色文化元素，校园内缺少红色意象物品或红色诗词等元素，无法引导师生思考红色精神；三是红色文化与网络的关联性较差，无法在网络上与学校文化或红色文化背景建立联系。

后勤文化与红色文化相结合的主要表现形式是建设校园景观：一是营造红色景观，通过红色故事、红色氛围触动师生；二是在现有景观的基础上增加具有意义的红色元素；三是结合党的节日与校园景观场地开展红色教育活动，通过革命前辈的人物事迹激励师生；四是充分利用网络平台，将校园红色景观通过视频、图片等方式转变成网络数据，与学校教育或其他红色教育基地相连接，提高校内红色景观内涵的延展性。

（三）与绿色发展理念相结合

建设绿色校园是教育事业发展“十三五”规划重要事项之一。国家发改委提出，到 2022 年在全国范围内建成一大批绿色学校。绿色校园发展理念是绿色发展理念在校园内的体现。“绿色校园”旨在将可持续发展的观念渗透到全校的教育教学和生活管理之中，让全校师生通过学习理论知识、参与节能实践、感受环境熏陶等方式参与绿色校园的建设。当前后勤文化与绿色发展理念联系得不够充分。首先，校园内景观整体规划欠缺，景观功能单一。其次，绿色校园教育不充分，在师生中的影响不大，与绿色发展相关的教育形式较单一。最后，校园内节约建设不到位，无法对资源使用的全过程进行有效监控管理，减少浪费。

针对以上问题，后勤文化与绿色发展理念相结合包含了校园环境、节约校园和师生的绿色发展理念教育。因此，做到二者相结合，首先要对校园环境进行合理布局。实现一区一景，校内建筑面积和绿化面积的比例协调合理，营造四季分明、处处有景的校园环境。其次开展绿色校园教育活动，对接二级单位、校内社团等部门，开展节能活动。最后拓展教育范围，针对生活实际，就“节约能源”“低碳出行”等进行专题教育，倡导绿色环保、节能生活。

（四）与马克思主义劳动观相结合

马克思主义劳动观说明了劳动既能满足人们的基本生活需求，又能充实人的精神领域，并因劳动获得成长。新时代下的高校学生，更加注重创新、实践能力。正确的劳动观正是这两项能力的基石。学生进行良好的劳动实践，并由此深受教育，树立正确的人生观和价值观。后勤文化建设中，与马克思主义劳动观的结合存在以下问题：一是劳动教育时间不固定，学生的劳动时间具有临时性，缺少系统规划；二是开展劳动教育过程中组织者使命感不足，学生面对不自信的劳动者，受教育的程度也会大大减弱；三是劳动教育缺少专业性和创新性，劳动教育仅仅满足对基本生存发展能力的培养，缺少劳动创新。

因此，将马克思主义劳动观融入后勤文化建设中要注意：一是结合实际，合理安排教育课程计划，将后勤劳动融入学校本身的劳动实践课程中，形成可操性强的劳动课程；二是增强后勤文化自信，后勤人要摒弃“文化自卑”心态，不畏困难、无私奉献的精神是值得所有师生学习和传承的，将优秀的后勤精神融入具体的勤工俭学、后勤劳动活动中，如设立勤工助学岗位、举办生活竞赛，从而巩固良好的生活劳动习惯；三是尊重学生的专业性，在后勤工作中，让学生尝试利用自己的专业知识解决实际问题，如后勤信息化建设、节能工作、分析数据等。

四、结　语

党的十九大对文化自信高度重视，也为高校后勤文化建设提供了新思路、新方法。后勤文化建设的育人功能是后勤文化建设众多功能中的核心，高校后勤秉承“管理育人”“服务育人”“环境育人”的宗旨，为高校各项工作的发展和师生提供服务。后勤员工兼具服务者、管理者、教育者的多重身份，作为“不上台的讲师”，他们勤劳敬业、廉洁自律、默默无闻地坚守一线，将良好的后勤文化、后勤思想、后勤精神潜移默化地传递给大学生，为当代大学生树立了新时代下劳动者和建设者的形象。高校后勤文化的育人功能并不能像科研教学具有直接的教育意义，但通过后勤文化的不断丰富，将其融入高校食、住、学、行等工作和生活中，却能产生春风化雨、润物无声的效果，最终实现“育人”目标。

（2021 年立项项目　撰稿人：张东平）

第二编

党建立新，校史传承

近年来，学校党委高举中国特色社会主义伟大旗帜，以习近平新时代中国特色社会主义思想为指导，坚持党的全面领导，深入贯彻落实习近平总书记关于教育的重要论述和给我校重要回信精神，加强党建和思想政治工作，为把学校建设成为特色鲜明的世界一流大学不懈奋斗。习近平总书记的殷殷嘱托和勉励期望，语重心长，催人奋进，是学校事业发展的根本遵循和行动指南。当前，学校的党建和团建工作已形成规范化、制度化和科学化的运行体制，在思政课的教学实践、大学生党建活动、红色革命文化宣传上进行一系列的创新发展，不断引导青年学生党员增强“四个意识”、坚定“四个自信”，做到“两个维护”，为党的事业兴旺发达、后继有人提供了重要保证。

同时，各学院积极开展校史、学科发展史的挖掘工作，将党史和校史紧密结合，展现北科发展过程中为党和国家作出的杰出贡献。继承和发扬校史、院史，有利于强化全校师生的政治责任和意识；有利于强化集体归属感、凝聚力、向心力和战斗力；有利于弘扬学风严谨、崇尚实践的优良传统，凝练求实鼎新的校训。承钢院奋斗之历史，方能谱写北科未来之华章。

红色文化资源育人的实现路径及其研究

项目概述

红色资源育人的实现路径研究是实践工作中的一个难题，长期以来困扰大学生思想政治教育、思政课教学及大学生党建等工作。本研究尝试从红色革命遗迹入手，在思政课实践教学、大学生党建与思政、红色革命文化宣传上进行一系列新的尝试，发挥马克思主义学院师资和理论优势，探索新成果，同时也让更多的人投入红色资源的教育工作中去。

一、项目背景及意义

红色资源作为承载老一辈革命家波澜壮阔的革命史、艰苦卓绝的奋斗史、可歌可泣的英雄史的重要资源，蕴含了革命先辈的崇高理想和坚定信念，继承了中华民族的优良传统和民族精神，反映了中国人民捍卫民族独立、国家尊严的责任感和使命感，构成了思政课教学的重要内容，是对高校党员进行理想信念教育的优质资源和鲜活教材。北京是一座历史悠久的文化古都，同时也是一座具有光荣革命传统的城市，北京红色资源丰富厚重，拥有天安门广场、香山双清别墅、中国国家博物馆、故宫博物院、中国人民抗日战争纪念馆等18家全国爱国主义教育示范基地、15家全国红色旅游经典景区、166家市级爱国主义教育示范基地、120个市级红色旅游景区（资源点）。

红色资源承载着党的优良传统和革命精神，在提升人们思想境界、培养人们道德品质、培育社会主义核心价值观方面发挥着积极作用。新时代要把红色资源转化成创造新辉煌的强大动力。

为进一步提升党史学习教育的实效性，尤其是深入学习贯彻习近平总书记关于党史、新中国史、改革开放史、社会主义发展史的重要论述，持续深化爱国主义教育，本课题以红色资源育人为目标，全面深入“三全育人”工作理念，持续开展了系列红色革命史迹寻访项目，其中包含思政课实践教学活动、北京市及国内红色革命史迹社会实践寻访活动、红色资源育人的理论研究、红色育人资源成果转化、红色文化宣讲等新尝试。红色革命史迹是中国共产党领导下的中国革命精神推动下的实践变革成果，也是变革凝练的文化精神形态，是优质的思想政治教育资源。

二、具体实施情况及主要做法

（一）传承红色基因，寻访红色遗迹

北京革命历史史迹丰富，从时间跨度上，涵盖了从旧民主主义革命时期到新民主主义革命时期的全部中国近现代革命历史过程；从所属类别上，包括革命博物馆、革命纪念馆、革命者旧居、革命烈士陵园、纪念碑、纪念馆等。为深入挖掘和利用北京革命史迹的历史文化价值，推进人文北京建设进程，充分利用红色文化资源，深化实践教学改革，本课题组织开展了“弘扬中国精神　培育核心价值”“北京红色革命史迹寻访传承行动”等特色实践教学项目。在实践项目基础上，精心设计，与北京市各地区党史研究室合作，主要选取中国近代革命历程中，在北京斗争、建设、改革和发展的代表性的历史史迹，共计102处，探寻共产党人在北京开展革命活动的历史事件、著名人物的故事等，以编年体为大的历史框架，一个点一个点地去寻找、追忆和讲述，呈现出一幅活生生的北京红色史迹地图，同时在党性教育中融入红色史迹的故事，传承红色基因，弘扬革命精神。

课题组组建了17支大学生调研实践团队及2支专项实践团队，近300名高校师生奔赴北京16区，先后走访了近百个革命遗址和纪念馆，其中包括平北红色第一村、焦庄户地道战遗址、14年抗战为国牺牲烈士纪念碑、八路军邓华支队司令部旧址、冀热察挺进军司令部旧址、平西情报交通联络站、辛亥滦州起义纪念园、佟麟阁墓园及纪念馆、埃德加·斯诺墓地、怀柔第一党支部纪念馆、“亢慕义斋”旧址、双清别墅、“一二·九”运动纪念亭、黑山扈战斗纪念碑、赵家楼遗址、京报馆旧址、陈独秀旧居、张自忠故居、孙中山逝世纪念地、李大钊故居、国立北平大学女子师范学院旧址、辅仁大学旧址、赵登禹将军墓、长辛店“二七”革命遗址、卢沟

桥、《没有共产党就没有新中国》歌曲创作地等。寻访地点覆盖北京全部行政区域，涵盖所有北京市红色革命历史遗迹。具体团队和调研地点分布如下（见表 1）：

表 1

序号	调研地址	团队数量	开展实践地点
1	怀柔县、延庆县	1 支	汤河口烈士陵园（怀柔县）、平北抗日烈士纪念园、平北红色第一村、延庆县革命烈士陵园、昌延联合县政府旧址——霹破石村、岔道“万人坑”遗址
2	密云县	1 支	丰滦密联合县政府遗址、白乙化烈士牺牲地、王波烈士碑园、承兴密联合县政府旧址纪念馆、古北口保卫战纪念碑及阵亡烈士墓碑、炸弹厂遗址
3	昌平区	2 支	昌宛县委县政府驻地旧址、周德纯烈士墓、国民抗日军起义地遗址、西山惨案遗址、昌平区烈士陵园、桃林烈士陵园、高崖口烈士纪念碑、上店烈士陵园、平北军分区司令部纪念碑亭
4	顺义区、平谷区	1 支	焦庄户地道战遗址、顺义区潮白烈士陵园、庞山惨案纪念碑；（以下为平谷区）桃棚村抗战遗址、鱼子山抗战遗址
5	门头沟区	2 支	王家山惨案遗址、宛平县 14 年抗战为国牺牲烈士纪念碑、八路军邓华支队司令部旧址、冀热察挺进军司令部旧址、平西情报交通联络站、辛亥滦州起义纪念园、佟麟阁墓园及纪念馆、清华大学闻一多烈士雕像和纪念亭、埃德加·斯诺墓地、田庄高小党支部旧址、怀柔第一党支部纪念馆
6	海淀区	3 支	“亢慕义斋”旧址、双清别墅、“三一八”惨案遗址、“一二·九”运动纪念地、香山碧云寺孙中山纪念堂及衣冠冢、清华大学施滉烈士纪念壁碑、万安公墓、平绥铁路西直门火车站、李大钊烈士陵园、六郎庄烈士纪念碑、黑山扈战斗纪念碑、李大钊烈士陵园、北安河烈士纪念堂

续表

序号	调研地址	团队数量	开展实践地点
7	朝阳区	1支	四九一电台旧址、马骏烈士墓、北京市双桥革命烈士陵园
8	东城区、西城区	4支	赵家楼遗址、京报馆旧址、国民会议促成大会全国代表大会会址、国会议场旧址、平民通讯社旧址、陈独秀旧居、军调部中共代表团驻地旧址、高仁山碑刻、张自忠故居、“北平陆军监狱”旧址、湖广会馆、孙中山逝世纪念地李大钊故居、陶然亭高君宇石评梅墓、中法大学旧址、中国铁道博物馆正阳门馆、吉安所左巷毛泽东在京居住地、国立北平大学女子师范学院旧址、国民政府财政部印刷局旧址、长椿寺、湖南会馆、国立蒙藏学校旧址、志成中学遵义楼、辅仁大学旧址、王荷波等烈士牺牲地中国大学旧址、陶然亭慈悲庵
9	石景山区、丰台区	1支	南苑兵营司令部旧址、赵登禹将军墓、长辛店“二七”革命遗址、东管头十八烈士墓、“二七”烈士墓、卢沟桥
10	大兴区、通州区、房山区	1支	《没有共产党就没有新中国》歌曲创作地、平西抗日战争纪念馆、冯玉祥驻通营盘旧址（通州区）

课题组认真参观和访问红色史迹，积极采集图片文字相关资料，开展口述史采集，采访与史迹相关的见证人、传承人，以文献史料和口述史采访相结合的方式，再现革命事迹，并对其相关史料进行深度解读。同时，配合问卷调查，调研红色史迹的保护和开发利用情况、不同社会群体对革命精神的传承和发扬情况、革命精神的当代价值、实现当代价值过程中出现的问题以及改进的措施。参与实践教学的学生认真整理现有材料，分析红色教育的现状，对革命历史史迹资源的保护利用提出针对性建议。北京红色革命史迹寻访实践团走访了一百多个历史史迹，对百余位历史事件的见证者、传承者进行了采访，发放了近千份调查问卷，形成了近万张原创摄影摄像作品。

系统性红色资源的使用，能够帮助广大青年学生科学认识中国革命精神的内涵、形成与发展，加深对中国革命精神现实意义和时代价值的理解，使中国革命精神内化于心、外化于行，不断巩固青年学子团结奋斗的共同思想基础。同时，通过微电影、宣讲汇报会、图文成果展、征文、论坛、撰写调研总结、汇编传说故事等方式，扩大中国革命精神在学生中的影响，努力使得培育和践行社会主义核心价值观形象化、生动化。

（二）深化实践教学，提升红色资源教育的育人实效

现在在学校第二课堂上所进行的党史学习教育，要么集中理论教学，要么集中实地类参观。前者较为枯燥，难以引起学生共鸣，而后者的参观，通常没有具体的目标和指导，一窝蜂一样的活动后，学生所剩的印象无几。在系统参访完红色文化资源后，对党史学习教育汇总，要实现有效的融入。例如在专题教育中，鼓励学生进行革命情景剧展示，开展特色鲜明的宣传教育，传承民族精神血脉，弘扬核心价值观。大家通过走访革命历史史迹，采访历史经历者、历史史迹传承人，可以有效还原历史真相，从小事件入手探究大历史，在课堂教学中的大历史进程中表演自己所采访到的历史史实，作为理论课程外的有效延伸。学生们通过五四运动、七七事变等一幕幕历史，不再只是课本上的文字，而是变成了学生们心中深层次的感悟。在参访历史史迹后，直接将情景剧的拍摄地选择在历史史迹中，增加了沉浸感，增强了历史情景剧的趣味性。根据北京红色革命史迹寻访改编的历史情景剧本已经有百余份，微视频 30 部，近 10 万余字。

（三）科技赋能，丰富红色资源育人的载体

红色革命史迹是中国共产党领导下、中国革命精神推动下的实践变革成果，也是变革凝练的文化精神形态，是优质的党性教育资源。为整合相关资源，课题组利用马院数字平台，投入数百万购置了 VR 系统，通过虚拟仿真系统，将采集回来的红色革命史迹影像进行了处理，形成了可在红色资源教育中使用的数字资源。通过虚拟仿真系统的眼镜或者手机端，教师可通过校内授课、研讨的方式，给大家讲解北京的红色革命历史遗迹。例如，马院设计开发了“香山革命纪念馆线上参观系统”。思政课教师可以在进行“香山精神：赶考永远在路上”的党史学习教育过程中，配合 VR 授课演示。教师学生可以同步体验 VR 设备，身临其境般地探访香山革命纪念馆。思政课第一课堂及大学生党建与思政的第二课堂，人数众多，涉及各年级不同类型的学生。如需进行红色教育的全部覆盖，在经费、人员组织及实效性上都面临着较大的困难。新媒体设备的应用及数字化的发展，将给红色资源教育带来新的契机，有效解决全覆盖或者教育过程中的空间拓展问题。更为重要的是，能够让每一位同学身临其境，与教师的同步讲解相配合，有着事半功倍的效果。

三、项目成果成效

（一）实现红色资源育人成果的创造性转化

在红色革命史迹与高校思政和党建工作融合发展的过程中，高校党建和思政工作者既是红色资源的利用、转化和创新发展者，也是受教育者，更是红色革命精神的传递者和传承者。马院思政课教师深感身上责任，在红色资源育人的理论成果及研究方面进行了卓有成效的探索。思政课教师们对于实地寻访拿到的一手资料进行了二次创作，完成了《传承红色基因：北京革命史迹解读》共三册，80余万字的稿件。该系列图书与北京出版集团合作，已经基本完成编审环节，并获得了学校的本科教材立项。在系列图书中，将北京的红色革命史迹进行了全面梳理，按城区规划，系统介绍了这些历史遗迹的历史、发展现状及文物保护等相关情况。这也是红色教育实践成果转化的经典案例。图书出版后，将对北京市红色革命历史遗迹的使用、宣传及保护产生积极的影响，也会让更多的人投入红色资源的教育工作中去。另外，经过几年的“中国精神寻访”工作，完成并出版了《弘扬中国精神　培育核心价值——北京科技大学思政课实践教学成果集》一书。

（二）实现红色资源育人的工作体系探索

红色资源育人工作，思政课教师与学校党建与思政相关部门的密切配合，完善工作机制，这也是形成育人合力的关键之所在。思政课教学成熟的实践教学模式、社会主流媒体的强大资源、地方党建部门的特色优势，都可以在红色资源育人过程中，融合成一条绳，为提升红色资源教育的实效性提供有效参考和借鉴。此次课题，有效依托了思政课实践教学环节、结合学生业余党校及校园文化建设需要，进行了工作机制的有效探索。马克思主义学院、校宣传部、组织部及团委等部门，利用各自工作优势，相互配合协调，进一步探索出有效的红色资源育人的工作体系。

（三）实现红色资源育人与校园文化建设的同频共振

红色资源的育人实效反映在校园文化建设中，应该是红色文化成为校园文化必不可少的一部分，让学生们自动、自觉地成为红色文化的接受者、传播者和受益者，使外灌成为一种内需。红色遗迹寻访及理论学习后，课题组及时安排进行了学生优秀作品选拔，鼓励学生们通过原创作品、自媒体及地方媒体，进行红色文化的宣讲及宣传。很多同学经过红色遗迹寻访，认识到红色资源保护研究的重要性，主动进行了相关理论研究，其中《当前红色革命精神教育的现状及其路径研究》获得首都高校思政课实践教学论文一等奖。学生的原创歌曲《中国精神》在学校校园歌曲大赛中获得一等奖，在校园中风靡一时。学生们经过红色资源的教育，内化于心，其创新性成果成为校园文化的一部分，影响了大量的师生，也找到了红色资源与校园文化的有效结合点。

（2020 年立项项目　撰稿人：段晓芳）

附件：项目成果清单

1. 已出版书稿

《弘扬中国精神　培育核心价值——北京科技大学思政课实践教学成果集》，段晓芳编著，36.2 万字，中国出版集团研究出版社，2019 年。

2. 待出版书稿

《传承红色基因：北京革命史迹解读——东城　西城》《传承红色基因：北京革命史迹解读——海淀　丰台》《传承红色基因：北京革命史迹解读——门头沟　房山　顺义　昌平　平谷　怀柔　密云　延庆》，段晓芳编著，北京出版集团公司北京美术摄影出版社。

3. 获奖论文

由学生黄成磊、袁正臣、刘逸哲撰写的《红色文化资源应用于革命精神教育的实践研究——以北京市西城区红色革命遗迹开发和利用为例》论文荣获 2018 年北京高校思想政治理论课学生社会实践优秀论文评选一等奖。

材料科学与工程学院院史及专业发展史编撰

项目概述

材料科学与工程学科与学校共同走过了70年的历史，多年来学院师生植根于北科大深厚的精神底蕴和优良传统，以卓越智慧和不懈努力，谱写了一首与共和国同奋进、与北科大共成长的动人诗篇，学院及专业建设取得累累硕果，并积淀形成了“学厚质朴、百炼成材”的院训精神和独特的学院文化。

一、项目背景及意义

材料科学与工程学科历史悠久，建校初期，柯俊、肖纪美、章守华等著名材料学家即创建了中国最早的金相热处理、金属压力加工和金属物理专业，而材料科学与工程学院正是由此发展而来，是学校成立的首批三个学院之一。70年来，材料学科为国家培养了2万余名优秀人才，他们许多人都已成为各领域的栋梁和骨干，有罗干、黄孟复等党和国家领导人，有王崇愚、叶恒强等12名中国科学院或中国工程院院士，以及数十名国家特大型企业或高新企业的董事长、总经理等。

2022年4月21日，在我校70周年校庆前夕，习近平总书记给我校老教授们回信提道：“北京科技大学自成立以来，为我国钢铁工业发展作出了积极贡献”，“继续发扬严谨治学、甘为人梯的精神，坚持特色、争创一流，培养更多听党话、跟党走、有理想、有本领、具有为国奉献钢筋铁骨的高素质人才，促进钢铁产业创新发展、绿色低碳发展，为铸就科技强国、制造强国的钢铁脊梁作出新的更大的贡献。”为持续深入学习贯彻总书记回信精神，材料学院积极推进院史及专业史编撰工作的开展，在坚定文化自信、推进育人工作等方面起到重要作用。具体意义如下：

第一，深挖材院精神，坚定文化自信。习近平总书记说：“文化自信是更基础、更广泛、更深厚的自信，是更基本、更深沉、更持久的力量。”材料科学与工程学院作为首批一流学科建设主体单位，材料科学与工程学科作为学校成立之初即肇兴建设的专业之一，学院院史和专业发展史都印证着学校发展的重要史实与光辉成果，对其进行梳理，全面、系统、科学地记录学院的发展历程，对于建设学校与学院文化，总结发展与建设经验，树立学校与学院的文化自信，都具有重要意义，也为社会各界了解学院状况、培养广大校友的归属感与认同感提供坚实基础。

第二，传承材院精神，提升育人质量。材料科学与工程学院以及材料科学与工程专业在历史发展中所形成的一系列文化元素，包括精神文化和物质文化，被一代代材料人传承下来，蕴含着丰富的育人资源，为新时代背景下思想政治教育拓宽了途径，将院史编撰融入思政教育中，能有效实现更为精准的育人效果，起到积极的教育作用，培养学生与青年教师树立正确的人生方向与奋斗目标。

二、项目实施

（一）健全组织建设，形成专项队伍

材料学院自立项以来，首先完成了支持项目建设的专项队伍，形成了以学院领导班子统筹、师生党支部书记带头、基层团组织推进的全方位、立体式的项目团队，同时结合党庆、校庆建立院史宣讲专项宣讲团，以活跃在我国近年来重大活动中（冬奥会、建党百年、中华人民共和国成立 70 周年、新国展疫情防控等）的学生骨干为宣讲团中坚成员，邀请与学院一同成长发展的已退休老教师如葛昌纯院士、李静波教授、谢锡善教授、毛卫民教授、贾成厂教授等作为学院院史宣讲团指导老师和特邀嘉宾，在学院内的各项活动中广泛开展院史宣讲。

北京科技大学 70 周年华诞前夕，为增强教职工对于校史和院史的了解，提升教职工爱校爱岗的荣誉感和使命感，学院邀请到北京科技大学原党委书记、校长李静波为全员教职工进行“忆七十载峥嵘岁月路，立一生材料报国心”主题培训。

北京钢铁学院从诞生之日起就承担了为国家钢铁事业培养人才的重任。在党和国家的关心与帮助下，老教师们筚路蓝缕，在探索中发展，走

图 1　李静波

“忆七十载峥嵘岁月路，立一生材料报国心”

出了中国金属材料研究、教育的特色道路。70 年来，奉科技以立校，育强国之栋梁，永葆初心的材料科学与工程学院，用斐然的科技成果，树立起一座共和国科技创新的“高峰”！以史为鉴，开创未来，材料学院的老教师和蔼善良、艰苦朴素，对国家无私奉献，博学多才，年轻教师应继承和发扬老教师的优良传统，不断提升自己。

回顾北科大 70 年，正是与祖国同成长、共奋进的 70 年。70 年来，国家在发展中不断探索，走出了一条中国特色社会主义道路。而那口盈而不溢、奔涌不息的满井虽然早已湮没在历史的尘埃里，但这所巍巍学府却因润泽了无数桃李英才，成为真正意义上的“满井”。一大批来自海内外的名师巨擘，无数慕名而来的有志青年会聚于此，从此有了一个共同的身份——北科大人。他们以血肉之身躯，举矿冶之星火，抚百年之国殇。

葛昌纯院士以“结合党史学习回忆研究所的艰苦创业史”为主题，带领粉末冶金与先进陶瓷研究所师生回忆专业发展史。他结合参加院士大会和庆祝中国共产党成立 100 周年大会的心得体会，对研究所的发展情况进行详细介绍，肯定研究所的成长发展，也指出了不足之处。

主题讲座既是研究所筚路蓝缕、艰苦奋斗的回忆录，更是开创未来、接续奋斗的冲锋号。在了解并熟悉学院一路发展的历史后，北科大材料人

图 2　葛昌纯

“结合党史学习回忆研究所的艰苦创业史”

更要珍惜当前条件的来之不易，在前辈奠定的基础上认真学习、努力科研，奋力书写学院在新时期下新的辉煌。

图 3　谢锡善

“高温合金里的中国梦——不忘钢院传承、无悔报国青春”

谢锡善教授以“高温合金里的中国梦——不忘钢院传承、无悔报国青春”为题开展主题讲座。

1952—1956年，年轻而踌躇满志的谢锡善从清华园到北京钢铁工业学院读书，蒙多位导师教导、培养后于钢院金属学及钢铁热处理专业毕业，后相继赴捷克、美国留学进修。在教书育人工作中无私贡献，他以知识回报母校教导，以人才回馈祖国培养，常怀知恩报恩、心怀家国的无私之情，懂得饮水思源、报效祖国。

中国学生工作细致、思想活跃，往往能突破国外学生做不出的难题，保持充分的自信，保持作为中国人的底气和精神，不断努力学习。

北京科技大学这片热土，培养起来无数优秀学子，北京科技大学的学生在走出校门以后，要为学校和学科、更要为国家作出更大的贡献。青年一代接过时代发展和学科建设的接力棒，为学校、学科的进一步提升而不懈努力奋斗！

图4 毛卫民

“辨析中西差异，锻造钢铁脊梁”

毛卫民教授以“辨析中西差异，锻造钢铁脊梁”为主题进行专题讲座，以美国、全欧洲及中国工业发展的电能消耗变化为例，从时间角度剖析中西方科技发展差异，指出中西方矛盾来源于中国崛起。以史为鉴，深刻感悟老一辈材料人的报国之情，明确新时代材料学子的使命。

科技的发展源自材料的创新，故应从材料的专业角度入手来分析文明的发展与矛盾。从孕育古代中西方文明的材料基础来看，生产工具的发展会深刻影响文明的发展进程。着眼于文明的发展方式，应了解铜、铁器时代的中西方生产力水平决定其文明发展方向。西方发达的海上贸易使其有了更多的财富累积，征服与盘剥是其主要的逐利形式；而当时的中国虽然生产力低下但铜器发达，融合统一、热爱和平的温和逐利是文明的主要特征。材料基础的进步会直接促进工业水平的发展。在前三次工业革命时期，我国处于追赶地位，而第四次工业革命我国将与世界并驾齐驱。同时，要警惕西方国家某些错误价值观的渗透，而不同文明之间要相互借鉴，以实现人类命运共同体文明的繁荣发展。

（二）挖掘学院历史，传承材料精神

1. 院史资料征集

通过学院微信公众平台“材子风华”“材院党建”等渠道发布院史资料征集的公告，内容包括反映学院各阶段发展进程以及师生工作、学习、生活状态的各种文字、照片、视频、文件、回忆录和实物等，为院史编撰建立起立体化、多元化的资料网络，同时也借此机会将对学院有重要历史意义的散落多处、零星的、碎片化的资料进行收集归档，妥善保存。

为迎接70周年校庆，材料科学与工程学院面向全球校友发布征集令，广泛动员广大校友寻找珍藏以学习生活、文体活动为主的合影老照片（班级合影、系所合影、宿舍合影等），记录流金岁月，期待校友们返校浏览！

图5 “征集令”

制作“材启满井·不忘初心”老照片系列视频共10期，回忆学院发展历程，开启校庆倒计时。

北京科技大学材料科学与工程学科始建于1952年，由柯俊、肖纪美、章守华等著名材料科学家创建的中国最早的金相热处理、金属压力加工和金属

图 6　第一期：材料学院首届教职工大会

图 7　第二期：20 年前的新春联欢会

图 8　第三期：体育活动

图 9　第四期：学术培训

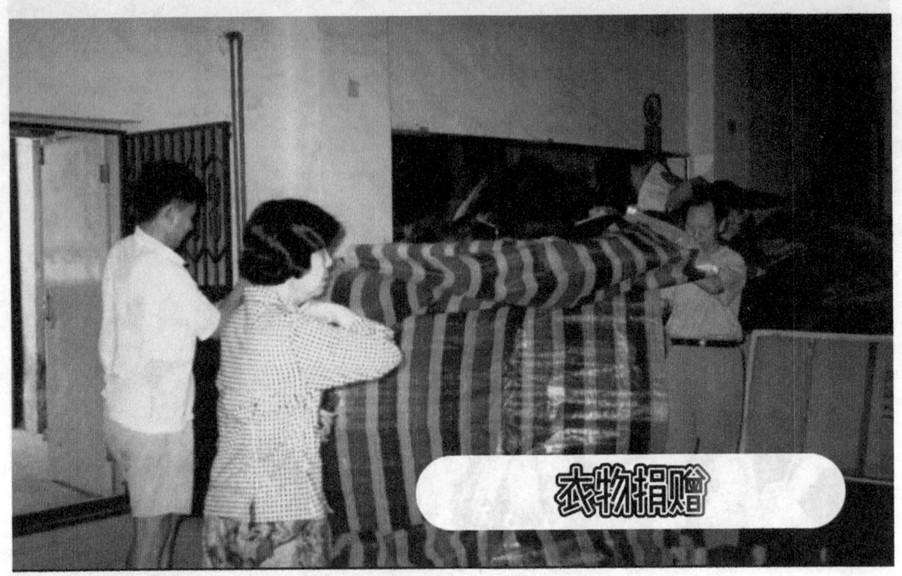

图 10　第五期：关爱活动

图 11　第六期：校园生活

图 12　第七期：中国材料名师讲坛

图 13　第八期：材料学院教职员工

图 14 第九期：研讨会

图 15 第十期：不忘来时路，奋进新征程

物理专业发展而来，怀揣着科教兴国的热忱，肩负着工业发展的使命，北科大材料学科始终奋斗在我国高校科技创新的最前沿。70年来，材料学科为国家培养了3万余名优秀人才，包括罗干、刘晓峰等党和国家领导人，王崇愚、叶恒强、张统一、张跃等19位两院院士，葛红林、张少明、段向东等60余名特大型央企董事长（总经理），有力支撑了我国钢铁工业由小到大、由弱到强的转变。

学科专业发展历程：

1952年：轧钢、第一个金相热处理专业。

1954年：设立铸造专业。

1956年：设立新中国第一个金属物理专业。

1956年：设立冶金物理化学专业。

1960年：分别设立精密合金专业、粉末冶金及金属陶瓷专业、高温合金专业。

1974年：成立金属腐蚀专业。（1978年改为金属腐蚀与防护专业，1986年归入表面科学与腐蚀工程系）

1978年：金相专业、高温专业、精密专业、粉末专业合并为金属材料专业。

1981年：金属物理、金属材料及热处理、压力加工、金属腐蚀磨损及防护、冶金物理化学成为全国首批具有博士学位授予权和硕士学位授予权的学科；铸造成为全国首批具有硕士学位授予权的学科。

1988年：金属物理、金属材料及热处理（含粉末冶金）、压力加工3个博士点被评为全国重点学科。

1996年：材料科学与工程学院正式成立，是学校成立的首批八个学院之一。由材料科学与工程系、金属压力加工系、表面科学与腐蚀工程系、冶金系的铸造教研室合并组建而成。

1997年：材料学科列入北京科技大学“211工程”重点建设学科。学校新设无机非金属材料为博士授权站。

1997年：“材料类专业人才培养方案及教学内容体系改革的研究与实践”被国家教委列为该年改革项目重点。

1998年：应用科学学院的材料物理系和物理化学系无机非金属材料部分并入材料科学与工程学院。

1999 年：陈国良当选中国工程院院士。

2001 年：铸造研究所与金属压力加工系合并为材料加工与控制工程系。

2001 年："大材料"试点班项目获国家级教学成果一等奖；成立北京科技大学表面纳米技术工程研究中心；葛昌纯当选为中国科学院院士。

2003 年：设立材料化学专业。

2004 年：第一轮学科评估位列全国第一。

2007 年：材料科学与工程学科被评为"首批国家一级重点学科"。

2007 年：第二轮学科评估位列全国第二。

2008 年：设立新材料技术研究院。

2011 年：设立纳米专业。材料工程获"全国工程硕士研究生教育特色工程领域"称号；纳米材料与器件研究室承办第四届一维纳米材料国际会议。

2013 年：教育部学位与研究生教育发展中心发布 2012 年学科评估结果，材料科学与工程继续保持国内领先。

2014 年：第三轮学科评估位列全国第二。材料科学与工程学院主办第二届北京高校材料联盟会议。

2015 年：建立材料基因工程北京重点实验室；举办 2015 纳米材料和纳米科技国际研讨会。

2017 年：第四轮学科评估结果为 A；入选国家首批"双一流"建设学科；"北京材料基因工程高精尖创新中心"正式批准成立。

2018 年：成立材料科学与工程学部，包括材料科学与工程学院、新材料技术研究院、新金属材料国家重点实验室、国家材料服役安全科学中心、工程技术研究院、钢铁共性技术协同创新中心、北京材料基因工程高精尖创新中心；材料科学与工程学院党委入选首批"全国党建工作标杆院系"名单。

2019 年：材料科学与工程、材料成型及控制工程、材料物理专业入选国家级一流本科专业；材料科学首次进入世界前 100 名之列。

2020 年：纳米材料与技术专业入选国家级一流本科专业建设点；材料成型及控制工程专业通过中国工程教育专业认证协会认证；材料科学与工程学院 1712 班荣获北京高校"十佳示范班集体"荣誉称号；材料科学与

工程学院王海波获评“第十二届高校辅导员年度人物”；材料科学与工程博士后流动站获2020年全国博士后工作综合评估“优秀”等级。

2021年：前沿交叉科学技术研究院成立，挂靠材料科学与工程学院；材料科学与工程学院党委通过首批“全国党建工作标杆院系”培育创建单位验收；教育部通知，材料成型及控制工程、纳米材料与技术为一流本科专业。

2022年：入选第二轮“双一流”建设学科及培优行动计划。

2022年：无机非金属材料工程专业入选国家级一流本科专业建设点。

2. 材料名师寻访

以学生基层党团组织为依托，建立起多支人物寻访小分队，与材料名师面对面开展访谈，开展“口述院史”的采集工作。采访对象既包括葛昌纯、刘国勋、余永宁等老院士、老教授，也包括李静媛、燕青芝、宋仁伯等中坚力量，还包括张虎、岩雨等新一代优秀教师，通过对他们的访谈，探索更多历史细节，寻觅更多历史故事，了解更多历史人物，采集更加鲜活、更有温度、更具思想的“口述院史”。

3. 探寻系所记忆

以系所教师党支部为骨干力量，由教师党支部带动学生党支部，发挥党支部战斗堡垒作用，开展“老中青”联动传带，对各系所发展史及相应专业发展史进行深入挖掘，系统整理各系所教学、科研等历史资料及故事，为院史与材料科学与工程整体学科的发展史的梳理编撰提供扎实的基础，讲好专业故事。

无机非金属材料专业通过访谈老教授，整理了《刘老师用热力学计算否定课题》《定氧探头》《刘老师做电池及刘老师的学生》《洪老师第一个耐火材料博士点》《抚顺实习》《下乡插队》《坚持真理，纠正错误》《先进陶瓷实验室》《陶瓷刀片》9个专业历史故事，丰富了专业记忆。

材料物理与化学专业积极探寻专业发展史，回顾了名师为学校建设做出的重要贡献。整理出“金属物理楼”“中国第一个金属物理专业”“‘四大名旦’倾囊相授”以及四大名旦柯俊、肖纪美、张兴钤、方正知四位老先生的事迹。

4. 凝练科学家精神

科学家精神是科技工作者在长期科学实践中积累的宝贵精神财富，深刻解读科学家内涵，明确科学家精神产生于科技领域，但其不仅仅是科技领域人才崇尚和追求的道德准则。科学家精神与我们国家优良传统和民族精神是一脉相承、内在统一的，是全社会共同的价值追求。在探索科学家精神的过程中，制作“学习科学家精神”主题 PPT，利用理论学习、组织生活等活动认真学习贯彻科学家精神，并形成 1 篇文章。

（三）加强校友联系，共话求学岁月

校友是学院与专业发展的宝贵财富，是学院与学科人才培养的重要成果，他们不仅能够为当下与今后的发展提供丰富的社会资源，同时也是学院与专业发展的重要亲历者与见证者，他们以更加多样化的“社会触角”与在校师生形成互补，是学院与专业发展史的不可忽略的组成部分。通过组织校友访谈、校友返校座谈、校友征文、老照片征集等形式开展院史与专业发展史的征集，广泛发动校友力量，进一步丰富了院史与专业发展史的视角与内容，并收集不同行业校友对于学院发展的意见和建议，加强校友与学院的联系，鼓励广大校友积极参与学院建设。

图 16　“共忆七秩奋进岁月　同话今朝材院传承”校友座谈会

昔日的北科大学子，如今已成为各个行业的中坚力量，举办“共忆七秩奋进岁月 同话今朝材院传承”校友座谈会，带领校友共同学习习总书记给北京科技大学的老教授回信精神，了解材料学科建设过程中取得的成果，回忆在北科大求学的美好时光。巩固校友与母校联系的桥梁，也让校友对母校的发展与变化有了更加深刻的理解，凝聚校友力量，推动学院和校友共同发展。

付晨光表示，昔日的同学已成为各个岗位的中坚力量，他感到由衷的喜悦。材料学科拥有辉煌的历史，他为学科取得的每一次突破感到自豪，也始终关注着学院的发展。他希望与学院共同赓续一代代辛勤耕耘的光荣作风，续写更加辉煌的未来。

李一太谈道，他很荣幸能参加母校70周年大庆，他清晰地感到自身的成长与母校的成长紧密连接，同时衷心祝愿材料学科能在建设世界顶级材料学科的征途上实现新的突破。

刘国际表达了参与校园文化建设工作的殷切希望，希望持续推动校园文创活动的开展，为传承校园文化做出贡献。同时他也对于学院校友会建设提出建议，并表示愿意深度参与。

耿识博对习总书记对学校老教授的回信一事感到非常激动。他表示，各位校友和老师要充分学习贯彻回信精神，进一步提升材料学科综合实力，发挥学科特色，培养优秀人才。他表示，自己与材料学院有着深厚的情感关联，他的个人发展得益于学院的培养和教育。他期望材料学科能够充分发挥材料领域排头兵的作用，服务国家重大需求。

陈东卫提道，传承是材料学院的优良传统。从钢院传承到如今的材院精神，是她与母校最深沉的羁绊。她表示，希望能通过“栋梁计划”，将自己的经验分享给学生，为他们“探好路”，并进一步促进产学结合。她衷心祝愿材料学院能在传承中创新突破，走向更加光明的未来。

周建彤表示，希望未来能与学院取得更多的接触与交流，发挥自身专业优势，促进材料与文化科技的结合，同时也期待在未来和各位校友保持密切联系，共同为母校贡献力量。

刘静谈道，对她而言北科大材料学院不仅是材料科研方面的领军建设基地，更是她生命基因的成材之地。她的学业、事业、生活等皆是在北科大材院形成，为此她对学院的培养表示衷心的感恩，并表示将毫不犹豫地为学院发展贡献自己的力量。

罗云川表示，大学时期获得的综合素质与能力，将有益于未来在任何岗位上的发展，为此他感恩学院对他的培养。他提道，我国正越来越重视科研技术与实际应用的双重发展，科研和应用是推动时代进步的“两条腿”，希望材料学院的科研成果能越来越多地落地转化到核心、高精尖的国家需求中。

马存真表示非常愿意参与到“栋梁计划”中。毕业后他无时无刻不在关注着母校的发展，他认为北科大材料学子应把握时代机遇、乘上东风，为建设成为中国顶尖、世界前列的材料学科贡献出自己的一份力量。

邱鲁闵对母校感情深厚，老师们当年勤勤恳恳的教学精神让他始终铭记。他希望学校大力发展优势学科，并带动更多兄弟学科不断前进。同时他作为北科大的一员，也会在自己的领域里继续发光发热。

黄飞以校友和博士的双重身份阐述了自己与北科大的故事。材料学院的先辈们严谨不苟的治学态度与在科研落地上的辛苦耕耘让他印象深刻，他也希望在未来与北科大材院共同创造出更多的价值。

张伟感谢学院对他的培养以及毕业后对他工作的支持。他时刻关注着母校的发展，并强烈希望在母校建设世界一流大学的过程中贡献力量。

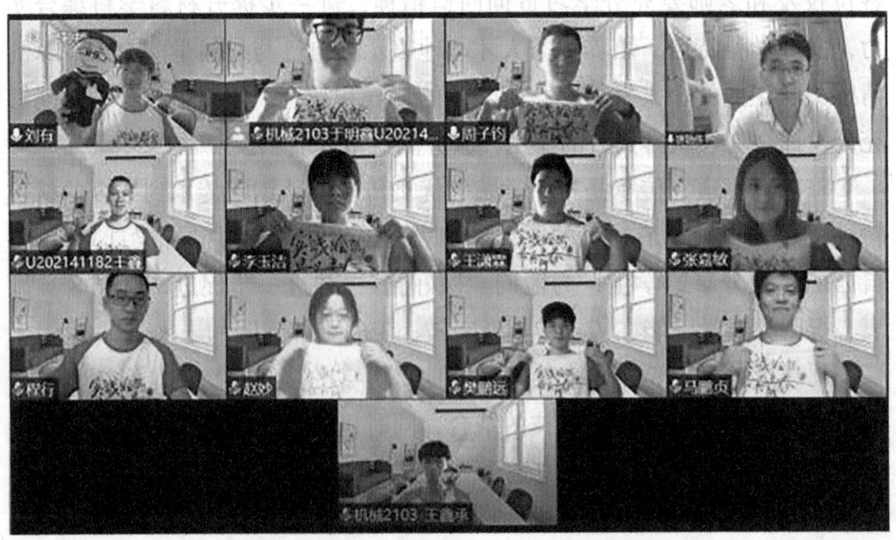

图 17　学科溯源追寻——校友访谈实践

为深入推进新一轮“双一流”建设，学校坚持中国特色、世界一流办学方案，深化学科内涵建设。推动人才培养、学科建设、发展就业紧密结合，发挥多方联动效应。不断提升国家级一流本科专业、国家级特色专业、中国工程教育认证、教育部卓越工程师计划专业等专业建设，构建协调可持续发展的学科体系，同时打造更具吸引力的就业指导服务体系。以暑假社会实践为契机，依托学院青年教师团工委已经实现与京内校友企业、钢铁行业相关十余家单位的对接交流。通过知名校友寻访，构建高校导师、企业导师的“双实践导师”指导模式。引导同学们走进专业领域，强化立体认知；建立学科意识，启发科学素养；明确学习动力，树立人生方向。

采访的校友有：北京科技大学材料科学与技术学院 2004 级校友——李原；北京科技大学材料科学与工程学院 2008 级校友——刘小浪；北京科技大学 2012 级校友——刘莹；北京科技大学材料科学与工程学院 2003 级校友——盛艳伟；北京科技大学材料科学与工程学院 2004 级校友——王佳；中国科学技术大学应用化学系特任教授、北京科技大学校友——陈维；北京科技大学材料与工程学院 2013 级校友——何丽珠；北京科技大学材料科学与工程学院 2016 级校友——孔宇威。

三、项目成效

（一）建立健全工作机制，推动院史整理工作不断完善

形成院史与专业发展史资料收集、整理、编撰工作的组织机构和工作模式，依托教师党支部与学生党班团建设，建立起学院和各系所定期整理重要事件、关键人物等资料的长效机制，在学院形成了重视资料整理、重视档案工作的共识，要有意识地关注学院与专业发展的关键事件，收集最新资料，对院史资料进行不定期更新，为今后的院史与专业发展史的长期工作打下良好的基础。

在多方的资料收集、挖掘的基础上，全面回顾学院与专业发展历程，总结学院与专业发展过程中的人才培养、科研成就和教育教学等经验与成果，通过梳理学院与专业发展脉络与发展特色，对包括人物事迹、技术创新、教学改革、课程设置、重大事件等内容丰富、规模庞大的院史与专业发展史的文字资料、图片资料、实物资料等进行分门别类的整理，建立起

纲清目明的资料网络，形成院史与专业发展史资料大库，为进一步进行院史与专业发展史研究，进行编辑、出版等工作做好准备。

（二）大力发扬学院文化，推动学科思政建设不断深化

进行院史与专业发展史的梳理编撰，不仅仅是对史实的收集整理，更是对其中所蕴含文化的追寻与发扬，特别是对亲身参与此项工作的师生来说，更是经历了一次思想的洗礼，如置身于一场沉浸式的思政教育课堂。当他们亲自阅读那些纸张发黄的原始资料，亲自面对面地感受老院士、老教授和中青年材料名师的魅力与风采，亲自触摸那些见证了一次次技术进步或教学革新的历史实物，无论是老师还是学生，他们的内心无不充满激动，对于“材料报国”精神的理解更加具象、更加深邃。

在学院历史文化探寻的同时，整合学科优势资源，在中国材料名师讲坛的基础上，打造出由院士、国家教学名师领衔的“学科导论课、思政讲坛、课程思政、科研育人、网络引领”的全维度立体式学科思政体系；结合党史学习教育，深入挖掘系史和专业史，认真梳理各专业的课程特点，一线教师将学科发展史融入课程内容中，形成可以结合的思政教育模块。“金属材料学”等3门课程被评为北京科技大学“课程思政特色示范课”，2门课程获2021年北京市高校课程思政示范课程。

（三）发挥多方主体作用，推动学院校友联络不断增强

自上而下，多层联动，形成老教授、宣讲团成员到学生组织和基层党、团支部再到广泛学生的院史宣讲宣传链条。结合建党百年庆祝活动、70周年校庆、科学家精神宣讲等系列活动，学生宣讲员深入基层团、支部团日活动以及各级团校、党校等教育活动中开展院史相关宣讲，针对入党申请人、入党积极分子、党员、学生干部等群体，邀请名师宣讲员结合自身学习成长经历和学院服务国家重大科研项目历史进行宣讲，以生动故事和感人经历进一步加强院史教育意义，通过多渠道多角度的宣讲，进一步增加了学生对于“学厚质朴、百炼成材”院训和科学家精神内涵的深入了解，在全院师生范围内形成了“学党史、知校史、明院史”的良好氛围。

以院史与专业发展史资料大库为基础，以历史沿革、学院“十四五”规划、师资队伍、学科建设、人才培养、党建工作、国际交流、学生工作、实验中心、学术科研为切入点，将相关资料进行筛选、编写，结合艺术设计，形成学院“文化墙”，将资料大库整理出的素材进行再次开发，营造学院环境文化，主动进行文化展示，贴近师生的生活轨迹，涵养学院师生爱院荣院、爱校荣校的情怀。

四、项目思考

（一）继续建立健全资料归档制度

从本次院史与学院发展史的资料收集与整理的工作来看，整体而言，文字资料占比重较大，图片、影像特别是实物资料占比重较小，这应是受此前的技术手段限制所致。图片、影像、实物资料有着文字资料所无法代替的作用，对于开展教育效果更加深入的立体化、全方位、沉浸式的历史教育有着重要的价值，今后应充分利用当今便利的拍照、摄像技术，提高对于照片、影像资料的获取、收集与保存，另外还应提高对于实物资料的重视，进一步加强对实物资料的搜集与保管，丰富院史与专业发展史的资料类型。

（二）大力开展院史与专业发展史的文化开发

院史与专业发展史富含着巨大的精神力量，具有丰富的育人价值，但是不能将其藏之名山，束之高阁，而应更主动地将它“推出去”，将之与日常的青年教师教育、学生党班团等各项活动进行结合，例如编演舞台剧、主题绘画创作、主题征文、“课堂穿越”等，使活动在与院史文化的融合中体现独特的文化特点，同时还应加强文化转化和文创产品开发，例如将体现院史与学科文化史精髓的口号、教育理念等与帆布包、文化衫、书签、表情包等文化产品结合，形成独特的文创产品，以青春洋溢、喜闻乐见的方式融入日常生活，潜移默化地开展教育活动。另外，也可进一步发挥图片、影像、实物资料的作用，进行实物展览、场景还原等宣传教育形式，让学院师生在“身临其境”的体验中与历史互动。

（三）多平台、多角度、多渠道进行院史与专业发展史宣传

除了已有的学院网站、微信公众号、院内宣传栏等宣传方式之外，还可积极关注传播热点，更新、拓宽宣传渠道，利用微信视频号、抖音等短视频平台，开展短视频拍摄、直播等宣传活动，除了选取部分简短的小故事进行讲述之外，对相关的特色绘画、特色文创产品、特色展览等活动也应及时进行报道与推广，另外，除了在校师生，还可开拓面向广大校友、中学师生家长、用人单位等作为目标对象的宣传，发挥院史与学院发展史

在校友工作、招生宣传、招聘就业等方面的文化价值，发挥院史与专业发展史在学校、学院、学科提高社会影响力与吸引力方面的积极作用。

（四）以院史与专业发展史有力推进一流学科建设

材料科学与工程学科是首批国家一级重点学科和国家一级学科博士点，材料科学与工程学院是国家首批“世界一流学科”建设单位，这样的荣誉与成绩当然不是凭空而来的，它是由一代又一代材料人传承着“材料报国”的梦想，秉持着“学厚质朴，百炼成材”的院训精神，严谨踏实、不畏艰辛、接续奋斗而来的，要进一步推进材料“一流学科”建设，一定要用好院史与专业发展史这座宝藏，从院史与专业发展史当中汲取精神力量，总结历史经验与教训，延续学科发展优良传统，凝练学科优势和特色，以世界一流材料学科标准有力推进“世界冶金、材料教育和科研中心”建设。

（2021 年立项项目　撰稿人：张秋曼）

乡村振兴背景下脱贫村社工服务站建设

项目概述

在乡村振兴的新历史阶段，学校发挥学科优势，以在脱贫村建设社会工作服务站为载体，探索运用社会工作专业方法推进帮扶工作，帮助秦安县提升公共服务水平，改善公共服务质量，填补空白和短板，实现农村基本公共服务从有到好的转变，促进城乡基本公共服务从形式上的普惠上升到实质上的公平。

一、项目背景及意义

北京科技大学自2012年起定点帮扶甘肃省秦安县，坚持“加强党建为先导、产业帮扶为主题、教育帮扶为主线、科技和文化帮扶为支撑”的工作思路，助力秦安县于2020年2月如期脱贫摘帽。脱贫攻坚战取得全面胜利，为乡村振兴奠定了坚实基础。现阶段正处于巩固脱贫攻坚成果同乡村振兴有效衔接的过渡期，要根据形势任务的变化，用全面辩证的眼光看待乡村发展，探索更有效的帮扶机制和帮扶方式来服务乡村振兴。

2021年中央“一号文件”《关于全面推进乡村振兴加快农业农村现代化的意见》提出，提升农村基本公共服务水平，建立城乡公共资源均衡配置机制，强化农村基本公共服务供给县乡村统筹，逐步实现标准统一、制度并轨。《中华人民共和国乡村振兴促进法》第二十八条规定：“国家鼓励城市人才向乡村流动，建立健全城乡、区域、校地之间人才培养合作与交流机制。县级以上人民政府应当建立鼓励各类人才参与乡村建设的激励机制，搭建社会工作和乡村建设志愿服务平台，支持和引导各类人才通过多种方式服务乡村振兴。乡镇人民政府和村民委员会、农村集体经济组织应当为返乡入乡人员和各类人才提供必要的生产生活服务。”

当前，秦安县农村基本保障和救助体系正陆续建立，农村弱势群体所需要的，除了物质资金层面的帮助，更重要的是关爱、自尊、陪伴或文化等情感敏感性需求的回应和满足。公共服务体系建设是乡村振兴的有力保障。加快农村公共服务体系建设有利于提升农民综合素质、维护农民权益，实现和保障社会公平。基于以上，北京科技大学自2021年7月起在甘肃省秦安县兴国镇康坡村试点建设北京科技大学乡村振兴社会工作服务站。

二、具体实施情况

（一）开展社工站实体场所建设

社工站是一个配备有社会工作专业人才，为困难群众和特殊群体提供社会工作专业服务、培育志愿服务队伍、保障基本民生和提高基层社会治理水平的综合性服务平台，既是“探索居民真实需求的”最后一公里，又是提供直接专业服务的最后一公里。2021年7—12月，在秦安县康坡村，建成了集接待室、图书室、心理咨询室、活动室等于一体的社工服务站办公场所。通过基金会资助、定点帮扶资金、社会机构赞助等多种方式，为社工站配齐了办公桌椅、图书、电脑、冰箱、活动器材等工作必备物资。社工站通过与北京绿色明天环保科技有限公司、北京市西城区仁助社会工作事务所等多家单位合作，为社工站建设和完善康坡村公共服务设施链接社会资源，进一步突出了社会工作的专业优势和工作特点。社工站运用社会工作专业方法，一方面链接外部资源，另一方面培育农民参与乡村振兴的主体性和积极性，挖掘农村社区自身优势，推进农村社区资产建设，为有需要的群众、家庭和社区提供专业服务。

（二）助力乡村文化建设

1. 开展“文化周末”露天观影活动

为了加强社区文化建设，丰富居民文化生活，陶冶居民情操，同时让居民在劳作之后，在娱乐中得到放松，社工站开展并举办“文化周末”露天观影活动，在每周五晚上8点放映露天大电影。活动共举办了6期，近900人次参加，活动吸引了康坡村及周边村镇居民的参加。因天水市周边突发疫情，导致疫情防控政策收紧，活动未能按照原计划办满所有场次，活动被迫取消。但活动成效超出预期，充分展现了村民参加文化活动的积极性，反映了村民的精神文化需求旺盛，为今后开展帮扶工作提供了有益借鉴。

图 1　北京科技大学康坡社工——夏日露天电影院

2. 举办暑期夏令营活动

为了引导农村儿童形成正确的自我认识，打开留守儿童封闭的心扉，培育学生积极、健康、快乐成长，形成正确的学习观、世界观、人生观和价值观，社工站志愿者们以寓教于乐的方式，举办了成长夏令营活动。活动共设置了开营、理想信念教育、人文地理讲堂、读书观影会、科技与实验、素质拓展、闭营 7 个主题活动：包括开营活动；认识自我、发展自我；历史小讲堂、地理小讲堂；观影及分享、读书及分享；自然实验课、科技文化节；兴趣探索、团建游戏；闭营活动共 12 期活动。面向康坡村共招募小学生 60 名左右，利用社会工作专业的小组工作方法，在每周周二、四下午开展。尽管受疫情影响，部分活动未能如期举行，但康坡村村民及儿童均对已开展的夏令营活动给予认可和赞扬。在已开展的夏令营活动中，平均每期有 50 人参与，儿童横跨小学 1—6 年级，每一期活动旨在加强培养孩子们的独立思考、与人沟通、动手的能力，使孩子们在快乐当中学会感恩以及树立强大的自信心，并且让孩子们拥有一次非凡而难忘的智慧成长。

为了帮助学生掌握英语学习的方法技巧，提升英语学习成绩和学习兴趣，社工站结合社会工作专业方法，举办英语辅导夏令营，利用每周周一、三下午的时间展开英语教学，主要针对小学三年级以上 30 多名学习英语课程的同学进行辅导。英语夏令营共分为 12 节课，分别为初相识、

图 2　康坡社工暑期成长夏令营开营仪式

水果、服装、节日、动物、颜色、运动、食物、国家以及职业。通过不同类型的主题教学很大程度上可以提升学生的积极性和主动性，并且打破学生的畏难情绪，增加对英语学习的兴趣。在整个教学过程中，社工们并不仅仅是简单的英语教学，更是将社会工作专业方法融入其中，通过优势视角挖掘每个孩子的潜能，使他们认识到自己的价值和能动性，增强了儿童们的自信心。

图 3　康坡社工举办英语辅导夏令营活动

3. 举办读书打卡活动

打开一本书就打开了理解世界的一扇窗。为了进一步丰富小朋友们的课外生活、开阔视野培养良好的阅读习惯，康坡社工们采用线上 + 线下模式，通过每日读书打卡、积分超市、每周优美文章和经典动画分享、亲子共读、线下读书会等多种形式开展了三期时长持续各一个月的“我爱阅读”读书打卡系列活动。为了让小朋友们阅读更多丰富的书籍，社工站专门购置了一批儿童读物，供小朋友们阅览或借阅。活动期间，社工对每日小朋友们提交的作品进行点评和反馈，针对其中出现的问题与小朋友们进行深入探讨，进一步提升小朋友们的阅读与写作的能力，并将小朋友们的作品整理成册，为小朋友们留下宝贵的活动回忆。结合读书打卡活动中收集到的优秀阅读作品，面向全村征集读书音频，村民自发投稿自己创作的朗读音频，制作“与你共读”读书广播栏目 8 期，形成康坡村特有的文化产品，丰富大家的文化生活，为推动乡村文化振兴提供一种新方案。

图 4　康坡社工举办“我爱阅读”读书打卡系列活动

（三）开展专业社工服务

1. 开展调查研究

在社会学专业教师和帮扶干部的指导下，社工站志愿者围绕“农村留守儿童成长需求和社会支持”“农村老人照料需求”“农民参与乡村振兴”“农民文化需求和乡村文化繁荣路径”“建档立卡贫困户持续脱贫能力”“驻村干部帮扶工作”等主题，深入农户开展调查研究，共完成205户脱贫户及3户特殊困难户的调研工作，为社工站日后开展工作提供扎实的材料支撑。社工站志愿者运用专业工作方法，对脱贫户开展“生活满意度”调研。调研主要针对建档立卡户的生活变化情况，共访谈了9位受访者，并组织了两次村民的集体访谈。调研显示，脱贫农户所感知的生活变化主要体现在收入提升、邻里关系向好、村庄的基础设施更加完善、环境改善等，村民对脱贫攻坚的成效均表示认可。调研结果为学校进一步做好驻村帮扶工作提供了参考。

图5　康坡社工开展“生活满意度”调研工作

2. 开展学业、教育帮扶活动

农村地区优质教育资源匮乏，师资薄弱，直接影响基础教育质量。农村家庭家长的文化程度普遍不高，学生成长中遇到学习困难和成长烦恼得不到及时帮助。针对这样的情况，社工站志愿者设计开展“大手拉小手”学业帮扶活动，用专业的社会工作方法调动了大学生资源，以一对一的方式对接36名志愿者与36名当地儿童，为康坡村留守儿童提供课后服务。通过作业辅导、法制宣传、音乐共享、心灵谈话等方式进一步丰富疫情下当地儿童的课后生活，促进他们全面发展，同时进一步补充和丰富当地教育资源。这一帮扶活动获得康坡村全体村民和各级管理部门的一致认可，并作为典型帮扶经验在省、市、县各级进行分享。此外，社工站举办了“藏在绘本中的童年成长秘密”主题活动，帮助农村家长树立正确的教育理念，提升农村家长的亲子教育技巧。

图6 “藏在绘本中的童年成长秘密”主题活动

3. 开展特殊群体关怀慰问

近年来，农村中大多数青壮年劳动力选择离开家乡到外地发展，不仅导致农村缺乏劳动力，更引起了农村生产、生活、文化和教育等方面一系列问题。康坡村是一个典型的“三留守”人员居多的村庄，外出务工是村中大部分家庭的主要收入来源，“三留守”人员问题突出。因此，社工站加强对“三留守”人员的关心关爱，积极组织了“三留守”人员中秋慰问活动，入户探访留守儿童，为学龄前儿童家长进行绘本培训等专项活动，受益农民群众逾百人。此外，邀请留守妇女、儿童参与社工站的建设、服务和管理，培养村民对村庄的责任意识。社工志愿者虽然无法填补亲情中缺失的遗憾，但通过运用专业知识，针对服务对象需求，有效开展心理疏导和帮扶，为“三留守”人员带去的不只是生活上的帮扶照顾，更多的是带去精神上的抚慰，用正向引导填补心灵的空缺，培养兴趣爱好，助人自助，从而走向新的人生目标。

图 7 北科大社工站（康坡）中秋慰问留守老人妇女儿童活动

（四）助力农村社会治理

1. 培训乡村社工队伍

在调研中发现，农村群众参与乡村发展建设的程度不足，行为中存在不同程度的“私利性”，对村内公共事务不够关心，主体意识薄弱。为了提升村民参加公共事务治理的积极性，社工站与村委会加强协作，积极吸纳村内中青年村民，组建了一支乡村社工志愿服务队，并开展社会工作方法培训，引导社工志愿服务队参与社区治理和社区建设。目前，服务队一共招纳了 20 名成员，在推动乡村建设、处理邻里纠纷、动员农民群众、解决群众困难、保障公共安全、增进干群关系等方面发挥“润滑剂”作用。在 2022 年 11 月天水市暴发新冠疫情期间，社工志愿服务队发挥“急先锋”作用，与村上党员干部一起开展疫情防控，成功保障疫情期间村民“零感染”。

2. 助力农村社会治理

经过一年的发展建设，社工站已经成为康坡村村庄治理的一个重要力量，在疫情防控、精神文明建设等方面发挥了独特作用。在新冠疫情防控期间，社工站参与网格化排查、站岗值守，帮助缓解了防疫工作人力不足的问题，还帮助联系北京科技大学国际处、计通学院、社会学系等捐赠防疫物资总计 2 万余元，为村庄的防疫工作提供物资保障。此外，对接文法学院青协，开展民法典专题讲座，为当地村民普及相关法律知识，现场回答法律问题，进行相关互动，提高村民的法律意识和法律素质。

社工站通过“小广播”，发挥“大能量”，撬动农村社会“大治理”。利用村里的广播站，社工站帮助帮扶工作队开展扶贫政策宣传；在疫情、自然灾害常发期间，发布防范通知，紧急动员志愿者工作力量，帮助减少人身财产损失；宣传“十星级文明农户”“好婆媳”等先进典型，正向激励村民们见贤思齐，传承良好的家风，涵养淳朴的民风，培育文明村风。

图 8　社工站站岗值守

三、项目成果成效

（一）强化乡村基础教育薄弱环节

农村儿童多由家中老人或全职妈妈照料看护，文化素养普遍不高，教育的责任压在他们身上，但其压力与能力的不匹配，其他家庭成员的角色缺失，很容易出现家庭教育危机。社工站开展的一系列文化教育活动，在一定程度上对乡村家庭基础教育的这一薄弱环节形成了支撑。一方面，开展的“我爱阅读”、夏令营、学业帮扶等活动，不仅丰富了农村儿童的课外生活体验，帮助其养成良好的学习习惯，而且在疫情停课期间更是有效减小疫情给学习带来的影响。另一方面，开展的学龄前儿童家长教育方法培训等活动，让农村家长了解家庭教育的重要性，帮助带动农村家长转变教育理念。

（二）凝练“精准化、常态化、系统化”乡村社工模式

经过一年多的服务开展和工作探索，社工站初步建立了一套“精准化、常态化、系统化”的乡村社工模式。一是服务需求精准化。社工站建设初期，志愿者们围绕“农村留守儿童成长需求和社会支持”“农村老人照料需求”“农民参与乡村振兴”“农民文化需求和乡村文化繁荣路径”“建档立卡贫困户持续脱贫能力”“驻村干部帮扶工作”等主题，深入农户开展调查研究，为社工站日后开展读书活动、露天影院、节日慰问等有针对性的工作提供扎实的材料支撑。二是社工服务常态化。根据村民需求，设计了系列的社工活动，至今共开展了夏令营 3 期、“文化周末”露天观影 6 期、“我爱阅读”活动 3 期、“与你共读”读书广播栏目 8 期、节日慰问活动 3 期，实现了社工服务的常态化。三是组织管理系统化。为促进社工站的长效发展，社工站对志愿服务工作进行了系统化管理，包括：建立档案管理制度，对调研、访谈农户进行“一户一档”管理，为开展个性化服务奠定基础；完善活动记录，对社工站举办的每项活动进行详细存档备案，记录内容包括活动名称、时间地点、服务内容、参与人员等；建立每日工作记录和每周工作例会制度，对工作过程及时进行反思和总结。

（三）加强提炼工作经验

基于社工站的建设经验，课题组成员积极反思工作，提炼工作经验。社工站建设的工作经验同时被运用到学校帮扶秦安发展当地的文化教育上，有效助推学校帮扶工作的开展。课题组成员先后在社科领域权威期刊和农业农村领域专业期刊上发表相关工作研究成果 6 篇。包括：

［1］梁志扬 . 乡村振兴阶段驻村帮扶工作的四个转向［N］. 中国社会科学报，2022–05–11（5）.

［2］梁志扬，樊扬林，郝佳洁 . 社会学习理论视角下青少年心理健康

的小组工作实践探索——以甘肃省秦安县 Y 校为例［J］. 河南农业，2022（12）：17-20.

［3］高龑，陈雪松，梁志扬 . 乡村振兴中教育帮扶的实践路径探析［J］. 北京科技大学学报（社会科学版），2022，38（2）：201-207.

［4］梁志扬 . 乡村振兴背景下培育乡村文化自信的路径研究［J］. 乡村论丛，2022（1）：3-10.

［5］梁志扬 . 转向重构乡村主体性的帮扶工作实践路径——以甘肃省秦安县康坡村为例［J］. 乡村振兴，2022（1）：52-53.

［6］梁志扬 . 以结对共建为路径的高校定点帮扶工作模式研究——以北京科技大学定点帮扶工作为例［J］. 科教文汇（下旬刊），2021（12）：1-3.

（2021 年立项项目　撰稿人：梁志扬）

贯彻落实习近平总书记重要回信精神的实践探索

摘　要

2020 年 5 月 17 日，习近平总书记给北京科技大学全体巴基斯坦留学生回信，亲切关怀了广大来华留学生和全体师生，对学校统筹做好疫情防控和教育教学发展提出了明确指示。2022 年 4 月 21 日，习近平总书记再次给北京科技大学的老教授们回信，肯定了学校为国家钢铁事业发展作出的积极贡献。贯彻落实总书记重要回信精神，将重要回信精神转化为推动学校改革发展的强大动力、生动实践，对于学校高质量内涵式发展，推进“双一流”建设具有重要意义。

一、项目背景及意义

党的十八大以来，以习近平同志为核心的党中央高度重视教育事业在坚持和发展中国特色社会主义战略全局中的地位和作用，把教育摆在优先发展战略位置。特别是，习近平总书记对高等教育和高校师生牵挂于心、念兹在兹，通过出席会议、考察调研、座谈交流、致信回信等不同方式，真情关爱师生、温情勉励师生、深情寄语师生。习近平总书记的殷殷嘱托，语重心长，催人奋进，是学校事业发展的根本遵循和行动指南。

习近平总书记关心关注北京科技大学发展，三年时间内给学校师生两次回信。2020 年 5 月 17 日，习近平总书记给学校全体巴基斯坦留学生回信，亲切关怀广大留学生和全体师生。这是学校发展历程中的重大历史事件，极大地鼓舞了全校师生、干部员工奋力建设世界一流大学的士气，极大地提升了广大海内外校友的爱校荣校情感，极大地凝聚了中外青年对人类命运共同体的价值认同，是指引学校建设发展的一笔精神财富。2022年4月21日，70周年校庆前夕，习近平总书记给学校老教授回信，充分肯定了学校建校70年来为我国钢铁工业发展所作出的积极贡献，深刻阐释了新时代高等教育的历史使命和发展规律，科学概括了行业特色高校加快世界一流大学建设的任务要求，对广大教师和青年学生提出了谆谆教导，对办好新时代高等教育提出了一系列新任务新要求，为新时代学校立足新起点、奋进新征程指明了方向。因此，贯彻落实总书记重要回信精神，将重要回信精神转化为推动学校改革发展的强大动力、生动实践，对于学校高质量内涵式发展，推进“双一流”建设具有重要意义。

一是有利于建设世界一流大学。习近平总书记在给学校老教授回信中，充分肯定了学校成立以来为我国钢铁工业发展作出的积极贡献，并鼓励我们要继续坚持特色，争创一流，为行业发展作出更大贡献。习近平总书记的重要回信为行业特色高校依托自身优势、建设一流大学提供了根本行动指南，激励着全体师生踔厉奋发、笃行不怠，持续促进钢铁产业创新发展、绿色低碳发展，在肩负科技创新使命中勇担时代重任，在服务引领行业发展中争创世界一流。

二是有利于落实立德树人根本任务。重要回信是习近平总书记站在迈向第二个百年奋斗目标新征程、实现中华民族伟大复兴的战略高度，对高等教育工作作出的重要指示，创新性阐释了新时代人才培养规律，深刻指出人才培养的目标是培养听党话、跟党走、有理想、有本领、具有为国奉献钢筋铁骨的高素质人才，发扬“严谨治学、甘为人梯”的精神是培养造就德才兼备人才的必然要求，这不仅是高校做好人才培养工作的根本遵循，更是民族复兴的迫切时代需要。

三是有利于建设高素质教师队伍。百年大计，教育为本；教育大计，教师为本。国家繁荣、民族振兴、教育发展，需要大力培养造就一支师德高尚、业务精湛、结构合理、充满活力的高素质专业化教师队伍，需要涌现一大批好老师。习近平总书记在重要回信中提出的“严谨治学、甘为人梯”老教授精神，既是对学校教师品德贡献的深刻诠释，也是新时代建设高质量教师队伍的目标要求。学校要不断强化师资队伍建设是学校事业发展基础性工作的定位，将老教授精神融入师资队伍建设的各个方面。

四是有利于扩大教育对外开放。习近平总书记在重要回信中指出，中国欢迎各国优秀青年来华学习深造。教育国际化正从单向需求走向合作共荣，从单一样态转变为多元发展，日益形成以“一带一路”为龙头的教育对外开放新布局。优化学校高水平合作交流布局，全面提升来华留学教育质量，更加注重开展国际理解教育，提升学生对世界各种知识和文化的认知、对各民族现实奋斗和未来愿景的体认，是学校扩大教育对外开放、推动构建人类命运共同体的必由之路。

二、项目建设思路

一是与全面落实立德树人根本任务结合起来。坚持党对学校的全面领导，聚焦落实立德树人根本任务，强化人才培养中心工作，追求一流质量，形成更高水平人才培养体系。要深化本科教育教学改革，提高研究生培养质量。要推进教学模式和教学方法改革，培育优质教学成果。要全面提高专业和课程建设质量，积极推进“新工科”“新文科”建设，做好招生就业和创新创业工作，加强学生体育、美育和劳动教育。

二是与加快推进“双一流”建设结合起来。在深刻认识回信对于学校改革发展重大历史意义的基础上，持续推动将重要回信精神根植于学校管党治党、办学治校的过程中，根植于建设一流大学的“北科大梦”中，不忘初心、牢记使命，抓好“立德树人、科教兴邦”的具体实践。加快推进一流学科建设、高素质师资队伍建设和科技创新能力建设，稳步提升服务国家战略、区域和行业发展的能力，着力破解发展过程中的痛点难点，努力开创“双一流”建设新局面。

三是与不断提高国际化办学水平结合起来。深入实施国际化发展战略，按照师资培养国际化、学生教育国际化、科研合作国际化的思路，在提升国际交流与合作层次、加强学生国际化培养、提高国际学生教育教学质量等方面持续用力，推动建设世界冶金、材料教育科研中心。坚持开放办学思路，以服务国家战略、支撑学科建设为目标，积极申报、开展各类创新型人才国际合作培养项目，推动“111”创新引智基地申报，积极参与“一带一路”教育行动，加强高端国际合作，不断提升学校国际影响力。

三、项目具体内容

根据项目时间安排，2021 年 7 月至 2022 年 2 月，项目组初步建立起贯彻落实习近平总书记给学校全体巴基斯坦留学生重要回信精神的“方案研制—任务分解—月度督查—年度总结”闭环落实机制。2022 年 4 月 21 日，收到习近平总书记给学校老教授重要回信后，项目组着手研究贯彻落实两封重要回信精神，完善闭环落实机制，形成更为完备的贯彻落实机制。

（一）明确近、中、远期安排

1. 近期安排（回信两周内）

要把学习宣传习近平总书记重要回信精神，作为学校最重要、最紧迫的政治任务。发布学习宣传通知，迅速掀起学习宣传热潮。

一是第一时间学习研究。及时传达，分别召开学校老教授、在校师生、离退休职工等座谈会，传达习近平总书记重要回信精神。主动谋划，分管规划、人事、教学、科研、宣传等工作的校领导要带领相关部门深入研究回信内涵，形成分管领域贯彻落实框架思路，做好理论研究。

二是第一时间立体宣讲。对内，组建师生宣讲团，深入师生群体等开展学习宣传；组织好教师党支部，学生班级、党支部、团支部等学习活动，实现全员覆盖。对外，加强对外宣传，主动联系中央主流媒体，做好采访策划和准备工作，深入报道学校学习宣传相关情况和事业发展情况。横向，召开联学会议，邀请钢铁企业、行业协会、科研院所、行业高校开展共同学习研讨。联合人民大学发起共学倡议，号召广大师生争做“大先生”和时代新人。

2. 中期安排（回信一月内）

系统总结凝练学校办学特色和优势，制定贯彻落实习近平总书记重要回信工作方案，推动习近平总书记重要回信精神落地生根。

做好顶层设计，围绕办学定位、人才培养、师资队伍建设、科学研究和社会服务、国际交流、大学文化等方面，研制学校贯彻落实习近平总书记重要回信精神整体方案，使其成为推动学校综合改革的行动指南。重在任务分解，相关部门要在学校整体方案发布后一周内，形成专项推动方案，明确时间表、路线图。

3. 远期安排（回信一年内）

要以习近平总书记重要回信精神为指引，围绕学习宣传阐释、学科重点建设、教师队伍建设、时代新人培育、科技自立自强、国际化办学和大学文化建设七个方面的重点任务，落实好任务分解、月度督查、半年总结和年度总结工作，并将重要回信精神落实情况作为单位年度考核重要参考。

（二）高质量研制实施方案

一是坚持聚焦原则。实施方案强调重点突出，精准聚焦建设高素质教师队伍，培养更多堪当民族复兴重任的时代新人，服务钢铁产业创新发展、绿色低碳发展，推进大学文化传承创新等主题。实施方案中未列常规工作，所列举措具有一定的改革性和创新性。

二是坚持对标原则。落实上级文件精神，主要以中央教育工作领导小组秘书组、教育部党组联合印发的《关于教育系统深入学习贯彻习近平总书记在中国人民大学考察时重要讲话精神的通知》为依据，并同习近平总书记给我校全体巴基斯坦留学生重要回信精神相结合，形成本次方案的具体举措。

三是坚持联动原则。实施方案印发后，将是学校当前与今后较长一个时期最重要的文件，必须具有较强的前瞻性、稳定性。因此在研制过程中，充分注重与学校第十二次党代会精神、“十四五”事业发展规划相结合。

四是坚持落地原则。实施方案的目标设置坚持远近结合，以收到重要回信一年与到“十四五”末期为两个周期，既考虑紧迫性、又考虑长期性，同时方案中所列举措均要求具备可操作性，避免泛泛而谈。

（三）高水平督查落实

一是分解目标任务。针对方案提出的重点任务，坚持远近结合原则，要求责任单位制定可操作、可落地的关键举措，分别明确方案实施一年后及到“十四五”末期的可量化的预期成果，形成任务分解表。以项目化的形式总结提炼重点任务中的重要事项，推动实施10项重点项目工程，协调各方力量推动重点项目工程落实落地。

二是开展专项督查。每月开展落实习近平总书记重要回信精神专项督查，要求责任单位对照任务分解表逐项逐条汇报当月进展及需协调推进事宜，形成月度推进报告提交常委会审议。

四、项目取得的成果

贯彻落实习近平总书记给学校老教授重要回信精神的研究处于起步阶段。针对贯彻落实习近平总书记给学校全体巴基斯坦留学生重要回信精神的研究，是项目研究的主体，贯穿整个研究周期，具体成果如下。

理论学习入脑入心。充分利用主流媒体和校内全媒体，形成立体化宣传态势，相关内容被新闻联播等主流媒体报道近百余次。在学校校史馆开辟重要回信精神学习专区，营造爱国荣校、担当奋进的浓厚氛围，充分记录、展示广大师生学习贯彻习近平总书记重要回信精神的生动画面和良好形象。组织召开“以重要回信精神为指引，开创来华留学事业发展新局面”专题研讨会，以《思想教育研究》为阵地，开辟学习贯彻习近平总书记重要回信精神专栏，形成多篇理论研究成果，夯实学理支撑，持续扩大辐射影响范围。

人才培养提质提效。聚焦“培育学生的国际视野和跨文化交流能力”总体目标，统筹境内境外、线上线下各类资源，着力构建“四位一体”的国际化人才培养体系，以培养具有全球胜任力的拔尖创新人才为内核，持续创新人才培养模式。深入实施“种子工程”，设立本硕博贯通式“材料高精尖班”，探索本科国内就读、研究生国外深造、学成归国任教的新模式，为我国材料学科储备一批具有国际视野的青年人才。同时，积极申报并获批“高层次国际化人才培养创新实践基地”，着力为服务我国教育对外开放发展大局做出新贡献。深入实施“爱知工程”，针对在校各类国际学生开展形式多样、内涵丰富的中国文化浸润活动，积极开展“国际文化节”中外青年交流活动以及“魅力语言，美丽中国”汉语桥交流项目，着力发挥教育在启迪心智、传承知识、陶冶情操等方面的作用。在对口扶贫秦安县设立中外青年交流基地，组建国际学生社会实践团实地赴西部地区调研中国扶贫伟大成就，增强了他们对中国发展的理解与认同，增添了他们向世界讲述中国的底气。制定修订多项国际学生招生、管理制度，着力改善生源结构，提升生源质量。坚持以人为本，全力克服疫情消极影响，创新在线教学模式，稳步推进45门全英文课程建设，保障国际学生培养质量。推动成立国际学生学者中心，建立国际学生辅导员队伍，强化学校各部门双语服务能力。

科学研究善谋善为。聚焦服务国家重大战略，坚持主动作为、创新作为，深入实施“桥梁工程”，全面落实“一带一路”教育行动计划。充分发挥学校学科优势，强化协同创新和成果转化，成立国家材料腐蚀与防护科学数据中心粤港澳分中心。学校科技成果广泛应用于马尔代夫中马友谊大桥等重大工程，“电弧炉炼钢复合吹炼技术”出口意大利等“一带一路”沿线国家地区，切实为“一带一路”国际合作新平台提供智力、人力和技术支持。聚焦行业发展前沿，坚持特色鲜明、聚焦重点，充分发挥学校材料冶金等领域传统优势，主导成立世界钢铁发展研究院、矿业与钢铁行业中外人文交流研究院，推动钢铁行业发展与世界交流。积极举办“中英钢铁国际论坛”系列公益讲座、第二届“人工智能在冶金工程中的应用”国际研讨会、第十五届“智能无人系统国际会议”等“一带一路”相关国际会议，覆盖海内外学者5000余人，持续推动构建国际学术会议、学术联盟等国际学术交流平台。与河钢集团签订国际教育合作协议，为“一带一路”沿线重大工程培养亟须的专业技术人才。

国际合作走深走实。深入实施“鼎新北科大”计划，拓展全球合作领域，积极参与中欧工程教育合作，加强与俄罗斯、乌克兰等国家高校、科研院所的深度合作。新增与美国伊利诺伊理工学院等6所院校共建海境外学生交流项目，积极推动师资队伍国际化。设立“青年教师国际交流成长计划”，实施“教师出国访学研究计划”和博士后海外交流项目，鼓励教师到海外知名高校、科研院所访学，开拓国际视野，提升能力素养。突出“高精尖缺”导向，有序推进引智揽才相关工作，着力打造与学校发展定位和学科建设目标相一致的高水平人才队伍。积极推动服务能力国际化。实现英文网站全覆盖。制定《北京科技大学英译规范手册（2021版）》，举办“鼎新杯”国际宣传能力综合评比大赛，切实提升学校国际化管理水平和国际形象。

研究形成的其他成果有：实施方案2份、任务分解表2套、年度总结视频1部、教育部简报1期、系列宣传展板1套等。

（2021年立项项目　撰稿人：张毅）

党史学习背景下加强高校学生党员核心价值观教育途径

项目概述

高校学生党员是学生中的骨干分子，是未来中国特色社会主义建设事业的中坚力量。加强大学生党员核心价值观教育是引导青年学生党员增强“四个意识”、坚定“四个自信”，做到“两个维护”的重要保障，是高校思想政治教育的核心，是党的事业兴旺发达、后继有人的重要保证。

一、研究背景

在习近平总书记治国理政思想体系中，关于培育和践行社会主义核心价值观是一个重要方面。习近平总书记指出：“每个时代都有每个时代的精神。我曾经讲过，实现中国梦必须走中国道路、弘扬中国精神、凝聚中国力量。核心价值观是一个民族赖以维系的精神纽带，是一个国家共同的思想道德基础。如果没有共同的核心价值观，一个民族、一个国家就会魂无定所、行无依归。为什么中华民族能够在几千年的历史长河中生生不息、薪火相传、顽强发展呢？很重要的一个原因就是中华民族有一脉相承的精神追求、精神特质、精神脉络。”“一个民族的文明进步，一个国家的发展壮大，需要一代又一代人接力努力，需要很多力量来推动，核心价值观是其中最持久最深沉的力量。”“核心价值观，承载着一个民族、一个国家的精神追求，体现着一个社会评判是非曲直的价值标准。”

2021年4月19日，习近平总书记在清华大学考察时指出：“当代中国青年是与新时代同向同行、共同前进的一代，生逢盛世，肩负责任。广大青年要爱国爱民，从党史学习中激发信仰、获得启发、汲取力量，不断坚定‘四个自信’，不断增强做中国人的志气、骨气、底气，树立为祖国为人民永久奋斗、赤诚奉献的坚定理想。”

中国共产党历经百年依然风华正茂，一个重要的原因在于不断吸收优秀青年、培养新时代接班人。加强大学生党员核心价值观教育是引导青年学生党员增强“四个意识”、坚定“四个自信”，做到“两个维护”的重要保障，是高校思想政治教育的核心，是党的事业兴旺发达、后继有人的重要保证。

二、加强党员核心价值观教育目前存在的问题

当前，高校高度重视党建工作，不断强化学生党员教育和管理，学生党建工作取得突出成绩，党员队伍整体素质不断提升，核心价值观更加坚定，有力维护了马克思主义意识形态的指导地位，坚定了正确的政治方向。但高校在学生党员社会主义核心价值观教育过程中，还存在教育理论与实践脱节，形式呆板僵化，教育活动创新型不足等问题。同时，学生党员中存在入党动机不纯、功利性明显，核心价值观模糊、抵御不良思想侵蚀能力弱化等亟须解决的问题。

（一）部分高校学生党员入党动机不纯，功利主义明显

入党动机是一个人要求入党的内在原因和真实目的，是推动其争取入党的精神力量。正确的入党动机可以激励人们，也是党员正确世界观、人生观、价值观的反映。然而，部分高校学生存在入党动机不纯的现象，把入党当作牟取“实惠”和“好处”的手段、当作赶时髦以及增加就业筹码或为未来仕途发展打基础等现象，甚至将入党作为自己炫耀的资本，入党前积极参加各类理论学习、参与相关活动表现积极，入党后觉得目标完成，对个人的要求明显松懈。这部分学生党员组织上完成入党，思想上却没有真正入党，不仅在行动上无法严格约束自己，组织纪律淡薄，党员意识薄弱，甚至存在核心价值观淡化现象，难以发挥先锋模范作用。

（二）高校党员教育形式呆板僵化，体验感不足

随着网络新媒体技术的兴起，网络资源日益丰富、多元，不仅满足了社会不同人群的各类需求，也对高校学生党员的社会主义核心价值观教育培养提出了新的机遇和挑战。

然而，部分高校没有考虑到大学生群体思维活跃，具有很强的个性、

独立意识、依赖网络等特点，对党员的社会主义核心价值观教育方式仍然停留在传统的教育模式，教师的灌输式教育依然占据主导地位。核心价值观教育形式多采用党课、讲座、座谈会等形式，通过对社会热点问题学习、分析、讨论，进而明确自身的立场，很大程度上对学生党员的核心价值观学习起到积极作用。但单纯的灌输式教育有很多不足，无法充分调动大学生党员的积极性，造成核心价值观教育无法达到预期效果。

（三）高校学生党员核心价值观教育缺乏长效机制，持续动力不足

高校对入党积极分子有严格的培养评价考核系统以及成体系的计划方案，但对学生党员核心价值观教育的评价考核情况参差不齐，与高校对党建工作重视程度有很大关系。

积极分子在入党前接受了详细的理论培训，加之自身入党愿望较高和各类考试培训，对党的理论知识有一定的了解，理想信念得到很大提升。入党后，尤其是预备党员考核通过转正后，学生党员面临升学、就业等压力，更多考虑自身发展和未来规划，对自身的要求降低，自主学习动力不足。而基层党支部对党员的约束尤其是正式党员的约束力明显不足，高校学生党员核心价值观教育呈现“开头重，后续轻”的现象，教育缺乏长效机制，缺乏系统性，持续动力不足。

三、高校学生党员社会主义核心价值观教育存在问题的原因分析

高校学生党员核心价值观教育呈现诸多问题，究其原因，是由社会环境、高校以及学生党员个人共同造成的。

（一）社会环境：不良思想及外部渗透，错误思想影响

随着改革开放和社会主义市场经济不断深入发展，各种社会思潮、价值观不断冲击着高校学生的思想，多种社会思潮相互激荡和碰撞，各类文化相互交融。同时，由于信息技术和互联网的不断发展，当代社会已经跨入了“互联网 +”大数据时代，人们获取信息的途径更加便捷，表达自己观点的途径更广，人们思想活动的独立性、选择性和差异性更加明显，不同的网络声音有助于高校学生辩证思维方式的培养。但同时，大学生正处于人生观、世界观和价值观树立的关键时期，对各类不良信息的分辨能力和抵御能力不够，一些错误的网络信息对正处价值观形成阶段的高校学生冲击较大，受拜金主义、享乐主义、消费主义等不良思想的影响，高校部

分学生入党动机不纯，入党成为部分学生获取个人利益以及炫耀的资本，核心价值观淡薄，核心价值观的学习更是流于表面，很难入脑入心。

（二）高校："重发展、轻教育"，教育主体频繁流动

在党员的教育培养过程中，高校"重发展、轻教育"现象由来已久，高校对积极分子设定了各类培养、监督、考核机制，如不通过相应的考核即取消入党资格，因此相应的机制对积极分子具有强制性，而积极分子本身追求入党的愿望比较强烈，对各类培训活动的积极性、主动性较高，相应的教育培养效果较好。但部分高校在学生入党后，对学生党员的教育出现"脱节"现象，基层党支部将工作重点放在培养入党积极分子及发展党员的层面上，对学生党员的约束不力、监督不严，对党员教育有时候流于形式。

同时，高校负责学生党员教育培养的主体是思政课教师和辅导员，因受科研、课业压力影响，思政课教师对学生党员进行核心价值观教育基本穿插于课程内容中，没有固定模块和固定的时间对学生进行培训；而高校辅导员队伍受自身所学专业、日常事务、毕业、就业等影响，辅导员群体流动性快，对学生党员的培养不具备系统性、持续性，导致核心价值观教育活动无法达到预期目标。

（三）学生党员：学习、就业压力凸显，持续学习动力不足

高校学生党员在申请入党及积极分子期间处于非毕业年级，科研、毕业以及就业的压力尚不明显，学生党员有更多的时间参加各类理论和实践教育，且高校对积极分子的约束力较强，通过出勤、考试、测评等多种方式考核积极分子，加之积极分子入党热情较高，核心较直观，教育效果较好。但部分学生党员在面临学习、科研、就业的压力时，会产生疲于应对的情绪，部分学生党员认为其在申请入党和积极分子期间已参加过相应的学习和培训，当面临针对自己至关重要的科研、就业压力时，部分学生党员对自身要求明显松懈，积极性较低，出勤率不高，持续学习的动力不足。

四、加强高校学生党员核心价值观教育途径探析

现阶段，党和国家事业进入新的发展阶段，强化学生党员核心价值观教育，高校需从党史学习，实践育人，发挥榜样示范作用，建立长效机制

等方面多措并举，全方位构筑高校核心价值观教育新路径。

（一）强化党史学习，提高党性修养

理论上清醒是政治上清醒的前提，理论上坚定是政治上坚定的坚实保证。习近平总书记在中央党校（国家行政学院）青年干部培训班开班式上的讲话中指出，年轻干部“要注重提高马克思主义理论水平，学深悟透，融会贯通，掌握辩证唯物主义和历史唯物主义，掌握贯穿其中的马克思主义立场观点方法，掌握中国话的马克思主义，做马克思主义的坚定信仰者、忠实实践者”。加强高校学生党员的理论知识学习，有助于高校学生党员自觉在思想上、政治上、行动上同党中央保持一致，是促进高校学生党员践行核心价值观的重要途径。

从 1921 年至今，中国共产党已经走过百年光辉历程，一切向前走，都不能忘记走过的路，走得再远、走到再光辉的未来，也不能忘记走过的过去，不能忘记为什么出发，因此，在大学生党员中开展党史知识学习，是引导广大学生党员做到知史爱党、知史爱国，在学习领悟中学习和践行核心价值观，在奋发有为中践行初心使命。正如习近平总书记所指出，多重温我们党领导人民进行革命的伟大历史，心中就会增添很多正能量。只有学懂弄通党史，才能为践行核心价值观找到根基，才能进一步深刻认识我们党先进的政治属性、崇高的政治理想、高尚的政治追求、纯洁的政治品质，才能传承红色基因，坚守初心使命。

党的历史是最生动、最有说服力的教科书。我们党历来重视党史学习教育，注重用党的奋斗历程和伟大成就鼓舞斗志、明确方向，用党的光荣传统和优良作风坚定信念、凝聚力量，用党的实践创造和历史经验启迪智慧、砥砺品格。

强化党史学习，需要在广大学生党员中广泛开展马克思主义基本原理、马克思主义中国化最新成果、党章、党规、系列讲话精神学习，尤其是要结合党的十八大以来党和国家事业取得历史性成就、发生历史性变革的进程，深刻学习领会新时代党的创新理论，坚持不懈用党的创新理论最新成果武装头脑、指导实践、推动工作。党史学习需要学原文、读原著、悟原理，学懂弄通，真正提升理论思维、理论修养和理论水平，切实感悟思想伟力。

（二）搭建实践育人平台，发挥实践在核心价值观教育中的重要作用

实践观是马克思主义哲学的基本观点，马克思主义实践观认为：实践是认识的来源，是认识发展的根本动力，是检验认识正确与否的唯一标准。在实践中开展对大学生的核心价值观教育有助于不断检验、修正大学生的思想和行为，促进核心价值观教育更贴合大学生实际。

强化大学生核心价值观教育，需要搭建实践育人平台，引导学生在校内外实践中锤炼思想，提升本领。在校内生活中，通过建立党员服务岗、开展党员助学"零距离"、党员志愿服务、党员社会实践等活动，发挥党员先锋作用；在校外建立党员红色"1+1"支部共建活动、校内外党员服务基地、党员服务基层等活动，让学生党员接触社会、了解基层，促进学生党员在实践中对党的理论知识再学习、再认识、再提高，实现对党的理论知识点掌握和实践能力的提升相互促进、相互提升，引导大学生党员主动投身实践志愿活动，用实际行动书写当代青年的"硬核"担当。

（三）加强先进典型教育，发挥榜样示范引领作用

习近平总书记在中央和国家机关党的建设工作会议上指出，"一个党员就是群众中的'一面旗'，千百万共产党员的先进形象就是我们党的光辉形象"。强化党员核心价值观教育，需要加强党员先进典型教育，促进每一位党员真正成为一面"旗帜"，切实发挥模范引领作用。

强化大学生党员先进典型教育，需要旗帜鲜明亮明身份，从根本上唤醒党员意识，并广泛接受监督，既能从主动方面强化大学生党员对自身身份的认知，也能被动促进学生党员履职尽责。同时，还需要不断强化对典型和榜样的树立和宣传，深入挖掘能够引起大学生群体共鸣的典型人物，如在抗击新冠肺炎重大疫情中涌现出一大批"90""00"后青年逆行者的事迹，充分发挥榜样示范、引领和激励作用，引导更多大学生党员争当优秀、争做表率。

（四）建立核心价值观教育长效机制

学生党员核心价值观教育不是一蹴而就的，要建立核心价值观教育的长效机制，经常抓、反复抓，常抓不懈，促进核心价值观教育长效化、常态化。

贯彻落实党员核心价值观教育的长效机制，需要强化学习和培训的重要作用，建立固定学习制度及定期培训方案，保障学生党员理论知识体

系、工作能力的不断更新、不断提升。同时，深刻认识学生党员自我学习重要性，强化自我教育的主动性，创新方式方法，如通过“学习强国”等APP分数打卡制度，促进学生党员核心价值观教育学习不断线。同时，高校在开展党员核心价值观教育相关活动中，要健全相关制度，落实长效目标，并在活动中不断进行更新和完善，保障党员核心价值观教育活动落到实处。

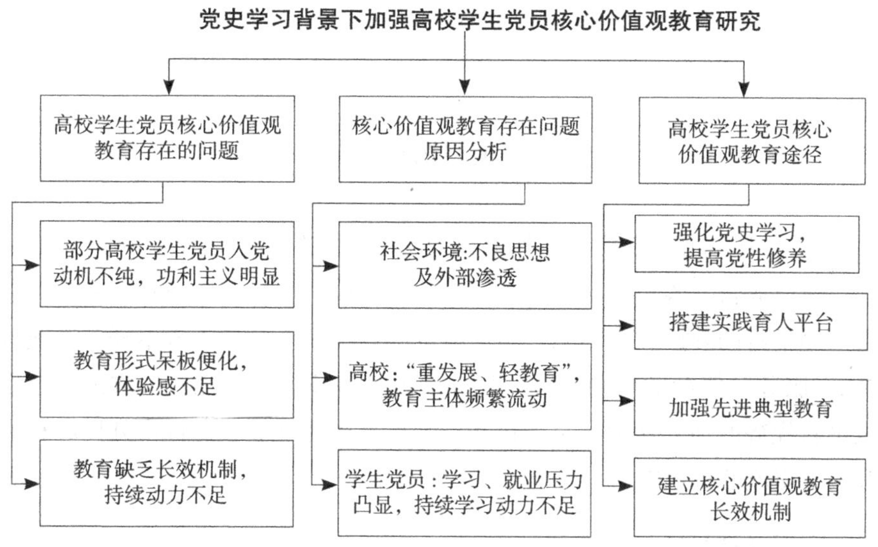

五、研究成果

课题组成员立足高校学生党员的实际情况，通过文献研究、研讨会、座谈会以及问卷调研等形式，充分了解高校大学生党员核心价值观教育现状、原因进行分析，并对加强学生党员核心价值观教育提出可行性建议。同时，项目组成员对研究成果进行总结提升，撰写论文《党史学习背景下加强高校学生党员理想信念教育途径浅析》，已在《当代教育实践与教学研究》上发表。

（2021 年立项项目　撰稿人：魏增产）

银杏叶茂：红色文化在人文社科类专业人才培养中的育人贡献力研究

——基于北京科技大学外语教育 70 年发展历程

项目概述

70 年来，北京科技大学外语教育与学校共同成长发展，历经初创起步、快速成长、改革发展和跨越进步四个阶段，形成了服务行业有力、学科内涵丰富的外语教育体系。努力推进高校落实立德树人根本任务、践行“四个服务”使命的生动实践，是推动国家科技自立自强、形成国际合作竞争新优势的强大动力，是加快和扩大教育对外开放、促进中外民心相通和人文交流的有效渠道。

一、项目背景

语言是国家战略资源。习近平总书记指出：参与全球治理需要一大批熟悉党和国家方针政策、了解我国国情、具有全球视野、熟练运用外语、通晓国际规则、精通国际谈判的专业人才；深化中外人文交流，让中国更好走向世界，让世界更好了解中国，推动构建人类命运共同体，讲好中国故事，需要大批外语人才，外语院校大有可为。红色文化是语言战略资源的催化剂。面对实现中华民族伟大复兴的战略全局和世界百年未有之大变局，外语教育的技术性、实用性正在向思想性、价值性转变，其工具性与人文性并存，基础性与协同性兼具，肩负着重大使命。

红色文化与我国高等教育事业同生共兴。从 1952 年院系调整重塑高等教育格局开始，我国高等教育的发展始终与国家民族命运休戚相关，与国家战略需要同频共振。行业特色高校处于特定的行业环境中，一头连着教育这个国之大计、党之大计，一头连着国家重大战略领域、关键领域，是人才培养与科技创新的前沿阵地。行业特色高校外语教育，是推进高校落实立德树人根本任务、践行“四个服务”使命的生动实践，是推动国家科技自立自强、形成国际合作竞争新优势的强大动力，是加快和扩大教育对外开放、促进中外民心相通和人文交流的有效渠道。立足中国大地，对标世界一流，推动中国高等教育在国际舞台讲好中国故事，构建中国特色学术话语体系，培养有情怀、会语言、懂国别、通领域的复合型行业人才，是行业特色高校建设发展的应有之义。

作为新中国成立后中国共产党创办的第一所钢铁工业高等学府，北京科技大学始终践行“钢铁强国，科教兴邦”的使命，成为国家钢铁教育科研事业的排头兵。70 年来，北京科技大学外语教育与学校共同成长发展，历经初创起步、快速成长、改革发展和跨越进步四个阶段，形成了服务行业有力、学科内涵丰富的外语教育体系。2020 年 5 月 17 日，国家主席习近平给北京科技大学全体巴基斯坦留学生回信，希望中外青年“携手为促进民心相通、推动构建人类命运共同体贡献力量”。2022 年 4 月 21 日，习近平总书记给北京科技大学的老教授回信，强调要发扬“严谨治学，甘为人梯”精神，培养更多具有为国奉献钢筋铁骨的高素质人才。这对新时代北京科技大学外语教育提出了新的更高的要求。发展新时代行业特色高校外语教育，要聚焦落实立德树人根本任务，统筹国内国际两个大局，立足新阶段、贯彻新理念、构建新格局，切实肩负起复合型人才培养支柱、国际化科技创新支撑、全球化人文交流支点的重任。

二、服务新中国钢铁事业，北钢外语初创起步（1952—1991）

20 世纪 50 年代初，国家进入工业化建设的起步期。基于国民经济建设的需要，北京钢铁工业学院于 1952 年成立，学校外语教育同时诞生。伴随着国家钢铁事业的发展，学校外语教育在为新中国钢铁工业建设培养国际化人才的过程中初创起步，茁壮成长。

（一）聚焦国民经济主战场，培养国家急需钢铁人才

1952 年，在全国院系大调整、新中国与苏联等社会主义国家外交关系逐步建立的背景下，为全面学习苏联钢铁教育科研先进经验，学校面向全校学生开设俄文课。乔丕成先生任俄文教研室第一任主任。1953 年，学

校选送第一批 28 名工科类专业师生赴沈阳俄文专科学校学习俄语，为俄文教学打下基础。1953 年至 1959 年，先后有 11 名苏联专家学者来校工作交流，在师资培养、课程教学、科学研究、实验室建设、教学法工作等方面有力促进了学校各学科的发展，多人获得“中苏友谊纪念章”。理工科行业特色高校教师的专业发展必须指向工程实践，注重技能性知识的获得与完善。在此过程中，俄文教师全程协助苏联专家的工作，同时与学校主干工科专业交叉融合，获得进步提升。俄文教研室李竹贞、冯秀莲、孙蕴湖、吴秀兰、周曾雄等教师专门接受了冶金、机械等专业知识的系统培训，与苏联专家一道共同为新中国钢铁事业培养了一批国家急需的具有深厚报国情怀、开阔国际视野、扎实专业本领、熟练语言能力的青年人才。

乔丕成先生早年在法国、比利时勤工俭学，于 1923 年加入中国旅欧共产主义青年团，在周恩来同志的领导下，与聂荣臻等老一辈革命家一起从事革命工作。“文化大革命”期间，乔丕成先生与朱德、邓小平等同志被中共旅欧支部派往苏联学习，在苏联莫斯科东方劳动者共产主义大学学习，后来到苏联莫斯科高级步兵学校从事翻译工作，协助刘伯承等同志学习研究苏联军事工程。此后，乔丕成先生在国内外多地工作。在越南工作期间，乔丕成先生接受周恩来同志指示掩护党的地下工作。中华人民共和国成立后，乔丕成先生从重工业部调至北京钢铁工业学院，担任首届院务委员会委员、俄文教研室第一任主任，是学校的建校元老之一。乔丕成先生带领俄文教研室，一方面制定教学大纲，开展教学活动。另一方面聚焦工科专业，强化专业俄文学习，组织教师编写、翻译教材。1953 年，乔丕成先生译作《爆破工程》出版，成为中央政府高等教育部推荐高等学校教材试用本，是我国成型爆破方面的早期译作。1956 年，乔丕成先生领衔翻译的教材《油脂工业企业设计原理》出版，为新中国工业发展贡献了翻译力量。乔丕成先生一生追随革命真理，热爱教育事业，潜心外语教育，担任中国民主同盟北京市委员会顾问、中国公共外语教学研究会理事。他一生坚信党、坚信社会主义，在 83 岁高龄时加入中国共产党。

1960 年，学校更名为“北京钢铁学院”。1965 年，设置基础部，下设外语教研室。1971 年，基础部被撤销，外语教师分散到其他各系。1972 年，随着首届 760 名 72 级工农兵学员的招生，基础部恢复外语教学，转学英语。1975 年 12 月，基础部再次被撤销。1976 年 10 月，由数学、物理、化学和外语 4 个教研室组成的基础部得以恢复，外语教研室的教师主要为老教师、工农兵教员和部队转业干部，俄语教师转为英语、日语等。学校选送外语教研室教师赴国内兄弟院校参加培训轮修，部分应邀来华来校访问的专家学者也对教研室教师开展了培训。

1977 年，国家恢复了全国统一高考制度，大学本科学制改为四年制。1978 年 9 月，为贯彻全国教育工作会议和全国外语教育座谈会精神，冶金部召集北京钢铁学院、东北工学院、中南矿冶学院、昆明工学院等下属高校在北京钢铁学院召开会议，研究在各高校成立外语专业的议题，提出加强外语语言基础训练，强化科技外语、冶金专业知识的教学，为这一时期外语教育事业明确了方向。根据新修订的教学要求，学生在外语方面应做到会听、会说、会读、会写。外语教研室推动教学法创新：一是“经验教学法”，通过板书、对话等形式加深学生感性记忆，培养学生听、说技能；二是“认知教学法”，通过翻译、识记等形式加深学生理性认知，教会学生读、写技能；三是创新外语教学资源，邀请全校各专业外籍教师及其来访亲属录制听力材料，破解听力材料匮乏的难题；四是深入理工科实验室，探索与工科专业结合的外语实践教学。党的十一届三中全会后，学校于 1979 年开办英语专业，招收英语师资班，外语教育教学成效斐然，多名学生在 1980 年北京市高校学生首届英语竞赛中获一、二等奖。首届师资班 8 人毕业留校工作，师资队伍壮大。

（二）乘改革开放之东风，外语教育抓机遇推动平台建设

1979 年，北京钢铁学院与德国亚琛工业大学签订校际合作协议，成为改革开放后首个与国外高校签约合作的高校。为适应国际交流合作的需要，1983 年学校决定设立外语部。1985 年，外语系成立，下设公共外语教研室（第一教研室）、研究生外语教研室（第二教研室）和少数语种教研室（第三教研室），负责全校本科生、研究生、函授生和少量专科生外语教学，语种涉及英语、日语、德语和法语。外语系先后派出 20 多名教师出国进修，这些教师成为外语教育的骨干力量。

在此背景下，学校提出了“外语学习不断线、基础理论不断线、实验技能不断线、计算机应用不断线”的人才培养理念。外语系以此为契机推动并实施了一系列教学改革，一是落实岗位责任制和工作考核制，规范教学管理。二是开启外教授课方式。1985 年，4 名外籍教师加入外语团队，

深度参与大学英语、研究生公共外语及专业外语的教学，1988 年首次开设外教口语及写作课。三是推动科研工作的起步。1985 年，哈弼亮、王文才、张秀宏等 10 余名师生合力攻坚，建立“智能型英汉机器翻译系统”数据库，破解托福考试资料应用难的问题。四是大幅度改进外语教学条件。建立 SONY-LLC8000 设备模拟型教学实验室、松下 WE-7900 型语言实验室和外语听力教室，设置低频广播，不断提升学生听说能力。五是加强外语教材建设。张友生、王文才、梁素琴等教师参与 1992 年上海交通大学出版社出版的《大学英语泛读精编》（1—4 册）编写工作。

1984 年，北京钢铁学院成为全国首批正式成立研究生院的高等学校之一。乘此东风，学校与昆明工学院联合开启英语语言文学专业研究生班培养模式。1985 年，外语系招收首届语言学与应用语言学专业研究生班。1986 年，外语系在第一、第二、第三教研室的基础上，新设外语教学技术研究室、第二外语教研室。1988 年，学校更名为“北京科技大学”。1990 年，学校正式成立英语专业教研室，增设专门用途英语（科技英语）专业，旨在培养兼懂英语和科技的复合型外语人才，要求学生不仅具有好的英语听、说、读、写、译的语言能力，了解基本的国际贸易及国际文化交流知识，还要学习高等数学、普通物理、冶金概论等课程，具备理工科素质。1990 年秋季开始招收本科生，每年招收两个班。同年，外语系成立情报资料室，外语教育组织架构日渐成熟完善。外语系师资队伍不断壮大，1990 年，教研单位编制达到 108 人。此时，学校形成以冶金、材料为特色，以工为主，理、工、管、文相结合的多科性大学，外语成为众多学科之一。

三、响应科教兴国，推进跨世纪快速发展（1992—2002）

1995 年，中共中央、国务院正式提出实施科教兴国战略，要求坚持教育为本，把科技和教育摆在经济社会发展的重要位置。北京科技大学作为钢铁行业强校，紧跟行业需求，推动科技创新进步。1992 年，外语系《大学英语》被评为学校优质（一类）课程。以此为起点，学校外语教育在深化改革过程中快速发展。

（一）完成院系合并调整，公共外语教育快速发展

1993 年，中共中央、国务院印发《中国教育改革和发展纲要》。同年，

国家教育委员会印发《关于重点建设一批高等学校和重点学科的若干意见》，提出“面向21世纪重点建设100所左右的高等学校和一批重点学科点”的计划，简称“211工程”。“211工程”成为北京科技大学20世纪90年代的关键词。1995年，学校为集中学科资源和专业力量，着手进行院系调整，将原来的18个系合并为8个学院。其中，对社会科学系、外语系、高等教育研究所和外语教研室进行整合，成立文法学院。文法学院下设应用英语系、公共英语系等7个系，对外汉语教学中心、文科实验中心等5个中心，外国语言学研究所等2个研究所，从而形成了学校外语学科发展的初步框架。1996年，学校实行校、院、系三级管理，对文法学院组织架构进行了进一步调整，文法学院下设外语系和社科系。为进一步改进教育教学条件，外语系依托文科实验中心建设，扩建外语教学实验室，并购置3套国产教学设备，利用音频视频组合设备服务外语专业教学。1995年，外语系主持的“智能型英汉机器翻译系统”获得国家科学技术进步奖一等奖，助力学校1997年首批进入国家“211工程”建设高校行列。

与此同时，公共英语教学重新定位自身发展，以“服务全校各学科、为全校学生提供一流的外语教学学习资源，让学生最大程度受益”为准则，积极推动教学改革，努力构建具有学校特色的外语教学体系，公共外语教学质量不断提升。1987年，国家开始举行全国大学英语四、六级考试。1992年，北京科技大学本科生在全国英语四级统考中，以81.3%的通过率列在京高校第六名。同时，研究生公共外语教学改革逐步推进。1995年9月，学校对硕士生培养方案进行规范化调整，并首次制定全面的、规范的博士生培养方案，为第一外国语为英语的博士生设置第二外国语选修课。

在大学英语教学改革中，教师白秋梅等做出了有效探索。1996年，白秋梅深度参与柯俊院士领衔推动的“大材料”专业试点班教改课题，推动材料学科有关专业人才培养从单一的技艺教育向大工程教育转变。试点教学要求英语教育要贯彻“大材料”整体教学及改革思路，引导学生在“用中学、学中用”。柯俊院士强调，如果想让学生知道自行车的构造和组成，最好的办法就是让学生自己拆一辆自行车再装回去。白秋梅在英语教学中从第一课自我介绍、教学理念介绍开始，便积极创造全英语学习环境，培养学生交际能力，尽早促进交流表达和应用，这与柯俊先生的“拆自行车”教学理念不谋而合。白秋梅在教学中，通过“交际教学法”和“任务教学法"，将真实语料输入课堂，提升试点班学生英语学习兴趣，在听力水平不断提升的基础上，通过"任务"不断创造机会引导学生表达见解，促进学生从"学英语"（learning English）向"用英语表达、做事（learning through English）"转变。这为提升理工科学生英语综合能力提供了新思路新方法，"大材料"试点班专业人才培养获得2001年国家级教学成果一等奖、北京市教学成果一等奖。此外，白秋梅将教学与应用相结合，投身口译工作，涉及教育、经济、航空、环境、能源、科技、医疗等诸多领域，与联合国、世界银行以及全球众多500强企业开展合作，成为名牌教师和资深译员"双料"人才，是学生推举的学校第一届"研师益友——我最喜爱的研究生导师"入选者。

（二）专业外语实现转型，获批外国语言文学二级学科硕士点

在此阶段，外语系在原有科技英语专业的基础上，扩大人才培养的广度，以持续壮大的外语学科为支撑，于1996年将科技英语专业转为英语专业，将英美文学、语言学、英语国家概况等必修课以及中外文化比较等选修课纳入专业外语培养方案，英语专业人才培养架构更加完整。英语专业强化实践能力培养，在学校延庆分校等单位开展教学实习。1998年5月，北京市大学英语翻译竞赛颁奖大会在北京科技大学举行，外语系学生获一等奖1名、二等奖3名、三等奖2名。

1998年，教育部《关于外语专业面向21世纪本科教育改革的若干意见》指出，21世纪人才应该具备扎实的基本功、宽广的知识面、一定的专业知识、较好的能力和较好的素质，要求外语专业从单科的人才培养模式转向宽口径、应用型、复合型人才培养模式。2000年10月，获批外国语言文学及应用语言学二级学科硕士点。2001年，教育部《高等学校英语专业英语教学大纲》的问世成为学校基础英语课程发展的又一个契机。该大纲提出，要将学生能力培养贯穿英语教学全过程，学生的能力包括获取知识的能力、运用知识的能力、分析问题的能力、独立提出见解的能力和创新的能力。以此为依据，基础英语课程组的教师在教学内容、教学方法、教学手段、教学效果等诸多方面开始了尝试性的探索，着手规划外语学科发展之路。

四、成立外国语学院，获得改革发展重大机遇（2003—2012）

进入新世纪，北京科技大学推进各学科专业蓬勃发展。学校聚焦建设国内一流、国际知名的高水平研究型大学，初步形成了以工为主、多学科相协调的学科体系。2011 年，获批外国语言文学一级学科博士点，外语教育获得重大发展机遇。

（一）成立外国语学院，外语教育进入新阶段

学校“精品化、国际化、特色化”的战略发展目标对外语教育提出了更高要求。2003 年，学校成立外国语学院，下设 4 个系，即英语语言文学系、大学英语系、研究生英语系及亚欧语系（日语、俄语、德语、法语），并设置外国语言文学研究所和外语培训中心。学院坚持以发展学科、专业为重点，以带动和提高全校公共外语教学质量为关键，建设高水平教学、研究型学院。学院办学条件不断改善。2006 年，学院迁入外语楼，新建了 3 个现代化数字语言实验室、1 个外语自主学习中心，同时新建卫星节目采集系统，原有的 8 个语言实验室多媒体设备得到升级，为新阶段外语教育发展奠定良好基础。

学校大力推动大学英语教学改革，立足因材施教和个性发展，全面实施分级教学，形成了“第一课堂”与“第二课堂”相结合、课堂教学与自主学习相结合、知识输入与任务输出相结合、基础必修与高级选修相结合的全新立体交互式大学英语教学模式。2011 年，北京科技大学在全国高校中首次开设了“数字化英语写作”实验课程，将在线试听写作训练和项目实践纳入其中，持续推进信息化教学改革。2012 年，为落实教育部“卓越工程师教育培养计划”，外国语学院面向高等工程师学院本科一年级学生举办首期北京科技大学语言与文化交流外教夏令营，促进高水平复合型工程型人才培养。目前，夏令营活动已面向全校本科生开办，每年聘请数十名外教，千余名同学参与暑期集中训练。截至 2021 年，累计共有 13030 名学生获益。

经过 10 年发展，北京科技大学大学英语教学改革在全国具有领先地位和广泛的影响。2007 年，学校入选教育部“全国大学英语教学改革示范点项目学校”。2008 年，《大学英语》课程入选“国家级精品课程”“北京市精品课程”，大学英语教学团队入选“北京市优秀教学团队”。2009 年，

独具特色的“层次化全新立体交互大学英语教学模式”荣获“北京市教育教学成果一等奖”。大学英语四级考试成绩连续攀升，屡创历史新高。《大学体验英语视听说教程》入选“十二五”国家级规划教材，后被全国50余所高校选用，销量70余万册。张敬源教授、彭漪教授先后获评“北京市教学名师”。

（二）抢抓重大发展机遇，推动外语学科历史式提升

外语学科内涵式发展有力地促进了外语教育发展。2003年，获批英语语言文学二级学科硕士点。2006年，获批外国语言文学一级学科硕士点。2010年，获批日语语言文学二级学科硕士点和翻译硕士（MTI）专业学位授予权。2011年，获批外国语言文学一级学科博士点，迎来重大发展机遇。

在何伟教授推动下，功能语言学研究得到快速发展，罗宾·福塞特（Robin Fawcett）、维克托·卡斯特尔（Victor Castel）、乔纳森·韦伯斯特（Jonathan Webster）、泰奥·范·列文（Theo van Leeuwen）、克里斯蒂安·马修森（Christian Matthiessen）、韩礼德（MAK. Halliday）等一大批国际著名的语言学家为学科发展注入活力。2008年，举办第八届中国系统功能语言学学术活动周。2009年，举办首届中国功能语言学研究战略发展研讨会。2009—2012年，连续举办第五、第六、第七届“功能语言学与语篇分析”高层论坛。2011年，北京科技大学功能语言学研究中心成立，发起创办了《世界语言学刊》（*Journal of World Languages*），在《北京科技大学学报（社会科学版）》开设“功能语言学”专栏，专栏多次被评为“全国高校社科期刊特色栏目”等。

以外国语言文学一级学科博士点为契机，学院全力推进博士人才培养，首届3名博士生均发表CSSCI论文3篇，博士学位论文顺利通过教育部学位中心评审，2名博士生评为学校“十佳学术之星”，1名获校级优秀博士生论文。学术平台日渐成熟，“鼎新北科大外语学科名师讲坛”成为学术品牌。学生国际化培养水平不断提升，与英国斯旺西大学、英国兰卡斯特大学、日本北海道大学、日本东北大学、德国汉诺威大学等10多所国外高校建立长期合作关系。2012年，学校外语学科首次参加全国外语学科评估，在92所参评高校中排名第40位，声誉和影响力在国内同类院校中显著提升。其中，教师队伍与资源的专家团队排名全国第14位，突出中青年专家排名全国第12位，学位论文质量排名全国第7位，进入全国外语教育“第一方阵”。

（三）人才培养质量稳步提升，师资队伍不断壮大

外语教育成果体现在专业外语人才培养上。2003年，外国语学院新增日语本科专业。2006年，新增德语本科专业。英语、日语、德语本科教育体系形成。2007年12月，教育部高等院校外语专业教学指导委员会英语专业教学指导分委员会理工院校组工作会议在北京科技大学举办，北京科技大学作为理工科行业高校外语教育的代表承办会议。2008年，“基于现代教育技术手段的创新型与实践型人才培养模式研究”获北京市高等学校教育教学改革项目立项。

在外语专业人才培养方面，围绕“厚基础、宽口径、重实践、国际化”的目标，创建“多维一体创新实践型外语人才培养模式”，外语专业人才分类培养特色更加突出。专业四、八级考试通过率始终处于高位，学生在全国各类外语竞赛中屡创佳绩，毕业生深造率一直在全校名列前茅，外语类保送生生源及毕业生就业质量优势显著。《基础英语》（2009）、《当代语言学导论》（2010）课程被评为北京市精品课程。

五、立足“双一流”建设，实现跨越式进步（2013—2022）

党的十八大以来，外语教育进入新时代。北京科技大学外语教育秉承“做好支撑、做强学科、提升影响、和谐进取”的理念，坚持守正创新，助力学校“建设国内一流、国际知名的高水平研究型大学”，实现跨越式进步。依托学校多学科优势，外国语学院把握和创造机遇，把学院建设成为国内知名、特色突出、教学水平高、科研实力强、基础教学与专业教学并重、规模适度的精品化教学研究型学院，最终达到在国内外语学科中具有与北京科技大学的地位和发展相适应的声誉和影响力。

（一）党建与思想政治工作提质增效，持续释放治理效能

以政治建设为统领，把牢意识形态工作领导权，党政分工明确、运行高效。实施学术、政治“双导师”制度，推进“政治 + 业务”双维多层把好政治关、师德关。优化学院治理结构，形成了由大学英语系、英语语言文学系、研究生英语系、日语语言文学系、德语语言文学系，北京科技大学世界文学文化研究中心、当代语言科学研究中心、外国语言文学研究所、功能语言学研究中心构成的“五系一所三中心”的格局。加强师生思想政治工作，打造师德榜样“魅力展厅”，涌现出“北京市师德先锋”顾巍、“工匠精神”代表杨英军等党员模范。构建“三师一辅”全程导师推进模式和“家—教—辅”协同育人机制，全方位提升学生思想政治素质。2017 年，学院团委获“全国钢铁行业五四红旗团委”称号。2018 年，亚欧语系党支部入选首批全国高校“双带头人”教师党支部书记工作室，大学英语系党支部入选首批“全国党建工作样板支部”培育创建单位。2020 年，学院党委获评“北京高校先进基层党组织”。2021 年，大学英语系党支部书记顾巍同志获“北京市优秀基层党组织书记”荣誉称号。

（二）学科建设取得重要突破，学界影响持续增强

2013 年以来，外语学科表现出强劲的发展态势，声誉和影响力取得大幅度的提升。外国语学院立足学科前沿，重新布局学科发展，构建了以语言科学研究为引领，以外国文学研究、理论及应用语言学研究为两翼，以语料库翻译研究为支撑，突出特色，培育交叉，推动跨学科合作研究。在 2016 年第四轮全国高校学科评估中，外国语言文学在 163 所参评高校中位列 B 级，进入前 20%—30%，与第三轮学科评估成绩相比，学科实力实现跨越式进步。目前，已形成具有自身特色优势的学科建设思路：语言科学研究以具身语言学、语言发展障碍研究为特色，发展语言科学及相关交叉研究为学科重点发展方向。外国文学以戏剧研究为特色，走在国内高校前列。理论及应用语言学以语言学理论本土化和医患话语研究为特色，卓有成就。翻译方向聚焦语料库跨学科研究，获得快速发展。

其中，重点学科语言科学团队围绕国家战略需求，瞄准语言科学前沿，交叉融合创新，服务重大专项，推进研究合作，强化社会服务。一是立足学科融合。响应国家需要，开展脑科学、语言科学、认知心理学和人工智能学科交叉研究，采用具身心理认知实验研究范式，构建具身反应和情景辅助刺激反应指标预测分析系统，持续拓展重大专项科研领域，承担两期国家重大专项研究，服务国家科技创新建设。二是瞄准全球前沿。2017 年、2019 年两次举办国际具身语言学会议，与北京科技大学人工智能团队合作进行语言智能加工、大规模语义数据挖掘技术研究，与美国耶鲁大学合作开展汉英双语加工认知神经机制研究和语言障碍基因鉴定研究，与加拿大女王大学合作开展双语测评研究。三是服务应对人口老龄化国家战略。探索老年语言障碍及语言蚀失的神经认知和加工机制衰退研究，进行语言理疗与康复训练服务，得到国家语言文字工作委员会和社区养老服务驿站的大力支持，获得了良好的社会影响。

学科发展取得新突破。2016—2020年，学院承担项目124项（其中国家及省部级项目47项），经费812万元，发表论文252篇（其中SSCI、A&HCI、CSSCI期刊文章130篇），专著及译著47部，教材26部。2020年，陈红薇教授获批国家社科基金重点项目。2021年，学院与清华大学合作成立"语言认知与智能发展专业委员会"二级学会。2019—2021年，与国内顶级期刊《国外文学》《当代外国文学》和国际文学伦理学批评研究会主办高水平会议6场。其中，2021年10月举办的"人工智能与文学伦理学批评——第十届文学伦理学批评国际学术研讨会"获得巨大成功，线上直播参会者逾万人，人民网、《光明日报》、中国教育电视台等媒体盛赞研讨会"为新时代建构文学伦理学批评理论提供新思想与新方法"。

外语学科社会服务卓越成效。一是服务"一带一路"国家战略。2020年12月，学校与教育部中外人文交流中心合作成立矿业与钢铁行业中外人文交流研究院，以国别区域、国际传播胜任力、语言服务研究和企业培训为手段，服务钢铁行业走出去。2021年，完成《习近平与大学生朋友们》英文版翻译，在巴基斯坦出版。二是参与构建中国话语体系。语言科学团队以科研成果服务国家战略、类脑科学前沿、应对人口老龄化等问题，发表国内首篇关注第三者参与对医患会话特征影响的相关研究论文。2021年7月，陈红薇教授在第48届联合国人权理事会边会上做题为《提高妇女受教育水平，促进社会高质量发展》的发言，并以书面报告的形式提交联合国人权理事会。三是彰显立学报国责任担当。新冠肺炎疫情期间，组织师生参与首批抗疫物资翻译服务，得到央视新闻报道。聚焦精准帮扶，推动乡村教育振兴，沈崴获评"甘肃省脱贫攻坚先进个人"等。

（三）深化教育教学改革，师资队伍实力增强

2013年以来，外语专业教学在"变"中求发展，创新理念，深化改革，走出了一条适合理工科高校外语"新文科"建设的有效路径。2013年，"强化输出能力的多维一体创新实践型外语人才培养模式探索"获批北京市教育教学改革项目。2014年，"CBI教学理念下英语专业新型课程群的构建与实践"获批学校重点教研项目。外语专业人才培养走在了学校深化教育教学改革的前列。

2019年4月，教育部等13个部门联合启动“六卓越一拔尖”计划2.0，要求全面推进新工科、新医科、新农科及新文科建设。2020年11月，教育部新文科建设工作会议发布《新文科建设宣言》。在此背景下，2019年，学校外语学科在“以学科内容为依托的外语教学模式（CBI）”基础上，以英语专业为试点，全面开始外语“新文科”的教学改革，从“外语人文”和“语言与科学”两个方向进行分类培养，先后获批学校重点教研项目立项（“外语‘新文科’专业建设与人才培养的探索与实践”，2019年）、获批教育部“新文科”研究与改革实践项目（“理工科高校外语‘新文科’课程体系与教材体系建设探索”，2021年）。目前，学院已建立了“外语人文+语言与科学”双向人才培养模式，打造了一支致力于“新文科”双向实验教学的中外教学团队，构建了以“外语+思政+专业知识”为特色的“新文科”课程思政体系，建设了一个具有文理融合特色的外语思政慕课群，形成了基于“一中心、两基地”的国际化实践平台。

经过近10年建设，外语专业取得长足的发展，获得北京市教学名师4人，英语专业获批国家级一流本科专业建设点（2020年）、北京市教学成果奖二等奖（2018年）、教育部首批“新文科”研究与改革实践项目（2021年）。陈红薇教授团队课程入选北京市高校课程思政示范课程、教学名师、教学团队（2021年），团队教师荣获首届全国高等学校外语课程思政教学比赛一等奖、二等奖（2021年），该团队在10年中获得校级教学成果特等奖5项。毕业生深造率从2009年的43%提升到2019年的72%，全校排名第一。本科生国际化培养率居全校第一，连续4年派遣博士生赴英国德蒙福特大学联合培养，博士研究生和日语专业硕士研究生国际化培养率达100%。

公共外语教学与时俱进，不断创新，教育改革成果斐然。在教育教学方式上，大学英语系全面推进信息技术与外语教育教学深度融合，实施基于课堂和在线课程的线上线下混合式教学。2013年，大学英语系“数字化英语写作教学团队”在全国高校中首次尝试开设了TRP“数字化英语写作”实验课程，在2013级、2014级学生中开展了融合数字化资源和平台的翻转课堂实验教学。2015年，大学英语系在中国大学MOOC平台建设在线开放课程，在2015级1600名学生中开展“SPOC+小课堂”的基础外语翻转课堂教学。2020年，大学英语将信息技术与课堂教学深度融合的教学在全校进行推广应用。在线课程、iSmart平台资源、移动学习微资源等所有教学资源对全校学生免费开放，拓展了学生的外语学习时空，促进了个性化学习、自主学习、合作学习，实现了泛在学习。“大学英语SPOC翻转课堂教学模式有效性探讨研究”获得国家社科基金资助，公共外语教育教学改革实践研究取得了历史性突破。2017年，“信息技术与课程教学深度融合的新型大学英语教学体系建构与实践”获评北京市高等教育教学成果二等奖。

在教学内容上，大学英语系创新教学改革，建设一流课程。构建了通识英语和通用学术英语课程体系、高工创新班课程体系、材料高精尖班课程体系、外语人文素质教育课程体系，构建跨学院、跨学科、跨专业教学团队，开设专项英语课程群，面向“新工科”学生开设国际竞争力提升系列课程，为全校学生开设外语人文素质教育课程197门次。2018年，《大学英语自学课程》慕课获批国家精品在线开放课程，登录“学习强国”应用程序。2019年，“新时代中国大学生学术英语能力内涵及提升路径探索”获国家社科基金资助，为新工科人才学术英语能力培养提供实践路径。《通用学术英语》2019年入选“国家精品在线开放课程”，2020年入选首批“国家级一流本科课程”，近167万人参加课程学习。6门慕课登录教育部“爱课程”平台，逾170万人受益。“贝壳英语”微信公众平台惠及6.85万人。2021年，张敬源教授参与制定《大学外语课程思政教学指南》，为大学外语落实立德树人根本任务贡献“北科大力量”。

六、结　语

行业特色高校外语教育使命和责任因时而异、因势而变，取决于党和国家对高等教育、行业进步、外语教育提出的要求。能否深入贯彻落实党的教育方针，能否服务经济社会发展和行业进步，能否切实落实立德树人根本任务，能否形成学科发展的内生动力，能否推动“双一流”建设，是衡量行业特色高校外语教育发展模式进步与否的标尺和维度。在70年的接续奋斗中，北京科技大学外语教育立足行业特色高校使命责任，关注国家战略需求和科技创新需要，持续推动外语学科内涵式发展，形成了行业特色高校外语教育发展路径：一是始终坚持党的全面领导、心怀“国之大者”，以党领导高等教育发展、钢铁行业发展、高校外语教育发展的伟大成就铸魂育人，以高质量党建引领保障各项事业高质量发展，推动党的教育方针落实见效；二是始终坚持扎根中国大地、推动行业进步，促进中国高等教育、中国钢铁行业在国际舞台讲好中国故事，不断提升服务国家战略能力，持续促进科技创新与经济社会发展；三是始终坚持促进学贯中西、服务人才培养，提升学生的语言应用能力、跨文化沟通能力，不断挖掘外语教育蕴含的思政元素，持续培育学生深沉的家国情怀、扎实的专业知识、深厚的人文底蕴、宽广的国际视野；四是始终坚持完善学科体系、促进内涵发展，深刻把握行业特色高校外语学科特点，瞄准科技创新前沿和外语学科发展前沿，持续产出学科建设的标志性成果，不断激发学科发展的内在动力；五是始终坚持对标世界一流、拓宽办学视野，深度助力“双一流”建设进程，推进教育国际合作、科学技术交流、中外人文互鉴，为建设世界冶金材料教育科研中心添翼。

习近平总书记指出，要努力培养更多有家国情怀、有全球视野、有专业本领的复合型人才，在推动中国更好走向世界、世界更好了解中国上做出新的贡献。面对新时代新征程，行业特色高校外语教育要站在推动全球治理体系变革、促进中外民心相通和人文交流、推进构建人类命运共同体的战略高度，不断提升培育德智体美劳全面发展的社会主义建设者和接班人的支撑力、外语教育事业高质量发展的原动力、推动经济社会发展和行业进步的推动力，为“双一流”建设，为国家重大战略领域、关键领域进步发展注入生机与活力。

（2021 年立项项目　撰稿人：陈曦）

构建数理学院党员荣誉体系，传承院系优秀文化

项目概述

构建院级党员荣誉体系和传承院系优秀文化，有利于强化党员的政治责任和意识；有利于增强学院党员并通过党员带动教师强化整体的归属感、凝聚力、向心力和战斗力；有利于良好的工作氛围的形成；有利于院系优秀文化的传承。

一、构建学院党员荣誉体系必要性

“荣誉的内涵很丰富，是指能使人产生荣耀感及名声光大的事物或过程。荣誉激励是激励的最高层次，中国五千年悠久的历史文化传统造就了中国人对名誉、声望和荣耀的强烈需求和特殊偏好。”荣誉意味着某种肯定、认可或奖励。在学院建设发展中，党员起着非常重要的作用，充分发挥党员的先锋模范作用，加强对党员的精神鼓励和激励，能更好地发挥党员的作用，在学院工作中形成党员“四带头”（带头学、带头教、带头干、带头传）的良好工作局面。

荣誉体系可视为一种道德规范，一种价值诉求。学院党员荣誉体系的建设是学院党建中极为重要的一个环节，是鼓励党员更积极工作的有效途径。荣誉体系的建立，有利于广大党员进一步强化身份意识、宗旨意识和责任意识，鼓励党员积极向上，追求自身成长，加强团队的向心力，激发每名党员的荣誉感和责任感，增强集体凝聚力，在工作和生活中时刻以党员标准严格要求自己，使党员的先锋模范作用充分发挥出来，真正成为一面旗帜，从而带动学院全体教师一起努力工作，从而促进学院高质量

发展。

学院党员荣誉体系的搭建也体现了以人为本的管理理念，突出学院特色，形成学院教职工共同的价值理念，具有导向激励、辐射和凝聚等功能，有利于激发价值观的工作和学习热情，调动积极性、主动性和创造性，激励教职工加强学习，加强修养，恪守职业道德，弘扬优良传统，为实现学院的发展目标而努力奋斗。

二、主要做法

（一）构建学院党员荣誉体系，着力提升党员凝聚力和向心力

建立起完整的院级党员荣誉制度体系，增强党员的荣誉感和责任感。整理学院全体教工党员政治生日，梳理出整 10 年、20 年、30 年党龄党员，制作政治生日纪念牌，对入党 10 年、20 年、30 年及以上党员制作光荣入党纪念牌，对入党 30 年及以上制作金色纪念牌，对入党 20 年、10 年的人员制作银色纪念牌，在 7 月 1 日左右举办集体纪念活动并进行宣誓，通过重温入党誓词，老党员讲感受、新党员学经验等活动，进一步激发党员的荣誉感、责任感，使党员更好地在各方面严格要求自己，更好地发挥作用，搭建学院党委荣誉体系。

（二）以数学学科优秀文化传承为重点，形成数学学科支部优秀党员文化的传承示范

致力于打造院级党员荣誉，让获得荣誉的党员更好地发挥先锋模范作用，带动全体党员、全体教师为学院发展贡献更大力量。以数学学科两个支部为试点，充分发挥支部中为党员过政治生日、发放政治生日纪念卡，重温入党誓词等形式的优秀文化传统，建立起系党支部党员的优秀文化，通过试点支部的经验和成果展示推进优秀文化，在先进文化的传承与创新中，进一步增进认同、凝聚共识，增强师生归属感和荣誉感，增强学院的凝聚力、战斗力和向心力，一起推动和促进学科发展及学院整体水平的提升。

1. 信息与计算科学系党支部承老携新打造和谐集体

党支部积极贯彻落实学校、学院党委要求，围绕立德树人根本任务，树立“言传身教，良心育人”的教育理念，充分发挥教育管理监督党员和组织宣传凝聚服务师生中的主体作用，形成了“四坚持四强化”的支部建

设思路和做法，即，坚持把政治建设放在首位，强化把好政治关师德关；坚持以师德师风建设为主线，强化教师思想政治教育；坚持以教师教学能力建设为重点，强化教师教书育人能力提升；坚持以服务教师成长发展为着眼点，强化和谐型党支部建设。

党支部坚持每月给教师党员过政治生日，开展“政治生日忆初心”活动。活动中，党支部向入党时间在当月的教师党员赠送“政治生日”贺卡表示祝贺。鲜红的党旗下，老师们追溯自己少则几年多则三四十年之前的入党心路历程，重温当年写在入党志愿书中的“初心”，回望入党以来的成长经历和在岗位上践行“初心”的种种努力，剖析差距和不足，同时也庄严地做出承诺，在未来的日子里，更要将自己的入党初心与新时代中国共产党人的初心和使命相连，时刻牢记入党誓言，恪守党章党规，不断提升自我，更好地担负起教师立德树人的职责和使命，全力以赴做好“四有好老师”和“四个引路人”。每月一次的“政治生日忆初心”活动，通过追忆入党之初心，回溯践行初心历程，激励广大党员教师强化党性意识，坚定理想信念，增强“四个意识”，坚定“四个自信”，严以修身，爱岗敬业，不忘教育初心，牢记教师使命，担当新时代育人责任。

支部工作注重与学科发展同向同行，用心服务教师，在青老教师中凝心聚力，树立和谐集体观。党支部多年坚持以“致敬与传承”为主题策划和组织退休老教师荣休报告会、荣休茶话会和荣休座谈会，由退休老教师分享数十年工作体会与教学科研经验。青年教师聆听老教师讲述数学学科发展史，鲜活的事例，身边的人，一幕幕的艰辛与欢笑经由老教师口中述说出来，如在眼前，格外打动人，不觉中增进了青年教师的集体融入感。徐尔老师在荣休茶话会上说：“三尺讲台育桃李，一支粉笔写春秋，感谢学校给了我这个人生舞台和一份热爱的事业！”徐老师对教师岗位深深的挚爱令在场教师无不动容，爱岗敬业的精神传承也在这一瞬开启。党支部为退休教师精心设计制作了“学科贡献奖”奖杯，致敬并感谢他们为数学学科所做出的贡献，也让老教师心中倍感温暖。党支部倾力发挥服务教师作用，通过策划组织荣休活动、设置“爱心伞”、深入谈心谈话、了解教师诉求、切实为教师解决困难等一系列做法，以温度和传承凝心聚力，营建尊重、宽容、温暖、通达的氛围，引导构建“奉献集体、成就自我、合力共赢”的集体观，个人与集体同频共振、协力前行。

2. 应用数学系党支部实施“聚力行动”，凝聚发展共识

支部牢固树立以师生为本的理念，充分尊重师生的主体地位，聚焦“党员之家”“师生之家”的建设目标，及时了解、听取、回应师生意见和诉求，推进“我为师生办实事”实践活动；大力营造团结奋进、互助友爱的支部文化，坚持把解决思想问题与解决实际问题相结合，健全困难师生关心帮扶机制，积极开展服务、帮扶、慰问等活动，将“有困难、找支部”的服务理念落到实处，切实提升支部党员和身边师生的获得感、幸福感，动员和凝聚各方面的力量参与支部建设和事业发展。

支部充分发挥党支部战斗堡垒作用和党员先锋模范作用，疫情期间，党员教师在高质量完成线上教学任务的同时，主动参与校园巡逻和岗位值守，并带头踊跃捐款捐物，在大疫大考中锤炼党性、强化担当。同时，支部号召党员教师积极参与国庆 70 周年群众游行、建党 100 周年庆祝大会、脱贫攻坚和乡村振兴等重大任务和活动。

支部始终把立德树人作为教育教学的纲和本，助力“三全育人”落实处。倡树师德典型，争做育人先锋。党支部每年坚持围绕师德建设主题开展党日活动，持续提升党员和身边教师的师德修养和思想境界，引导教师争做“四有”好老师、“四个引路人”。支部涌现出多名“首都劳动奖章”、“新世纪人才”、北京市教学名师、学校“我爱我师”我心中最优秀教师等先进典型，在他们的示范辐射带动下，支部形成了比学赶帮超的良好氛围，近三年来，应用数学系教师学评教成绩优秀率均为 100%，得到了学生的充分认可。支部党员在“三全育人”综合改革大背景下，全员担任本科生全程导师，在思想引领、学业指导、发展支持等方面为学生提供强有力支撑，着力构建价值塑造、能力培养、知识传授、实践立行“四位一体”人才培养模式，下功夫培养有崇高理想、有过硬本领、有家国情怀的应用型理科人才。

高度重视加强课程思政建设，充分发挥好专业课教师“主力军”、专业课教学“主战场”、专业课课堂“主渠道”作用，通过举办数学课程思政比赛——“让思政之星在课程中闪光”、打造课程思政示范课等方式，充分挖掘专业课程中的思政元素，把老一辈数学人“追求真理、求知不辍”的优良传统和新一代数学人“传承接续，勇攀高峰”的感人事迹作为思政教育的生动教材，推动课程思政与思政课程同向同行，通过实现学业

指导和思想引领双管齐下。推动思政教育进程，切实将思想政治工作贯穿人才培养和教育教学全过程。

三、取得的成效

1. 数学学科党支部注重充分发挥身边榜样示范引领作用，以点带面，夯实教学基本功，强化师德师风建设，提升教师整体育人能力。

由支部里教学经验丰富的老党员和优秀教学骨干组成指导教师团队，组建由北京市优秀教师"、曾获"宝钢优秀教师奖"的老党员范玉妹老师领衔的，多位教学经验丰富、教学效果广受好评的教师组建信技系教师队伍指导团队，充分发挥老教师和优秀教师的经验优势，在教学设计和教学理念中，充分发挥团队的创新和创造力。特别是年近 70 岁的教师党员范玉妹老师，仍每周积极参与团队讨论，一心扑在青年教师的培养上，无私地将多年积累的宝贵教学经验感悟倾囊相授。

建立教师职业能力培养体系，提升教学能力和水平。在指导团队的悉心培养下，数学学科先后有 4 人获全国高校青年教师教学竞赛一等奖，7 人获北京高校青年教师教学基本功比赛一等奖，3 人在全国和北京市、华北赛区高校数学位课程教学设计竞赛中获特等奖和一等奖。同时，全面推进课程思政建设，在支部开展"课程思政我先行"活动，党员带头挖掘课程思政元素，探索显性教育与隐性教育相统一的着陆点，组织全体教师交流讨论，极大地发挥覆盖全校学生的数学类课程的育人效能。发挥教学能手集聚优势，为学校人才培养贡献力量。信计系党支部有多位优秀骨干教师，曾多次与学院和学校教师发展中心合作，进行全院和全校范围的"教学示范课"和教学沙龙活动，展示和介绍教学设计思路与经验技巧，为学校新教师的培养和教师队伍建设做出了贡献；指导教师团队的经验和作用也逐渐向全校延伸，范玉妹老师多次被邀请到兄弟学院进行教学指导。以支部优秀教师党员李娜等为代表的几位优秀青年教师，获批北京市委教育工委和北京市教委"北京高校青年教师示范教研工作室"和学校"青年教师工作室"，充分发挥辐射示范作用，为提高人才培养质量贡献力量。

2. 传承和发扬学院优良传统，坚持以服务教师成长发展为着眼点，发扬"传帮带"优良传统。

推行老党员与新党员"一带一"、党员与群众的"一帮一"，新教师

"一对一"教学业务导师制，加强思想政治建设的同时，也通过谈心谈话进行深度交流，征求意见，了解困难，切实服务于老师，"以心聚心"，增强教师对集体的归属感，增强集体的凝聚力和战斗力。通过讲座报告、开展教学沙龙活动等，促进新老教师在教学科研经验体会与方法技巧上的交流。对新入职青年教师实行教学业务导师制，为新教师配备经验丰富的指导教师，进行"一对一"指导，助其过教学关，并对中青年教师进行分层次、有针对性的培养，搭建教师发展提升路径，培育骨干力量，带动学科发展。

依托学校、北京市和全国青年教师教学基本功比赛，注重发现选拔培养"好苗子"进行有针对性的培养，并及时把竞赛成果转化为课堂效果和教学成果；对那些师德高尚、教学理念先进、教学质量优秀的青年骨干教师，进行重点培养；通过"理学之美""名师示范课""优秀教师课堂观摩"和"教学沙龙"等形式，示范带动提高青年教师教学能力和水平。深化新时代教育评价改革，坚持破"五唯"、有作为，提高教学能力在业绩考核、职称评聘等评价中的权重，使教师能够全身心地投入教书育人工作中去。

3. 通过学院荣誉体系的建设，提升党员的荣誉感、责任感，推进党员进一步严格要求自己，做到党员在各项工作中"带头学、带头干、带头帮、带头传"，充分发挥党员的先锋模范作用，实现党员带动全院教师一起全力推动学院整体发展。

通过数学学科两个党支部的带领党员过政治生日，举办"政治生日忆初心"等活动，增强党员荣誉感和责任感，强化支部党员的模范带动和引领作用，在现有成绩的基础上，涌现出更多的优秀党员、优秀骨干。数理学院党员中形成"四带头"的氛围，带动所有教师积极上进，形成全院良好的风气和文化，支部建设取得丰硕成果。

信息与计算科学系党支部2018年入选全国党建工作样板支部，2021年顺利通过验收，并被评为北京科技大学"先进党组织"。信计系先后被评为"三级模范教工小家""北京科技大学先进集体"。支部党员1人被授予"全国五一劳动奖章"，1人获"首都劳动奖章"和"北京市师德先进个人"，1人获北京市优秀教师，1人获北京高校优秀德育工作者，2人获北京市高等学校青年教学名师奖，4人获宝钢优秀教师奖，党支部书记被评为北京高校优秀党务工作者；2个团队获北京市教育教学成果二等奖，1个团队获北京市课程思政示范课程、教学名师和团队。

应用数学系党支部2021年获北京科技大学先进党支部、2020年获北京科技大学先进集体等荣誉称号。党支部书记2021年获北京科技大学青年骨干人才称号。党支部教师中，1人获全国高校青年教师教学竞赛中理科组一等奖；1人获首都劳动奖章；4人获北京市高校青年教师教学基本功大赛一等奖和二等奖；1人获霍英东教育基金会第十七届高等院校青年教师奖；2人获得北京高校数学微课程教学设计一等奖；1个教学团队获2021年北京高校教师教学创新赛一等奖；3人获“北京科技大学优秀共产党员”。

在上级党组织坚强领导和全体教师的共同努力下，以由全国五一劳动奖章获得者李娜老师负责、数学学科党员为主要骨干的数学教研工作室先后被授予“北京市工人先锋号”“北京高校优秀本科育人团队”“北京市三八红旗集体”“全国工人先锋号”，并获“感动北科大”新闻人物。

（2021年立项项目　撰稿人：张俊燕）

拾遗工业巨擘风采，传承冶金机械精神

项目概述

机械工程学院深入挖掘“冶金机械”元素，做好学院“冶金机械”精神的传承，通过院史和科技产品的梳理，知晓杰出人物的发展历程，了解每一件大国重器的背后故事，用院史文化涵养机械学子，为机械学子注入“冶金机械”精神。本项目让师生既是机械文化的传承者，又是机械文物的守护者，在增强全院师生的责任感与使命感方面发挥了重要影响。

一、项目背景及意义

从工业 4.0 到中国制造 2025，国家经济社会和产业变革发展的战略规划中，传统制造业都扮演着不可或缺的决定性要素。机械工程学院自 1952 年成立以来，一代代机械人奋斗在满井村这片热土上，创造出了许多在国内外具有重要影响的成果，世界第一台弧形连铸机、国内最早的重型工业机械手、最早的热连轧计算机控制实验系统、最早的零件轧制技术等重要技术和产品均诞生于机械工程学院，同时陈先霖、崔崑、胡正寰、钟掘、关杰等工程院士，以及中国深海载人潜水器“蛟龙号”总指挥、“天问一号”火星探测器总指挥、中国载人航天工程专家、政界精英、企业领袖等一批批国家栋梁和优秀人才从这里走出。机械工程学院也以冶金机械系为基础发展成为涵盖多个领域的培养复合型人才的综合学院，但“冶金机械”精神始终贯穿每个机械人的成长发展。

习近平总书记在对我国优秀文化的传承上多次做出指示“让历史说话，让文物说话”，只有见证历史，以史鉴今，才能更好地启迪后人。机械工程学院 69 载发展历程中，重大的创新发明和杰出的人物都是重要和宝贵的精神财富，也是最贴近学生群体的“文物”，深入挖掘在学院人和物中的“冶金机械”元素，做好学院“冶金机械”精神的传承，用院史文化涵养机械学子，使得每位学子能更好地不忘学习初心，牢记建设使命。通过院史和科技产品的梳理，知晓杰出人物的发展历程，了解每一件大国重器的背后故事，通过新生教育在每位学子的心中种下院史文化的种子，注入“冶金机械”精神，成长为怀揣工业强国梦想的机械人。“拾遗工业巨擘风采，传承冶金机械精神”文化建设项目，让师生既是机械文化的传承者，又是机械文物的守护者，对增强全院师生的责任感与使命感具有重要意义。

二、具体实施情况

（一）健全组织建设

机械工程学院自立项以来，首先完成了支持项目开展的组织建设，形成了以学院领导班子统筹，各系主任、支部书记带头，教职工队伍支持，学生团队配合的全方位、多层级、互动式的项目团队，为项目的顺利开展提供了重要的基础保障。学院还邀请对学院历史发展有较好了解且对学院院史编撰工作有较高兴趣的已退休老教师如杨竞、管克智、李应强、卞致瑞、郭俊等作为学院院史编撰的顾问，确保院史脉络梳理的准确性和全面性。

（二）开展工作讨论

院史工作组成立后，学院多次开展院史工作讨论，形成院史工作方案。邀请学校领导、学院老领导、老教师代表等回学院交流，对院史编撰的框架脉络、史料征集方向、时间进度、工作组成员构成等方面提出多项合理化建议，为院史编撰工作献计献策。邀请近年来参与校史编写工作的校团委副书记崔睿分享校史编写工作的宝贵经验，强调了院史真实性和文字可读性的重要价值。邀请校友会、基金会办公室主任何进对院史编写大纲和院史编撰工作提出意见，强调了院史编撰的核心工作在于形成有积累的精神内核。邀请已退休老教师杨竞主导梳理学院发展脉络，稳步推动院史编撰工作。

（三）多渠道开展资料征集

学院在学院官网（http://me.ustb.edu.cn/）、学院微信公众平台“机械学子”“机械教工”以及学校校友总会微信公众平台“北京科技大学校友总会”发布《机械工程学院关于征集院史资料的公告》，并在学校老干部活动中心放置公告海报，面向全院离退休教职工及其家属、在职教职工、广大校友及关心学院发展的社会各界人士征集 1952 年建院以来的各类院史资料，内容包括反映学院各阶段发展进程以及师生工作、学习、生活状态的各种文字、照片、音像资料、文件、回忆录和实物等，并以时不我待的紧迫感和责任感，抢救性开展“口述院史”采访工作，为院史研究提供第一手资料，对收集和保存学院重要历史资料、保证院史内容的真实性和多元化具有重要意义。学院还制作了《机械工程学院院史资料征集登记表》，用以记录征集到的院史资料，做到对征集资料的底清数明。

（四）系所分组挖掘系史

系所是学院的主要构成，院史的挖掘离不开各系所对自己系史的深入整理。各个系所推荐年轻教师作为联络人，由学院配备辅导员和学生团队至各个系所，形成每周有汇报、每周有进展的工作机制，有条理地开展系史的挖掘，让年轻教师和学生在参与的过程中了解系所深厚的历史，总结提炼各系所多年传承的精神。

（五）进行史料查证

院史是已经发生了的学院历史，院史工作要坚持历史唯物主义与坚持科学精神相统一，在“求历史之实”的基础上“求历史之是”，还原历史，存真求实。力争做到资料翔实、数据准确，内容全面、客观真实。本着“尊重历史，实事求是”的原则，学院由教师带队，组织学生前往校档案馆查找实证资料，对学院发展历史进行梳理。学院的发展离不开曾在这里工作过的每一位教职工，根据档案资料整理建院以来在学院工作过的教职工名单，以事系人，事人兼顾，并为后续采访的开展提供基础。

（六）整理重要校友名录

作为与高校联结最紧密的社会群体之一，高校校友一直都是高校重点关注和培育的重要资源，也是一种重要的人才培育资源。校友不仅能够为高校提供丰富的社会资源，还可以为高校人才培养提供必不可少的人力、财力、智力等重要资源。让在校生了解校友的发展，享受校友给自己带来的便利，以期毕业后继续传承反哺母校的精神，为高校的人才培养做出贡献，从而为大学的发展赢得更加光明的未来。学院根据校友会、各系所推荐、对学生名单逐一网络搜索、查看校史年鉴信息等多种渠道，对建院以来学院培养的重要校友名录进行了梳理，整理出重要校友约 130 人。

（七）寻访教师和校友

高校档案是院史编撰的史料基础和依据，然而高校档案馆馆藏档案主要是党政、教学、科研等常规门类档案，内容主要是反映学校教学、科研基本管理活动的直接记录，缺少过程性、细节性材料，载体形式主要以纸质为主，种类单一，特色不足。单单以馆藏档案为史料，不可避免地要出现以上所述问题，正史化且缺少历史细节，院史千篇一律，不够丰满、真实，不具可读性。“口述院史”恰恰弥补了这些缺陷，它不仅是文献档案的必要补充，而且对于还原原生态的社会生活具有独特的价值。学院通过各系所推荐，列出教师和校友寻访名单，根据各系采访需要撰写采访大纲，分组开展采访，并以录音、录像的形式保存这些珍贵的“口述档案”。

三、项目成果成效

高等学校文化建设要以习近平新时代中国特色社会主义思想为指导，坚持辩证唯物主义和历史唯物主义的立场、观点和方法。学院在院史编撰过程中，以“立德树人、资政育人”为根本，按照“尊重历史、实事求是”的原则和“广征、核准、精编、严审”的工作方针，全面回顾学院发展历程，总结建院以来的育人思想、科研成就和教学经验，进一步丰富教育思想，凝练学院特色，弘扬学院传统，探索学院精神，为实现学院发展目标提供历史资鉴。

在此次文化建设项目中，经过机械工程学院领导班子以及师生的共同努力，现对项目成果成效总结如下：

第一，根据对学院发展脉络的梳理和对学院特色的整理，寻找重大历史时间节点的突出人物事迹和影响巨大的工业创新技术，并筛选具有代表性的人物事迹，编写大纲，并对早期“机械系”的形成部分进行了初稿撰写，以文字方式记载并传承，把充满精神力量的接力棒传递到机械后辈手中。

第二，通过多方提供的资料，学院整理形成了包括学术界、政界、企业领导、创业人物、获国家级荣誉称号人物等多个类别的重要校友名录，共包括校友 130 余人。

第三，通过对档案馆内相关资料以及学院留档资料的查找和整理，梳理出自建院以来在学院工作和学习过的教师和学生名单。

第四，通过学院留档资料的查找和整理以及各系所的资料提供与证实，梳理出自建院以来学院取得的各项教学和科研成就、育人成果。

第五，形成院史编撰工作的组织机构和工作模式，树立起学院和各系所定期整理关键事件、关键人物、关键资料等重要信息的意识，有效保护了此次收集到的重要史料资料，避免了未来再次梳理百年院史等重要工作时进行“抢救性工程”的风险。

第六，在全院范围内形成了“学党史、知院史”的良好氛围，对于传承弘扬优良传统和精神，增强师生责任感和使命感，进一步推动全院各项事业快速发展具有重要意义。让学院全体师生在此次参与院史编撰工作中深刻体会到了“冶金机械”精神的传承感，这既有机械人在“把科研转化为生产力”的过程中干实事、鼓实劲、落实处的求实精神，又有老一辈机械人以国家需求为己任，在科研中不断创新求索的精神，还包括冶金机械教研室老前辈们的“事业心、凝聚力、奉献精神”。

四、项目建设思考

传承历史，泽润后人。作为高校文化的重要组成部分，学院历史是一本学院立德树人的教科书，它承载着历史，鞭策着今天，激励着未来，在立德树人过程中具有特殊的地位和作用。学院的历史是历代创业者、全体师生共同的历史，他们是学院历史的创造者和见证者。要动员全体师生员工积极参与，为院史工作贡献智慧和力量。要以70周年校庆和院庆等重大活动为契机，加强院史意识的培养和院史知识宣传教育，加强院史文化转化和院史文创产品开发，使院史文化转化为精神文化、制度文化、学术文化、行为文化、标识文化、环境文化，融入学院教育教学实践和师生日常生活，潜移默化，以文化人，以文育人。要按照“存史、资政、育人”的要求，讲好学院故事，弘扬学院文化，发扬学院精神。

项目结题，育人未止。学院将继续完成院史的编撰工作，通过参考其他院校院史，对照编写大纲，以《师韵》《师者风范》为蓝本，深入挖掘学院重要人与物，以学院发展时间为线索，继续调动全院师生力量，共同打造属于机械人自己的文化宣传品牌，成立院史编撰工作组，围绕筛选出的人物、事迹，通过文鉴查阅、人物访谈等形式深入挖掘背后的故事，形成文字初稿后进行院史的文字精修、排版、出版和印刷。

在今后的学院文化建设中，首先，要以院史的育人功能为核心，保障学院精神的传承，借此对学生进行爱院荣院教育。把对学院重要资料的保护当成一件日常的、基础的、重要的工作来做，要经常关注学院发生的大事要事，收集最新资料，并根据学院有关情况变化和院史最新研究成果，对院史资料进行不定期补充更新。要有专职工作人员从事管理和接待服务工作，对收集到的代表性资料定期展出，同时也可邀请学院教职工作为兼职讲解员参与学院有关重大活动的讲解服务。

其次，要加强院史的宣传力度，使之成为对师生进行传统教育和思政教育的重要素材。结合新媒体多渠道宣传的时代特点，通过网站、微博、微信、学院电子屏、宣传栏等各种媒体和形式，以及印制宣传单、宣传手册，举办“院史大讲堂”等，摘选部分章节，通过“机械学子”和学校新媒体平台对院史重要文化进行宣传，扩大文化宣传覆盖面，形成线上线下共同发力的院史宣传学习局面，加强院史知识和院史文化的宣传与传播。把院史作为新生入学教育和新入职教师岗前培训的必修课，为新生和新职工注入“冶金机械”精神，积极探索院史进课堂的方法和路径。组织、引导学院学生开展“重走办学路”社会实践活动、演讲比赛、征文比赛、知识竞赛、编演院史剧等，主动走近、走进院史，充分发挥院史“育人”功能。

最后，学院还要重视归档工作，有秩序地将学院发展的重要资料存入学校档案馆中归档，为未来的院史梳理工作提供基础和便利。

机械学院70年的发展有力践行了学校“学风严谨、崇尚实践”的优良传统，在建党100周年、迎接北科大建校70周年之际，机械院史的编撰，对深入推进学院“四史”学习教育，进一步弘扬机械精神，推动学院发展有着重要的历史和现实意义。希望新时代机械人通过学习院史，能够更好地认识过去、把握当下，进一步弘扬机械精神，开拓学院事业新局面。

（2020年立项项目　撰稿人：苏栋）

《化生纪事》院史编写与院史文化研究

项目概述

本项目以70周年校庆为契机，深入推进校园文化建设的探索与实践，收集、整理、编写化生学院历史以及为学院建设做出突出成绩的学院开拓者的珍贵资料，充分发挥院史引领作用。

一、课题背景及意义

院史编写工作是一项历史抢救性工作，意义深远，是“不忘初心”的最好体现，也是党建与思想政治教育工作的重要环节。院史文化是校本文化、专业文化、人才培养、学科建设的重要组成部分，全面、客观、系统、深入地挖掘历史，能够更好地展示办学历程和办学成绩。

二、课题建设目标

“纪事”追本溯源，从1952年化学学科初创到现在，时间跨度近70年，历数在不同时期机构的变动、人员的更迭和诸多教师的成长轨迹，充分发挥院史育人作用，让全院师生切身感受学院取得当前成绩的来之不易，深入学习学院老一辈开拓者艰苦奋斗的坦然、教书育人的本分、诲人不倦的执着。

三、课题建设内容

1. 成立院史编委会，邀请学院关工委文化组退休老教师，同时选派优秀辅导员、学生干部参与院史编写工作。

2. 制定院史编写方案，按照纪事和教授名录两部分细化采编任务、时间进度等，提出具体要求。

3. 通过文献研究、访问调查、集体访谈、个体访谈等方法展开院史采编工作。

4. 通过党班团日活动、党校、团校开展院史学习教育与院史研究系列活动。

四、课题研究成果与成效

自 2021 年 8 月本课题立项以来，课题组充分调动工作组成员的积极性，开展院史挖掘抢救工程，编写《化生纪事》(纪事和教授名录)。同时，工作开展过程中年轻教师通过与关工委老教师的亲密交流与合作，学习“老钢院精神”，进行励志榜样教育。

(一)补充化学系、生物系等学科发展的相关史料

主旨：收集、整理、挖掘和挽救一些尘封已久且濒临丢失的建系的相关史料，为今后修订学院史储备资料。内容：主要为化学系、生物系历史沿革，机构隶属和人事变动情况；制定的有关课程、专业、教材建设及教改，科研的规章、制度、举措和重大事件；有关学生招生、毕业、分配及教师教书育人的概况等。步骤：收集汇编系、院内的教学、行政档案；查阅学校封存的档案资料和学校年鉴信息。

(二)完善北京科技大学化生学院教授名录内容

主旨：缅怀创业前辈的丰功，传承其优良传统，光大其奉献精神，以此激励后来人。内容：补充修正在化生学院(包括前身单位)工作过的所有正高职人员的基本信息，专攻所长，开设课程，科研成果，专著，译著，论文及获奖情况。步骤：收集现有资料，有针对性地交由其本人或家属给予拾遗补缺，修订勘误。上交文化组审核，统编，再反馈认定，最后定稿。

《化生纪事》(纪事和教授名录)记录了自 1952 年至 2019 年的各系历史沿革与变迁。汇编了包括：师资队伍建设、人才培养、党建与学生工作、学科建设、科学研究、教学研究、实验室管理及国际交流等方向的《年鉴》资料，记载着学院建设和发展。“纪事”追本溯源，时间跨度近 70 年，由 1952 年化学学科初创时的教学小组到 1984 年由理化系代管的教研室成立，直到 1986 年由朱元凯教授牵头组建了化学系。1980 年化学专业招收硕士生一人，1981 年首次招收本科学生 31 人。“纪事”在编者细致入

微、准确的素描中，历数了在不同历史时期机构的变动、人员的更迭和诸多教师的成长轨迹。2010 年，化学与生物工程学院的诞生开启了一个新的历史篇章，以和谐为中心，以思想建设和学科建设为两个基本点，学院历任党政领导朴素、求实、认真的工作作风，带来了全院师生员工的团结一心。经过 10 年实事求是、和风细雨的磨合，看今朝，学院各项工作平稳有序发展，人才济济、生动活泼。目前无论是学科建设、科研工作、教学教改、实验室建设，还是党建与学生工作都形成了一个较完备的系统。

（三）《化生纪事》（纪事和教授名录）摘编

1.《化生纪事》序言

光阴似箭，时光荏苒。值此化学与生物工程学院成立 10 周年之际，学院隆重推出了《化生纪事》（纪事和教授名录）。

“纪事”追本溯源，时间跨度近 70 年，由 1952 年化学学科初创时的教学小组到 1984 年由理化系代管的教研室成立，直到 1986 年由朱元凯教授牵头组建了化学系。1980 年化学专业招收硕士生一人，1981 年首次招收本科学生 31 人。“纪事”在编者细致入微、准确的素描中，历数了在不同历史时期机构的变动、人员的更迭和诸多教师的成长轨迹。

往事如昨，过去是简陋、艰难、酸涩……也是创业。但前辈们艰苦奋斗的坦然、教书育人的本分、诲人不倦的执着，却给学生留下了记忆的闪闪烁烁。毕业返校的学生们常说，过去的岁月总也不能忘怀，不能忘怀是因为走过来了，重要的并不在于得到过或者失去过，重要的在于经历过。因为哭过，笑才灿烂；因为爱过，回忆才斑斓。纵使那时脚步稚嫩，回首也感到亲切，因为那是真实。纵使走过的路上并没有鲜花开放，回想也感到留恋，因为那上面覆盖着自己生命的步履。尽管那时候条件差，但老师们渊博的知识，言简意赅、深入浅出的教授，如同亲人般的关爱，让我们在自信和温暖中，扎实地掌握了基础理论和专业知识，具备了严谨和娴熟的实验技能。

2010 年，化学与生物工程学院的诞生开启了一个新的历史篇章，以和谐为中心，以思想建设和学科建设为两个基本点，学院历任党政领导朴素、求实、认真的工作作风，带来了全院师生员工的团结一心。经过 10 年实事求是、和风细雨的磨合，看今朝，学院各项工作平稳有序发展，人才济济、生动活泼。目前无论是学科建设、科研工作、教学教改、实验室建设，还是党建与学生工作都形成了一个较完备的系统。

如今，学院已拥有一个化学一级学科博士点，一个博士后科研流动站，五个硕士学位授权点，应用化学和生物技术两个本科专业；另有两个科研中心，三个省部级重点实验室，及固体化学研究所。目前在校本科生408人，硕、博研究生465人。学院拥有一支年富力强的师资队伍，教授39人，博士生导师30人，副教授34人，重要的研究方向50余个，具有博士学位的教师比例为97%。

在“教授名录”中收集了66名教授生平业绩的介绍，特别要提及的是有38名在职的青年才俊。他们是具有创新精神的带头人，他们是思想勇敢、行动果敢、富有智慧、艰苦跋涉的优秀教师。

在名录中有几位老先生已经仙逝了，他们是我们学院学科发展的先行者、奠基人。我们缅怀他们，庆幸的是，他们的精神却一直在延续，带领着一代又一代莘莘学子走向希望，走向未来。感谢他们的付出和守护。

原应用科学学院院长

鲁毅强

2.《化生纪事》化学系历史沿革

化学系于1986年1月31日正式成立。自1952年建校至1992年的40年中，经历了领导体制的多次变动。1952年建校之初，化学教研组，包括化学、分析化学和物理化学三个教学小组，属教务处领导。1953年并入冶金系。1954年物理化学教学小组和1953年成立的冶金原理教学小组合并为冶金原理及物理化学教研组。化学教研组包括化学和分析化学两个教学小组。1955年皆划归新成立的物理化学系。1965年化学教研组与数学、物理、力学、外语教研组组成基础部。“文化大革命”期间，基础部教师和物理化学教师分别到各专业教研组，成立教学连队。随各专业师生下厂矿接受“再教育”，理论联系实际进行教学活动。“文化大革命”后期又恢复，之后又解散了，于1983年再次恢复。1978年冶金原理及物理化学教研组分为冶金物理化学和基础物理化学（后改为物理化学）两个教研室（注：“文化大革命”后教研组改称为教研室）。1984年基础部所属各教研室分别独立建系。化学教研室分为无机化学和分析化学两个教研室，暂归物理化学系领导。1986年年初化学系成立时，将原属物理化学系的物理化学教研室划入化学系，即化学系包括无机化学、分析化学和物理化学三个教研室，及党总支和行政两个办公室。1992 年 9 月原属科研处领导的化学分析中心并入化学系。

3.《化生纪事》大事记：以 1952 年为例

1 月，中央人民政府教育部召开全国高等学校地质、采矿、冶金三系（科）会议，准备年内在京津地区建立地质、矿业、钢铁等专门学院。

4 月 22 日，中央重工业部钢铁工业局刘彬局长主持，在北京召开关于创建钢铁学院筹备工作的第一次会议。

5 月，《教育部关于全国高等学校 1952 年调整设置方案》中指出：北京钢铁学院（新设）：由北京工业学院、天津大学、唐山铁道学院、山西大学工学院、西北工学院五校的全部或部分采矿、冶金等（科，组）作为钢铁学院的基础。

8 月 7 日，钢铁学院筹备小组在清华大学正式办公。不久，筹备小组办公地址迁至清华大学生物馆。

8 月 9 日，中央人民政府教育部“（52）下高矿曾字第 003 号”文中方案明确：清华大学采矿系一年级和二年级学生按志愿采金属组调整至钢铁学院。至此，钢铁学院成立的基础扩大为六所院校的采矿、冶金系组。

8 月 21 日，中央人民政府政务院财政经济委员会“（52）财政干字第十四号”文件批准钢铁局拟定的钢铁学院建校轮廓计划。按照此计划，钢铁学院拟设 7 个系 16 个专业，学生规模拟达到本科 5000 人，研究生 200 人。

8 月 30 日，教育部为北京科技大学定名为“北京钢铁工业学院”。

伴随着新中国百废待兴的步伐，传承着天津大学、山西大学、唐山铁道学院、北京工业大学、西北工学院、清华大学六所高校部分系、科的精髓，北京钢铁工业学院应运而生。

9 月，经全国统一招考，学校招新生 412 名。院校调整并入：二年级学生 304 名，三年级学生 131 名，四年级学生 1 名。学院设有采矿系、冶炼系、金相及热处理系、钢铁机械系。当时冶炼（后称冶金）系除设有铁、钢、冶专业教研组外，还包括化学教研组。冶炼系系主任为魏寿昆教授。化学教研组主任为任殿元教授，副主任赵梦琴，教师有李敉功（地下党员）、武恩佑。这五位教师，都是首批建校的员工（首批北京钢铁工业学院建校员工共计 137 人）。

4.《化生纪事》“年鉴”资料汇编：以 2010 年为例

化生学院建院 10 年来，在学校党委和行政的坚强领导下，学院的党委和行政团结带领全体教职工，把思想和行动统一到以习近平同志为核心的党中央要求上来，以开拓创新的精神，脚踏实地的作风，进而积极推进学院的各项工作开展，取得了显著的成绩，使得学院实现了跨越式的发展。

化学学院创建 10 周年之际，我们汇编了包括：师资队伍建设、人才培养、党委与学生工作、学科建设、科学研究、教学研究、实验室管理及国际交流等诸方向的《年鉴》资料，其记载着我们点点滴滴的成长和发展。回顾历史，总结过去是为了更好地迎接未来，我们再接再厉，继续乘胜前进，努力创造学院更美好的明天。

【概况】

根据学校发展需要，经学校党委研究决定，化学与生物工程学院及学院党委于 2010 年 8 月 18 日成立。学院由原应用科学学院化学系、生物科学与技术系以及胡国华、党智敏两位教授的学术梯队组成。下设高分子工程系、化学与化学工程系、生物科学与工程系三个系，化学分析中心 1 个中心，另自然科学基础实验中心挂靠学院。学院共有教职工 77 名，其中具有博士学位的教师 45 人，博士生导师 11 人，硕士生导师 32 人；教授 16 人，副教授 18 人，高级工程师 4 人；国家杰出青年基金资助 1 人，教育部新世纪人才 4 人、北京市科技新星 5 人。至 2010 年年底，学院在校学生 662 名，其中研究生 186 人，本科生 476 人。

【学科建设】

2010 年，学院有 1 个化学一级学科博士点，1 个材料合成化学自设博士点，2 个化学工程、化学一级学科硕士学位授权点，1 个生物化学与分子生物学二级硕士学位授权点。年内，学院整合学科力量，汇聚学科队伍，成功申报化学一级学科博士点；加强院际合作，联合材料学院等 4 个学院成功申报北京市交叉学科重点学科（光电信息材料与器件）；凝练学科方向，组建 13 个以胡国华、姜建壮、弓爱君等知名教授为负责人的教学科研梯队；加大高水平团队筹建力度，引进国家级学者胡国华教授，新增师资 4 人（海外 1 人，国内 3 人）；共建临时实验室，积极筹建高分子科学与工程系，拓宽学科发展方向。

【教学改革】

2010年，学院以提高教学质量为中心，以教学改革为抓手，稳步推进教学质量工程建设。年内，完成“十二五”期间教材讲义立项建设申报，共申请教材立项9项、讲义立项9项；完成2010年学校第六批教育教学研究补充立项工作，“普通化学教学改革研究”等9个项目获批学校面上项目或学校青教基金项目；坚持使用新优教材和自编教材，《遗传学实验指导》等3部教材获批学校“十二五”期间教材（讲义）第一批选题；“积极探索“双语+英语”教学模式，环境化学（双语）”课程教学团队荣获国家双语教学示范立项课程，“化学与社会”课程获第三批校级精品课程立项建设课程称号，“物理化学实验”等5门课程获批第五批校级优秀课程立项建设课程。

人才培养方面，2010年学院承担大学生创新项目50项，其中国家级4项，市级1项，校级5项，院级41项；完成本科生科技创新批准立项35项，项目参与学生共计93人，其中推荐为国家级项目3项，北京市级项目1项，校级项目1项，加强学院对外合作与交流，5人参与境外交流，12人参与境内交流，2名本科学生获得英国邓迪大学“3+1+1”合作项目资格，充分调研，科学定位，认真完成新版研究生培养方案的修订工作，完成学院2011—2015年全国研究生学术交流平台项目的申报和“211工程”三期创新人才培养项目计划制订。年内，万亮同学获得学校第六届研究生“十佳学术之星”称号。

【实验室建设管理】

2010年，学院“农药残留与环境毒理实验室”正式获批农业部农药登记残留试验单位，并被确定为省部级重点实验室。

2010年，自然科学基础实验中心挂靠学院，刘杰民任中心常务主任。年内，实验中心完成生物、数学、物理3个专业共计285万元的修购计划，并在广泛调研的基础上，进一步厘清发展思路，科学制定了“十二五”规划和课程建设、教材建设及教学改革的“十二五”规划。

2010年，实验开出率达到了100%，综合性、设计性实验占总实验课程的90%以上，独立设课的基础实验课程实现了100%开放，实验教学的年工作量为40万学时，接待新教师培训参观100人。年内，补充实验教学人员2人，2人攻读在职硕士，3人攻读在职博士，1人晋升工程师。至年底，实验教学人员发表实验教学论文 15 篇，发表学术论文 23 篇，其中，SCI 论文 4 篇，EI 论文 3 篇。获得校实验技术成果奖 3 项，其中一等奖 1 项，二等奖 2 项。

【党建与学生工作】

2010 年，学院完成教工和学生支部的重建和改选工作，设立党支部 14 个，其中教工支部 3 个、党员 36 人，学生支部 11 个、党员 137 人。年度发展党员 45 人。

自学院党委成立以来，细化管理，完成了 2010 年度党内信息统计工作，实现党员信息库的实时更新和维护；联合数理学院共同完成原应用科学学院党委迎接学校党建工作评估的相关工作。年内，各党支部积极开展“创先争优”立项活动，创新党建工作思路，积极组织学生党支部参与立项活动和实践锻炼。2010 年的党支部立项活动中，学生党支部立项率达到 100%，为全校第一。在“红色 1+1”活动中，3 个党支部组织完成结对工作并获奖。

年内，本科 06 级上研率 42.3%。本科 07 级学生中共有 20 人保研，2 人直博，占总人数的 19.47%。学院积极开展班级建设，做好班级评优工作。生技 0702 班获“优秀班集体、先进团支部”标兵称号、“优秀学风班”称号，化学 0702、化学 0902 班获校“优秀班集体、先进团支部”荣誉称号。

2010 年，学院积极组织与发动学生参加学术科技创新活动，本科生中 2 组作品作为国家级项目被评为本科生科技创新一等奖，有 1 组作品作为北京市级项目被评为本科生科技创新一等奖，在教育部、团中央举办的全国大学生节能减排科技竞赛中王丹阳等 5 位同学的作品《以 Bt 农药为产品的餐厅垃圾资源化处置方法》获得一等奖。科技创新项目中，《以赖氨酸氧化酶为作用靶标的抗肿瘤药物筛选》获评一等奖，并发表英文论文 2 篇，被 ICNPTM 录用；在北京科技大学第十二届“摇篮杯”大学生课外学术科技作品竞赛中，有 4 组作品获奖，其中 1 个一等奖、1 个二等奖。完成了社会实践工作的收获交流、后期总结、评优表彰工作，化生学院共有 4 个团队获奖，32 名同学被评为社会实践先进个人。

5. 教授名录

“教授名录”分为退休教授、在职教授两部分，以姓名汉语拼音为序排列，包括个人简介、教学经历、主要成绩、重要奖励与论著等方面。以陈华序教授为例：

陈华序

Chen Huaxu

陈华序，男，江苏苏州人，汉族，生于1922年11月，1946年毕业于北京辅仁大学化学系。曾担任中国大学化学系助教、北方交通大学（现北京交通大学）材料系助教、山西大学化工系讲师。1953年10月来到北京钢铁学院进行无机化学以及分析化学的教学和科研工作，后来从事分析过程络合物化学及湿冶过程中络合物化学的科研工作。

陈华序教授曾主编了全国统一教材——《分析化学》(冶金类高等学校用)，编写过其他各课教材10余种。于1980年12月晋升教授，获得了1982—1983年度北京钢铁学院教学优秀一等奖。

在教学工作方面，自1962年提升为副教授以来，陈先生担任稀有金属物理化学专业的无机化学、分析化学、络合物化学、高等无机及化学专业高等分析化学等课程的主讲工作，并且经常主动承担新课程的讲授工作。陈先生教学内容组织严谨，理论联系实际，科学性和逻辑性都很强。其讲学深入浅出，教学水平高，深受老师和学生们的欢迎，培养了许多骨干教师。

在科学研究方面，陈先生关于络合物化学与分析化学以及稀有元素分离化学中的应用有较高的水平，论文曾发表于《化学学报》及其他刊物。在生产工艺研究方面，利用络合物化学分离稀土元素及锆铪取得较好成果。陈先生发表内部报告多篇，并已用于生产，对稀土元素分析及提取做出了一定的贡献。

陈华序先生能够熟练掌握英语、日语、德语、法语和俄文，可以阅读不同的文献资料。在科学研究方面的主要论文有30多篇，现列举部分科研论文成果如下：

1. Influence of mixed micelle on the sensitized coordination compound of indium (Ⅲ) with o-NPF and its analytical application.

2. Study on the ternary heteropolyacids in the systems of P-Mo-W and As-Mo-W as well as their application in the spectrophotometric determination of low tungsten.

3. Study on the inert coordination compound in the system of “Mo (Ⅵ)–TAE–Hydroxy–lamine” and its analytical application.

4. 表面活性剂存在下，铅（Ⅱ）– 稀土（Ⅲ）和茜素紫共显色效应的研究。

5. 结晶紫与磷钼钨酸根的缔合显色及其分析应用。

6. 铅（Ⅱ）– 钇组稀土（Ⅲ）–BPR– 乙酸根 –TPB– 乙醇体系共显色效应的研究。

7. 次级配体（L）及有机溶剂对 < 钛（Ⅶ）–5–Br–PADAP–L> 体系混配合物的影响。

8. < 镓（Ⅲ）–o–NPF–F–CTMAB> 四元显色体系及其分析应用的研究。

9. < 铟（Ⅲ）–o–NPF– 表面活性剂 > 显色体系的研究。

10. 增敏剂对多元惰性铬（Ⅲ）配合物的影响Ⅰ。< 铬（Ⅲ）– 铬天青 S– 增敏剂 > 体系。

11. 增敏剂对多元惰性铬（Ⅲ）配合物的影响Ⅱ。< 铬（Ⅲ）– 铬青 R– 增敏剂 > 体系。

12. < 碱土（Ⅱ）– 稀土（Ⅲ）– 茜素紫—TPC> 共显色体系。

13. < 钛（Ⅳ）–5–Br–PADAP 羟胺 – 氯乙酸 > 体系混配合物及其分析应用。

14. 惰性配位化合物及其在分析化学中的应用。

15. Influence of mixed micelle on the sensitized coordination compound of gallium (Ⅱ) with o–ClPF and its analytical application.

2014 年 2 月 4 日，陈华序先生因病去世。

（2021 年立项项目　撰稿人：苏靖）

依托新媒体技术，挖掘学科历史，传承学院文化

项目概述

本课题依托新媒体技术，通过梳理历史脉络、凝练精神内涵、优化表达形式，让计通文化和精神更加入脑入心，推出了一系列学院特色文化宣传作品，逐步将“厚德博学，求实创新”的院训精神植入计通人心中，培养师生爱院荣院情怀，凝聚学院发展共识，形成学院发展合力，为学院文化建设奠定良好的基础。

一、项目背景及意义

党的十九大报告明确指出：“文化是一个国家、一个民族的灵魂。文化兴国运兴，文化强民族强。”高校作为优秀文化传承的重要载体和思想文化创新的重要源泉，应以立德树人为根本任务，建设具有学校特色、适应学校发展、符合教育规律的大学文化，充分发挥文化育人的重要作用，为青年学生的成长成才提供有力支撑，为学校发展提供不竭推动力和核心竞争力。

1973 年，北京钢铁学院成立计算机教研室，经过 40 余年的建设，2011 年计算机与通信工程学院正式成立，秉承“厚德博学，求实创新”的优良传统，学院抢抓机遇，加强建设，深化改革，内涵发展，在学科建设、科学研究水平和教育教学质量上实现了跨越式发展与显著提升，与此同时也积淀了深厚的文化底蕴。这些文化包含和反映着历届师生对学院的认知与情感，是凝聚师生的精神纽带，集中体现了学院物质精神成果和综合环境氛围。近年来，计通学院推出了一系列学院特色文化宣传作品，例

如学院宣传册、毕业季微电影、吉祥物“海罗沃德”形象设计、“计通之光”系列榜样等，逐步将“厚德博学，求实创新”的院训精神植入计通人心中，优秀的学院历史与文化也影响了诸多师生，为学院文化建设奠定了良好的基础。

2021年是学院建院10周年，同时也是学院第三次党代会召开之年，为进一步弘扬学院文化、宣传学院特色，增强师生认同感、归属感和荣誉感，本课题依托新媒体技术，通过进一步梳理历史脉络、凝练精神内涵、优化表达形式，让计通文化和精神更加入脑入心，培养师生爱院荣院情怀，凝聚学院发展共识，形成学院发展合力，在“十四五”发展的新征程上，为把学院全面建设成为在国内外计算机和通信学科具有较大影响，特色鲜明的高水平研究型学院提供强大、深厚、持久的力量。

二、具体实施情况

本课题在已有学院文化建设成果的基础上，对学院学科发展历史脉络进行梳理，挖掘学院发展建设过程中的特色亮点和典型事迹，打造专题宣传栏目，同时丰富学院文化创意产品，线上线下相结合开展互动文化活动。依托新媒体技术，通过“挖掘历史、丰富实体、互动活动”三种形式提升学院文化的“深度、温度、亮度”，进一步培育具有特色的学院精神文化，丰富学院精神内涵。

（一）梳理历史挖掘内涵，拓展学院文化深度

1. 形成一部以“计通院史”为主题的访谈录

以历史资料、教授及校友访谈为素材来源，形成院史系列访谈录《“计”忆寻源》，内容涵盖人物求学、执教等相关经历，通过人物口述梳理学科发展历史脉络，讲好办学育人典型故事。组建学生实践团、志愿者团队累计采访20位老教授、教师、杰出校友等人物，在采访过程中形成学院故事地图、纪录片、漫画、照片集等多种形式的文化成果。通过历史影像、声音、图片和文章等感染学生，受到计通师生的广泛认同。

2. 形成多个以“计通人物”为主题的专题栏目

以在职教师、科研梯队访谈、典型学生事迹等为素材来源，形成学院学科特色及学院精神相关图文及视频资料，用好“身边人”，讲好“身边事”，正向影响师生的精神追求和行为力量。一是打造以教学育人为主

题的“成长引路人”专题栏目，以本科生导师制为切入点，从教师和学生两个角度讲述师生之间的故事，彰显学院教学理念，引导一致的价值认同与行为取向。二是打造以青年学生自主发声为主题的“计通青年说”专题栏目，以建党百年为切入点，为学生提供自主发声平台，以青年学生视角讲述自己看到或经历的故事，形成“持续时间长、传播范围广、参与人数多、内容品质佳”的品牌栏目。三是打造以教师榜样为主题的“师忆年华”专题栏目，以学院名师故事为切入点，以教师本人求学执教生涯为基本内容，用教师的力量感染学生，传递学院文化，传承学院精神。

（二）丰富特色文化实体，提高学院文化温度

1. 延展学院吉祥物形象内涵

以学院原有吉祥物“海罗沃德”设计为基础，充分利用吉祥物形象，充实其内涵。从吉祥物的名称、形象、色彩等方面，让吉祥物成为学院文化的代表性元素，能够充分彰显计通文化，展现计通人精神品质。

2. 打造丰富的文化创意产品形式

依托新媒体技术，设计制作以吉祥物为基础的文化创意产品，包括微信表情包、毛绒公仔、帆布袋、便签、钥匙链、徽章、贴纸、抱枕等。产品以师生生活学习常用品为主，结合多种计通设计元素，让学院文化以温馨的形式走近师生身边，走入更多人心中，让计通文化“可见、可感、可传”。

（三）开展互动文化活动，彰显学院文化亮度

依托新媒体技术开展多样化的文化活动，用师生喜闻乐见的形式让学院文化品牌落地生根。一是以学院建院10周年为契机，进行文化创意产品发布，开展“团委学生会、索思科技协会十周年纪念活动”，通过座谈交流、校友纪念树挂牌、聘任成长导师等形式进一步传承计通精神。二是深入开展“计通之光”评选表彰活动，打造厚德博学、爱岗敬业的计通师生“金名片”，凝练院风、学风、教风，形成全院一致的行为准则和精神追求。三是以建党百年、学院党代会、毕业季等时间节点为契机，开展“计通青年跑”“计通青年说”“计通毕业礼”等特色文化活动，活化学院文化，引导师生厚植家国情怀，牢记使命担当，传承计通精神。

三、项目成果成效

（一）以文砺人，用精神内涵引领文化自信

一是进一步完成学院精神内涵挖掘，深挖爱国奉献精神内涵和学院深厚文化底蕴，将传递“计通精神”作为社会主义核心价值观落小落细落实的重要载体。充分挖掘办学历史中形成的特有精神、气质和品格，特别是在一些关键节点和重大事件中展现出的拼搏精神、奉献精神、改革精神和发展精神，并进行总结、凝练和提升。二是坚持把价值观自信作为文化自信的根本。以老教授、校友口述为题材的访谈录《“计”忆寻源》是学科发展和学院历史的写实教科书；以在校师生事迹为主要题材的专题栏目“成长引路人”“计通青年说”“师忆年华”宣传范围广，影响力度高，助力形成各院上下目标一致、同求发展、共享成果的集体共识。

（二）以文化人，让人文情怀涵养文化底蕴

一是初步完成文化标识构建。利用学院学科特色、悠久历史和文化实体，开展院徽、院训、院楼、吉祥物等文化符号的内涵挖掘，全面构建以形象标识、文化创意产品等为代表的学院文化载体，形成具有学院文化符号的视觉识别系统。二是赋予学院文化符号时间性和空间性。让文化符号在重要时间节点、重大活动中发挥文化宣传作用，在互动中激发师生参与学院文化建设的主动性，在学院发展进程中不断涵养师生文化底蕴，形成学院特色人人知晓、学院精神处处可阅的文化氛围。

（三）以文育人，将行为力量融入文化自觉

一是通过持续的建设、凝结和积累，形成有特色的学院文化品牌活动。深化师生员工对文化的认识，强化师生员工追求文化的自觉性和责任感，丰富活动主题，活化活动载体，拓展活动平台。二是坚持文化培育与学科建设相结合。注重从学科特有的思维方式、研究方法和历史传统中汲取学院文化建设的养分和灵感。围绕内化院训精神，因人制宜、因时制宜、因地制宜探索各种文化活动形式，构建学院文化活动，培育“计通之光”“计通青年说”“计通青年跑”等学院文化活动品牌，引导学生以科学素养肩负社会责任，深化对自身使命的认知，弘扬科学精神和崇高品德，展示人文素养和家国情怀。通过持续不断的“文化品牌活动”提升师生员工的精神境界和文化自觉。

（2020 年立项项目　撰稿人：田斌）

高校招标采购廉政风险与廉洁文化建设

摘　要

在“双一流”建设大背景下，国家对高等教育事业投入大幅度增加，高校招标采购管理工作因涉及资金量大、阶段环节多、波及面较广、关注度较高等特点，成为高校廉政风险易发和多发的领域。本项目通过加强招标采购过程的廉政风险防范管理，开展招标采购廉洁文化建设，充分发挥文化建设的凝聚与导向功能、教育和规范作用，引导强化采购人员廉洁从业的价值观，是促进高校招标采购工作实现阳光、高效、廉洁、优质的有效探索。

一、开展招标采购廉洁文化建设的必要性

（一）高校党风廉政建设及反腐倡廉的迫切要求

党的十八大以来，党中央在改革布局中强调切实加强新时代廉政建设工作。习近平总书记强调，“党风廉政建设永远在路上，反腐败斗争永远在路上。我们党作为百年大党，要永葆先进性和纯洁性、永葆生机活力，必须一刻不停推进党风廉政建设和反腐败斗争”。“要始终抓好党风廉政建设，使不敢腐、不能腐、不想腐一体化推进有更多的制度性成果和更大的治理成效。”“加强党风建设，须着力于廉政文化建设，加大正风肃纪力度。”高校必须要深刻把握党的政治生态建设新内涵新要求，严格落实党中央在新时期对党风廉政建设提出的新思想、新举措和新部署。结合高校招标采购工作特点，以作为廉政建设重要内容的廉洁文化建设为重要抓手，在高校培养和形成崇尚廉洁的良好氛围，全面厚植廉政建设之基，助力学校党风廉政建设和反腐倡廉工作水平不断提升。

（二）推进高校采购工作机制体制改革与发展的迫切要求

当前，高校招标采购工作机制体制改革逐步深入，将廉洁文化建设与具体工作内容相结合，通过分析采购过程中的采购立项、采购方式确定、招标公告发布、招标文件编制、评审专家确定直至评标、中标公示发布、合同签订等环节风险点，制定并完善科学、规范、制衡的招标采购工作流程和规章制度，是采购工作机制体制改革顺利进行的重要保障。

（三）促进采购人员廉洁从业的内在需要

高校采购具有采购计划来源分散这一特点，在采购的实际操作过程中，各二级学院、行政机关、实验室都会发生不同程度的采购行为，采购主体分散，廉政风险涉及人员较多、波及范围较广。目前高校招标采购领域管理工作日趋完善，但主要依赖于国家法规制度以及学校规章制度的强制性要求，如果采购人员不能从思想观念、廉洁意识、价值评判标准等方面转变过来，廉政风险很难从根本上得以杜绝。开展廉洁文化建设，建立廉洁自律的“自控”体系，引导和增强采购人员廉洁拒腐能力是高校采购管理面临的紧迫任务。

二、招标采购中存在的廉政风险

高校招标采购廉政风险是指高校行政管理人员和教师在参与招标采购的日常活动中，利用其掌握的相关权力和资源谋取私利的可能。通过梳理招标采购运行程序，有效分解业务流程，存在或潜在的风险点可归纳为权力行使、制度机制、思想道德、外部环境等 4 个方面。

（一）权力行使风险

由于职权过于集中、运行程序不规范以及自由量裁幅度过大，可能造成以权谋权、职权滥用等腐败行为。上述风险主要表现在以下几个方面：采购过程中，采购人员为了人情关系或谋取私利，不公正对待供应商，人为影响采购公正性；或有意违规泄露采购或招标信息；或作为评审专家评标时带有倾向性；或审批合同时利用职权，不按规定程序办事等。

（二）制度机制风险

体制机制。未建立专门的招标采购管理部门，或建立后挂靠别的部门，不利于形成彼此制约，相互配合的采购管理运行体系。或虽成立了专门的招标采购管理部门，但招标采购人员岗位职责不明确，没有形成相互监督、相互制约的体系。

规章制度。管理制度缺失，监控制度乏力、激励制度缺失等；或者虽出台了一系列规章制度，但在具体运用时，缺乏详细解释或严密规定；或制度规范不合理，相关管理方式缺乏有效性及科学性，给个别人的徇私活动提供机会。

（三）思想道德风险

主要指采购人员由于理想信念不坚定、工作作风不扎实、职业道德不牢固、法律意识淡薄等，利用工作之便为个人谋取私利，导致学校利益受到损害的风险。在招标采购过程中，表现形式多样，主要表现在工作态度不认真，工作思想懈怠，易受外界干扰，易产生畏难厌恶情绪，工作中得过且过，对采购程序把关不严，不按照规定程序进行等。

（四）外部环境风险

当前市场经济环境下，人的功利心理与机会主义行为被放大，高校采购人员因工作的特殊性，与学校外部供应商接触频繁，也使其受社会因素影响的可能性被放大。一旦人性的自私战胜道德的约束，面对不良供应商时，就必定会难以抵制诱惑，以权谋私。

三、强化廉政风险防控，开展廉洁文化建设的具体措施

在“双一流”成为国家高等教育的风向标的背景下，为切实提高招标采购管理水平，形成招标采购领域廉洁文化建设长效常态化机制，保障校园和谐、稳定、可持续发展，以强化廉政风险防控管理为主要内容，从上层设计（制度制定），到执行实施（规范流程），再到监管反馈，贯穿廉政教育，最后形成良性融洽的全员参与、全过程、全方位廉洁文化建设良好局面。

（一）加强教育责任，实现队伍清正

在廉洁文化建设过程中，把廉洁教育纳入招标与采购管理中心的工作，与党建活动、职业教育等相结合，统一规划，统一部署。通过加强廉洁教育宣传工作，将廉洁文化传递于招标采购的各个环节。首先是相关法律法规的宣传，通过落实法律法规宣传，将法律与廉洁文化建设关联，借助法律的权威性来约束个人行为。其次要结合实际情况，开展案例宣传教育。通过学习先进事迹和规范标杆尤其是学习学校各工作岗位上勤劳、担

当、廉洁等先进典型，起到激励作用，产生正能量；通过负面案例特别是高校系统招标采购领域发生的腐败案例，如以权谋私、违规违纪、腐败行为等引起反思和警醒，为领导干部和采购相关人员敲响警钟，使其引以为戒。此外，在廉洁从业教育宣传中要注重廉洁教育的时代性，要以习近平新时代中国特色社会主义思想为指导，组织学习习近平总书记“七一”重要讲话等系列讲话精神，领导干部带头讲党课、讲红色文化、革命文化、优秀传统文化，组织全员认真学党史，积极响应习近平总书记和党中央的伟大号召，提高全体人员思想自觉，牢记打铁还需自身硬的道理，深刻认识反腐败斗争的长期性、复杂性，坚定不移推进党风廉政建设和反腐败斗争。最后要“因人而异”，针对相关科室和具体岗位人员开展具有针对性的廉洁宣传教育活动，做到“有的放矢”，不断提高招标采购工作人员的政治素质和廉洁意识，形成内在的“免疫系统”，自觉抵制各种诱惑和侵蚀。

（二）立足学校实际，构建完善制度管理体系

1. 加强组织领导

高层管理部门应跟上时代步伐，进一步更新招标采购管理理念，切实担当采购责任主体的角色，统领全局。由校领导牵头负责，成立采购工作小组。学校招标采购部门作为采购工作具体管理机构，制定建设规划和具体实施方案，各项目管理部门负责具体采购计划审核、项目论证、审核合同文本和组织验收等工作。财务审计等部门对采购工作进行监督。所有相关部门形成合力，共同维护公开、公平、公正的采购环境。

2. 健全招标采购管理制度体系

科学合理有效的制度规范是招标采购工作正常运行的根本。做好顶层设计，规划整体规章制度框架，依据国家有关采购的法律法规，制定纲领性招标管理办法，完善相关主体职责，做到“科学分权、适度限权、合理放权”，使权力之间相互交叉、相互监督、相互制约。同时以纲领性办法为中心，结合具体业务及廉政风险防控要素，制定下一层级的实施细则、监督办法等，为招标采购工作的有效开展提供强有力的保障。

（三）规范采购流程，实施动态监控

加强采购管理，实施动态监控，要注意在工作中研究新情况、探讨新方法、发现新问题。通过全面梳理招标采购管理工作现状，深入分析采购运行流程，其中存在的主要问题如下。

1. 采购方式的规避性

招标采购过程中，采购人因对政府采购认识不足，或因利益因素，将完整的采购项目分解为几个独立的小项目，从而规避招标；或是将本应公开招标的项目采用竞争性谈判或单一来源方式采购，以达到弱化潜在供应商竞争的目的。

2. 采购意向公开随意

未按规定公开政府采购意向或政府采购意向公开时间不足30天，排斥潜在供应商了解采购需求。

3. 招标文件编制不规范

设置参数带有明显的倾向性和排他性，或要求提供非必要资质证明文件，致使潜在供应商不能公平参与竞争。

4. 评审专家不公正

高校招标采购工作中，评审专家大多也来自高校，专家数量少，某一专业领域的专家较为集中，由此易发廉政风险。比如部分评审专家专业背景不符合要求，对所购货物情况不熟悉，不能公正履行职责；或采购人在项目背景陈述中，借机发表观点、暗示诱导评审专家；或评审专家被供货商利诱，评标时带有倾向性。

5. 招标采购的非公正性

表现为相关工作人员未在指定媒体发布采购公告，提前泄露采购内容、人为干扰供应商报名、采购文件的说明、解释或更正未及时通知所有参与报名供应商、违规泄露评审专家信息等。

6. 合同管理不严谨

签订合同时，擅自与中标商洽谈，不按照招标文件条款签订合同；或者对合同进行更改时，未履行审核签订程序，擅自对合同内容进行变动。

针对以上问题，需建立完善的采购全流程管理，将业务流程公开化，并采用计划、执行、考核、修正4步骤动态调整业务流程，查漏补缺。充分去除人为因素，避免越权行使权力和“暗箱操作”。

前期阶段，把好采购方式选择关。采购项目在立项阶段强调集体决策，充分做好采购前的论证工作，合理进行采购预算编制。严明工作程序，按照国家相关法律法规结合学校实际情况，对各类采购方式明确进行界定，不得特别指定某种采购方式，且以文件形式明确采购须以项目整体为单位执行，不得拆分，科学选择采购方式。

中期阶段，把好招标文件编制关。招标与采购部门需要对各类招标文件编制提出明确要求。招标文件以采购申请人提交的论证报告为基础编写，采购部门工作人员初审。公开招标项目聘请相关专业专家进行审查，逐层把关。防止招标文件带有明显倾向性条款。

最后阶段，把好采购关。首先要严格按照规定程序进行招标，全程录像并接受纪检、财务等部门监督。其次做好利益冲突管理。明确采购人、工作人员、供应商和评审专家的职责范围，严格执行回避制度；加强专家库建设，不断壮大专家库队伍。对专家库实施动态管理，在严进的同时做好严管，打造高质量、高水平、高素质评审专家库。最后签订合同时，要依据相关支撑文件签订合同，严格履行合同审核签订程序，关注合同附件中细小环节，严格控制合同变更。

（四）强化防范监管，分层逐级推进

1. 完善采购管理监督管理体系

建立健全采购监管机制，不断完善内部监督和外部监管相结合的监督管理体系。内部监督机制能够保证采购工作有效运转，从而提高采购透明度。作为采购工作的主责单位，应以身作则，不但要主动接受审计、财务部门监督，更应认真自查自检，自我监督，做到三个逐一：梳理业务流程，逐一查找风险点；针对存在的风险，逐一制定防控措施，细化分解权力事项、分散决策权限，合理确定岗位职责；结合岗位特点及岗位职责，逐一签订廉政责任书。外部监督方面，规范完善个人及供应商质疑投诉途径，畅通问题反馈和受理渠道，保障社会和个人参与采购工作监督的权利。

2. 推进采购信息化管理

用互联网、大数据等信息技术，通过技术创新和流程再造等手段，加强采购各项资源跨层级、跨地域、跨系统、跨高校互联互通和协同共享。将采购管理系统、合同管理系统、财务管理系统、各项目管理部门业务管理系统、资产管理系统等进行数据对接，使采购项目全流程阳光、公开、透明、留痕，同时通过大数据分析等手段，变“事后控制”为“实时控制”，规范采购行为，加强廉政风险防控，形成有效监督合力。

（五）加强供应商动态管理，净化外部环境

构建供应商全生命周期管理体系，实行供应商动态管理。供应商全生命周期：指供应商选择与评估、供应商分级分类、供应商考核评价及供应商退出。分类进行准入及考核工作，加强信用评价，采购过程中发现供应商不良行为或失信行为，及时予以记录并给予相应处罚，情节严重的或拒不更改的列入学校黑名单，拒绝其参与学校采购活动，并将处罚结果公布于学校网站，坚决杜绝不良供应商，维护学校合法权益。

四、强化廉政风险防控，开展廉洁文化建设取得的成效

（一）进一步推进招标采购管理新模式建设

通过开展招标采购廉政风险防控管理工作，招标与采购管理中心立足学校实际情况，对《北京科技大学采购管理办法》及《北京科技大学货物与服务采购管理实施细则（试行）》等相关管理实施细则进行初步修订完善。制定《北京科技大学政府采购预算管理办法》，切实规范政府采购预算编报工作，确保采购管理各环节均有规可循、有章可依。构建了更加符合学校招标采购特点的以管采分离为原则，采购决策、监管和执行相互分离、相互制约的采购管理体系，制定权责分明的部门管理职责。依据新管理体系，结合廉政风险点进一步明确调整了采购工作岗位职责，从细节入手简化采购流程、规范采购程序，实现了招标采购业务流程程序化、标准化、规范化，完成了采购工作的全面过渡，满足了新形势下学校招标采购管理的新需要。

（二）深化落实“放管服”工作

随着高校采购领域“简政放权、放管结合、优化服务”相关政策的不断出台，高校的“放管服”工作一直在探索前行阶段。通过加强采购廉政风险防控管理，开展廉洁文化建设工作，从制度、思想、环境等方面保障“放管服”工作顺利开展。把握“放活力、管风险、服效率”原则，在守住管理底线、做好风险防控的基础上，下放权限、提高效率，为科研教学活动保驾护航。

进一步提高了学校统一采购的最低限额，限额下可由采购负责人根据预算金额选取合规方式自行组织采购；放开对教学科研仪器设备集中采购的限定（教学科研仪器设备在政府集中采购目录内的，可以进行政府集中

采购，也可以不进行集中采购）；明确了科研急需仪器设备、耗材备件采购的适用情形和需要履行的程序。

同时加强了采购队伍建设，提高了采购工作人员的思想政治水平、自律意识和业务水平，为师生提供更专业化、精细化服务：推进采购网络平台建设，让信息多跑路，让师生少跑路；推行合同文本标准化建设和限时办结，提高服务质量；建设了采购交流反馈机制，搭建优质交流平台，整理采纳合理合规意见建议，不断优化采购流程，提高采购效率和资金使用效益。

（三）采购管理信息化平台建设初见成效

完成采购审批系统需求确定、功能开发、系统部署、数据对接和场景测试，实现采购项目负责人、二级单位、业务管理部门、招采中心等各个环节的审核审批均在线办理，提高采购申请审批效率，减少线下纸质审批单据流转环节。该系统已于冶金学院、钢铁冶金国家重点实验室、学生处试点运行，并根据试用反馈情况不断进行完善。推进电子竞价系统建设，以期进一步推进“制度＋技防”工作，增强监管力度。

（2020 年立项项目　撰稿人：李帅）

第三编

艺术凝志，蔚为大观

北科沉溺于艺术的海，沦陷于艺术的爱。昭昭若日月之明，离离如星辰之行。艺术的晚霞将北科染成一片橘色，温柔迎风而来，戏剧托着夕阳，诗词卷着一串一串细碎的光，话剧片片转身，翻起了黄昏。霞光四溢，满城铺锦，艺术因奉献而伟大；艺术因坚守而崇高；艺术因勇敢而伟岸；艺术因付出而出色。艺术的气息，是历经千帆举重若轻的沉淀，也是乐观淡然笑对生活的豁达；是师兄的透镜中的探索求知、砥砺前行，亦是刘应书老师的求真力行、桃李不言；是诗词缱绻的凝练深沉，亦是话剧的求实鼎新……

且持梦笔书奇景，日破云涛万里红。艺术之美，如风雨过后，眼前鸥翔鱼游的天水一色；艺术之姿，如荆棘散去，铺满鲜花的康庄大道；艺术之态，如登顶高峰，积翠如云的空蒙山色。唯有日月星辰之姿、山川湖海之美方能描绘北科独有的艺术风骚，有着“铺石以开大道”的气度，有着“筚路以启山林”的责任，有着“功成不必在我”的境界，有着“功成必定有我”的精神。每当白日依山尽，艺术余晖便透过朵朵云层，像万道金光，如霞光万丈，把北科天地染得红彤彤，如大地山河映得金灿。艺术以多彩的方式书写北科的历史，在岁月里闪耀亘古的光辉。

文法戏剧节“3+3+3”模式的实践与探索

项目概述

校园戏剧节，其宗旨是丰富校园文化生活、培养学生的戏剧审美修养。其主要目的一般不在于培养专业的戏剧人才，而是在于提高大学生的审美修养和艺术鉴赏力，提升学生全面综合能力。校园戏剧节作为一种重要的文艺载体和育人方式，为学生的成长提供了开放的平台，满足学生个体多元化需求，对学生走向社会所需的能力进行了训练，有着重要的教育功能和社会功能，已经逐渐成为校园文化建设的重要组成部分。

一、研究背景

戏剧被称作“最接近人的艺术”，是一种集德智体美育目标于一体的综合有效的教育模式，戏剧教育具有综合性、多元性特点。

高校的校园戏剧节，是由高校学生为主体，高校老师做指导而组成的业余或临时戏剧团体，在高校内定期举办不定期的，不以营利为目的的戏剧演出活动，以在校学生群体为主要观众。从开展环境方面来看，高校自办戏剧节的举办地点一般都在本校内。从创作者、表演者到幕后工作者，都以校内的学生群体为主，并且排练、会演的整个过程，也都在校园内进行。

（一）戏剧节推动校园文化建设与发展

校园戏剧节是推动校园文化发展与建设的重要载体之一，是推行学生素质教育的有效方式，也是高校进行美育教育的主要形式。在校园文艺活动和戏剧演出的引导和熏陶下，演职人员的文化底蕴不断提高，大学生对美的感受能力增强，实现学生的全面发展。作为高校文化的重要组成，积极向上的戏剧节文化是和谐校园文化的有力补充，对进一步加强大学生思想政治教育、提高大学生综合素质、实现文化育人目标具有重要的意义。校园戏剧节的演出活动，展现了戏剧的应用、娱乐、认知功能，对提高当代大学生的素质教育和美育教育具有贡献作用。校园戏剧节集合了团队活动、学习培训、演出交流等于一体的教育模式，可以开阔学生视野、促进知识结构的完善。

在进行戏剧活动时，从剧目的选择、演员的挑选、戏剧的编排、剧目的演出等，都是创作的过程。戏剧创作活动，有利于大学生综合素质的提高。举办戏剧演出活动，丰富了学生的课余生活，为学生们形成健康、积极的生活方式。学生能在参与团队活动的过程中，提高分析、综合能力，丰富多彩的活动促进学生的健康情绪，有利于实现高校建设的教育功能。

（二）戏剧节促进大学生实现全面发展

戏剧是一种舞台表演艺术。一出戏的演出，要有剧本作为舞台演出的基础，要有布景、道具、化妆、灯光、服装和音乐，演员的形体动作也有相应的规范。戏剧节演出活动是系统化的活动，每位成员承担个人必要的责任，从报名入选到排练演出的过程中，大学生们需要配合完成整个团队的作品，以集体为中心，这要求学生具有相应的管理能力、团队协作能力和组织能力。戏剧节需要团队协作，团队成员需要主动配合，才能让演出活动得以顺利进行。

参演人员面对和解决问题的过程，也是自身进行思考、成长的过程，有利于培养学生开拓创新的意识。当困难或者问题得到解决时，参演人员得到了相应的锻炼，分析和解决问题的能力也得以提升。同时，学生们投入排演活动的过程也是自己能力充分展示和表达的过程，戏剧节活动更多的是学生之间互相学习、交流，通过实践摸索提高对戏剧的理解及表达能力，这种学习方式提高了演职人员的交际能力和适应能力，也促进了学生的创造性与自主性。

（三）戏剧节有效提高大学生艺术审美

戏剧具有人文性和艺术性，通过排演和观看不同的剧目，参与者能借戏剧作品对自己的人生进行思考，领悟生活，为大学生的精神思想起到了导向作用。在演戏的过程中，演职人员可以借戏剧作品里的角色，感受生活的多样性，提高自己对人生的感悟能力，提升学生的人文素养，追求更加高尚的艺术形式。对大学校园来说，戏剧节具有浓郁的艺术气息，为高校学生提供了欣赏戏剧艺术、参与戏剧活动的机会。

戏剧形象的直接性，能让大学生在演出中对人物的表情、声音、语气语调进行揣摩，在舞台上还原现实生活场景，感受角色情绪的细微变化。在进行戏剧演出时，无论是参与演出的演职人员，还是作为观众的校内大学生，都可以直接感受到戏剧艺术的教育作用。通过组织戏剧节活动，学生在形式多样的活动中得到锻炼和成长，在艺术上能够感受到情感的愉悦体验。

创作者和观看者在戏剧节的演出过程中，实现沟通和交流，演员进行自我内心的表达，观众获得情感上的共鸣或者深刻的思考，这种由艺术层面上升到人文层面的过程，是校园戏剧节所具有的独特的艺术特质，与其他单一的、狭隘的校园活动有所区别。戏剧节在艺术性上更具有深度和广度上的价值意义，启发效果也比其他活动更加明显。

（四）戏剧节建设为艺术教育提供平台

现在，高等教育的模式正在发生深刻的变化，艺术教育越来越被重视，成为发展学生思维、情感、创造力的重要学科，在素质教育中发挥重要的作用。许多高校以文艺活动为突破口，依托艺术实践活动，发挥艺术教育德育、美育功能，激发学生的学习兴趣，培养学生艺术实践与创新的思维品质，提升教育的效果，提高学生艺术素质和审美能力，实现育人目的。

戏剧节是实现大学生美育的有效途径之一，戏剧节的建设为艺术教育提供了平台。戏剧节作为高校艺术教育的有力补充，可以推动高校的艺术教育发展，提高大学生的全面素质，为具有戏剧特长的学生提供一个发挥的空间。

二、北京科技大学戏剧节活动目前存在的问题分析

文法学院借助戏剧教育这一深厚的文化艺术载体，结合学院的优良传统，开创了北京科技大学文法戏剧节这一著名的艺术品牌活动，至今已成功举办 17 届。戏剧节每年面向全校招募演职人员，为校园戏剧爱好者提供了一个实验、探索和交流的戏剧平台，是对校园文化的有力补充，在提升我校学生人文素质和弘扬中华优秀传统文化中发挥了不可替代的作用。

（一）经费来源渠道有限

戏剧节所有演职人员均为学生戏剧爱好者和学院团学组织工作人员，不需要支付薪酬，但是戏剧排练、演出时场地租借、舞台布景、道具服装、灯光音响均需要相对应的经费来源。北京科技大学文法戏剧节面向全校开放，门票免费，所以戏剧节大部分支出来源于学院的学生活动经费，少部分来自社会赞助。经费的捉襟见肘使得戏剧节的整体质量难以提高。

（二）演职人员专业不足

北京科技大学作为传统工科学校，剧组成员来自学校各个专业学科，基本没有接受过任何戏剧训练，在舞台表现上呈现出来的特点主要是：表演较为生涩，但表现真诚，胜在对戏剧文本的解读和表达。此外，演职人员难以在繁忙的学习生活中平衡好排练时间，经过2—3个月的间歇性练习，特别是在专业人员的指导下，能够初步掌握一些戏剧演出的要领，但是在演出结束后基本再无继续锻炼的机会，未能深入了解戏剧知识，只是停留在简单的排演表演上。这就导致每年文法戏剧节的演出水平极度依赖于有戏剧天赋的人才，否则就会面临着演职人员青黄不接、水平忽高忽低的窘境。

（三）演出艺术性不高

戏剧节的选题和排练会借鉴我国当下流行的专业戏剧，有时为了吸引受众，会选择一些经典戏剧和热门影视进行改编，好处是这些剧目均有较为成熟的剧本和流程，易于排练和获得指导，但其中的一些缺陷通过校园排演更为放大，如盲目追求剧情跌宕反转，用低端笑料或是反串等形式吸引观众，造成艺术性不高。

为保证文法戏剧节的剧目质量，促进戏剧节长期良性发展，使其由自发性、民间性的自娱自乐节目逐渐转变为组织性和专业性较强的校园文化活动，本研究将在总结文法戏剧节现有经验的基础上，拟探索和构建一种基于工科院校环境下开展校园戏剧节的新实践模式，让更多的校园戏剧爱好者参与到戏剧节中来，并不断推动其向专业性发展，提升校园戏剧的育人实效，让校园戏剧节永葆活力。

三、文法戏剧节活动的实践探索

本项目在总结文法戏剧节现有的剧目创作、演员排练、活动组织方面的经验基础上，构建文法戏剧节的“3+3+3”新实践模式，促进文法戏剧节长期精品化发展。

（一）剧目创作的“三编”模式

在剧目创作方面，形成“新剧创编 + 老剧新编 + 经典改编”的“三编”模式，即每年推出一部新编原创话剧，用于激发和锻炼演职人员的创造力；每年复排一部往届经典话剧，用于打磨历届戏剧节中涌现出的优秀剧目，形成品牌剧目；每年改编一部其他经典影视作品，借助经典影视作品影响力，拓宽观众面，吸引更多对戏剧感兴趣的同学加入戏剧节。

近年来，文法戏剧节先后创编了一批贴近大学生活、展现大学生创作水平的新编剧目，如：展现大一女生心路历程变化的《我的孤独不孤单》，讲述了六个年轻同学相约毕业十年再见的《后青春的诗》，这些作品语言贴近大学生活，奇妙幻想不断，反映了当代大学生对于梦想与爱情、学校与社会、未来与当下的种种思考。此类话剧由于贴近校园生活，服装、化妆、道具较为简单易得，可以在保证演出效果的前提下有效压缩演出成本。

图 1 贴近校园生活的《我的孤独不孤单》（左）和《后青春的诗》（右）

除了新编原创话剧，文法戏剧节还会复排往年经典话剧，其中《暗恋桃花源》《那次奋不顾身的爱情》在戏剧节的舞台上已经上演不止一次，反响热烈。此类话剧的服装、道具均可重复使用，舞台布景也可随着每年的演出逐渐完善，学院可以回收每年的服装道具并依此建设道具库，服装道具的重复利用率大大提高，避免了每年的重复采购。

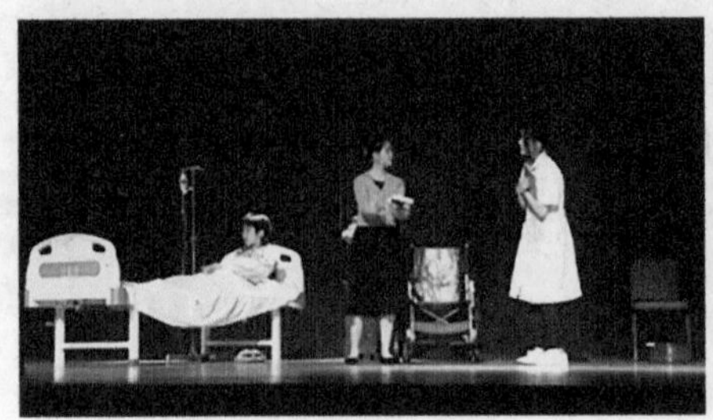

图 2　多次上演的《暗恋桃花源》（左）和《那次奋不顾身的爱情》（右）

文法戏剧节每年还会根据经典影视文艺作品改编一批话剧，如：改编自同名电影的《夏洛特烦恼》《你好，疯子！》《驴得水》《最爱》；改编自同名电视剧的《山海情》；改编自同名小说的《金锁记》；等等，内容涵盖喜剧、爱情、扶贫、年代等。这些作品相比经典话剧作品，虽然由于改编而导致艺术性不高，但由于情节成熟，引人入胜，每年都会吸引相当一部分对戏剧感兴趣的同学加入戏剧节的排演之中。

图 3　改编自张爱玲同名小说的《金锁记》（左）
和改编自同名电影的《你好，疯子！》（右）

（二）演员排练的“三排”模式

在演员排练方面，形成“学生自排 + 专家带排 + 活动彩排”的“三排”模式，即剧本确定后先由学生自行开始排演；期间邀请戏剧方面的专业人员下沉剧组，带领演职人员进行若干次排练，从专业角度进行指导；最后在戏剧节正式开始前组织两到三次带妆彩排，积累舞台经验，确保戏剧节演出效果。

在学生自行排演环节，主要由有相关经验的学生带领组队，各取所长，分配职能角色，熟悉人物情节，练习走位台词，理顺舞台逻辑，进行初步排练。

图 4　学生自行排演

在此期间，文法学院依托人文素质教育中心和校艺术团，参与到戏剧节剧目设计、指导与编排中来，对剧目进行指导和初审，提升学生表演的专业性。

图 5　教师指导和初审

在戏剧节正式公演前，组织剧组人员进行全要素彩排，一方面使参演人员熟悉舞台走位，积累舞台经验，另一方面可以现场调整舞台布景、灯光音效，以期在最后的演出中实现完美的舞台效果。

（三）活动组织的“三演”模式

在活动组织方面，形成“家年华预演＋戏剧节出演＋校园巡演”的“三演”模式，即通过前期举办文法家年华，在学院内部试验演出效果，磨合演职人员，积累组织经验；在戏剧节正式面向全校演出后，对反响较好的剧目进行二次排练，并选送参加其他校园文艺活动进行全校巡演，在演出中磨炼精品。

文法的新生“家”年华活动要求大一新生以班级为单位，自行编排丰富多彩的文艺节目，进行班级文化展示，帮助班级同学增进彼此交流，使班级同学能够迅速与同学熟悉并尽快适应大学生活，而排演戏剧正是增加班级凝聚力的有效途径之一。文法学院每年通过举办文法家年华，有针对性地给新生班级分配剧目进行表演，提前试验演出效果，磨合演职人员和组织人员，为次年的戏剧节筛选剧目和积累经验。

图 6　带妆彩排和公演

图 7　文法家年华

每年暑期，文法戏剧节盛大开幕，面向全校师生进行公演，其中会特别邀请学校团委、学生处等部门负责人，并评选出若干奖项，为将来的全校巡演奠定基础。

图 8　戏剧节面向全校师生公演

四、未来展望

在未来，文法学院将在戏剧节组织筹备、内容安排方面进行积极探索。一方面，学院要更加主动面向全校招募和筛选戏剧节剧目及演员，充分调动全校爱好戏剧同学的创作和演出热情，更好地让戏剧节“走出文法，走向全校”。另一方面，学院改变以往将演出晚会作为戏剧节主要环节的活动方案，将“戏剧作品创作”和“戏剧作品竞赛”作为戏剧节未来创新发展的两大主要方向，着力将戏剧节打造为包含开幕式、全校性原创剧本征集大赛、全校性原创戏剧展示大赛和闭幕式四项活动赛事于一体、横跨时长约两个月的“北京科技大学戏剧盛会”。文法学院积极探索同校话剧团、铁流剧社等学生社团合办“北科大戏剧大赛”，将“北科大戏剧大赛”作为“文法戏剧节”的重要组成部分，通过“北科大戏剧大赛”面向全校遴选优秀剧目，并对主题立意鲜明、演出效果良好的剧目进行深入挖掘和进一步完善，最终通过“文法戏剧节”演出晚会推向全校。

此外，学院积极探索建设“戏剧兴趣小组”，将其作为校内各学院戏剧爱好者的学生兴趣组织，重点创作和排练具有学校、学院文化特色的原创戏剧节剧目作品，同时依托戏剧节为满井话剧团选拔、培养和推荐戏剧人才，共同探索将优秀传统文化元素融于校园戏剧的方式方法，合作开展校园文化艺术工作。

（2021 年立项项目　撰稿人：王旭）

以“小自”吉祥物为载体的学院网络文化建设探索与实践

项目概述

“小自”吉祥物以憨厚可爱的形象、贴近专业的特点深得学院师生喜爱，是深入推进学院网络文化建设、打造网络文化品牌的有效载体。2021年，在学校党委宣传部2021年度文化建设项目支持下，学院依托团委新闻宣传部，成立“小自”视频工作室，主要负责影像作品的创作与制作，以学生喜闻乐见的形式，融入产品化思维，强化文化作品对大学生的思想引领，培根铸魂、启智润心，实现全员全过程全方位育人，构建正能量的网络话语体系。

一、项目背景及意义

习近平总书记在2016年全国高校思想政治工作会议上指出：“互联网突破了课堂、高校、求知的传统边界，对学生的影响越来越大。从一定意义上说，谁赢得了互联网，谁就赢得青年。”“要运用新媒体新技术使工作活起来，推动思想政治工作传统优势同信息技术高度融合，增强时代感和吸引力。”2017年2月，中共中央、国务院印发的《关于加强和改进新形势下高校思想政治工作的意见》指出，要推进高校思想政治工作改革创新，要加强互联网思想政治工作载体建设，加强学生互动社区、主题教育网站、专业学术网站和“两微一端”建设，运用大学生喜欢的表达方式开展思想政治教育。同年，教育部发布《高校思想政治工作质量提升工程实施纲要》，将网络育人作为“十大育人”体系的重要内容，对高校开展网络育人提出了更高的要求。

北京科技大学高度重视“三全育人”综合改革试点工作，网络育人和文化育人是“十大育人”体系建设的重要组成部分。当前，互联网成为信息传播的主阵地。网络新媒体有其全方位的数字化、交互性、分众性等特点，对大学生思想政治教育和校园文化建设产生了深远影响。可见，牢牢占据网络文化阵地对新时代高校立德树人工作尤为重要，探索高校网络育人新载体、新路径，立足网络推进学院文化建设成为当前工作的重点。

在众多网络新媒体中，短视频融合文字、图片、视频、动画、音乐等多种类型信息，凭借“短、平、快”的传播特点得以迅速发展，表现出较强的直观性、实时性及冲击力，深刻影响大学生的价值观念和思维方式。大学生成为观看短视频以及使用短视频类新媒体平台的重要群体。充分发挥短视频的多种特性，助力高校思想政治教育创新，在保持政治方向正确和内容质量较高的基础上拓宽思政教育的内容和形式，从学生善于接受的角度出发，深化教育内容对学生的影响。

自动化学院以吉祥物为切入点，在推进网络文化建设方面有较好的探索与实践。结合学院学科专业特点，以智能机器人为原型，自主设计、制作了吉祥物“小自”。“小自”吉祥物以憨厚可爱的形象、贴近专业的特点深得学院师生喜爱，是深入推进学院网络文化建设、打造网络文化品牌的有效载体。2021 年，在学校党委宣传部 2021 年度文化建设项目支持下，学院依托团委新闻宣传部，成立了“小自”视频工作室，主要负责影像作品的创作与制作，以学生喜闻乐见的形式，融入产品化思维，强化文化作品对大学生的思想引领，培根铸魂、启智润心，实现全员全过程全方位育人，构建正能量的网络话语体系。

二、项目具体实施情况

“小自”视频工作室自成立以来，围绕学校“三全育人”综合改革试点工作总体要求部署，结合学院实际情况，从内容设计、视频制作、运营推广等方面深入推进学院网络文化建设，制作、出品高质量短视频，借助各类媒介进行宣传推广，逐步成为传播学院文化的重要载体，搭建师生沟通的桥梁，进一步为学校、学院师生服务。

（一）加强顶层设计，提升内容质量

随着各类新媒体平台的迅速发展，短视频成为最广泛的内容传播方式

之一。短视频内容形式丰富、节奏相对较快、交互性特点强，符合现代人碎片化的阅读习惯，更加符合当代人的使用需求。“小自”视频工作室积极运用多个平台进行短视频的宣传推广，拓宽传播的渠道和范围，以多元化的平台聚焦各类用户进行收看。2021 年在 bilibili 账号开设官方账号“小自视频工作室”，观众主要以使用 B 站的青年学生为主，率先掀起网络热潮。2022 年，工作室开设微信视频号“saee 青年”，视频的观看与传播相对更加便捷，同时观众范围拓宽至全体学生和教师，工作室持续加强、加深短视频的创作主题和内容。

互联网时代催生出思想政治教育的新生态，短视频的出现拓宽了思想政治教育的时间、空间和场域。在过去一年中，“小自”视频工作室在北京科技大学党委宣传部、团委宣传部以及自动化学院党委、团委的指导下，结合中国共产党成立 100 周年、中国共青团成立 100 周年、北京科技大学建校 70 周年、迎接党的二十大等重大时间节点，围绕马克思主义理论、“四史”、爱国主义精神、革命文化、社会主义先进文化以及中华优秀传统文化等主题，加强理论学习研究，高度提炼有关理论并将其融入视频脚本内容设计中，定期组织师生召开选题会和内部研讨会，发动头脑风暴，精心策划、设计、打磨视频脚本，同时规避走入快餐文化“娱乐至上”的误区，力求讲好思政故事。

在打造学生喜闻乐见的形式和内容的基础上，“小自”视频工作室不断增强短视频理论高度和深度，切实提升思想政治教育的亲和力和引领力。在中国共青团成立 100 周年之际，工作室制作发布《青春心向党，建工新时代！自动化学院百位团员共同庆祝建团百年》视频，10 位共青团员讲述团龄故事，10 个学生团支部的百位团员共唱团歌，为百年共青团献上真挚的祝福。为庆祝北京科技大学建校 70 周年，工作室制作发布 3 部短视频：在《我自向阳而生》中，以动态照片的形式展现自动化学子在北科大学习生活的四年中，在“专业学习”“科研竞赛”“文体运动”“校园生活”四个方向的收获与成长，生动诠释“遇见北科大，遇见美好”的现实含义；在《七色花开，献礼校庆》中，七位自动化学子在学校里开满七种颜色花朵的植物前，结合网络流行手势舞对北科大诉说“有你就幸福”；在 MV《七秩欢歌》中，自动化学子自主改编校庆版歌词，在学校各个标志性建筑物旁倾情献唱，“德才昭彰，学子震烁四方，七十年依旧青春模样”，深刻表达着对学校浓厚的情感和祝福。

图 1 《青春心向党，建工新时代！自动化学院百位团员共同庆祝建团百年》

图 2 《七色花开，献礼校庆》

“小自”视频工作室积极传承发扬院史文化，拍摄、制作自动化学院原创院史话剧《矢志》舞台展演视频，助力建设《矢志》成为具有鲜明学院特色的文化品牌，将孙一康教授一生追求真理、矢志报国的奋斗精神永久留存，在一代又一代北科大自动化人中传承下去，让学院师生不断赓续始终贯穿在学院发展过程中的科技报国、拼搏奉献的红色血脉。同时，工作室深入挖掘自动化学院近年来在教育教学、学科建设、科研创新等方面表现突出的优秀教师事迹，制作《自院师说》短视频以及师德师风系列微视频，在学院电梯间电视进行展播，发扬优秀教师“严谨治学、甘为人梯”的精神，使全体师生牢记习近平总书记的殷切嘱托。此外，工作室持续发现在专业学习、科技创新、志愿服务、就业择业等方面表现突出的优秀学生事迹，拍摄制作国家奖学金获得者、校长奖章获得者、院长奖章获得者、优秀班集体、优秀团支部等集体及个人的专题宣传视频和微电影，不断强化全体学生见贤思齐、拼搏奉献的价值追求。

图 3 《自院师说》展播

（二）强化技能培训，提升视频质量

工作室自成立以来，坚持“内容为王”的基本原则，着力提升视频制作的质量。由于成员的更新换代以及“新鲜血液”的不断加入，工作室不断加强走访学习，定期与学校党委宣传部、校团委宣传部和兄弟学院团委新闻宣传部等开展交流座谈，研讨网络新媒体宣传内容和专业技术，邀请相关负责老师深入学院分享设计策划、影像创作等宣传工作经验；邀请校内外视频剪辑制作、运营推广等方面专家，对“小自”视频工作室成员进行系统的专业培训，提升视频制作相关专业技术水平。每学期，工作室内部定期进行多场专题培训，培养成员在制片策划、影像拍摄、后期制作等方面的技能。此外，定期邀请校外专业视频制作人员进行技能强化培训，提升成员对于短视频的审美能力。

工作室在全院范围内持续招募更多脚本设计和宣传技术人才，从新生入学开始，深度发掘宣传技能突出的学生，引导他们积极参加低年级记者团，为后期正式加入工作室奠定良好的基础；加强宣传队伍的建设，组建以“主管学生工作党委副书记＋宣传专项辅导员（指导老师）＋团委新闻宣传部＋年级宣传委员＋党团支部宣传委员”为合力的网络思政与宣传精干队伍，形成“党委副书记—宣传专项辅导员—工作负责老师—团委新闻宣传部”四级审核制度，强化管理指导和内容审核，构建网络思政育人

图 4　宣传骨干培训（党委宣传部薛浪老师主讲）

图 5　宣传骨干培训（党委宣传部王占奎老师主讲）

图 6　宣传骨干培训（院团委新闻宣传部骨干主讲）

共同体；突破人员限制和技术瓶颈，工作室指导老师加入北科大小博士新媒体工作室、学生工作部网络思政与宣传辅导员志趣小组、军训团宣教组等，学习提升宣传能力，从而对工作室进行更加专业的指导，并带领相关学生负责人参加“10 万 +”新媒体精英训练营，倾听北京团市委“青春北京”主创团队的讲授，有效提升团学干部的新媒体工作思维、能力和水平，提升师生的媒介素养；加大服务保障力度，购置视频拍摄专业设备，配齐宣传有关物资，2022 年使用配套经费购入稳定器 1 部、麦克风 1 支，运用增值设备解锁更多的拍摄手法，切实提升短视频制作质量。

（三）营造文化氛围，提升品牌影响力

重磅打造“小自”为学院青年学习网络形象代言人，努力建设学院文化品牌。将吉祥物“小自”融入新生宿舍文化节、新生班徽班服设计大赛、新生开学典礼、新生迎新晚会、毕业晚会、“榜样自动化”学生表彰大会等学院特色品牌文化活动中，加大网络宣传力度，切实确立学院吉祥物在自动化学子心目中的形象和地位。工作室策划、制作、出品“筑梦笃行、自享青春”迎新季、“榜样自动化”表彰季、“自心所 AI、奔赴山海”毕业季等系列精品短视频 9 部，以真挚动人的情感为主题贴合学生所思所想，拉近学院与师生的距离；工作室深度关注学生学习生活情况以及心理健康状态，通过心理微电影《他和她》、考研加油 MV《勋章》、校运会记录《凌云赛场，共创佳绩》、校园生活微纪录《收录春天的美好，等到夏天再播放》等短视频反映当代大学生的精神面貌，参与制作学生工作部“导员说”微电影《和解》，引导鼓励全体学子积极学习、热爱生活，给予他们温暖坚实的力量；探索以“小自”为新时代新青年形象代表，制定学院文明道德公约、诚信考试承诺、新生入学安全提示、安全用电主题微电影《无名之辈》等，引导学生切实践行社会主义核心价值观、严格遵守校纪校规，做好学生网络思想引领，提升师生网络素养，营造向上向善的网络文化氛围。

图 7 “小自视频工作室”官方 B 站

此外，工作室牵头设计制作“小自”玩偶、口罩、手提袋、文件袋、台灯、U 盘、硬盘、贴纸、钥匙扣、手机壳、文化衫等线下周边产品，用于学生参与活动的奖励，以及新生入学、毕业生离校的文化纪念品，在各类活动中贯穿“小自”的身影，营造学院浓厚的文化氛围；设计制作“小自来啦”“小自的日常”“我是小自”“小自与70周年校庆”“小自爱学习”系列微信表情包，让“小自”融入学生思想引领、行为引导以及日常学习生活中；在上级部门和兄弟学院的指导和支持下，形成宣传合力，在学校官微和校团委官微上进行推送宣传，扩大学院网络文化工程影响力，《如果只有三天，你会怎样留住时间？》《快来！和小自一起迎校庆》等短视频、表情包合辑在北科大青年、贝壳学子在线等官方平台发布，收获良好的反响。

图8　吉祥物“小自”迎新

三、项目特色亮点

（一）精准高效，彰显网络思政魅力

传统的思想政治教育工作大多为显性教学手段和口头说教，存在内容枯燥、形式单一、方式方法不够灵活、教育实效性不强等问题。“小自”视频工作室的成立，增加思政教育的载体，丰富思政教育的内容和形式，增强对学生的亲和力和吸引力，在潜移默化中对学生进行思想引领、行为引导以及价值观念的灌输，凝聚人心，强化“举旗帜、聚民心、育新人、兴文化、展形象”的网络思政工作效果，实现“政治引领有力度、主流声音有响度、育人效果有深度、文化输出有温度、标杆展示有高度”的目标。

（二）双向融通，构建师生沟通桥梁

“小自”视频工作室产出的作品，是学院领导、教师以及学生创作思路与文化认知的交叉融合，提高学生参与思想政治教育、文化传播以及学生工作的主动性。在作品前期创作、中期拍摄以及后期制作的全过程中，学院师生多次进行共同策划，无形之中增加了沟通交流的机会，同时加深彼此之间的了解与熟悉程度。例如，通过心理微电影《他和她》，更多师生能够认识到当前大学生的心理状态与心理危机，从而对此类学生群体进行关心关爱；通过师德师风系列视频《自院师说》，给予学生机会表达对全程导师的尊敬与感谢；通过微信表情包的互动，增强师生间轻松融洽的对话关系，加深“小自”形象的感染力，使原本传统严谨的工科学院注入新鲜的活力。

（三）形式亲切，提升思政教育实效

当代大学生是伴随着互联网发展的一代，网络的运用对于“网生代”而言得心应手。一方面，网络短视频的传播方式符合大学生的习惯，将思想政治教育融入学生生活之中。另一方面，在新媒体语境下，短视频的话语表达赋予教育方式和教育内容的亲和力，增强了时代感和实效性，引发学生群体对思政教育内容产生集体共鸣。此外，短视频成为学校、学院优秀文化传播的载体，进一步增强学生爱国荣国、爱校荣校之情。同时，使身处于校外的学生家长、校友以及关注北科大发展的人群切实感受到北科大自动化学院的文化氛围，感受自动化学子的朝气蓬勃。

四、项目成果成效

2021—2022 学年，“小自”视频工作室共策划、制作、出品庆祝共青团成立 100 周年、庆祝北京科技大学建校 70 周年、“筑梦笃行、自享青春”迎新季、“榜样自动化”表彰季、“自心所 AI、奔赴山海”毕业季等系列精品短视频 20 余部，其中心理微电影《他和她》获得 2021 年北京大学生心理短视频创意大赛一等奖，并在北京青年压力管理服务中心官方公众平台“靠谱心理”进行展播；校庆微电影《我自向阳而生》获得校党委宣传部、招生就业处、创新创业中心联合举办的“我是北科大人”短视频大赛一等奖；《遇见你，我的心自动化了》《自院街坊，热乎的来啦！》在北

科大青年官方B站发布，浏览量达5000+；2022届毕业MV《璀璨》在北科大青年官方公众号发布，浏览量达4000+；《快来！和小自一起迎校庆》表情包合辑在贝壳学子在线官方公众号发布，获得广泛好评；《矢志》参评教育部关工委“读懂中国”活动；《自院师说》参评“2022年教师风采短视频征集活动”。参与制作微电影《和解》浏览量达7500+，经全校师生投票成为“导员说”栏目微视频最受欢迎第一名。

（2021年立项项目　撰稿人：程海雨）

原创话剧《师兄的透镜》创作与展演

项目概述

秉承“科学与艺术共融，人文与创新并存”，原创话剧《师兄的透镜》继校园话剧三部曲《燃烧》《绽放》《奔流》后成为北京科技大学第四部大型原创话剧，改编自我校86级校友蔡晓航的同名中篇小说（第四届鲁迅文学奖获奖作品）。以追求真理为主题，用艺术的方式呈现探索求知的艰苦历程，讲述了在科学道路上勇敢探索的故事，生动诠释了北京科技大学“求实鼎新”的校训精神。

一、项目背景及意义

高校是文化传承的重要载体，也是文化创新的重要源头。习近平总书记在全国高校思想政治工作会议上指出，“要更加注重以文化人、以文育人，广泛开展文明校园创建，开展形式多样、健康向上、格调高雅的校园文化活动”。新时代高校文化育人应围绕立德树人的根本任务，深刻认识到推进高校文化育人事关“培养什么人”的重大问题，按照培养社会主义建设者和接班人的目标开展工作。在强调艺术普及、多元化发展的大背景下，现阶段艺术教育对于校园文化建设以及个人综合素质培养的重要性日益增强。疫情背景下的高校面临新形势新任务，如何通过艺术引领的方式有效吸引青年、凝聚青年，成为值得思考的问题。高校文化育人工作任重道远，探索如何通过艺术教育创新开展协同育人的新模式成为当今时代课题。

遵循学校中心发展思路，秉承“科学与艺术共融，人文与创新并存”的理念，我单位组织创作并展演大型原创话剧《师兄的透镜》和短剧版《追寻》。原创话剧《师兄的透镜》是继校园话剧三部曲《燃烧》《绽放》

《奔流》后北京科技大学第四部大型原创话剧，改编自我校86级校友蔡晓航的同名中篇小说（第四届鲁迅文学奖获奖作品）。该作品以追求真理为主题，用艺术的方式呈现探索求知的艰苦历程，讲述了在科学道路上勇敢探索的故事，生动诠释了北京科技大学"求实鼎新"的校训精神。该项目不仅能够提高学生的审美和人文素养，培育他们发现美、欣赏美、创造美的能力，践行北京科技大学人才培养目标；并且通过艺术表达形式传播校园文化，体现"求实鼎新"的校训精神，营造浓郁的文化艺术氛围，促使校园文化建设迈上新的台阶。

二、具体实施情况

（一）剧本创作改编阶段

《师兄的透镜》创作灵感源自对文学的热爱和对追寻真理者的敬佩之情，发源于本心，更能引起共鸣。这部作品不仅讲述了青春、梦想、信念与爱，以学校历史文化为背景，展现剧中人物的悲欢离合，凸显出无数先辈、科研工作者终其一生只为揭示一个永恒真理的奋斗历程，传递了全体北科大师生的梦想激情，让新一代大学生将"不忘初心，牢记使命"铭记于心，砥砺前行，还将"求实鼎新"的北科大精神淋漓尽致地通过人物特点侧面表现出来，令人思绪涌动，感慨万千。此外，我校话剧团师生特邀蔡晓航和专业艺术团队梳理审议，将剧本改编、舞台艺术设计、音乐词曲编写与演唱、舞蹈等众多方面融入原创精神和高超的艺术水平，形成独属于北科大的一部特色话剧精品。

为将该项目建设成为一个以北京科技大学校史和校园文化为中心、能够传承延续并灵活适应各种场合舞台的独具北京科技大学特色的原创艺术作品，改编团队遵循"1+1"即"一大加一小"的原创话剧作品模式，在原有大型作品的基础上进一步改编，形成一个能极大提升作品出演频率及灵活性，适用于比赛和小型演出的短剧版《追寻》。在进一步改编时为作品注入更多北科大特色文化及校史元素，使该作品更加贴近北京科技大学文化建设氛围和环境，充分展现"求实鼎新"的校训精神。

（二）作品排演及推广情况

为保证演出质量和作品专业性，校团委特聘专业话剧制作团队全程指导，由制作团队和团委老师在排演期间共同策划、设计、排练。登台演出的同学们牺牲暑假、国庆和周末假期等课余时间，不断揣摩人物心理，在导演和老师们的指导下专心排练。走进角色，他们对于改动的人物特点重新研读，认真推敲每句台词，反复练习每个动作。负责后备及幕后工作的同学们更是以十二分的热情和努力，确保道具、物资等必需用品的安稳无虞。特别的是，在排演过程中话剧团注重传承，采用以老带新和第二梯队的训练机制，既保证作品不因为演员的变动而断档，同时学长学姐们刻苦钻研认真排练的精神也传递给了学弟学妹们。

2021 年 5 月 20 日，在第十一届“挑战杯”首都大学生课外学术科技作品竞赛闭幕式上，短剧版《追寻》走上舞台。话剧团成员不负众望，震撼全场，为首都各界代表及高校师生们带来了一场难忘的视听盛宴，用艺术的方式创造了良好的文化交流氛围。

截至目前，《师兄的透镜》和《追寻》已面向广大师生、校友等群体展演，参加北京市级比赛，累计完成巡演 8 次，覆盖人数达 1 万人次。以其深厚的校园文化内涵、细腻的故事叙述和华美的舞台呈现赢得社会各界的广泛称赞。同时，依据新时代文化传播的需求，正积极准备着网络平台的上映，并通过录刻光盘等形式，将作品的核心文化内涵进一步传播给更多的人群。

三、项目成果成效

（一）传递文化正向力量，实现多维度育人目标

《师兄的透镜》是北京科技大学师生深受习近平总书记提出的“中国梦”的感召，积极响应“聚焦时代主题，体现时代精神，坚守中华文化立场”的要求，经过深度挖掘校园历史、奋斗故事和爱国文化，创作出的一部“有大爱、存大志”的话剧作品。北京科技大学坚持以立德树人为核心的育人导向，弘扬社会主义核心价值观，展现教育改革发展成就。话剧主题注重弘扬爱国主义情怀，强调青年奋斗之志，结合北京科技大学“科学与艺术共融，人文与创新并存”的艺术教育理念，通过讲述几代北科大学子的求学追梦之路，呈现出深深植根于北科大人心中“求实鼎新”的校训精神。2020 年科学家座谈会上，习近平总书记强调，当今世界正经历百年未有之大变局，我国发展面临的国内外环境发生深刻复杂变化，我国“十四五”时期以及更长时期的发展对加快科技创新提出了更为迫切的

要求。话剧《师兄的透镜》在追逐梦想的路途中融入了矢志报国的家国情怀，这既是对北科大一代又一代青年人不断求索创新的鼓舞，更是激励一代代北科大人以报国为己任、为实现“中国梦”而不断奋斗的精神力量。《师兄的透镜》全剧演职人员均为在校学生，话剧的排演提升了演职人员在艺术、工作等方面的综合能力，通过艺术实践使广大学子获得了全方位素质的提升和多层次文化的收获。

（二）塑造校园文化品牌，打造艺术教育金名片

为深入学习贯彻习近平新时代中国特色社会主义思想，落实教育部“三全育人”的工作要求，北京科技大学实施“注重品牌创新，打造文化精品”战略，坚持思想教育与艺术素质教育相结合，强化校园原创性话剧、乐曲等校园文化精品的育人作用，组织创作丰富多彩、积极向上、专属北科大的校园品牌文化作品。学校为加大文化教育工作开展的力度，将校园戏剧作为相关建设的重要抓手，陆续创作排演了原创校史剧三部曲：《燃烧》《绽放》和《奔流》，从不同角度生动诠释了北京科技大学学风严谨、崇尚实践的优良传统，踏实肯干、革故鼎新的治学态度和以国为任、追求卓越的动人情怀。这三部原创作品发挥了重要的教育和宣传功能，在社会上引起各界的强烈反响。

《师兄的透镜》是继原创校史剧三部曲之后的又一校园文化品牌力作，剧中台词“不是每个人都能发现探寻真理的道路的，真理的表象与实质往往并不一致。”是全剧的亮点之一，点题升华、彰显主旨，充分展现北科大学子的求实精神。作为以校园文化为蓝本的话剧，《师兄的透镜》运用简单质朴的语句，讲述北京科技大学的校园故事；以独具象征意义的剧中场景，形成了专属于北京科技大学的文化品牌。通过话剧这样的艺术形式呈现，绽放青春梦想，再一次走进广大师生和观众的心中，将北科大力量拧成一股绳，成为校园艺术教育的一张亮丽名片。

（三）深挖校园文化亮点，擦亮校园艺术火花

学校注重加大文化育人工作开展力度，坚持以习近平新时代中国特色社会主义思想为指导，紧紧围绕立德树人的根本任务，以理想信念教育为核心，社会主义核心价值观为引领，全面提高人才培养能力为关键，切实提高文化育人工作的亲和力和针对性。

《师兄的透镜》讲述了科大莘莘学子在校园人文关怀下崇尚科学、追求梦想的故事，它深刻展现了同学们在钢铁摇篮孕育中追逐梦想的青春活力和坚持不懈的奋斗精神。创作团队的原创精神和艺术水平在两部作品的剧本创作、舞台艺术设计、音乐词曲编写与演唱、舞蹈等多方面充分体现。作品创作的灵感来源于科大这片宁静的沃土，它像坚韧的银杏树一样象征着青春、梦想、信念与爱，深深植根在科大每一位追梦人的赤子心中，让更多人透过话剧欣赏北科大的美景。一场场展演切实提升了学生的艺术素养、培养了高雅的审美与高尚的节操，他们更愿意了解艺术、走进艺术、拥抱艺术，用文化唤醒心灵点燃梦想。北京科技大学作为一所以工科为主的高等学府，《师兄的透镜》以独特创新的艺术形式开展对广大学生的爱校荣校教育，极大地拓展了思想政治教育的方式和方法，使得文化浸染校园的每一个角落。

（四）创新话剧艺术风格，打造“沉浸式”艺术展演形式

特色鲜明的校园文化体现着学校的文化自觉与自信，是一所学校赖以生存发展的根基和血脉。作为原创剧目，《师兄的透镜》在创作之初就实现了作品层面的创新，采取音乐话剧的新颖形式，令人眼前一亮。话剧中的所有音乐均是为剧目量身打造的原创作品，实现了剧本、配乐的创新创作，形成了独特的剧目风格，通过内容与音乐相结合的形式，呈现出一场视听盛宴。此外，话剧采用与观众深度交融，双向互动的舞台布景，拉近演员与观众的距离，营造“演员在观众中演出，观众在演员旁观剧”的现场效果，烘托出良好的剧目氛围，实现话剧表演形式创新。秉承在继承中发展，在发展中创新的理念，北京科技大学系列主题话剧形成独具“灵魂”的校园文化特色，成为北京科技大学文化建设的重要标识。

（2021 年立项项目　撰稿人：王鹂）

大学辩论活动的校园文化建设功能研究

——“立言辩坛”系列校园辩论活动的实践与探索

项目概述

对当代大学生而言，培养辩证思维、淬炼思辨精神最有效的途径之一就是参与校园辩论活动。并且，不论是在常规教学中对竞争性理论做课堂辩论，还是在校园学生活动中就社会思潮激扬文字指点江山，辩论活动都能为高校淬炼思辨精神和烘托校园文化氛围做出重大贡献。本研究将基于已形成较好品牌效应的北京科技大学“立言辩坛”系列校园辩论活动，探究大学生辩论活动的校园文化建设作用。

一、项目背景及意义

当前不容忽视的新的常态便是，“新冠疫情”在社会面零散偶发，大学校园管理更加区域封闭化管理的当下，学生相对缺少直接与信息源接触的机会，引导学生培养辩证思维，锻炼大学生对于甄别信息的真与假、虚与实，以及优与劣的能力，进而更加牢固树立正确的价值观就更加显得意义重大；同样地，于辩论的实践中反映学生的认知现状，进而有的放矢地进行意识形态等方面的引导，尤其在高校封闭管理的背景下，形成安全稳定的校园文化环境而言更加意义深远。

值得注意的是，纵观历史马克思主义思想在中国的传播和发展历程，一直也都离不开辩论活动。正所谓“真理越辩越明”，自新文化运动、五四运动和中国共产党成立以来，受马克思主义理论感召的中国青年，纷纷投入“民主与科学”“中华民族复兴的道路选择”和“真理检验的标准”等全社会范围的大辩论中，尤其是大学生群体中，涌现一批又一批对革命实践和理论创新起到重大引领作用的人才。那么校园辩论活动理应继承这些优秀传统，但具体的方式方法为何，是亟须探讨的问题。

另一个值得注意的问题就是，就当前的社会大环境来说，对于相同问题可能存在诸多竞争性的观点、假说甚至是理论，面对如此丰富的社会思潮，青年人有必要激浊扬清、辨伪去妄，锻炼辩证思维、淬炼思辨精神，但这种思维与观点的碰撞又不应该是无组织和随意的，以免大学生的求知热情被别有用心的组织和个人利用。这就更加凸显出，有必要的组织、监督和引导的辩论活动在大学生的成长中的重要性，那么师生应该共同完成怎样的组织和安排才能保证活动的有序进行则是值得关注的问题。

基于以上认识，本研究将基于已形成较好品牌效应的北京科技大学“立言辩坛”系列校园辩论活动，探究大学生辩论活动的校园文化建设作用。

二、项目研究的主要成果

（一）以辩明理：课堂辩论碰撞出人文的花火

2022 年 4 月 25 日上午，习近平总书记在中国人民大学考察时强调，教育教学“要注重方式方法，把道理讲深、讲透、讲活，老师要用心教，学生要用心悟，达到沟通心灵、启智润心、激扬斗志”。越是深刻的道理理论，越是需要时刻了解不同同学的理解状况，并进而引导学生得出更加恰当的答案。尤其是在思想政治理论课的课堂上，力求讲述的是恢宏的“大历史”和经世致用的“大道理”，那么针对一些容易产生差异性理解，甚至已经在各类传播媒介上产生了广泛争论的论点和议题展开辩论，就更有利于学生形成正确的观念。

比如在过去几年的时间里，历史虚无主义错误思潮有所抬头，究其原因就是人们对于唯物史观的学习有所不足。因此对于大学生而言，相比于讲授具体的历史知识，形成正确的历史观念，掌握唯物史观的基本分析方法就是非常重要的；同样不容忽视的是，“纸上得来终觉浅，绝知此事要躬行”，课堂辩论就是学生们尝试使用相关理论的极好机会，并且在大的课堂教学环境下，师生的互动还可以尽快解决学生的疑惑。

北京科技大学的“立言辩坛”就与《马克思主义基本原理》课程教学相结合，其中与“唯物史观”的教学的结合效果最为显著。在进行第三章

“人类社会及其发展规律”教学时，学习的难点之一就是如何理解“英雄人物”与历史发展之间的关联问题。而概括起来学生主要的观点可以概括为两方：一方的观点会认为历史的大趋势塑造了英雄人物，大的历史环境影响了其思想的形成与发展，即“时势造英雄”的观点；另一方的观点会认为英雄从其自身对于历史发展趋势的判断出发去影响历史发展，英雄人物影响了历史的动向，即“英雄造时势”的观点。

事实上，这两种观点都是与“唯物史观”的总体内涵相融贯的，其中“时势造英雄”的观点主要反映的是历史发展具有其必然趋势，所谓的英雄人物就是顺应历史发展趋势进而做出突出贡献的人群；而“英雄造时势”的观点，则是基于“历史合力论”的观点，肯定英雄人物基于自身所处于的社会关系，会对于历史的发展做出相应的影响。

在具体的课堂教学环境，相关的辩论活动的教学设计可以采取两种模式：在总体的课堂教学时间相对充裕的状态下（即不受到假期串休等状况的影响），可以考虑使用 2 学时左右的时间，进行结构较为完整的辩论赛，即保证有完整的立论、反驳和自由辩论等环节，让学生有完整的陈述本方观点和回应对方观点的机会，辩论赛的组织由“立言辩论队”的成员协助完成，比赛流程将占据 1 学时时间，此外授课教师还会使用 1 学时时间梳理比赛流程和引出关键的知识点；在课堂教学时间相对紧张的情况下，则会采取课堂随机讨论的形式，即教师引出争论性观点，学生随机选择支持的观点并给出自己的辩护理由，进而教师结合学生的回应进行启发式提问，实现“启发式教学”，并鼓励同学提出新的辩护或反驳观点，该环节将持续约 0.5 学时，最后同样由授课教师进行 0.5 学时的点评、引导和总结关键知识点。

以上两种是最为常见且实用的论辩教学模式。总体而言，相关教学方式能够起到以下一些方面的作用。

1. 锻炼学生从“线性思维”转向“辩证思维”的方式

在传统的教学环境下，师生在课堂上的关系往往是“教师讲授”与“学生接受”的单向模式。虽然多数教师不会反对学生提问，但是传统教学模式总体趋势还是有典型的单向的、顺序性的线性特征的。但是论辩式教学则不同，因为教学的起点开始就为同学们呈现出“选择观点”的机会，并且随着相应环节的推进，学生将获得“捍卫观点”和“质疑竞争观点”的机会，当然与此同时，同学也会有“被质疑”和“被挑战”的经历和感受，而无论是学生选择继续捍卫还是向竞争性的观点妥协，都将有助于学生逐渐学会在观点的对立与碰撞中寻求知识的增长与发展——而这正是从相对僵化的“线性思维”转向“辩证思维”的必要环节。

2. 锻炼学生从观点的“接收者”转变为观点的“创造者”，理解二者间的对立统一关系

“翻转课堂”是近些年很受关注的授课模式，一般认为翻转课堂能够实现师生关系的一种转换，进而让学生更为主动地学习知识。事实上论辩式教学在模式和功能上都会成为一般性的翻转课堂的加强版，因为传统意义上的翻转课堂可以理解为部分学生短时扮演教师的角色并传授知识，但是论辩式教学在整体的过程中每个人都会在观点的“接收者”和“创造者”之间进行转换，这就更容易让学生理解形式上呈现矛盾的观点在其内涵上是对立统一的，并且学生也将意识到课堂上的他们不只是去做相对被动的信息“接收者”，也可以成为相对主动的信息“创造者”。这除了让学生从具体知识的层面上理解理论体系的对立统一关系，也让学生从课堂的“角色”层面上理解信息的“接收者”和“创造者”的辩证关系。

图 1　学生自主查找、整理资料

3. 让学生更加深刻地理解知识内涵的“螺旋式增长”的自然模式

学生自基础教育阶段以来，容易形成的思维惯性就是，认为在课堂上所接触到的结论就是知识的最终状态，然而在论辩式的教学中，学生会更加明确地体会到，事实上人类的认知模式一直是一个从不知到知，从一般性的认知到更加精细化的认知的进程之中，这实质上就是认知层面上的前进性和曲折性相统一的“螺旋式增长”的基本模式。虽然不排除同学们对于人类认知的这种特点也已经有所体会，但是参与辩论活动，加入论辩式教学将大大提升学生对于人类的认知模式的切身体会。

综合以上，在课堂教学中引入辩论活动，一方面可以有效提高学生对知识点的理解，另一方面则可以引导学生形成学习知识的有效方法论，切实起到既“授之以鱼”也“授之以渔”的效果。这将让辩证思维不只是以书本上的知识的形式呈现给同学，更是以一种学习方式，乃至一种生活方式影响学生的成长。对于学生个人而言，人文精神已经开始在他们的头脑中开始生根发芽，对于学校总体的文化建设而言则是形成了有燎原之势的星星之火。

（二）以辩会友：辩论赛事成为校园文化建设的平台

北京科技大学的“立言辩坛”校园辩论赛，一直以来都是校“立言辩论队”的品牌活动之一。自 2021 年起，为了增强社团之间的合作和拓展活动的影响力，开始与其他学生社团展开合作，举办具有明确主题的全校范围的学生辩论赛。而赛事的主题与辩题的设计，则将在马克思主义学院的全面指导下完成，以保证辩题的思想性。

在 2021 年“立言辩坛”以“纪念建党百年”作为辩论赛的主题，并结合“少年之智更在于明理 / 明德”和“以史为镜当代青年更应注重‘自豪感’/‘危机感’的培育”等辩题，引导同学们学习“四史”并树立“强国有我”的理念。

在 2022 年“立言辩坛”则以“献礼校庆 70 载”作为辩论赛的主题，并结合“大学校园建设更应重点营造人文 / 科技氛围”和“新兴 / 基础学科发展更能决定大学发展的高度”等辩题，引导学生学习和反思校史，尤其注重结合北京科技大学学科建设的历史经验，为学校的未来发展建言献策。

图 2　立言辩坛——“建党百年”主题辩论赛决赛颁奖典礼

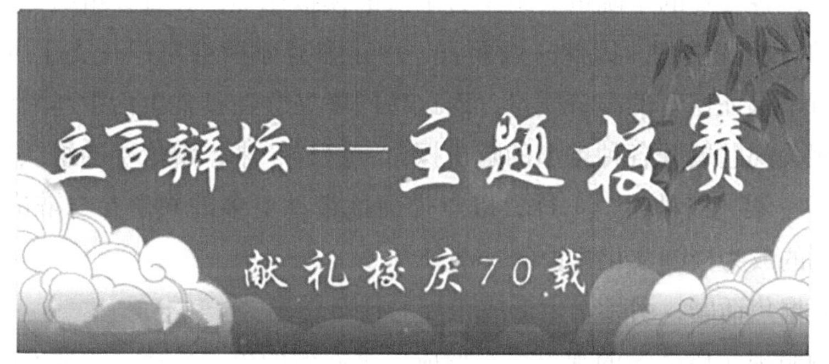

立言辩坛——“献礼校庆七十载”主题辩论赛来了！

求实思辨，献礼摇篮。

图 3　立言辩坛——“献礼校庆 70 载”主题辩论赛公众号推送

从辩题的内容来看，无论是以“纪念建党百年”还是以“献礼校庆 70 载”为主题展开辩论赛，对于参赛的辩手和观众来说都是学习和思考历史的很好的契机；从辩论的形式来看，来自不同学院的同学，都会展现出各自专业的思维特色，并且很多时候这种思维方式的形成与渗透都是与专业知识的学习直接关联的，这样一来辩论赛就成为不同思维方式、不同思考方向和不同理念之间形成交流与碰撞的平台，这样无论是对于辩手还是观众都能够产生回味无穷的反思契机。

前一部分已经论述了辩论在“第一课堂”上，可以作为常规教学方式的极好的补充，并且能够更好地起到“启发式教学”和“翻转课堂”等方面的作用，并且能够引导学生切实体会“辩证思维”的魅力；而全校范围的辩论赛事，无疑则会将以上功效做出放大的功效，并且辩论赛拟定的辩题会涉及更为开放的主题，有机结合社会时事和大学生感兴趣的话题，将会对于校园文化建设产生更为广泛的影响。具体而言，校园辩论赛事将对于校园文化建设产生以下一些方面的积极影响。

1. 以点带面，引导更多学生参与校园文化活动

每一场辩论比赛看起来只有不到一个小时的时间，并且只有双方的八名辩手参加，但如果考虑到准备辩论赛事的实际参与人数的话，其实参与的人数会更加的广泛。一般来说，为了能在正式比赛中有相对稳定的表现和发挥，各参赛的学院也会组织若干次的模拟比赛，并且会组织专人进行资料的分析和整理。因此一般而言，一个参赛学院会组织一支至少 10 人的队伍来保证比赛的准备质量，而这些同学又会在日常生活中与周围的同学就相关问题展开各种类型的随机探讨。这样一来，辩论赛的组织就真的相当于一架“播种机”一样，以点带面地带动更多的同学参与辩论活动，进而真的成为校园文化建设的一部分。

2. 聚焦话题，引领学生形成积极的社会思潮

按照现代传播学的观点看，形成一个有效的思想传播，需要经过以下一些环节，即信息接收者意识（Awareness）到问题的重要性，并通过有效的方式让信息的传播引发受众的愉悦（Enjoyment）感，于是就会进一步地去激发受众的兴趣（Interest），并于适当的场合发表意见（Opinion），这样才会让公众形成更为广泛深刻的理解（Understanding）。

西方学者将意识（Awareness）、愉悦（Enjoyment）、兴趣（Interest）、意见（Opinion）和理解（Understanding）几个词的英语中的首字母单列出来，将相关的理论命名成为“AEIOU”理论。而从校园辩论赛的现实作用来说，可以说基本能够落实以上几个环节的工作，辩论形式容易引发学生的问题意识，并在探讨中体会知识成长的愉悦感、引发学习的兴趣，进而更为充分地发表观点，最终形成较为广泛和深刻的对于问题的理解。可

见，由教师认真遴选话题展开辩论，有助于学生自觉形成积极的社会思潮，并且相比于直接告知结论，学生们辩论后形成的社会思潮会更主动积极和具有持久性。

图 4　学生对社会热点话题进行思考与辩论

3. 形成风气，创造构建有学校特色的文化现象的契机

辩论赛对于校园的文化风气建设而言，永远只是开始而非结束。正如前文所说，辩论为风格各异的学院提供了思想交流的平台，也是思维方式各有特色的同学能够展开相关交流的开始与契机。北京科技大学自建校以后，交叉学科的思维一直都融贯于学校的发展之中，尤其是全国首创的物理化学专业更是享誉国内外。让不同专业的同学各自在辩论赛场上展现自己的思维特色，进而形成对于彼此思维方式的欣赏。那么在这种意义上，辩论赛中各位同学从不同的视角展现可以兼容但又各具特色的世界观和方法论之后，辩论就真的成为后续各专业同学之间、各不同专业之间，乃至各不同学院之间展开更加深入的交流的契机，为未来的合作和交流留下无限可能。

综合以上，辩论赛为同学们搭建了思想交流的平台，并且尤其值得注意的是，辩论赛的意义不仅仅展现在比赛进行的过程中，比赛的准备阶段的“以辩明理”的思想传播和比赛结束后所形成的“以辩会友”的合作契机，都让辩论赛事成为校园文化建设中的一抹亮色。

（三）以辩明志："立言辩坛"活动的经验梳理

综观"立言辩坛"系列活动，其在校园的"第一课堂"和"第二课堂"中都起到了不可忽视的作用，并成为校园文化建设中独具特色的元素，尤其是2021年的"纪念建党百年"和2022年的"献礼校庆70载"的校园辩论赛，都让同学们以一种相对朴实的形式表达了对党和对母校的热爱，并且形成了较为不错的反响。

当然，要更为全面地评价一项活动，不能只从其自身效果出发，还要横向比较各类不同的校园文化活动，这样才能为"立言辩坛"的活动找到一个合适的定位，并在总结相关的经验的基础上，明确系列活动的优化方案，以为校园文化建设发挥更大作用。

1."立言辩坛"在"第一课堂"上的活动，有效丰富了教学的形式

如前文所说，课堂辩论教学无疑丰富了课堂教学的形式，虽然将其全面落实到每一个教学的单元并不现实，但是在一些关乎世界观、历史观和价值观的重要问题，展开论辩教学对于了解学生的思想状态、引导正确观念的形成具有非常有效的作用。尤其是在近些年来以"历史虚无主义"为代表的各类错误社会思潮的滋扰，让很多同学无意之间就受到了影响。因而给同学表达自己思想的平台，再由其他同学和授课教师引导出正确的言论，自然可以起到"激浊扬清"的作用。在这种意义上来说，将"立言辩坛"活动推广到更多的课堂将会形成更为有效的教学补充，并会让校园文化建设有更加广阔的天地。

2."立言辩坛"的全校辩论赛事活动，提升了同学的参与度并丰富了校园文化的内涵

与话剧、舞蹈和歌唱表演相比，单场辩论比赛的准备周期更短，并且与其他类型的活动横向比较而来，同学们参与辩论活动的门槛是相对较低的；但同样值得注意的是，虽然辩论赛事的参与门槛相对较低，但是辩论赛的准备质量理论上是并无绝对上限的，这就意味着"立言辩坛"的辩论赛事一方面让更多的同学参与活动之中，另一方面也能够让同学们以辩题的讨论为契机，深入探讨一些学校发展之间、历史转折之间和青年责任之间等，从而在更加广泛的范围之内丰富校园文化的内涵。

图 5　学生以“青年人与时代责任”为主题进行辩论与思考

3.“立言辩坛”的延伸性活动，成为学生生活的重要调剂

无论是课堂辩论还是全校性的辩论赛事，都会相对较早地确定辩论的主题，这样做的好处自然是会让辩题的设置更加合理，但相对而言会出现的遗憾就是，辩论的内容会相对有些滞后，未必是广大同学当前最为关注的话题。考虑到相关的问题，“立言辩坛”在无校赛的时段内会根据当时同学所感兴趣的话题展开主题相对灵活的辩论赛事，比赛成员一般从校辩论队中遴选后自由组队，比赛全程则会面向全校同学开放。同学们就曾以“弘扬抗议精神更应重点报道‘大叙事’/‘小细节’”和“‘青年焦虑’是责任意识觉醒/模糊的表现”为辩题展开过相关辩论，引发了同学们广泛的关注和深刻的思考。尤其近一两年，偶然发生的疫情波动让同学们在很多时候处在封闭学习的状态下，就在其他类型的学生活动受场地限制而无法如期进行的情况下，辩论活动依旧可以在线上会议室中举行，并且由于线上收听辩论赛会更加方便和灵活，有些时候线上辩论会比线下辩论吸引更多的观众或听众。可以说，“立言辩坛”的辩论活动成为同学们在封闭教学期间，非常重要的生活的调剂。

图 6　新冠疫情期间的线上辩论活动

三、项目研究的反思与未来的工作设想

结合项目实践表明，今后的“立言辩坛”有必要进一步发扬相关的活动经验，以为同学们贡献更好的辩论赛事，进而为校园文化的建设添砖加瓦。正所谓“金无足赤，人无完人”，校园活动也肯定不可能尽善尽美。综合比较校园的其他类型的文化活动，以及兄弟院校的辩论活动后，可以发现北京科技大学的“立言辩坛”活动虽然已经形成了一定的校内口碑，甚至多次被评为校园的“品牌活动”，但是与北京科技大学其他享誉全国的活动相比尚有很大的提升空间，与武汉大学等“名片式”的辩论活动相比也依然难免显得有些稚嫩。

基于此，为了“立言辩坛”能够更好地参与北京科技大学的校园文化建设，则有必要反思“立言辩坛”的优化进路。

（一）打造微信、微博和抖音公众号宣传矩阵，提升“立言辩坛”的影响力

比较兄弟高校的辩论活动后可以发现，北京科技大学的“立言辩坛”在活动密度和活动质量上，并非与那些辩论强校没有可比性的，但是相比较而言，“立言辩坛”在宣传的力度上的确是稍显逊色的。到目前为止，维持较为稳定运营的只有微信公众号，并且相关的推送也主要和活动的预

告与总结相关。而以武汉大学为代表的一些辩论强校，仅在微信公众号的运营上就比北京科技大学要丰富得多，除了会推送一些活动动态外，还会加入一些有关辩论的反思，以及已毕业辩手的访谈等内容。除此之外，兄弟院校还十分注意当下“短视频”的影响力，在微博和抖音等公众号上会将比赛的集锦剪辑后向全校同学乃至全社会推送。以上的做法都十分值得“立言辩坛”参考和学习，综合考虑“立言辩坛”的现状，计划从深耕微信公众号出发，注意收集“立言辩坛”各类活动的素材，增加推送的密度与质量；注册微博和抖音等知名平台的公众号，选择优秀素材展开试运营，逐步提升文案和视频质量，逐步形成“立言辩坛”的宣传矩阵，提升“立言辩坛”在校园乃至社会的影响力。

（二）增加与校园品牌活动和兄弟院校辩论组织的交流，提升“立言辩坛”的品牌质量

所谓“他山之石可以攻玉”，虽然从形式上看，其他类型的校园文化活动与“立言辩坛”之间存在着较大的差别，但是成员的组织管理，以及活动方案的制作流程等方面其实都是存在着很多的相通之处的，从“立言辩坛”现有的组织运作来看，依然可以在运转的效率上和管理的思路上有所加强，这就有必要与校园的其他社团，尤其是曾经取得过重大成绩的社团展开积极的交流，并且就活动运转的困难与兄弟社团“坦诚相见”，以避免“立言辩坛”出现“只缘身在此山中”的视角盲区，拓宽视野、解放思想，为活动质量的提升获得真正行之有效的方案。此外，与其他带有竞技性的活动一样，辩论赛事质量的提升，很多时候是不能“以练代赛”的，本校辩手之间的切磋与比赛自然是必要的，但是当本校辩手之间的熟悉程度逐步提高以后，就需要寻找水平更高和风格差异性更大的队伍来进行交流。基于此，计划未来面向北京乃至全国高校发出“立言辩坛”的日常活动邀请，让北京科技大学辩手同京内外辩论名校就时代话题展开辩论，这样一来除了可以丰富活动的内容外，还可以体会不同学校之间的校园文化的碰撞，更能在一定程度上让本校辩手学习新的技巧甚至找到能力上的差距。

（三）完善“立言辩坛”的课堂活动、常规活动和全校活动的联动，提升思想境界

有必要的理论基础才能保证辩论的思想性和观赏性。从目前“立言辩坛”的活动状况来看，虽然形成了较为清晰的体系，也形成了一定的影响力，但是最为遗憾之处就在于，于常规活动和全校性的活动中，并没能贯彻与课堂活动高度一致的理论分析。究其原因，那就是“立言辩坛”的三类活动的配置广度存在一定的调整空间。课堂辩论所面向的往往是距离社团辩论活动较远的同学，他们的辩论往往就是根植于对问题的思考却并不在乎具体的技巧，于是反而有“天然去雕饰”的效果，甚至有不少同学由此开始热爱辩论的活动；参与常规活动和全校性活动的同学则往往是一些已经参加过一些辩论赛事的辩手，这些同学则可能更看重的是辩论技巧的应用而非理论思考的广度和深度问题。那么理想的状态就是，在全校的某一门思想政治理论的课堂上都展开对于某一两个经典问题的辩论，进而广泛播种“辩证思维”的种子，那么同学们在有相应的课堂活动做铺垫后，再参与“立言辩坛”的其他活动中将会取得更好的效果。从目前的教学实际来看，“立言辩坛”与课堂教学的结合还可以进一步加强，目前考虑对相应的教学模块做更为成熟的打磨后在相关课堂上做以推广。此外，考虑适当增加“立言辩坛”的常规活动的频次，尤其相关的辩论话题涉及某些专业领域时，考虑增加知识讲座，以保证辩论活动的内容质量。

四、结语：继往开来，让“立言辩坛”成为知识成长的平台

无论在哪里谈及辩论，人们对其最为理想的状态的思考，永远会追溯到古希腊的苏格拉底的辩论形式——通过反诘和质问等形式，让人们知道自身观念的问题之所在，并以此为基础进一步提出更加完备的观点，正因为这样的辩论总会带来人们知识的成长，人们也非常形象地将其称作“知识接生术”。

从此前的论述中可以发现，“立言辩坛”在北京科技大学的“第一课堂”和“第二课堂”的实践中都取得了一定的成效，并且也已经总结出一定的经验可待拓展。并且与当前社会上比较流行的更偏重技巧与娱乐的辩论形式最为明显的区别之处就在于，“立言辩坛”更侧重辩证思维的方法论的习得，以及鼓励同学们更加专注以理论内容的思考而非语言技巧的运用。

那么在未来的工作中，扬长避短、明确定位，与实践中找寻不足与

提升的进路将是“立言辩坛”的工作重点，希望经过更加精心的打磨后，“立言辩坛”可以成为北京科技大学学子知识成长的平台，进而为校园文化的建设做出更大的贡献！

（2021 年立项项目　撰稿人：毕丞）

《赤心》原创话剧创作及展演

项目概述

能环学院刘应书老师作为“风火山”上的送氧人，率领课题组反复深入青藏高原开展试验，成功研制和应用高海拔变压吸附制氧供氧技术，创造了15万青藏铁路建设大军高原病零死亡的世界奇迹。刘应书老师的各项事迹激励今人前行，其中蕴含的“两路”精神也深印在每一位能环学子心中，为能环学院的特色学院文化建设提供了深厚的时代背景和文化意义。

一、项目背景

在北京科技大学，有这样的一位“大牛”老师。学高为师，身正为范，是大家成长路上的“启明星”；爱生如子，甘当人梯，是学生成才的“灌溉者”。他，就是我们心中的师德榜样——刘应书！

在科研方面，他求真力行，肯下真功夫。聚焦国计民生中的重大问题，不畏困难、敢于攻坚。他是国内气体分离最顶尖的专家之一，作为技术带头人成功研制和应用高海拔变压吸附制氧供氧技术，解决了世界铁路建设史上海拔最高的风火山隧道施工缺氧问题。该技术推广应用至青藏铁路建设全线，保障了施工的顺利进行，创造了5年15万人次建设大军高原病零死亡的世界奇迹。成果获得国家科技进步特等奖，《人民日报》、《光明日报》、*China Daily* 等34家报刊的报道，写进了人教版小学5年级语文课本！

但其背后的故事鲜为人知——风火山隧道地处可可西里无人区，空气中含氧量仅为内地的50%，生命随时受到高原病甚至死亡的威胁。在极端恶劣的环境下，刘老师与团队夜以继日地攻关，4个月、2000多组工况实验，克服重重困难，终于征服了高原缺氧世界难题。可是，严重缺氧使得他落下了呼吸暂停的病根，出差和睡觉都需要带上呼吸机。但老师无怨无悔，他豪情万丈地写下这样的诗句——“昼捧红日夜踩星，世界屋脊驻长虹。古今中外数风流，唯我高原天路雄！”

这样的故事还有很多。2003 年“非典”，老师研制的微型制氧机解决了 SARS 患者安全用氧的问题。2015 年，天津塘沽爆炸事件中现场急救人员所佩戴的应急式呼吸器，也是出自老师的研究成果。老师的成就源自他孜孜不倦的付出，每周工作时间超过 60 小时，年均工作量为学校教授额定工作量的 5 倍以上，这样的勤奋与刻苦也深深地感染着大家。

在育人方面，他春风化雨，付出“真感情”。即使工作再忙，他始终把学生放在第一位。只要学生提出问题，老师随时给予答复。梯队几乎每个学生都曾在凌晨两三点收到过老师修改论文的意见，从选题把控到标点使用，一篇论文通常要改好多遍才放心。雾霾天老师会提醒学生戴口罩，学生毕业后老师依然会保持密切联系，大到职业发展，小到介绍对象，对大家关怀备至。同学们都说，刘老师是老师，也是朋友，是长辈，更似亲人。老师非常热爱教学，上课时总是提前 15 分钟到教室；对于课件，他耐心听取学生的反馈与意见，时时修正，不断创新，这样的做法，他坚持了 30 多年。刘老师的课堂深受同学欢迎，连续多年评教排名处于前 5%。为了给科研团队创造良好的实验条件，老师自筹经费，建设了价值过千万、世界一流的气体分离实验室。在他的努力与带领下，科研团队成长迅速，培养出一批又一批优秀的学生，成长为各行各业的技术骨干与排头兵。

二、项目意义

习近平总书记就川藏、青藏公路通车 60 周年作出重要指示，在建设和养护公路的过程中，形成和发扬了一不怕苦、二不怕死，顽强拼搏、甘当路石，军民一家、民族团结的“两路”精神。“两路”精神集中展现了一代又一代“两路”人的精神风尚和行为范式，是任何时候都不能忘却的宝贵精神财富。能环学院刘应书老师作为“风火山”上的送氧人，率领课题组反复深入青藏高原开展试验，成功研制和应用高海拔变压吸附制氧供氧技术，创造了 15 万青藏铁路建设大军高原病零死亡的世界奇迹。刘应书老师的各项事迹激励今人前行，其中蕴含的“两路”精神也深印在每一位能环学子心中，为能环学院的特色学院文化建设提供了深厚的时代背景和文化意义。

学院文化是学院的灵魂所在，是学院在建设和发展的长期实践中积淀的精神财富和无形资产。在学院文化的背景下，教师文化是核心，教师文化既是学院文化产生的基础，又是学院文化的集中体现。为深入推进学院文化建设的探索与实践，不断增强师生文化自信以及学院认同感、归属感，教育引导学生深刻认识时代使命和责任担当，深刻领悟“两路”精神蕴含的默默坚守、无私奉献的崇高品质，自觉将个人发展融入祖国发展大势，树立高尚的爱国情怀，扎根科研。能源与环境工程学院结合能源和环境专业特色，发挥专业优势，以刘应书老师的求学、科研、教学等经历为蓝本，进行原创话剧的制作及展演，创作学院文化育人精品，展示学院文化风采，加强学院文化的凝聚力和感染力。

三、建设目标及内容

以服务国家“生态文明建设”和“能源革命”战略为使命，以建成一流学科、一流学院为目标，将宣传教育融入学院文化，积极培育展现学院思想灵魂的文化育人精品。

坚持以原创吸引心灵、以质量触动心灵、以真情感染心灵，以文化挖掘促动文化唤醒的教育功能，形成原创话剧一部，以刘应书老师经历为主线，从铸就高原生命奇迹、对标国家之需、率先垂范哺育新人等层层展开，创作文化育人精品，打造学院特色文化品牌，加强学生的思想引领，增强能环学子的专业认同感与学院归属感。

四、预期成果

（一）形成原创话剧一部

以刘应书老师经历为主线，从铸就高原生命奇迹、对标国家之需、率先垂范哺育新人等方面入手进行演绎，全方位、立体化展现能环学院教师及青年学生矢志不渝、以身报国的精神内核，将中国梦、北科大梦、青春梦串联在一起。

（二）打造学院文化品牌

在全院及全校范围内进行原创话剧展演，重点加强网络宣传平台的建设、通过网络进行原创作品的输出，打造学院文化育人精品，展示学院文化风采，加强学院文化的凝聚力和感染力。不断增强师生文化自信以及学院认同感、归属感，教育引导学生深刻认识时代使命和责任担当。

话剧剧本历时近一年多次修改已全部完成形成终稿，但受2021年疫情影响，目前未能进行后续的排练及展演工作。

（2021年立项项目　撰稿人：孔德雨）

附录：

附件1：初始《赤心》话剧大纲

故事背景：庚子鼠年，农历二月，北科大发生了这样一件怪事：能源与环境工程学院的博士研究生陈鼎失踪了。说是失踪也有些不妥，因为在三天前，陈鼎的博士导师刘应书老师收到了这样一封信：

敬爱的老师：

我想了很久，还是决定离开，您放心，我是去做我想做的事情，感谢您一直的栽培和教导。勿找勿念。

您的学生：陈鼎

三天以来，刘应书教授急得不可开交，因为再过一个月就是毕业答辩了，所幸刘应书教授桃李满天下，他放出消息，让大家都留意这件事情。

几天后，通过刘应书教授以前的一个好友给出的线索，他们找到了陈鼎突然离开的蛛丝马迹……

人物设置：

刘应书：北京市师德榜样，北京科技大学教授

陈鼎：能环学院在读博士

何家乐：刘应书教授的老友

饭店老板：客串

老爷爷：非典时期的患者，最后治愈，现在在老家做小生意

同学A

同学B

路人

第一幕：

场景：咖啡馆

人物：刘应书、何家乐

形式与作用：以对话形式交代背景，凸显人物性格。

故事梗概：刘应书得知陈鼎曾在走之前找过何家乐，便一路找寻过来。何家乐曾经是“青藏铁路风火山隧道制氧供氧研制与应用”项目团队的一名成员，老友阔别多年再次相见，两人都不禁感慨万千。在讨论了陈鼎失踪一事后，何家乐给出了关键性的线索，即陈鼎目前所在的大概地方。望着昔日的合作伙伴，回忆把两个人带入了那段上青藏高原开展研究的岁月。

转回忆：

沿着青藏高原公路到可可西里无人区，这里被长期称为“生命的禁区”。2002年，课题组在海拔5000米和高寒、低压、缺氧的恶劣条件下，克服重重困难，研制建成了世界上最高的制氧站——风火山隧道制氧站。

第二幕：

场景：饭店

人物：刘应书、陈鼎

形式与作用：以舞蹈和对话形式制造冲突、交代故事背景。

故事梗概：刘应书来到何家乐给的地址，这里竟然只是北部的某个农村。在刘应书的坚持下，陈鼎露面与恩师见面。推心置腹地交谈后，陈鼎放弃学位离开的原因也浮出水面。原来，在对自我的一次次剖析后，陈鼎觉得自己有一个被搁置的梦想一直未能实现——画家。

他幼时深爱绘画，只是一直深埋心底。他拿自己的画给别人看总会遭到无心的嘲讽，现实困难重重，他陷入自我的怀疑和非画不可的疯魔中，最后决定放手一搏。刘应书洞察人事，看出了他的迷茫和困惑，便现身说法，用自己的求学经历开导他，最终解开了陈鼎的心结。

第三幕：

场景：农家小院

人物：刘应书、陈鼎、老爷爷

形式与作用：动作、对话形式交代背景。

故事梗概：陈鼎带着老师回到了借住的亲戚家，在陈鼎的介绍下，意外知道了老爷爷是非典时期的患者。通过老爷爷的自述，体现刘应书教授开发的医用保健制氧机的社会意义。

第四幕：

场景：学校

人物：刘应书、陈鼎

形式与作用：演讲、对话形式交代背景，推动情节发展。

故事梗概：陈鼎回到学校，完成毕业答辩。在典礼上，刘应书教授发表讲话，体现“三寸粉笔，三尺讲台系国运。一颗丹心，一生秉烛铸民魂”的精神，并颁发刘应书教授曾获得的荣誉。

尾声：

镜一：合照

镜二：刘应书教授潜心研究的剪影

镜三：老爷爷生意兴旺

集体谢幕

附件 2:《赤心》剧本

人物设置：

刘杰（男） 何家乐 陈鼎 老师 周国臻 服务员

老伯、老伯的妻子 同学 1 同学 2 队员 1 队员 2

医护人员 1 医护人员 2 特定场景群演若干

旁白：庚子鼠年，农历二月，北科大发生了这样一件怪事：能源与环境工程学院的硕士研究生陈鼎失踪了。说是失踪也有些不妥，因为在三天前，陈鼎的博士导师刘杰老师收到了这样一封信：

敬爱的老师：

我想了很久，还是决定离开，您放心，我是去做我想做的事情，感谢您一直的栽培和教导。勿找勿念。

您的学生：陈鼎

三天以来，刘杰急得不可开交，因为再过一个月就是毕业答辩了，所幸刘杰教授桃李满天下，他放出消息，让大家都留意这件事情。几天后，通过刘杰教授的多年前的一个好友给出的线索，他们找到了陈鼎突然离开的蛛丝马迹……（配以节奏紧张的音乐，凸显神秘、紧张的氛围）。

第一幕：

场景：学校

人物：同学1、同学2、刘杰、老师、何家乐

形式与作用：以对话形式交代背景，凸显人物性格。

幕开，黑场：

追光下，几个学生正聚在一起聊天，欢笑声不绝于耳。

同学1：（八卦地）哎，你听说了吗？我们院的陈鼎，就是那个看着有点闷的学长，他几天前失踪了。

同学2：当然听说了，刘杰老师为了这事还专门发朋友圈了呢。你说说，再过一个月就毕业答辩了，这是多想不开啊。

同学1：哎哎，别说了，刘杰老师来了……（刘杰从背后走上前来）

同学1、同学2：（侧身站好）老师好。

刘杰：哎，你们好你们好。

点头示意后，刘杰走进旁边的办公室，将手里的东西放在办公桌上，拿起一个具有年代感的搪瓷杯喝了一口水。

老师：（调侃道）刘老师，又被你的学生“扣押”了啊。

刘杰：（慈爱地笑了笑）这是好事啊，我经常鼓励他们不懂就问，我们做老师的，不就是传业授道嘛。（放下水杯）

老师：也是，也是哈哈哈。

（间隔几秒）

老师：（思索了一下，语气变得犹豫）对了……刘教授，那个……你的那个学生，有消息了吗？

刘杰叹了口气，从桌子上拿起一封信，注视良久。

刘杰：暂时还没有，只是三天前收到了这封信。

老师：（走上前来拍了拍刘杰的肩膀）你呀，为了这件事也劳心劳神这么久了，大大加量工作，身体也吃不消啊。要我说，你先休息休息，别太担心，人嘛，肯定是会找到的。

说完，老师走出办公室，办公室里只剩下刘杰一个人，他打开电脑开始工作。

打一束暖色调追光在刘杰身上，营造氛围。

刘杰：（打开电脑工作了一会儿）哎，今天怎么回事？老是打错字。

旁白：此刻，坐在桌前的刘杰无法像往常一样专心投入工作，他爱生如子，现如今疫情肆虐，对于突然离去的陈鼎，刘杰疑惑之余，更多的是担心和牵挂。

叮铃铃～叮铃铃～，空旷的办公室突然响了电话铃声，刘杰接通电话，对面传来了一道熟悉的声音。

何家乐：喂，老刘啊。（电话音）

刘杰：（惊讶）哎呀，何家乐啊，好久不见啊。（将信封压到桌子下面，起身接电话）

何家乐：是我，是我哈哈哈，没想到你一下子就听出了我的声音。

刘杰：（开玩笑地）你说你是不是糊涂了，我哪里是听声音认出来你的，分明是这个来电备注显示的何家乐三个字嘛。

何家乐：（哈哈一笑）这么久没见，你还是这个老样子啊。（突然严肃）不过说正事，我看到你发的那个朋友圈了。

刘杰：（音量提高，语气急迫）怎么？你那边有陈鼎消息了？

何家乐：（语气犹豫，不知道该不该说）不瞒你说，这也不是我有消息了，你还记得周国臻这个人吧，我上次无意聊起这件事，他给我透漏了点消息。

刘杰：（语气递进）周国臻啊，我的学生我当然记得，他不是一直在援疆嘛，难道陈鼎那孩子跑新疆去了？

何家乐：哎呀，这电话上一时半会也说不清，我明天有空，我去找你一趟吧。

刘杰：（跺跺脚）等不及了，这么多天终于有他的音信了。你要是方便的话，我现在就去找你吧。

何家乐：（无奈）你这性情啊……行吧，也到吃午饭的时间了，我们就约在周记食府顺便吃个午饭吧，地址我发你微信。

嘟嘟嘟～

旁白：挂断电话后，心急如焚的刘杰一刻也等不下去了，他拿起外套，匆匆地交接好工作，踏上了寻找陈鼎的路途。

周记食府，二楼包厢：

推开包厢的门，两个许久未见的老友将双手紧紧地握在了一起。

刘杰：(久别重逢的喜悦）何兄啊，又见面了。

何家乐：(拉着刘杰的手落座，声音有些颤抖）坐、先坐，我已经点了一些了，你再看看你还想吃些什么？

刘杰：(着急）老朋友啊，吃饭先放在一边，快告诉我陈鼎的消息吧。

何家乐：(叹了一口气）这不是前几天，我看到你发的朋友圈吗，我知道没什么大事你是不会麻烦别人的，所以我就格外留意这件事情，还将你的朋友圈转发到一些群里。(将凳子往刘杰跟前挪了一下）就在今天早上，我看到一个群里在讨论这件事，周国臻说他觉得照片上的人他见过，我就赶紧问他，让他去给你说这件事。他说他只是觉得这个人眼熟，但是不确定，不过他知道他每天固定在哪个饭店出现，说是中午跑去问清楚了再告诉你。我这不是怕你着急嘛，又想着这两天去看看你，所以就先给你打电话了。

这时，服务员端着餐盘开始上菜。

服务员：先生您好，你们的素菜拼盘、水煮肉片和米饭。

何家乐：(对着服务员点点头）谢谢！

(拆开筷子递给刘杰）你不要这么着急，先吃饭吧，吃完饭才有精力找人啊。

刘杰：(接过筷子）这一天找不到人，我这心里就不踏实啊。

何家乐：好好地人怎么会失踪呢？报警没？他家里人怎么说的？

刘杰：没有报警，他给周围人说的是他要离开一段时间，给我也留了封信。只是事发突然，他也没给个原因。外面又是疫情，哎……

何家乐：那可真是奇了怪了，会不会是遇到什么困难了？

刘杰：(一脸忧虑）也没听他说起过。

何家乐：现在的年轻人啊，(八卦的口吻）我前段时间听我朋友说他们学校也有一个学生不辞而别，不过是个女生。她被骗子骗着借了校园贷，到期又还不上，吓得躲到乡下奶奶家，警察到的时候一直哭着不见人。

刘杰：不会的，我了解陈鼎，这种事情不会发生在他身上。

何家乐：我就随便说说。(笑)

这时，刘杰的手机收到一条微信消息，他看了几秒后，猛地站起来，脸色突变。

刘杰：(语调高昂)有消息了，周国臻给我发消息说他特意跑去陈鼎中午吃饭的地方看了，就是他，他真的跑去新疆了。

何家乐：(高兴地)太好了，找到了就好，找到了就好啊！

刘杰：(整个人瘫坐在椅子上，终于卸下来这么多天的担忧)喃喃道，就怕他出什么事啊，短短几行字的一封信，我来来回回看了好几遍，越看越担心，这下可好了。(重新将身体坐正，语气坚定)我要去新疆，我要把他带回来。

何家乐：(惊讶地)新疆？且不说你这身体，外面疫情还很严重……

刘杰：(打断他的话)放心吧，备上氧气瓶和呼吸机就好了，再说了，当年那么艰难，不也都挺过来了嘛。

何家乐：你说这话，这能一样吗？

刘杰：有什么不一样的？不都是上高原吗。

旁白：高原两个字触动了何家乐，望着昔日的合作伙伴，回忆把人带入了那段上青藏高原开展研究的岁月……

转回忆

幕黑，追光转场，回忆中的刘杰和何家乐更换其他演员，与现实中的刘杰和何家乐相区分。

旁白：在寒风凛冽的雪域高原上，一座简易的临时帐篷孤零零地矗立在雪地里。雪花夹杂着冷空气，极度的严寒让这里看不到生命的踪迹。可是，与外面的孤寂相反，帐篷的里面却正进行着热火朝天的实验。

队员1：(伸了个懒腰)终于把今天的报表写完了。哎我说，那道顺口溜还真不是瞎编的：到了昆仑山，气息已奄奄；过了五道梁，哭爹又喊娘；上了风火山，三魂已归天。

队员2：是啊，今天的实地勘测可算是叫我明白了，在可可西里无人区，空气中的含氧量仅为其他平原地区的百分之五十是种什么体验。不过

明天还要继续勘测……哎！（语气里满是疲惫）

队员 1:（像是回忆到了什么痛苦的事情，说话的声音都变了）缺氧真的太难受了。（拿着报表走到刘老师跟前，神色有些为难，但是犹豫了半天还是开口）刘老师，这天气太恶劣了，我们后天再继续实地勘测吧。

刘杰:（摇摇头）我知道最近大家都辛苦了，可是进度不能停啊，再说了，后天周一，我还有课。

何家乐:（走过来拍拍刘的肩膀，一脸担忧）也不仅仅是天气恶劣的原因，你已经连着半个月连轴转了，也该好好休息一下了啊。要不，勘测先停一停？（试探和商量的口吻）

刘杰:（突然严肃）家乐啊，这施工周期不能拖，施工成本不能变，施工质量更是不能降低，但那些工人面临着严重的困难和威胁，我哪里能安心休息呢。（语重心长）再说了，青藏铁路是一项投资巨大、举世瞩目的世纪工程，不仅是沿线的居民，更有那么多双眼睛盯着呢。哎……我以为你懂我。

何家乐：你看你说的这是哪里话，我何尝不想攻破风火山隧道难题、让青藏铁路早日建成通车呢。罢了罢了（何家乐朝队员 1 使了使眼色），明天继续吧。

队员 1：行吧，我们普通行走尚且困难，更不要说那些施工作业的工人了，早点攻克难题，也是减轻他们的负担。

追光转场

何家乐:（沉浸在回忆里）我记得那时我们忍受着高原缺氧的痛苦、冒着急性高原病的生命危险，你也在那个时候落下高血压、呼吸暂停的病根，你是真的犟……

刘杰:（打断他的话）十几年都忘却了，提这些作甚？不管多么困难，我们还是不负众望，如愿建成了世界上第一座大型高原制氧站，虽然昼捧红日夜踩星，但是最终在世界屋脊上筑起了长虹啊。（语气自豪）

何家乐：是啊，课题组一片赤心，那样的岁月，纵然艰苦，也令人怀念啊。

刘杰:（些许哽咽）看看，这一回忆话题就跑远了。还是说正事，去新疆一趟的话，我刚好也见见小周，他坚守在那里，也不容易啊。

何家乐：是啊，我不久前还看到了他的一篇报道呢。（无奈以及担忧）

我呀，知道劝不动你，不过此行路途久远，你要以身体为重啊。

刘杰：你放心吧，这个我可以向你保证。

刘杰站起来用力回握了老友的手，依靠着何家乐给的地址，迈出了寻找陈鼎的第一步。

第二幕：

场景：新疆

人物：刘杰、医护人员 1、医护人员 2、周国臻、陈鼎

形式与作用：舞蹈、对话、动作等形式制造冲突，交代故事背景。

开场，刘杰正在匆忙地收拾东西，他背起一个简易的行李准备出发，想了想，又将那封信从桌底抽出来，叠好放进包里。

旁白：得到确切地址的刘杰一刻也等不下去，他太担心陈鼎了，当下就买了票。经过一番跋涉，15 号这天中午，刘杰抵达了新疆。

刘杰：（下车后，长出一口气）终于到了。

他左右环顾着分辨方向，这时，几个穿着防护服的医护人员出场。

医护人员 1：（突然出现）你好，打扰一下，请出示绿码配合体温检测。

刘杰：（受到惊吓，但还是停下脚步，一顿操作，将绿码亮出）哎……好了。

医护人员 2：（一手拿着体温枪，一手拿着棉签）谢谢配合，麻烦再张嘴做个核酸检测。

刘杰：（有些不知所措，但还是乖乖张嘴）啊！

操作完毕，空气静默了几分钟，氛围有点尴尬，看着刘杰有点不知所措，穿着厚厚防护服的医护人员 1 对刘杰做了个致敬的手势，模样居然有些憨态可掬，刘杰忍不住笑了，焦急的心情也得到了缓解。随后，他跟着导航来到伟叔饭店，这时饭店人还不是很多。刘杰坐在角落等待着。随着饭点的到来，来伟叔饭店吃饭的人越来越多，（需要断断续续地走进来人）他没等来陈鼎，却等来了自己曾经带过的学生周国臻。

周国臻：（穿过桌椅板凳，激动地来到刘杰面前）刘老师，刘老师，真的是你。

刘杰：（起身与他握手寒暄）国臻啊，好久不见，以为年初能在北京聚一聚，没想到你毅然选择了二次援藏，看到那些报道，我很是感动啊。

周国臻：放不下啊，放不下和田这片土地和这里的人民，最近刚引进

了一个项目，有望为老乡们架起通往致富之路的桥梁，你说我能走吗？这就是我的使命和责任哪。

刘杰：（久久地注视着周国臻，用力拍了拍他的肩膀）你做得很好，这是和田乡亲们的福气。

周国臻：（突然反应过来）对了，老师此行的目的，是为了陈鼎同学吧。说来惭愧，我上次贸然和他搭话，他好像意识到了什么，这两天都没来光顾这里。

刘杰：（声音急切）啊，那他人现在……

周国臻：老师不要着急，虽然他不来这里用餐，但是他还是在这附近一带活动的，我留意过，闲暇之余他大部分都在西边的树林里，一待就是一整天，老师应该可以在那里找到他。

刘杰：（有些激动）在哪边？

周国臻：西边，我给老师带路吧。（做了个"请"的手势，错身上前带路）

旁白：两个人走了约莫20分钟，刘杰终于看到了一片树林，一路上他居然有了种类似于近乡情怯的感觉。他不知道接下来会发生什么，渐渐走近了，他有些庆幸，林子不是很大。往林子稍微深入，他就模糊地看到了一个人影。刘杰内心五味杂陈，同时，接下来看到的一幕也让他有些迷惑，因为看这个背影他是熟悉的，可是这个背影的面前摆着一张画布，这个比印象中消瘦了许多的背影居然……正在作画。

刘杰：（试探性喊道）是……陈鼎吗？

那个人的背影明显僵住，空气凝固了几秒后，他缓慢地收拾着东西，明显地有些迟疑，但最后还是以背对的姿态离开了。整个过程刘杰一言不发，只是默默地看着。

周国臻：（背影远去后，他非常不解道）老师，看他的反应应该就是你要找的了，为什么不叫住他呢？

刘杰：如果他想见我，他会主动转过来的，而且，我这是贸然前来，肯定要给他一个缓冲的时间。（询问的语气）不过，你这些天看到的情况就是他在这里作画吗？

周国臻：对啊，好几天了。（由衷的敬佩）还是老师您想得周到。

刘杰：（若有所思）好几天了啊……

周国臻：您的事情我也不好多问，不过，如果有什么我力所能及的事情，一定要告诉我啊。

刘杰：有心了，如果有需要我会开口的，我们走吧。

旁白：第二天，刘杰特意很晚才来到树林，不出他所料，依旧是昨天那样，那个酷似陈鼎的背影还在作画。他轻轻地咳嗽了一声，虽然看不到前面的表情，但是能很明显地看到，画笔在纸上停留了几秒，洇开成一团污迹。此后的几天，刘杰每天都会来这里。两人颇有默契，一个永远以背对的姿态作画，一个永远不走上前。（为了凸显刘杰等待陈鼎的回头的戏剧化效果，可以安排一个独舞，舞蹈质朴安静，意在表达时间流淌，刘杰耐心地等待着，他小心翼翼，怕伤害了陈鼎）就这样持续了三天，第四天，终于有人打破了僵局。

陈鼎：（缓缓转身，神色憔悴，衣服和裤子上沾满了颜料，他拖着沉重的步伐走到刘杰面前，带着哭腔）刘老师……

刘杰：（并无责备的意思，只是轻轻点了点头，神情柔和）好久不见，这些天，苦了你了啊。

陈鼎：（瞬间破防，瘫坐在地上掩面哭泣）老师，你从来不会离开讲台和同学，为什么要因为我在这里耽误这么多天，老师……

刘杰：（上前将他搀扶起来）因为我是你的老师，好孩子，不必自责，告诉我，这一切都是怎么回事？

陈鼎：（他在泪眼朦胧中看着刘杰怜悯和温暖的目光，努力地克制着自己的哽咽）老师……我想画画。

刘杰：（看了看旁边的画架）我想，它们已经告诉我了。

陈鼎：（低着头，咬着嘴唇呜咽了几声，表现出内心的挣扎，最后扬起脸，表示终于下定决心）其实，这段时间我很痛苦（用手烦躁地抓着头发），理智告诉我应该一心一意准备答辩，可是在我内心深处，仿佛梦魇般地环绕着一个声音："去画画，去画画。"我好像，控制不住自己（声音突然变得富有激情）脑海里的声音告诉我：你必须去画画，你身不由己。（音量递减，表达茫然感）曾经我也以为理智会战胜冲动，可是那天读了《月亮与六便士》里的一句话（语气渐渐坚定）：我的血液里有一种强烈的冲动，渴望一种桀骜不驯的旅行。安逸总让我恐惧，我的心渴望更加惊险的生活，只要我能有所改变——改变和不可预知的冒险，我将踏上嶙峋怪石，哪怕激流险滩。我读得热血沸腾，这些话仿佛就是为我量身定做的一样。我霎时就做出了决定，我要为梦想放手一搏。

刘杰:（声音很柔和）这是好事，人不轻狂枉少年。一千个人有一千个哈姆雷特，或许毛姆想表达的并不是要你放下一切去追求梦想，因为对于你来说这并不冲突。不过也怪我，我要是再能多一点和你的交谈。我就能尽早察觉到你的痛苦。你说的没错，可是你忘了一点，我是一名老师（铿锵有力，表示出说完这句话的自豪感），如果有我的举荐，你画画的道路会更加通顺不是吗?

陈鼎:（愣了几秒）我倒是没想过这方面，况且（低下头）当我有这个想法的时候，我非常愧疚。我觉得我辜负了老师的栽培，你用心地教导我，希望我能成为一名对国家有用的人，我却为了毫不相关的画画丢弃了它。

刘杰：不是毫不相关，没人要你抛弃梦想，你也不能这样做。况且这不是你的错。孩子，你听着。（空出几秒）我出身于湖南某县，一路求学来到北京，你觉得是为了什么（反问句，但是语调平和）？前两天和你搭话带我来找你的那个也是我的学生，他放弃陪伴妻儿的机会将六年的时光奉献给和田又是为了什么（反问句，语调上扬）？我们成长至今，是背负着一些东西的。你义无反顾追求梦想的勇气令老师钦佩。可是，你不能选择这种自毁式的方法（沉重）。相信你听过罗曼·罗兰的这句话：世上只有一种真正的英雄主义，就是认清了生活的真相后依然热爱它。我们要做的，就是满怀热爱，把握平衡点。

陈鼎:（带着哭腔）我也意识到了，我以为我义无反顾来到这里会获得内心的平静，可是恰恰相反，我更加迷茫了。（走到画板前）说来好笑，我虽然从来没有接受过系统的训练，可是我莫名地有一种盲目的自信，好像在绘画方面，我有极高的天赋一样。这种自信也促使我离开学校，只身来到这里。

刘杰:（拿起画端详了一番）我不是搞美术的，我不能发表什么评论，但就一个外行而言，我觉得这幅画是很不错的。

陈鼎:（激动）真的吗？（随即低下头）老师，我知道你是安慰我。

刘杰：不，我从来不会为了安慰谁说与事实相违背的话。而且，你说你有种莫名的自信，不如换个词，我们称它为“直觉”。很多时候，人们就缺少这种直觉和自信，因为有的事情，只有你相信了，他才会成功。

陈鼎：（踉跄了一下，喃喃自语）只有相信了，才会成功。

刘杰：（时刻注意着陈鼎的情绪，见此情景伸手虚扶了一把，循循善诱）对啊，相信奇迹的人和奇迹一样了不起。

旁白：在一番推心置腹的交谈后，陈鼎放弃学位离开的原因渐渐浮出水面。原来，在对自我的一次次剖析后，陈鼎觉得自己有一个被搁置的梦想一直未能实现——画家。他幼时深爱绘画，只是一直深埋心底。他拿自己的画给别人看总会遭到无心的嘲讽，现实困难重重，他陷入自我的怀疑和非画不可的疯魔中，最后决定放手一搏。刘杰洞察人事，看出了他的迷茫和困惑，便现身说法，用自己的求学经历开导他，最终解开了陈鼎的心结（在解说词的背景中，陈鼎通过蹲地、抱头、推开刘杰的手、和刘杰相拥在一起来表达痛苦、犹豫、迷茫、顿悟的心理路程。刘杰则配合陈鼎，以及配乐的旋律变化，做出相应的动作）。

第三幕：

场景：堂屋

人物：陈鼎、刘杰、老伯、老伯妻子

形式与作用：通过动作、对话的形式交代背景、凸显人物性格。

陈鼎：（音乐停，刘杰和陈鼎分开）虽然不能全部理解，但是我明白老师是出于对我的关心，（有些歉然）老师过来这些天，我一直羞于和你相认，未能好好招待。我来这里是借宿在舅舅家的，老师去我家吃顿便饭吧。

刘杰：既然是借宿，想来也不方便，我们还是去外面吃吧。

陈鼎：（坚持道）不必担心，舅舅早些年是北漂一族，他一定会非常欢迎老师的。

刘杰：（笑了笑）你就这么确定？

陈鼎：（认真道）我确定，舅舅甚至会感到荣幸。

旁白：刘杰有些不解陈鼎为何如此斩钉截铁，但在他的坚持下，两个人还是朝着一处房子走去。渐渐走近了，一对年迈的夫妻远远地开始招手。女的身着黄褐色的外套，像是老藏羚羊的颜色，灰白的头发随意地绾在后脑勺。相比之下男的则要正式很多，只是那个大衣新得很明显，簇新硬朗的白衬衣领口倒衬得那张脸更加沟壑纵横了。

老伯：（快步迎接着刘杰，激动地伸出双手）看小鼎发的消息，您就是刘老师吧?

刘杰:(用力地回应老伯的热情,感受着满是老茧的双手)您好您好,叫我小刘就好了。

老伯:(突然老泪纵横)恩人啊……听小鼎说了那么多次,终于见到真人了,恩人。

刘杰:(吓一大跳,后退了一步)这是……

陈鼎:(走上前来介绍道)老师,这是我舅舅,如果你知道他曾是非典患者,你就知道他为什么是这个态度了。

刘杰:(惊讶道)您是非典患者?

老伯:是啊,时间过去这么久了,我也没想到,有一天我能见到我的恩人。

刘杰:老伯,不要用恩人称呼我。(看着老伯稀疏的头发)想来,您也吃了不少苦。

老伯:都过去了,记忆把那些痛苦都删掉了。我只记得后来医院给我们了个什么微型制氧机,我一下子舒服了很多的那种感受。我当时也不懂,但是人家医生说那个可以增长我们患者的免疫率,还大大降低了我们的死亡率。小鼎给我们说这个机器是你发明的时候,(拍拍心口)我这个心啊,热乎乎的。我能活下来,你就是我的恩人啊!

刘杰:(连忙摆手)您言重了,首先微型制氧机不是我发明的,那是很多人共同努力的成果。而且您能熬过那场灾难,离不开你自己的努力,离不开国家和全中国人民啊。

老伯:是的,所以我感谢你们啊,感谢党和国家,感谢……(泣不成声)

老伯妻子:(歉然地对着刘杰点点头)他太激动了,听说你要来,连忙换上过节才穿的新衣服。

老伯:(急忙打断,有些局促地搓搓手)净说些没用的。

老伯妻子:(宽容地笑了笑,上前拉了拉老伯的衣袖)老头子,进来说吧。

老伯:(擦擦浑浊的眼睛)对,进来,先进来。(殷切地拿起凳子,用袖子擦了擦,然后放在地上)请坐,请坐,我让老婆子下厨做了些家常菜,希望刘老师不要嫌弃。

刘杰：（上前硬扶着老伯坐在板凳上）老伯你别这样，是我叨扰您了。

老伯：（挣扎着起来）你快坐，我去给你倒茶。

刘杰：（按住老伯）老伯，您这样我心里会过意不去的。

陈鼎：（两个人推搡间，他提起茶壶给两个人倒茶）你们别争了，舅舅你坐下吧，你这样会把老师吓到的。（对刘杰歉意地笑了笑）抱歉老师，舅舅太激动了。

刘杰：（摆摆手）没事。

老伯：（安静下来，端起手边的茶碗递给刘杰）刘老师，喝茶。

刘杰：（伸手接过茶）谢谢谢谢，老伯您也喝。

安静地饮茶

刘杰：（关心道）您身体怎么样？

老伯：（咽下一口茶）还行，没有什么明显的后遗症。就是虽然过去这么多年了，但很多时候我都会不自主地回忆起那段时间。好像啊，有些事情过去了很多年就会渐渐被人们遗忘，可是作为当事人或者亲历者，我们一辈子都没办法忘记。特别是上了年龄以后，脑子里会出现很多我之前没有在意的细节，我一点都不怀疑这些都是真实发生过的。

刘杰：我懂，我懂，有些事情，只有真正经历过的人才会感同身受。

老伯：（放下茶碗）不能说“历史是惊人的相似”，可是新冠疫情以来，我夜夜梦魇，总是梦到非典那时候，新闻每天都在播报感染人数，整个广州如同废土世界，大家人心惶惶，囤盐、吃萝卜、中药偏方，搜罗各种防御非典的法子。哎，现在每天打开新闻的时候，我的心就会跟着颤一下。不过，（眼睛突然亮起来）您知道吗？梦境虽然把我扯回那段灾难，可是梦境的结尾，每次都是以北京小汤山医院最后18名患者出院而结束的，这是不是预示着，一切都会好起来的？

刘杰：（坚定道）是啊，一切都会好起来的，一定会的。

老伯：（欣慰地说道）刘老师，您真的是个好人。说了这么多了，快些吃饭吧（音量加大）老婆子，上菜咯。

老伯的妻子撤下茶水，依次端上特色美食。

老伯：（妻子每端上了一种菜，他都会介绍几句）这是马肠子，上面撒的是盐和胡椒粉，吃起来很有嚼劲。这是羊肉焖饼，这个馕吃起来没有那么脆和硬，浸润了羊肉汁的饼，特别有滋味。丸子汤、大盘鸡……刘老师如果喝酒的话，可以尝试一下我们的大乌苏。

刘杰:（摆摆手拒绝了）老伯，这真的是太丰盛了。

老伯：刘老师啊，您要我现在把全新疆的美食都端上桌我都觉得不够。可惜老马头去探望儿子了，不然，他一定会比我更加热情。

刘杰：他是？

老伯:（眯着眼睛，语气里带着笑意）他是青藏铁路的工人，当时小鼎给我们说了他的导师就是刘老师您的时候，您不知道我们有多么难以置信。这次我见到了真人，我就理解了啊。

刘杰：是陈鼎言重了（向陈鼎看了一眼，突然反应过来）陈鼎，你站着干吗，快点坐下来吃饭啊。

陈鼎:（面红耳赤）老师，我再次为我的所做所为道歉，真的对不起。

刘杰：你刚才已经道过歉了，我也说了，这不是你的错，你又何必耿耿于怀呢？好孩子，快坐下来吃饭吧。

陈鼎：我听着您和舅舅的话，我就感觉羞愧难当，亏得我还把老师你的事迹讲给他们听，我却自私地一走了之。老师，您求真力行做科研，做了这么多造福民生的事情。对我更是事无巨细，亲自过来劝解我，我真的……

刘杰:（慈爱地）我想，我在树林里对你说的话你听进去了对吗？

陈鼎:（吸吸鼻子）嗯……

刘杰：那吃完饭，就跟我回北京吧。

陈鼎:（拉开椅子，坐到饭桌上）嗯……

第四幕：

场景：学校

人物：陈鼎、刘杰、舍友、同学 1、同学 2

形式与作用：通过合唱、对话、演讲等方式交代背景，揭示主题。

画面：音乐淡入，追光下刘杰回到了讲台，几名学生围在他身边请教问题，他皆耐心解答。（灯灭、灯亮）陈鼎背着简易的行李回到宿舍，他的舍友看到他愣了片刻，围过来和他拥抱。

旁白：陈鼎解开了自己的心结，饭罢后，师生二人回到了北京，经此一趟，陈鼎的心智也变得越发成熟。他决定，自己应该先做好当下的事情，画画不是一蹴而就，也不能因为画画就抛掉责任。他就读于很多

人梦寐以求的学府，受刘老师的指导，这一切，他都应该好好珍惜才对。（淡出）

舍友：陈鼎，你也是不够意思，去新疆一趟都没给我扛一只烤全羊回来，今天必须得请我吃饭。

陈鼎：（淡淡一笑）请，必须请，鸿博园的自选快餐，走。

舍友：你这就小气了，再怎么说也得下个馆子吧。

走出宿舍

同学1：（窃窃私语）哎，这不是陈鼎吗？他回来了？

同学2：对啊，听说是昨天回来的，刘老师专门跑去新疆把人带回来的。

同学1：跑新疆去干吗啊，这么大人了闹失踪，整出这么大的动静。

同学2：（阴阳怪气）谁知道呢，听说是为了一妹子……

舍友：（转过头，语气严肃）听说听说！三人成虎听说过没？流言止于智者听说过没？

陈鼎：（扯扯舍友的衣角，摇摇头）由他们说去吧，下馆子，我请你。

舍友：（语气立马转为雀跃）好嘞！

陈鼎：对了，今天有个教师交流座谈会，刘老师会发言，我想去听一下。

舍友：（垮着脸）不是下馆子吗？你不会是反悔了吧。

陈鼎：我是一个言而有信的人，你要是不放心你跟着我呗。

舍友：（摸着下巴）嘶，陈鼎，我觉得你不对劲。你以前说话不是这样的……感觉，你现在稳重了很多呢。

陈鼎：我以前不稳重？

舍友：（冷笑一声）那可真的是太稳重了。

陈鼎：我谢谢你。

两人走到典礼现场，刘杰已经讲了一半了，陈鼎远远地看着他，话筒把刘杰的讲话很清晰地送到陈鼎耳边：

……（掷地有声）“人能克己心无患，事不欺己心自安。”我们就是要不忘初心，砥砺前行。我相信这种精神，将内化为我们前进的动力。“三寸粉笔，三尺讲台系国运。一颗丹心，一生秉烛铸民魂。”就是这样的，我的职业追求就是学高为师，身正为范。就是对标国家之需，培育推动社会发展的人才。最近发生的一件事情也让我大受启发，“予人以鱼，惠其一是。授之以渔，惠其一世”。我们是他们的领路人，我们不仅要传道授业，我们也要在思想上做好工作。爱学生，就要贯彻……

（声音渐渐淡出）

陈鼎：我决定了，我要做一篇推送，好好地介绍一下我的老师。

舍友：刘老师还需要你介绍？再说了，说不定你还没我了解得多呢。

陈鼎：你觉得可能吗？

舍友：那好，我考考你，你能说出多少个刘老师获得的荣誉？

陈鼎：国家科技进步特等奖、国家科技进步二等奖、北京市先进工作者、北京市优秀教师、首都十大教育新闻人物、北京市师德榜样……

舍友：（打断）好了好了，没想到你小子张口就来，行吧，勉强过关。

陈鼎：（语调轻松）走吧，吃饭。

舍友：你不听了？

陈鼎：已经刻在心里了，不用再听了。（声音淡出）

旁白：孟子有言“大人者，不失其赤子之心者也”。“大牛”之所以让人衷心钦佩，是因为他们怀揣赤子之心，在自己的领域发光发热。大学精神的本质，并不是为了让我们变得深奥，而恰恰是恢复人类的天真。不是要我们自恃高等学历，宣扬利己主义的成功经验，而是培养胸怀天下的赤子之心。

画面1：同学1、同学2向陈鼎鞠躬道歉，陈鼎接受了他们的道歉，画面其乐融融。

画面2：刘杰结束演讲，一名老师站起来鼓掌，热泪盈眶：“好，说得太好了。”其他人也站起来，掌声如雷。

画面3：（追光）青涩的青年背着书包从舞台左边入场。（幕黑）（追光）青年拿着笔记本写写画画，边走边停，若有所思。（幕黑）（追光）青年已经换上戎装，踢着正步从右边退场。（此画面配合旁白：教学岗位上，有很多如刘杰一般的优秀教师，他们用自己的事例去影响一批又一批的青年学子，他们知识渊博、研以致用；他们学为人师、品行端正；他们以身作则、行为世范。我们，向他们致敬！）

为了达到舞台的表演效果，旁白结束后安排一处合唱，歌咏师者的无私，表达对老师的感激。

全体谢幕。

文化育人背景下原创院史话剧《矢志》的创作与展演

项目概述

自动化学院再次深入挖掘孙一康教授团队科技报国的奋斗过程，进一步完善话剧《矢志》创作，丰富剧本文化内涵，是加强校史、院史学习教育和强化学生理想信念教育的重要举措，也是创新党史学习教育的有效途径和载体。通过话剧《矢志》的创作与展演，将学校中蕴含的丰富党史资源充分转化为育人优势，营造浓厚的党史学习教育氛围，厚植爱党、爱国、爱社会主义、爱学校的深厚情感，引导广大青年学生立大志、明大德、成大才、担大任。

一、项目背景及意义

党的十八大以来，以习近平同志为核心的党中央从实现中华民族伟大复兴的战略高度，大力推进文化体制机制创新和文化建设。习近平总书记在2016年的全国高校思想政治工作会议上指出，高校要更加注重以文化人、以文育人，广泛开展形式多样、健康向上、格调高雅的校园文化活动，增强思想政治工作的时代感和吸引力。2017年，中共中央、国务院印发的《关于加强和改进新形势下高校思想政治工作的意见》明确指出，高校要将立德树人作为根本任务，要坚持全员全过程全方位育人，把思想价值引领贯穿教育教学全过程和各环节，运用大学生喜欢的表达方式开展思想政治教育。2017年，教育部印发的《高校思想政治工作质量提升工程实施纲要》明确提出，要构建十大育人体系，深入推进文化育人，大力繁荣校园文化，创新校园文化品牌，挖掘校史校风校训校歌的教育作用，支持师生原创歌剧、舞蹈、音乐、影视等文艺精品扩大影响力和辐射力。2018年，北京科技大学出台的《北京科技大学全面推进“三全育人”综合改革试点工作实施方案》指出，要开展“共识”“融入”“协同”“评价”四大攻坚行动，推进科教协同、管服结合、以文化人、实践立行、关爱学子五大“星火北科大”育人计划。

由此可见，“文化育人”在高校落实立德树人根本任务、强化学生理想信念、培养堪当民族复兴大任的时代新人过程中发挥着越来越重要的作用。

校史、院史既是学校发展历程的记录，也是大学精神、大学传统、大学文化的积淀延续。而校史、院史话剧就是展现、演绎、传承学校文化内涵的最佳展现形式之一，它不仅是一门综合艺术，拥有极为丰富的体裁、灵活的形式和广泛的受众，同时又能将思想政治教育融入其中，以舞台表演的方式将中华优秀传统文化、革命文化和社会主义先进文化传递给学生，引导学生自觉弘扬以爱国主义为核心的民族精神和以改革创新为核心的时代精神，努力成长为又红又专、德才兼备、全面发展的中国特色社会主义建设者和接班人。

2019年是自动化学院建院60周年。学院以院庆为契机，系统梳理学院发展史，深入挖掘老一辈专家学者拼搏奉献、学以报国的先进事迹，作为开展学生理想信念教育的生动素材。我国轧钢自动化奠基人、北京科技大学自动化系首任系主任孙一康教授，以其立志报国的远大志向、追求科学的执着精神、勇于创新的学术思想、虚怀若谷的大师风范，成为自动化学院的师德标杆和精神旗帜。学院以孙一康教授为原型，在学校党委宣传部等上级部门的大力指导支持下自编自导自演了学院首部原创话剧《矢志》，并在学院60周年庆祝大会上进行了公演，弘扬了孙一康教授团队矢志不移、勇担科技报国重任的奋斗精神，具有重温院史、致敬先辈、激励师生的重要意义。

在喜迎建党100周年之际，自动化学院在学校文化建设项目重点立项资助下，再次深入挖掘孙一康教授团队科技报国的奋斗过程，进一步完善话剧《矢志》创作、丰富剧本文化内涵，是加强校史、院史学习教育和强化学生理想信念教育的重要举措，也是创新党史学习教育的有效途径和载体。通过话剧《矢志》的创作与展演，将学校中蕴含的丰富党史资源充分转化为育人优势，营造浓厚的党史学习教育氛围，厚植爱党、爱国、爱社会主义、爱学校的深厚情感，引导广大青年学生立大志、明大德、成大才、担大任。

二、项目具体实施情况

自项目立项以来，学院在原有工作基础上，努力将《矢志》打造成一部内容更为翔实、形式更为新颖、育人功能更强的原创院史话剧，建设成为具有鲜明学院特色的文化品牌，通过话剧形式将孙一康教授一生追求真理、矢志报国的奋斗精神在一代又一代北科大自动化人中传承下去，让学院师生不断赓续始终贯穿在学院发展过程中的科技报国、拼搏奉献的红色血脉。

（一）深挖育人元素，加强与思想政治教育的深度融合

原创校园话剧具有陶冶情操、导航人生、培养道德、完善人格等独特的育人优势。因此，学院在编著剧本时充分考虑到原创性、贴近性、思想性、教育性，在体现校园话剧的艺术功能的同时，深度融入院史话剧的思想政治教育功能，强化剧本创作的文化内涵、典型人物的价值追求以及攻坚克难的奋斗过程，不断探索艺术教育与思政教育融合的新形式。

孙一康教授为我国轧钢自动化事业作出了重大贡献、为北京科技大学自动化学院的发展作出了重大贡献，被业内科技人员赞誉为我国轧钢自动化的“黄埔教官”。为了进一步丰富剧本内容，项目组成员通过搜集相关史料、访谈老教师等方式，系统整理出孙一康先生更为翔实具体的成长轨迹和工作事迹，精雕细琢故事内容、深入挖掘精神内涵，将话剧《矢志》分为“少年壮志”“师出名府”“青年才俊”“创新唯存”“报效国家”“矢志前行”6个篇章。剧本内容从孙一康少年之时讲起，讲述了他牢记身为复旦大学教务长、法学院院长并为国罹难的父亲孙寒冰的教诲，刻苦读书、追求真理，考入清华大学并提前毕业进入北京钢铁工业学院机械系冶金机械教研室，从一名普通教师成为自动化系首任系主任，并建立计算机、仪表及液压专业，带领科研团队攻坚克难，多次获得国家科技进步奖，甚至退休后不顾高龄，仍夜以继日地为热连轧计算机控制系统的进步和祖国钢铁工业的发展不遗余力工作的感人事迹。话剧将人物原创性、典型性的塑造与对学生的爱国主义教育完美融合，使学生在话剧的演绎和观

赏中，被学院老一辈教师感人肺腑的奋斗故事吸引，被人物的高尚精神品质折服，从而在润物细无声中树立崇高远大的理想，将个人的追求同国家、民族发展炙热相融。

（二）健全演出机制，确保《矢志》话剧展演顺利开展

学院在学校党委宣传部等上级部门的指导支持下，坚持文化育人以文化人，不断加强顶层设计和统筹谋划，建立健全话剧《矢志》的演出机制，加强服务保障，确保话剧常态化、高质量演出。

一是加强话剧创造的政治领导和全过程指导。学院党委书记亲自担任总策划，在“编、导、演、评”四个环节进行全过程指导，坚持正确政治方向，确保话剧《矢志》的红色基调和育人导向。二是建立了一支稳定的演职人员队伍。演员队伍由学院自动控制研究所教师为固定主创班底，常态化招募具有良好艺术素养的本科生、研究生充实到演员队伍中来。职能团队由学院系所教师和辅导员构成，负责导演、统筹、宣传等工作。同时，聘请校团委话剧团的指导教师加强对演员队伍的专业化培训，在作品的创作和演绎中给予更多历史背景的讲解、蕴含思想的解读和有针对性的艺术细节指导；学生志愿者协助完成舞台监督、服装道具、灯光音效等后台剧务任务，确保主创团队不变，本研学生交叉，队伍传承接力。三是加强场地和物资保障。将机电信息楼111活动室作为话剧排练的常驻场地，保障排练的顺利进行。此外，利用本项目支持经费购置了演出的专用服装、道具、化妆品、麦克风等设备，大大提升了舞美设计水平，展现了更好的舞台效果。

（三）坚持文化润心，推进课程思政建设和师德师风建设

《矢志》不仅仅是一部院史话剧，更是一份闪耀着高尚师德光芒的宝贵育人资源。因此，学院以《矢志》话剧为载体，以孙一康教授及其学生薪火传承为抓手，树旗帜、塑典型、扬风帆，形成了学院“涵养师德师风，践行立德树人”的特色工作。

一是将话剧所蕴含的丰富育人资源转化为课程思政的育人元素。引导学院教师将孙一康教授带领团队勇担科技创新重任，通过“硬件引进，软件自主开发”和“硬件自主集成，软件全部自主开发”两步走战略，实现热连轧计算机控制系统国产化，打破了国外的技术封锁的奋斗故事融入课堂教学中，加强课程思政建设。二是将孙一康教授的高尚师德作为学院精神符号加强师德师风建设。依托话剧素材制作“师德师风”建设专题展板和宣传视频，在学院摆放、播放，引导学院广大教师学习孙一康教授家国情怀、时代担当、淡泊名利，教书育人、心存仁爱、待生袍泽的高尚师德师风，形成以“四有四争”（有理想信念，争做领航先锋；有道德情操，争做师德先锋；有扎实学识，争做育人先锋；有仁爱之心，争做服务先锋）为核心的新时代学院教师价值体系，严格落实“四有”好老师、“四个引路人”和“四个相统一”要求，坚持以德立身、以德立学、以德施教、以德育德。

三、项目特色亮点

（一）结合学生教育规律，强化思政教育实效

传统的思想政治教育工作大多为显性教学手段和口头说教，存在内容枯燥、形式单一、方式方法不够灵活、教育实效性不强等问题。话剧《矢志》充分考虑青年学生的成长规律，有的放矢、生动活泼地开展思想政治教育工作。一方面通过话剧形式创新了思政教育载体，增强了对学生的亲和力和吸引力，有效传递育人导向和价值内涵，增强了针对性和实效性；另一方面又有效摒弃了大学校园中价值取向趋于功利化、娱乐化和实用化的快餐文化，它塑造了个性鲜明的人物形象，凭借演员的精准演出，寓教于乐，引导学生感性融入、理性强化，从而达成教育的目的。

（二）坚持学院自主原创，增强学生创新能力

文化育人要做到有实效，必须坚持自主原创的原则。学院牢牢把握原创性、真实性、思想性，挖掘育人特色，打造文化品牌。话剧《矢志》的编创深深扎根于校园土壤，剧本故事和人物原型均来自真人真事，该剧所有主创人员和演职人员均由学院师生独立完成，演绎孙一康教授团队的奋斗故事。尤其是剧本的排演方面，充分发挥学生自身专长，鼓励学生立足现实、大胆创新，剧本中增加了作为新时代大学生的所思所悟的篇章，使《矢志》既有校本特色，又富有时代特征。

（三）精心雕琢艺术细节，提升学生人文素养

通过美育的方式实现德育，是高校育人工作的重要形式，应该做到坚持艺术标准，走高雅艺术路线。在剧本创作过程中，主创人员反复观看学习了20余部全国各大高校的优秀原创校史剧，如北京科技大学的《燃烧》

《绽放》《奔流》三部曲，清华大学《马兰花开》，上海交通大学《钱学森》等，为剧本的构思和艺术表现提供灵感；通过多次访谈孙一康教授家属和学生、查阅资料、召开座谈会、实地走访等形式，撰写修订剧本前后近20余稿；同时聘任校话剧团团长史梦瑶进行改编与指导。每一次参与《矢志》演出的30余位演职人员都是我院的本科生和研究生，他们接受演出任务后潜心研习话剧表演理论和技巧，反复排练，为学院师生呈现了一台精彩的话剧，学生也在参演和观看的实践过程中逐步提升了自身文化素质和综合素养。

（四）传承发展院史文化，内化学生精神追求

《矢志》不仅是学校优秀文化传播的载体，更是学校重要的文化育人品牌。为进一步传承这部话剧，学院建立了稳定的主创团队，开辟专门演练场所，划拨专项工作经费，使《矢志》这一文化作品能在校园代代传承下去。学生可以在话剧的排演中了解中华民族从战乱贫困到民主富强的发展史，了解轧钢自动化领域发展史，了解自动化学院发展史，了解老一辈科学家的奋斗史，从而帮助学生进一步认识历史、认识社会、认识人生，增强民族自信、文化自信、专业自信，把个人的理想同祖国的前途、民族的命运紧密联系在一起，为国家的发展做出更大的贡献。

四、项目成果成效

回顾话剧《矢志》的创作演出历程，在学院2019届本科生毕业晚会进行首演，在师生中引起强烈共鸣；在学校组织的庆祝新中国成立70周年教职工文艺会演中进行演出并荣获二等奖；在“自动化学院60年”庆祝大会上再次面向全院师生和1000余名校友进行了公演，获得广泛好评。

本项目获得学校2020年文化建设项目一类立项后，在学校的重点资助下，对剧本进行了进一步的完善改良，创作质量又上了一个新的台阶。2020年12月，在“榜样自动化”学生年度表彰大会上进行了第四次公演，由30余名学生党员面向全体2020级本科新生进行演出，让新生深入地了解了学院发展史和老一辈专家学者的奋斗故事，坚定了科技报国的志向、树立了学好专业的强大自信；2021年6月，在学院2021届毕业生晚会上由毕业生代表进行了第五次公演，激励毕业生带着“拥党爱国、追求真理、矢志前行”的坚定志向走向社会，创造人生价值。本次演出通过线上线下同步直播，总观看人数超过 1 万人次，取得了良好的反响。

日前，话剧《矢志》已历经五次公演，每次演出前都会对剧本进行改编优化，不断探寻学院文化基因、打造学院精神符号，目前已拥有了一支稳定的演职人员团队，通过固定教师主创主演班底，招募在校学生充实助演助理团队的方式，确保演职人员团队稳定、有序衔接，导演、编剧、演员、宣传、摄影、剧务、道具、服化、音响、灯光等岗位的工作人员各司其职、各尽其责，能够顺利圆满完成每一次的演出任务，成为一部在校内具有一定影响力的较为成熟的原创院史话剧。

院史话剧《矢志》作为教育的重要途径与鲜活载体，以话剧舞台开创爱国主义教育、感恩励志教育和新生专业教育的新阵地，提升了新时代思想政治教育的成效。话剧在每年毕业生晚会、学生年度表彰大会等重要活动中进行公演，凭借塑造个性鲜明的人物形象，通过演员的传神演出，以现场效应强化学生树立正确人生观、世界观和价值观，增强专业认同感和报国使命感。为广大教职工树立了师德榜样，对于推进师德师风建设、引导教师落实立德树人根本任务有积极促进作用。通过将德育和美育充分结合，在潜移默化中将思想政治工作贯穿教育教学全过程，是开展“三全育人”工作的有效载体。通过话剧《矢志》的创作与展演，完善了学院文化育人体系，发挥了院史育人作用，以校本文化推进了大学文化建设。

（2021 年立项项目　撰稿人：李擎）

打造校园文化品牌活动，探索高校文化育人路径

——以北京科技大学“诗词大会”为例

项目概述

本课题以“传统文化节”下属的系列活动在高校传承和发展的典型案例为基础进行调研评价，分析中华优秀传统文化在高校的传播现状、存在问题，提出中华优秀传统文化的时代精神和当代价值传播的举措以及解决问题的方法，为高校更好地开展校园文化品牌活动提供合理性建议。在高校的不断发展当中，通过提取和总结让校园文化深入师生的心中，在学校内外形成一定的知名度和社会认可度，从而吸引更多的师生参与校园文化的建设。

一、项目背景及意义

国务院颁布的《统筹推进世界一流大学和一流学科建设总体方案》（以下简称方案）明确提出了“建设世界一流大学和一流学科”的“双一流”战略任务。党的十九大报告也提出要实现高等教育内涵式发展，为“双一流”建设作为高等教育在新历史时期的重要任务。《方案》指出，要将传承创新优秀文化纳入建设任务，明确提出加强大学文化建设，增强文化自觉和制度自信，形成推动社会进步、引领文明进程、各具特色的一流大学精神和大学文化是一所大学的精髓和灵魂。优秀传统文化的传承与发展是“立德树人”教育的重要思想文化来源。中华民族悠久而深厚的历史文化，体现着国家的高度精神追求，承载着民族的共同集体记忆，代表着社会的独特精神标识。新时代高校的文化传承与发展，需要充分挖掘并运用优秀传统文化的价值精华，开展融合中华优秀传统的文化教育，增强文

化自信。

（一）“双一流”大学建设为弘扬中华优秀传统文化提供了有利契机

开展“双一流”大学建设，是新时期高等教育发展的必然要求，是不断提升高等教育水平所做出的重要战略部署。把中国各高校统一纳入世界一流大学和一流学科建设，代表着中国高等教育视野更加现代化、国际化，也体现出中国高等教育在朝着更高、更强的方向迈进。中华优秀传统文化博大精深，是中华民族的根和灵魂，在“双一流”大学建设的过程中，中国各高校不仅要与国内其他兄弟院校“一较长短”，同时要具有国际眼光，积极融入竞争，取长补短，要在以中华优秀传统文化为重要文化的引领下，打造具有世界性和民族性的高水平大学，在世界范围内传播中华民族的民族精神、人文精神和独特魅力。

（二）中华优秀传统文化为“双一流”大学建设奠定文化基础和文化内涵

当前社会是一个信息开放、价值多元的社会，个别高校持有片面的全球意识，盲目推崇西方的科学技术和文化，存在“失根”现象。在世界范围内建设“双一流”高水平大学，不仅需要有世界眼光，主动参与国际学习交流，取长补短；更需要把握办学方向，明确核心和根本，坚持中国特色，确保中国高等教育服务经济社会的同时，办出中国特色的高水平大学，培养出具有民族特色的人才，让中国更多的高校和学科跻身世界一流行列的同时不被“同化”，依然散发着独特的魅力，闪耀着中华民族智慧的光芒，这是中国高等教育的精神和灵魂所在。

（三）高校的校园品牌文化活动是校园文化建设的重要载体

习近平总书记指出，一个国家、一个民族的强盛，总是以文化兴盛为支撑的，中华民族伟大复兴需要以中华文化发展繁荣为条件。而高校的校园品牌文化活动是校园文化的重要载体，校园文化通过明确的定位，建立自身的品牌，并且进行有效的传播，让校园文化不断进行沉淀，最终形成鲜明的精神内核。中国特色社会主义迈入新时代，我们肩负新使命，走上新征程，应以习近平新时代中国特色社会主义思想为指导，继续大力推进中华优秀传统文化在新时代背景下、新传播条件下的创造性转化和创新性发展，为中国特色社会主义文化繁荣发展，为中华民族繁衍进步、中华文明持续兴盛提供强大智力支撑。

（四）高校育人导向与文化承载的功能有着紧密联系

高校育人过程中开展的教育实践活动，遵循一定的观念、标准及规范，对受教育主体进行有目的、有计划的指导和教育，这是对中国传统文化的继承和发展，反映出一个国家、民族的核心价值，这与高校文化育人在教育的理念、功能和目标等方面存在共通之处，高校育人工作既要有教育责任，又要实现中华民族优秀传统文化创造性转化和创新性发展。

二、具体实施情况（主要做法）

（一）前期准备工作

在理论研究的基础上，通过文献研究法、个案分析法，围绕传统文化建设推广机制等进行文献梳理，探讨目前中国高校传统文化建设的最新发展形势和高校在相关领域的内容研究，为两者的有机结合提供理论依据。以北京科技大学传统文化弘扬作为典型个案，深入研究传统文化建设及其协同育人作用发挥的具体实施和经验总结。形成“三全育人”背景下的传统文化育人特色体系。

现有文献研究，主要有以下几种观点：

乔洋、刘健婷（2018）认为，传统文化是我国高校思政教学活动中具有深厚文化底蕴的教育资源，把传统文化恰当融入高校的思政课课堂教学中，可使两者恰当对接，不仅可借助高校思政课日常教学活动较好地弘扬与传授传统文化，而且还可健全思政课课程内容，从而让高校学生受到更多的传统文化的感染与熏陶，进而充分发挥传统文化的育人功能，最终显著优化高校学生的素质与思想。

章宁、张秀艳（2021）认为，优秀传统文化对当下的人们有着极为重要的影响，而优秀传统文化通过潜移默化的方式在不断地继承和发展。优秀传统文化教育还在一定程度上渗透到社会的思想政治教育理论内容之中，这就会导致在思想政治教育的过程中，优秀传统文化会占据更加重要的地位与发挥更大的作用。从历史的前进发展角度来看，主流价值观会慢慢成为优秀传统文化教育的一部分。

郑晓绵（2022）认为，通过在新时代发展背景下，传统文化需要随着社会的发展而不断完善。因此高校弘扬中华优秀传统文化，需要立足当代社会发展的客观实践，了解当代高校青年的文化需求，在适应经济社会发展潮流的前提下，对高校青年进行正确的文化引导。在满足文化教育传承需求的基础上，才能够真正发挥教育在影响人、培养人方面的功效，也才能够帮助当代青年更好地理解、认可中华优秀传统文化。

丁燕、王志芳（2022）认为，面对中华优秀传统文化融入高校思想政治教育的现实困境，高校要找寻到正确的“灯塔”，坚持正确原则导向，坚持以学生为本的发展导向采取合理措施，在实践中不断摸索前进，以此推动高校思想政治教育健康发展：一是坚持正确思想引领，以马克思主义为“融入”的根本遵循；二是优化师资队伍建设，在“授业解惑”中传播优秀传统文化；三是完善课程体系建设，搭建科学的传统文化“课程链”；四是强化核心价值导向，形成崇尚传统文化的校园风尚。

（二）具体实施阶段

1. 打造品牌活动

北京科技大学“满井诗光”诗词大会至今已举办六届，仿照中央电视台举办《中国诗词大会》栏目的竞赛形式，设计融合校史校情、北科大精神的校园诗词大会，彰显北科大人文精神特色。活动将“普及传统文化知识，提升师生人文素养”作为目标，将考察师生的诗词储备与文学素养作为重点，采用“赛诗会”与“诗词大会”相结合的形式。“赛诗会”以中华优秀传统文化、中华优秀传统美德等内容为主题，面向全校征集诗词作品，并将优秀作品在全校范围内进行展示宣传；“诗词大会”将结合时政热点、校园话题、师生关注点等方面设计竞赛主题，精心设计分站赛、排位赛、半决赛等竞赛环节，将决赛作为“传统文化节”闭幕式，邀请专业教师担任诗词大会评委，实现趣味性与知识性的统一，从而进一步调动学生对学习中华优秀传统文化的积极性，筑牢培育和践行社会主义核心价值观的思想文化根基。

2. 加强氛围营造

大学作为社会进步的“思想库”，是创新理念的发源地、引领社会的风向标，而这一切，正是源于大学的本质属性——“文化性”。璀璨的传统文化作为民族瑰宝，有着各种各样的艺术表现形式，同时也蕴含着丰富的人生哲理。积极引导学生参与到与传统文化相关的学习和活动中来，不断传播人文精神、家国情怀、民族精神、修身笃行等内容，营造浓厚的艺术气息和文化氛围。采用多种形式，将诗词歌赋、书法绘画、篆刻雕塑、民乐民俗等文化艺术有效融入校园文化的日常学习和活动之中，使传统文化不断地去芜存菁、守正创新。利用好建军节、春节、端午节、中秋节等重要时间节点，抓住有利契机，开展好家国情怀、诚信笃行等有意义的主题活动。使传统文化与校园主流文化交相辉映，充满时代感又不失民族特色。

3. 整合资源平台

对于大学文化生态而言，既要挖掘、提炼、整合这些文化资源为时代所用，也要打造传播优秀传统文化的平台，使优秀传统文化在与大学文化环境的互动中成为教育生态的有机组成部分，有效激活文化育人的活力。通过“第一课堂”平台建设，依托“第二课堂”文化育人支撑，加以各种有关优秀传统文化的学生社团、合作学习和探究学习小组的组建，全面激发优秀传统文化的育人活力，整合平台资源，在高校形成“多轨并行”的优秀传统文化建设路径。

三、项目成果成效（特色亮点）

（一）成果概述

作为学校重点打造的传统文化品牌项目，“满井诗光”诗词大会至今已举办到第六届。传统文化节作为北京科技大学文化建设的标志品牌，也是师生继承和弘扬中华优秀传统文化，展现风采风貌的重要舞台。通过传统媒体和新媒体平台，打造网络宣传矩阵，营造崇德向善、见贤思齐的校园氛围。安排形式丰富、内容多样的主旋律、正能量文化作品征集。

课题组以“诗词大会”品牌活动为线索，挖掘中华优秀传统文化在高校育人中的作用发挥，厘清文化育人的脉络线索，探索一条以文化人的个性化育人路径；形成以举办“诗词大会”为主要研究样本的传统文化育人模式调研，完成一篇传统文化在高校育人作用发挥方面的调研报告。

（二）项目特色亮点

1. 以品牌活动为重要载体，加强中华优秀传统文化在校内外传播的深度和广度

以“满井诗光”诗词大会等品牌活动作为重要载体，加快构建传统文化教育新生态，引导学生正确认识中华优秀传统文化的传播价值，培养中华优秀传统文化的继承者和弘扬者，推动文化传承与文化创新。为学生理

想信念塑造提供引领，为工科院校提供丰富人文育人环境，为立足新时代深入推进中华优秀传统文化建设提供根本遵循和行动指南。来自北京科技大学材料科学与工程学院的学生朱锐雪参加中央电视台《中国诗词大会》节目，在自我介绍中特别提到学校举办的“满井诗光”诗词大会对其产生的深远影响。

2. 创新传统文化教育形式，强化高校传统文化教育体系

在一定程度上改变以往思政教育的“填鸭式”教学方法，改变学生的学习形式，加强高校传统文化教育体系化建设，在充分发挥课堂教学主渠道作用的基础上，注重发挥课外活动的重要作用，一些新颖独特的形式不仅可以赋予文化新的生机，还能够唤起学生的兴趣，从而更好地激发学生学习中华优秀传统文化的积极主动性。

3. 探索中华优秀传统文化融入高校思想政治教育的途径

依据时代发展特征，探索中华传统文化在高校中的最优教育形式，将中华优秀传统文化作为思想政治教育的教学资源，在“中国梦”思想宣传教学和培育社会主义核心价值观的背景下，加强传统文化融入高校思政教育并选择合适的内容进行推广和教学，从中国优秀的传统文化中寻找智慧，在思想政治教育中弘扬优秀传统文化。

四、未来工作建议

（一）营造氛围，精心组织

在学生群体中积极营造传统文化传承的氛围，将品牌活动持续化开展，把中华优秀传统文化教育作为一项重要任务抓紧抓好，在深入总结已有工作成果的基础上认真制定方案，精心安排部署，确保工作落实和师生全覆盖。落在小上，注重小处着手，以小见大。落在实上，倡导实处着力，知行合一。

（二）创新推动，增强实效

要积极发挥主观能动性和工作积极性，坚持理念创新和方法创新，积极拓展吸引力强、影响力大、节俭易行的宣传教育形式，力争把有意义的事情做得有意思，同时发挥传统媒体、网络平台和新媒体的优势，大力宣传和推广活动亮点、工作特色和先进典型，营造良好的工作氛围。

（三）固化成果，常态推进

认真总结工作中的好做法、好经验，固化工作成果，形成定期报送机制，不断建立和完善文化建设工作长效机制，努力将中华优秀传统文化教育融入学生日常教育管理、专业学习、社会实践、志愿服务等各个工作环节，促进学生全面成长成才。

（四）立足实践，师生合力

立足实践感悟文化精髓，发挥专业师资力量优势，以“优秀传统文化的保护和传承”为主题，让青年学生在实际调研中感受传统文化的独特魅力，唤起青年学生“保护优秀传统文化，捍卫民族精神家园”的思想意识。

（2021 年立项项目　撰稿人：倪宇）

“外语文化节——游园日”建设结题报告

项目概述

外语文化节——游园日在培养学生外语学习兴趣的同时，使学生对于不同国家地区的文化、风土人情建立更加深入、直观的认识，进而建立文化视角下的语言学习体系，提高学生专业知识应用能力。同时，进一步促进北京科技大学严谨学风的建设，做到良好校园文化和专业知识“走出去，引进来”。并且有意识地将不同国家和地区的优秀文化、积极向上的思想理念纳入其中，从而促使学生思想政治教育活动如春风化雨，在学生成长过程中起到润物无声的效果。

一、“外语文化节——游园日”研究背景和意义

本课题为开展面向全校的北京科技大学外语文化节，开阔学生的视野，使学生能更多地了解各国文化，增强学生对外语学习的热情。其中，外语文化节——游园日已经成功举办 13 届，一直秉承专业化、高品质、重实效的办赛宗旨，力求展示多国多地区的风土人情，增强广大学生外语学习兴趣，提高集体凝聚力，使学生在多元文化的熏陶和文明风尚的感染下，面向世界，全面发展。该活动现已成为学校、学院围绕“学风建设”开展的精品活动之一。通过打造“游园日”这一精品“第二课堂”活动，学生能将课内所学知识学以致用，深入了解不同国家、地区的文化，开阔眼界，提高专业学习的热情。此外，学生通过参与活动策划、组织、实施，能够全面提升组织、协调、沟通等方面能力，提高综合素质。

外语文化节——游园日突显外国语学院特色，在培养学生外语学习兴趣的同时，使学生对于不同国家地区的文化、风土人情建立更加深入、直观的认识，进而建立文化视角下的语言学习体系，提高学生专业知识应用

能力。同时，通过该活动营造良好的外语学习氛围，加强各学院间的联系与配合，能够进一步促进我校严谨学风的建设，为北京市各高校的交流与合作提供更好的平台，做到良好校园文化和专业知识“走出去，引进来”。

外语文化节——游园日通过筹办形式多样的展览、汇报演出、共享书角等环节，丰富学生的课余文化生活，在紧张的学习之余放松身心。

二、“外语文化节——游园日”建设目标与计划

（一）建设目标

希望通过本项目激发学生学习外语的热情，并促进学生对语言文学的热爱，提高学生的外语水平和实践能力。增强北京科技大学的校园文化氛围，丰富同学们的校园文化生活。增强首都高校之间的联系，通过各种形式交流外语学习心得，互相学习共同进步，同时能为北京市各高校的交流与合作提供更好的平台。把不同国家和地区的优秀文化及积极向上的思想理念传递给同学，寓教于乐。加强学生之间的交流和了解，增强学生团队合作意识。

（二）建设内容

创新内容设计，通过多种形式向大家展示中国本土文化和外国文化及风土人情，带领全校同学领略世界文化。

强化交流联系，在邀请其他高校师生参加的基础上，进一步加强与其他高校的联系，碰撞思想、交流活动经验，开展协同宣传，吸引更多高水平的学生参与，邀请更专业的人士提供活动指导，加强活动的文化内涵。

扩大宣传影响，加强活动前后期宣传，挑选其中优秀的有意思的展览内容或表演片段在各大社交平台上进行推广，覆盖更多师生，丰富校园文化。

三、“外语文化节——游园日”建设与实施

游园日活动原定于2021年春季开展，因疫情原因，无法举办大规模人群聚集性活动，因此把游园日活动拆分为以下活动。

（一）“百人百里”党史竞答接力跑

在学校田径场举办“百人百里”党史竞答接力跑活动，组织学院老师和各级党团支部学生进行组队，完成展位布置、竞赛答题、接力跑等活

动，100余人参与其中。活动中，共设置10个展位，每个展位设计有关外语语言特色、百年党史和党史学习教育相关的挑战项目，每个团队的一名队员需完成关卡挑战，并依次接力。

各参赛团队凭借长期积累的专业知识和党史知识储备，一路过关斩将，顺利完成各种挑战，充分展现出来外院学子良好的精神风貌和拼搏精神。本次活动，创新内容设计，通过体育锻炼和闯关答题的形式相结合，既提高学院师生强身健体的意识，又加强学生对外语学习的兴趣，并进一步增加了同学们的党史知识储备。

（二）外文电影配音大赛

举办首都高校第十四届外文配音邀请赛暨北京科技大学第十九届外文电影配音大赛，本次大赛共吸引了来自北京大学、北京外国语大学、北京第二外国语大学、北京语言大学、北京理工大学、首都师范大学、北京交通大学等首都十余所高校的162支队伍参与。经过紧张激烈的初赛、复赛和决赛的比拼、角逐，最终活动取得了圆满成功。

外文电影配音大赛秉承专业化、高品质、重实效的办赛宗旨，有效地提高学生的外语学习兴趣和口语表达能力，已成为学校学院围绕“学风建设”所开展的一项精品活动。通过打造“外文电影配音大赛”这一精品“第二课堂”活动，使学生能将课内所学知识学以致用，切实体会专业知识在实际生活中的运用，提高专业学习的热情。并且学生通过参与活动的组织，能够全面提升组织、协调、沟通等综合素质。配音大赛在培养学生外语学习兴趣的同时，也提高了学生的语言应用能力。此外通过选择优秀的有意思的中外电影，丰富学生的课余文化生活，在紧张的学习之余放松身心，并且有意识地将优秀的中外电影中所融入的主流向上的思想理念纳入其中，从而促使学生思想政治教育活动如春风化雨，在学生成长过程中起到润物无声的效果。

本次配音大赛，不仅参赛学校、学院和团队较多，并且精心设计，邀请留学生参与其中，强化交流联系。并且在活动前后进一步加强与其他高校的联系，碰撞思想、交流活动经验，开展协同宣传，吸引更多高水平的学生参与，加强活动的文化内涵。同时扩大宣传影响，加强活动宣传，在北京科技大学官方微信平台上进行推广，覆盖更多师生，丰富校园文化。

（三）读书分享与党史名言翻译

组织各年级党团支部开展红色经典阅读活动，定期通过学院微信公众号发布推送，进行读书、荐书活动，讲述党的优良传统，追忆百年来讲砥砺奋进的故事，学生们在其中进行了充分交流探讨，并且取得了一定的关注度，营造良好的“不忘初心，不负韶华”的教育氛围。

于红色经典中汲取知识，在党史学习教育氛围中提升自我。在品读红色经典之后，各年级党团支部结合专业知识，用英语、日语、德语等多种外语翻译百年党史中记载的重要名句，积极主动宣传党的先进执政思想和精神，他们以实际行动践行爱国爱党之情，讲好中国故事，勇做走在时代前列的接班人。

（四）“礼赞建党百年，共绘青年蓝图”主题手绘海报比赛

在银杏大道组织开展“礼赞建党百年，共绘青年蓝图”主题手绘海报比赛，共有 6 支学生队伍积极参与其中，现场完成党史相关主题的海报绘制，用马克笔、水彩颜料等工具进行了丰富多彩的创作。

创新活动内容，使用艺术的语言将党史形象化地呈现，诸幅图画生动地再现中国共产党 100 年来波澜壮阔的光辉历史。秉承着“以画为体，以史为魂”的结构方式，师生向观众不仅展示美术作品，更是以静态的画面讲出生动的故事，以此展现真实历史、讲述家国情怀、传承精神品质。

四、“外语文化节——游园日”建设效果

（一）形成多样化的活动形式

始终向各基层组织强调活动创新的重要意义，积极采取新形式新方法进行主题教育活动，充分调动学生的积极性与创造性，有效提高学生的思想道德素质，切实增强参与支部的凝聚力和行动力。

（二）加强交流联系及体系思考

进一步加强与兄弟高校和学院的联系，碰撞思想、交流活动经验，开展协同宣传，吸引更多高水平的学生参与。继续坚持“以人为本，让学生最大程度受益”的工作宗旨，不断优化学院各项精品育人平台，全面落实各项工作任务。着力打造精品化“第二课堂”活动，积极思考和探索文化节系列工作的新思路和新方法，以形式多样的特色活动校园工作大局，服务青年学生成长成才。

（三）继续扩大外语文化节的影响力

目前外语文化节系列活动其影响力已从本学院逐步扩大到其他学院、外国留学生以及周边院校。让世界变小，将眼界拓宽，在文化节系列活动中，外国语学院联合各兄弟学院和周边高校共同展示出贝壳青年“晓中国，知世界”的精神面貌。为同学们带来了一场文化盛宴，打开走向世界舞台的一扇大门，不断展现当代大学生的激扬向上的青春，给予广大同学们多一个表现的舞台，推进学生综合素质的提升。

（2021 年立项项目　撰稿人：张秋曼）

“行走”的文化
——学院文创作品设计的探索实践

项目概述

为了进一步发展大学文化，适应当前文化产业的发展，材料学院拟通过将文创产品打造为优秀学院文化传播载体与材料学院特有文化符号，来实现对学院文化的立体化、多元化、生活化宣传，满足学院文化建设和发展需求，提升师生幸福感、树立文化自信心、增强学院影响力。当镌刻着青春朝气、承载着学院文化的创意产品融入学院生活，形成独特品位时，美好的学院文化便有了绝佳的见证者、记录者、传播者。

一、项目背景及意义

文化创意产品是学生继承和弘扬校园文化精神的重要载体，也是学校历史积累的具体表现。校园文创产品设计的关键在于它所蕴含的思想文化内涵，其本质是传达本校的文化特色，使得思想文化内涵得以更好地表达。新时代背景下，大力发展文化创意事业，有助于为人民提供更加丰富的精神食粮、满足人民过上美好生活的新期待，提升民族文化自信、振奋民族精神。材料科学与工程学科自创建以来已有60余年的光辉历程，有着深厚的历史和文化底蕴。从甘于潜心科研、服务祖国发展的奉献精神，到善于打开局面、不断开创未来的创造精神，再到勇于迎难而上、砥砺拼搏奋进的奋斗精神，再到敢于担当作为、凝聚磅礴伟力的团结精神，共同组成了如今材料学院的文化内涵。

为了进一步发展大学文化，适应当前文化产业的发展，材料学院拟通过将文创产品打造为优秀学院文化传播载体与材料学院特有文化符号，来实现对学院文化的立体化、多元化、生活化宣传，满足学院文化建设和发展需求，提升师生幸福感、树立文化自信心、增强学院影响力。对于学院全体师生来说，学院文创作品是归属感的标识和韶华岁月的印记，珍贵十足；对于社会各界朋友而言，学院文创作品是学院文化的注脚和双边往来的象征，意义深远。当镌刻着青春朝气、承载着学院文化的创意产品融入学院生活，形成独特品位时，美好的学院文化便有了绝佳的见证者、记录者、传播者。

二、项目实施

材料学院在全媒体时代下把握学院文化建设发展机遇，以服务学科发展为主线，以弘扬材料精神为目标，整合团学组织人才资源，打造一支有品位、有责任的文创团队；群策群力，举办一场材院文化创意作品设计大赛；发挥师生及校友的主体作用，设计一批有创意的学院文创产品；依托互联网信息技术，搭建一个以"北科大材子风华"微信公众号为主，以网站、短视频平台和直播平台等为辅的立体化文创宣传平台。通过讲好材院故事、呈现多彩学院，引导学院师生培育和践行社会主义核心价值观，增强师生归属感和荣誉感，扩大材院社会传播力、影响力。

材料学院依托学院人才优势以及良好宣传资源，以提升文创作品质量为核心，以打造专业文创团队、发挥师生主体作用着力点，着力打造"一体两翼"文创设计模式，并通过搭建立体化文创作品宣传平台，形成从设计到宣传的完整文创链条，以更好地服务于学院文化发展。

1. 加强队伍建设，组建一支优秀文创团队

从学院优秀文化出发，设计开发文创精品对丰富学院文化内涵、传播和传承学院优秀文化精神以及提升师生文化自信具有重要意义。要想做好文创设计工作，关键在人。在过去的一年中，材料学院整合学院团学组织人才资源，通过树立服务学院文化发展、弘扬材院优秀精神的理念，激发工作热情；加强校友联络，借助校庆70周年良好契机，邀请校友返校深入了解学院建设成果，鼓励校友积极参与学院未来建设；邀请学院老教授讲授学院文化，增加对学院文化的了解掌握；组织经验分享交流会，提升工作及创新能力。思想引领、文化教育、能力培养多线并行，打造出一支热爱学院、能力出众的文创队伍。

2. 发挥全院力量，举办一场出色文创比赛

每一位师生、校友对学院文化都有着自己的理解与感悟，正因如此，学院文创工作才有取之不尽、用之不竭的源泉。为充分发挥学院师生的积极性、主动性、创造性，激发校友的爱院荣校热情，我们依托学院丰富的历史文化资源，结合主题党日、主题团日、70年校庆校友联络等活动，借助学院官媒大力宣传引导并提供相应文化素材，开办了一场参与度高、创新性强、持续时间长、影响力大的材院文化创意设计大赛，整合广大师生及校友创新创意要素，实现创新思维成果转化，丰富文创内容、提升文创质量。

“文材共创，绘影柒拾”作品征集大赛是在70周年校庆来临之际，为进一步活跃材料学院文化氛围，蓬勃学院文化产品内容，继承和发扬材料学院的学厚质朴百炼成材的风貌所精心策划组织开展的文创大赛，旨在在激发学生对摄影、绘画和设计的兴趣与潜能，培养其创新能力和实践能力的同时，也做好校庆筹备工作。材料学院面向全体师生征集优秀作品，共设置三个赛道：文创组、绘画组和摄影组。文创组征集学院及校庆相关文创作品，绘画组征集海报和绘画作品，摄影组征集学校摄影作品。活动共收到作品59份，经初审58份作品进入投票环节，共1337人参与投票，三个赛道共收集有效票数7234票。投票推文总阅读量8032人次，为全年最高，分享阅读率高达2737.37%。

部分文创作品展示：

图1　金小象积木

金小象积木：外观上是以“金小象”为主要形象、模仿乐高经典系列

玩具方头仔所设计的拼搭积木模型。大致尺寸为16mm×16mm×56mm，小巧可爱，可以放在桌面上作为装饰用的摆件，也可以将零件进行拆除与重新拼搭，可玩性十足。金小象为北科大材料学院的吉祥物，是学院形象的代表。

图2 银杏叶金属书签

银杏叶金属书签：以镂空的银杏叶片为书签的主体，在其上绘制了材料学院的代表建筑——主楼，象征着在北科大材料学院求学的时光会陪伴着同学们学习的年月。

图3 戴珍珠耳环的金小象

戴珍珠耳环的金小象：冰箱贴效果图。

部分摄影作品展示：

图 4　我和我的父辈

我和我的父辈：北科大的路上，总能遇见一位老人，他/她或许就是哪位为国家为材料事业奋斗一生的老教授；五环广场中，亦能看到一个个嬉戏的孩童，他/她或许要继承先辈们的衣钵，继续将国家复兴为己任。我和我的父辈，薪火相传。

图 5　北科大的银杏树

金秋北科大：秋日见此银杏，金衣银骨，枝叶张扬。一干多枝，如我北科院系众多；树叶繁盛，明亮灿烂，让人思及北京科技大学各个领域闪耀的人才。银杏不朽，矗立千年成为活化石；才人辈出，我科也风光正好！

3. 拓宽宣传途径，搭建一个立体宣传平台

全媒体时代背景下，形式单一、内容生硬的宣传方式难以达到预期推广效果，因而向多形式、高质量的立体化宣传发展已刻不容缓。材料学院充分利用学院线上宣传资源，对学院文创团队与广大师生所设计的优秀文创作品进行采编，通过“北科大材子风华”微信公众号、各类视频平台详细讲述作品背后的文化故事、设计理念以及所彰显出的情怀使命、责任担当，教育引导广大师生传承材院文化，弘扬优秀精神，让互联网这个最大变量成为学院文创事业发展的最大增量。

过去的一年中，“北科大材子风华”共推出 394 篇推送，总阅读量超过 31.9 万。其中 105 篇推送阅读量在 1000 以上（去年 58 篇，同比提升 81%），其中有 44 篇突破 2000（去年 23 篇，同比提升 91%），单篇最高阅读量超过 8000。总关注人数 6961 人，相比去年增加 941 人。向北京科技大学官微、北科大青年、北科大党建和贝壳学子在线等官微投稿共计 15 篇（北京科技大学 8 篇、北科大青年 2 篇、贝壳学子在线 3 篇、北科大党建 2 篇），累计阅读量 21.86 万。此外，持续更新“北科大材子风华”公众号的主页菜单，为各部门的推送及专栏推送开设相应子菜单，便于分类查找浏览。

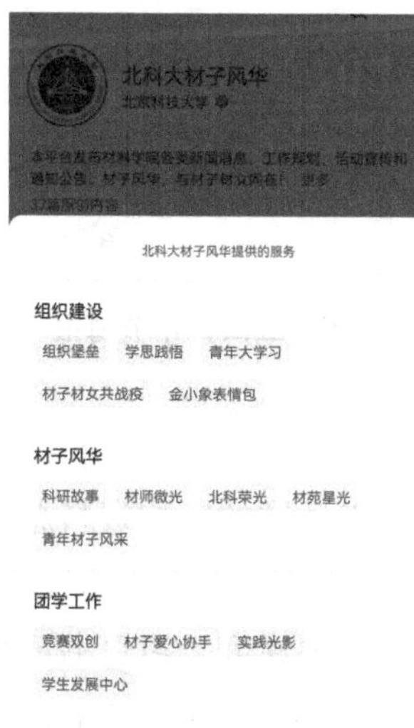

图 6

PR 视频及 PS 展板海报质量不断提升。各类视频制作包括新年祝福视频、招新视频、"五四"视频、学习习近平总书记重要回信精神视频、停课不停学视频、导师制宣传视频、特等奖学金系列视频，合计 30 分 4 秒。LED 电子屏视频制作，将特种奖学金获得者的风采制作成视频在主楼南门电子屏进行展示，视频合计 1 分 13 秒。展板及海报制作如本科生特奖得主风采展示展板制作、研究生国奖得主风采展示展板制作、公众号宣传展板、职得宣传海报、"五四"海报、青椒青沙龙海报、战役口号海报、招新海报等，展板海报合计 41 张。特色推送封面制作如金物系宣传推送封面、小年推送封面、元宵节推送封面、抗疫推送封面、特奖得主系列封面等，封面合计 20 张。

图 7　五四青年节海报

开通"材子风华"视频号，是对于宣传新途径的探索，尝试通过学院日常工作的短视频分享，热点话题的影响资料总结，提高学院关注度。其中"校庆倒计时之老照片"系列，从校庆倒计时 10 天开始连续制作 10 期，回顾学院历史，获得较高关注度。习总书记给北京科技大学老教授回信报道视频，获得近 5000 点赞和近 7000 转载量。

图 8　材子风华视频号报道视频

学院活动直播：对于毕业晚会、迎新活动、开学典礼等受关注度较高，在抖音、B 站等平台共开展直播 24 次。

4. 满足多元需求，制作一批学院文创产品

文创产品能够提升宣传工作的有效性和多样化，是对于学院文化资源的整合和提升，通过对文化的开发和再创造，产生高附加值的实体产品，满足学院师生多元化的需求。优秀文创作品宣传推广需线上线下并重。通过联系厂家，对实用性强、好评度高、文化性足的文创作品进行批量生产，并将其作为学院活动、单位交流的奖品、礼品，让文创作品融入师生生活、服务学院发展。

特色周边的设计和制作，共设计金小象陪你过冬天表情包 16 个，金小象表情包第三弹 16 个，下载量 199，发送量 726。第一系列下载量 1438，发送量 40067；学院学部展会夹 2 个；四季文件夹 4 个；金小象 U 盘一个；金小象卡贴 1 个；金小象挂钩 1 个；金小象手机支架 1 个。

部分文创产品展示：

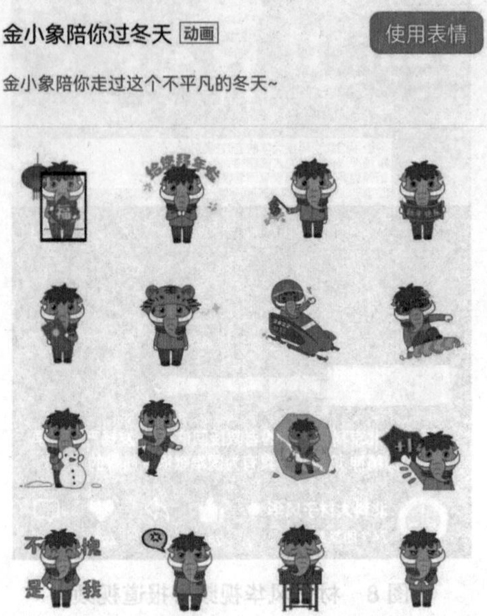

金小象陪你过冬天 动画

使用表情

金小象陪你走过这个不平凡的冬天~

图 9　金小象陪你过冬天表情包

金小象第三弹 动画

使用表情

新年将至，陪伴材子材女成长的金小象表情包第三弹来啦！
可爱金小象，伴你成长每一天~

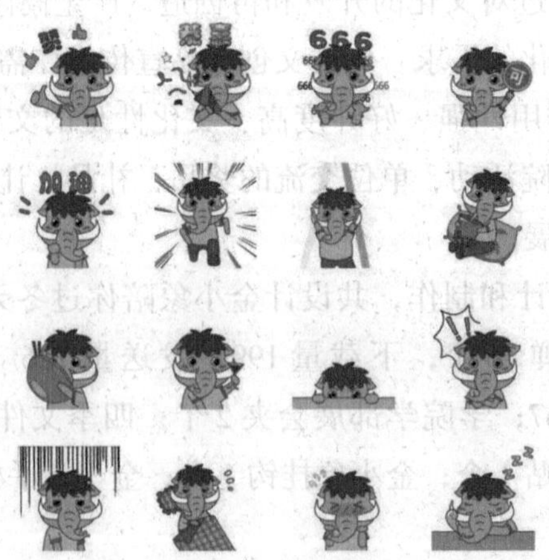

图 10　金小象表情包第三弹

图 11　金小象冰箱贴礼盒套装

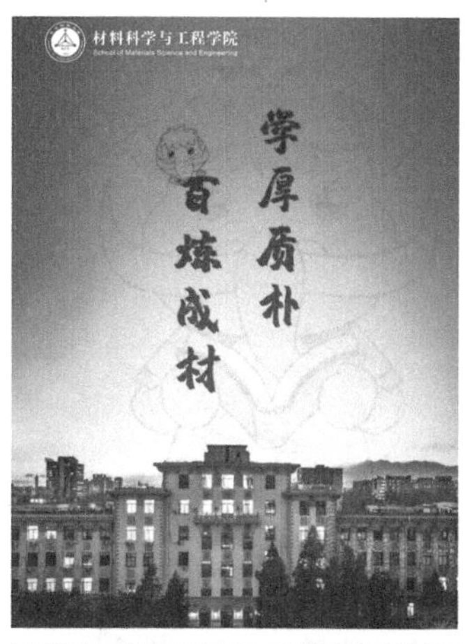

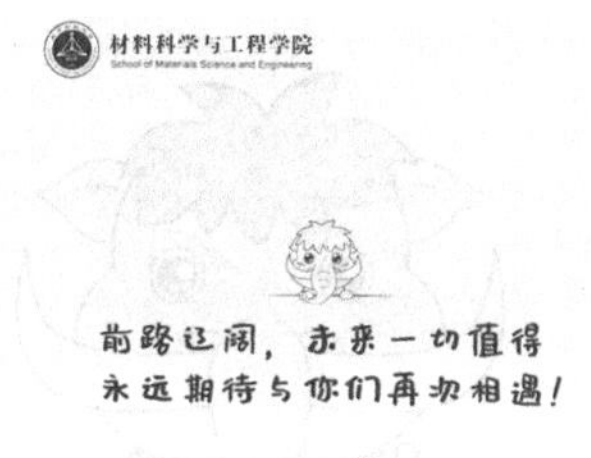

图 12　毕业季主题 L 形文件夹

图 13　卡贴

图 14　钥匙扣

图 15　手机指环扣

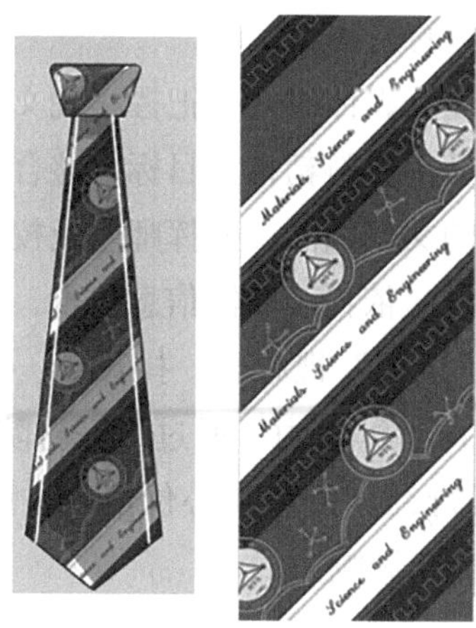

图 16　领带

三、项目成效与思考

文创产品的设计和宣传途径的丰富，更好地承担起举旗帜、聚民心、育新人、兴文化、展形象的使命任务，以学院师生喜闻乐见的方式记录大家关心关注的热点话题。通过文创大赛，提高了师生参与度，营造“人人都是学院代言人”的良好氛围，提高师生对于学院发展的责任人意识。

（一）共同参与文创设计为学院宣传注入新动力

文创产品作为学院文化建设的重要构成内容，也是学院文化和精神的载体，为有效传达学院文化、涵养爱院情怀起到积极作用，能够有效推进文化传播速度，增加文化魅力。鼓励广大师生校友参加文创大赛，一方面能够集思广益，吸纳更多更好的创意，另一方面能够推动更多的材料人加入学院文化建设的队伍，通过自己设计的文创产品，加强对学院工作的参与感和认同感，进而提高主人翁意识，主动参与学院宣传工作。

（二）探寻宣传新途径为学院宣传开拓新阵地

推动传统媒体与新兴媒体互动并进，是适应时代发展、大众喜好，从而提高观众度的重要途径。材料学院尝试打破以公众号为主的宣传格局，搭建新媒体矩阵，牢牢把握各个平台的独特内容风格，使得宣传内容多元化，吸引更多不同的受众群体。“材子风华”视频号的建立，是对公众号单一功能的补位，不同平台的作品形成互补，能够联动内部资源，形成宣传合力，进一步提高学院的关注度。

未来，材料学院将在全媒体时代下把握学院文化建设发展机遇，以服务学科发展为主线，以弘扬材料精神为目标，整合团学组织人才资源，打造一支有品位、有责任的文创团队，发挥师生及校友的主体作用，让更多材料人共同参与学院建设。依托互联网信息技术，构建以“北科大材子风华”微信公众号、“材子风华”视频号、抖音号、哔哩哔哩网站为主的宣传矩阵，向着融媒体方向持续发力。通过讲好材院故事、呈现多彩学院，引导学院师生培育和践行社会主义核心价值观，增强师生归属感和荣誉感，扩大材院社会传播力、影响力。

（2021 年立项项目　撰稿人：王海波）

传统工艺展示平台精品网络文化建设项目结题报告

项目概述

此次立项在研究院现有网站的基础上，丰富传统工艺板块，建立学科数据库，增添铸造锻压、花丝镶嵌等金属工艺的图片、视频等全新的元素，集教育性、互动性和趣味性于一体，进行研究院网站精品网络文化试点建设，共享网络文化资源。此次立项加大了对金属冶炼技术相关的科技史学科的思政教育和爱国主义传统文化宣传，也促进了北京科技大学优秀传统文化的网络建设和发展，发挥了技术文化遗产在传统文化教育和爱国主义教育中的特殊作用。

一、项目背景及意义

首先，北京地区传统手工技艺众多，均蕴藏着丰富的文化内涵，近年来，北京市发挥政策引领作用，不断完善非遗保护工作机制，推动非物质文化传承和发展。2006 年，市政府办公厅就出台了《关于加强本市非物质文化遗产保护工作的意见》，为非遗保护提供了有力的政策指导，其中提到要“充分发挥非物质文化遗产在传统文化教育和爱国主义教育中的特殊作用”；市文化局出台的《关于加强非物质文化遗产保护传承的扶持办法》（2012 年）提出“积极推进非遗教育进校园”“广泛动员新闻媒体积极参与，加大对非遗的宣传力度”；这与 2010 年市文化局与市财政局联合制定的《北京市非物质文化遗产保护专项资金管理办法》一起，对代表性项目与传承人的扶持和保护起到了积极的促进作用；2018 年起，北京还将落实《中国传统工艺振兴计划》，开展专题调研，并以北京市传统工艺为抓手推动优秀传统文化的创造性转化和创新性发展。2019 年，《北京市非物质文化遗产条例》正式立法，这些都说明北京市将继续加强长效机制建设，提供制度保障，推动优秀传统文化实现创造性转化与创新性发展。传统工艺展示平台精品网络文化建设项目，通过网站宣传我国金属传统工艺的研究成果、学术报告、校内社团建设、社会活动等，传承非物质文化，创新工匠精神，是与北京市的“弘扬优秀传统文化，振兴传统工艺”的文化建设总体目标和精神高度一致的。

其次，党的十九大报告明确指出：“加强互联网内容建设，建立网络综合治理体系，营造清朗的网络空间。”高校校园网络文化具有以文化人、以文惠生、以文润校的重要功能。在高校打造精品网络文化展示平台，有利于形成校园网络文化品牌，丰富高校校园网络文化内涵和优秀网络文化产品供给，弘扬主旋律，传播正能量，加强学生思想政治教育，提高师生网络文明素养，打造清朗网络空间。早在 2013 年，清华大学、中国传媒大学、天津大学、上海交通大学、南京大学、中山大学、电子科技大学 7 所高校就已经开展高校校园网络文化建设专项试点工作，探索创新高校网络文化建设的管理机制和方式方法。2015 年教育部发文，正式提出各高校应着力加强校园网络文化建设的建议，要求各高校围绕落实立德树人根本任务，推进高校网络文化健康有序发展，唱响网上思想文化主旋律。在此背景下，北京科技大学也在不断有效整合优质教育资源和文化资源，深入推进网络文化作品创作生产，积极推动弘扬主旋律、传播正能量，不断为师生提供个性化、特色化的教育信息服务。2020 年，北京科技大学依托科学技术史、冶金工程、材料科学与工程一流学科建设，学校传统金属工艺传承基地入选“全国普通高校中华优秀传统文化传承基地”，成为国内矿冶文明重要爱国主义教育基地。此项目作为学校网络文化建设的一部分，依托学校金属工艺传承基地，加强供给服务，增强高校网络文化吸引力。

最后，科技史与文化遗产研究院承担着建设北京科技大学科学技术史双一流学科的重任，研究院网站是展现研究院基本信息、学科发展、新闻动态的窗口。目前，研究院网站已有传统工艺模块，内容主要以展示相关文章为主，较为单一。通过此次立项推进了传统工艺模块建设，增加传统金属工艺线上展示，充分利用新媒体技术全方位的数字化、个性化、互动化等特点，整合数据信息，着力打造研究院网站学科建设相关板块，加大了对金属冶炼技术相关的科技史学科的思政教育和爱国主义传统文化宣传，也促进了北京科技大学优秀传统文化的网络建设和发展，发挥了技术文化遗产在传统文化教育和爱国主义教育中的特殊作用。

二、具体实施情况

（一）建立学科资源库

自立项以来，研究院网络资源库刊载原创文章32篇，其中刘培峰、李延祥教授和潜伟教授在《自然辩证法通讯》上发表的《传统冶铁鼓风器木扇的调查与研究》，以新发现的传统冶铁木扇实物为基础，结合文献、田野调查资料，对木扇的历史、结构和使用方法进行总结。在部分地区木扇一直使用到了现代；木扇上下不同弧度的拱形结构与鼓风时风道内没有活门的使用方法可以为古代冶金机械的相关研究提供参考。章梅芳教授在《广西民族大学学报（自然科学版）》发表的《具身化与地方性：传统工艺的基本属性及其传承》中强调传统工艺是一种具身技术，是一项充满人性的工作，代表着个体化和地方性的生活方式，表达了人与自然的亲密关系；为此，传统工艺的传承，首先需要从认识论角度强调这种具身化的地方性知识的哲学意义，进而在此基础上进一步恢复与此知识类型直接相关的文化、社会、宗教、美学方面的价值及其地方性、情境性本质，强调传统工艺传承的整体性，并提倡人与自然的和谐共处，让以机器为主导的现代技术社会重获温情。

研究院成立金艺求精俱乐部和非遗保护传承协会两个学生社团，由研究院院长潜伟和副院长章梅芳两位领域专家分别担任指导教师。学生社团作为研究院开展传统文化建设的主要阵地，不仅保障了各项活动的有序开展，同时实现了理论与实践相结合，取之于学生、用之于学生的教育目标，形成了自下而上、由内及外的良好示范效应。目前两社团共吸纳热爱传统金属工艺的全校本硕学生80余人，覆盖全校各个学院。

在北京科技大学传统文化节上，由社团策划的《干将—莫邪的诞生》舞台表演，表现了春秋战国之际，吴越名剑干将、莫邪诞生的瑰丽传说，现场展示台设置传统文化知识和古代金属工艺知识问答，娱乐的同时为全校师生进行知识普及，传统视频制作区更是吸引很多同学驻足观看。

图 1 《干将——莫邪的诞生》舞台表演

启动北京科技大学传统文化论坛，邀请国家一级大师、北京市工艺美术大师杨锐老师主讲《中国传统金属錾刻工艺的历史、技术与文化》，邀请上海博物馆研究院、中国传统工艺研究会顾问谭德睿老师主讲《中国古代铜器表面富锡工艺的挖掘、研究、传承与创新》，两场大咖级别的讲座内容丰富、角度新颖、受众广泛，为同学们打开了传统工艺的全新视角。

图 2　谭德睿老师讲座

图 3　杨锐、谭德睿老师讲课中

发起“传统金属工艺进社区”“非物质文化遗产进校园”活动，邀请金属錾刻工艺传承人杨锐和花丝镶嵌工艺传承人肖良珊走进北科大社区，展示并介绍数件个人作品中用到的独特技法和创作心得，将他们日常工作中用到的材料和工具带到了现场并做了现场演示，一锤一凿，一曲一折间，让社区居民和师生体会錾刻和花丝镶嵌的独特魅力。

图 4　“传统金属工艺进社区”“非物质文化遗产进校园”活动

在大力推行优秀传统文化进校园的背景之下，研究院与杰出工匠进行合作，与龙泉剑村刀剑厂启动古代冶铁试验，探索还原古代中国冶铁制钢的工艺，更精确细致地再现欧冶子时代铸剑技艺的完整细节。目前，“千年之炼”活动试验报告已经完成，该份报告也为网站资源库的建设增添了更加科学严谨的资料。

图 5　古代冶铁试验

以传统金属工艺传承基地为依托开展的形式丰富、主题鲜明、内容充实的讲座和活动，为网站资源库的建立提供了丰富的样本和数据。

（二）建设内容

结合“双一流”学科建设要求，基于研究院现有传统工艺模块内容，拓展和丰富了传统金属工艺内容，实现线上展示。

1. 完善国家级传统工艺目录，弘扬传统文化，传承创新工匠精神

传统工艺是中国优秀文化的重要载体，是文化自信与文化自觉的深刻体现。由于传承方式的局限和传播渠道的不足，作为非物质文化遗产重要组成部分的中国传统工艺，依然面临着现代化发展过程中的曲折和危机。在媒介即信息的社会环境下，传播已经成为传承中国优秀传统文化的重要方式，传统工艺的保护和传承离不开传播。研究院基于以上考量，着力打造传统金属工艺的网络传播途径。从国家级传统工艺目录中摘取与传统金属工艺相关的项目，通过邀请大师工匠进校进行工艺分析和实际演练，运用网络建设，展示精彩的图片和视频，起到校园文化传播作用和效果。

2. 增加传统金属工艺线上展示，清晰直观地展现传统金属工艺的魅力

在现有网站的基础上，开设“中国古代金属工艺”“中国传统工艺”“寻铁记”“铸铁中国”四个板块，对传统金属工艺展示内容进行了细分，整合教育教学成果和学术研究内容，以故事叙述、文字纪实、图文影响等多种形式，强化其即时性、互动性、数字化和智能化，展示传统金属工艺的魅力。

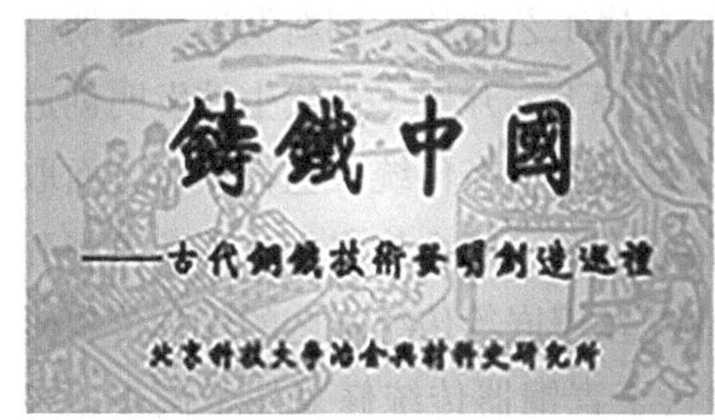

图 6　传统金属工艺线上展示四个模块

三、项目成果成效

（一）线上线下结合，讲好新时期的中国传统金属工艺故事

网站建设增添了北京市国家级传统工艺目录，传统金属工艺相关的学术文章或科普文章，还依托社团建设、各类活动安排及事实的具体情况，展示了图片、视频等全新的元素，线上线下结合的方式，更加强化了学生们对于传统金属工艺的认知，理论和实践的结合更有助于科学研究的开展。

通过此次立项充分利用新媒体技术全方位的数字化、个性化、互动化等特点，整合数据信息，实现了集教育性、互动性和趣味性于一体，推动了研究院网站精品网络文化试点建设，促进了全校师生共享网络文化资

源，并经过互联网向所有受众公开，拓展了受众群体范围，实现了较高的点击率、阅读量，传播效果良好。

通过讲好北京科技大学的新时期中国传统金属工艺故事，弘扬中华传统文化，传承创新工匠精神。

（二）依托研究院一流学科优势，弘扬北科大的文化传统和特色

北京科技大学因钢而建、依钢而兴，学校学科布局围绕钢铁产业“全链条”进行设置，其中冶金、材料、科技史、采矿均为国家建设“一流学科”。学校的发展参与并见证了新中国钢铁工业发展的伟大历程，学校提出的“建成世界矿冶、材料教育科研中心”的发展目标更是承载了几代北科大人矢志不渝助力“钢铁强国”“科技强国”的梦想。

科技史与文化遗产研究院在冶金史与传统工艺研究方面具有得天独厚的学科优势，近年来，研究院一直致力于将科研优势转化为教学优势，积极传播科技文化，有力促进了中国传统金属工艺的传承创新发展。前期已在国家重大文化工程“指南针计划”的支持下，开展了古代生铁发明创造的系统调查，并进行了生铁冶炼工艺复原试验，在传统工艺科学化方面取得了进展；与陕西、浙江的传统技艺传承人和工匠合作多年，不断研制开发铜镜、龙泉宝剑新产品；开展了北京花丝镶嵌等传统工艺的保护传承研究，具有理论和实践的丰富经验；进行了青铜器传统修复技术调查，与南京博物院、故宫博物院等的青铜器修复师合作开展研究，取得了初步的成果。

研究院网站是展现研究院基本信息、学科发展、新闻动态的窗口，通过此次传统工艺展示平台精品网络文化建设，推进了传统工艺模块建设，增加传统金属工艺线上展示，将研究院一直以来在传统金属工艺传承方面的优秀成果、活动等，以生动、立体、互动的表现形式，集专业与趣味为一体的宣传模式，着力打造研究院网站学科建设相关板块，加大了对金属冶炼技术相关的科技史学科的思政教育和爱国主义传统文化宣传，也促进了北京科技大学优秀传统文化的网络建设和发展，发挥了技术文化遗产在传统文化教育和爱国主义教育中的特殊作用。在先进文化的传承与创新中，促进凝聚共识，增进师生之间的认同感、归属感和荣誉感。传统工艺网站正在不断拓展文化传承传播的渠道平台，传承和创新历史文化，积极营造科学与人文教育新气象，并将继续辅助和服务于研究院已有的本科、研究生课程课堂教育体系，用中华优秀传统文化激励师生树立科技报国之志、躬身服务社会之行。

因此，课题通过秉持科学与人文融合的理念，发挥研究院的科学技术史学科优势，搭建传统技艺与历史文化的桥梁，继承和发扬了北京科技大学钢铁强国的历史使命，以文化人，以艺育人，增强民族自信和文化自信。

（2021 年立项项目　撰稿人：王祎炜）

第四编

校园文化，清风朗朗

党的二十大报告首次将教育、科技、人才工作单独成章进行一体部署，这充分体现了在新时代新征程中，教育的基础性、先导性、全局性的地位和作用。因此，加快推进新时代高校文化的创新发展，不仅是增强高校学生对母校文化自信的内在需要，更是建设教育强国、推进中国高等教育发展、向世界一流迈进的必然要求。

近年来，北京科技大学积极响应党和国家关于高等教育的方针政策，寻找文化传播新途径：结合时代科技新发展，利用新媒体手段构建多维度学院文化发展阵地；构建完整的中外文化、校友文化体系，实现高校文化的多重发展；更新具有外在表现的实体文化，建设校园育人文化新景观；深入凝练校园文化建设的基本原则和主要特点，优化文化宣传方式，打造文化发展立体格局。未来学校将继续坚持推动文化建设，围绕发展战略和办学目标，发挥文化引领、服务社会、推动发展的作用。一方面，要在地域乃至国家的文化特色基础上，建立独特的文化内涵，坚持传承“学风严谨，崇尚实践”的底蕴；另一方面，要在跟随时代洪流的发展中，不断开拓文化视野，激发文化创新创造活力，夯实“钢院”文化基础，坚持并发扬“求实鼎新”的校训精神。

学校将全面贯彻党的教育方针，坚定信心，锐意进取，办好人民满意的教育，努力培养德智体美劳全面发展的社会主义建设者和接班人。

科技创新人才培养视域下的研究生校园文化建设的探索与实践

——以北京科技大学为例

项目概述

2020年，习近平总书记对研究生教育工作作出重要指示指出，“党和国家事业发展迫切需要大批德才兼备的高层次人才”。校园文化建设是高校进一步夯实研究生教育，加强科技创新人才培养的重要途径。因此有必要分析北京高校研究生参与校园文化的现状，剖析组织校园文化建设的基本原则和主要特点，并以北京科技大学“四位一体”的研究生校园文化育人格局为研究对象，对新时代校园文化建设提供实践启示。

一、校园文化建设对研究生培养的重要意义（个人、高校、社会三维度）

2017年，中共中央、国务院印发的《关于加强和改进新形势下高校思想政治工作的意见》指出：“形成教书育人、科研育人、实践育人、管理育人、服务育人、文化育人、组织育人长效机制。”教育部、共青团中央在《关于加强和改进高等学校校园文化建设的意见》中明确提出校园文化建设的总体要求和主要任务。高度重视并做好高校校园文化建设工作，深挖校园文化“富矿”，具有重要意义和现实价值。

（一）良好的校园文化，有利于引导学生规划整体目标，是助推研究生全面成长的加油站

研究生的学习教育以实验操作和钻研理论为主，时间条件不允许其在社会实践分散过多精力，这就要求研究生用科学高效的方法将个人的学业与今后的职业发展结合起来。良好的校园文化则可以对这一过程起到潜移默化、至关重要的作用，它可以帮助研究生明晰科学研究与个人生活的目标，与专业教育协同搭配，帮助研究生更好地成长成才。

（二）良好的校园文化，有利于促进学校发展，是增强研究生认同感的助推器

校园文化是体现学校综合实力、展现学校底蕴的重要方面，也在双一流学科评估、学校发展排名等方面有着突出影响。独特的校园文化、代表性的品牌活动能够向社会展现学校特质，提高学校知名度，对吸引优质生源和高质量用人单位都具有促进作用，为研究生成长成才提供客观保障。反过来，母校的进步和发展会进一步加强学生对母校的认同，助力学生认同母校、以母校为荣，形成良性循环。

（三）良好的校园文化，有利于传播育人理念，是传播优秀文化的蓄水池

高校校园文化是一种具有先进性、先导性的亚文化，无论是对科学思想还是人文思潮都有至关重要的影响。因而高校校园文化会产生极大的外延，例如高水平研究人才对世界本质的认识、对社会运行的理解都会对实际生活有极其深刻的影响。校园文化的“质量”一定程度上决定学生的文化价值观，从而影响整个社会的文化风气。良好的校园文化，可以给学生打上积极向上的烙印，内化为个体的思想品德，为社会提供更多的正能量。

二、高校研究生参与校园文化活动的基本原则和主要特点

近年来，我国研究生规模呈持续扩大趋势，立足校园文化建设，提升研究生培养的专业化、特色化水平已成为新阶段高等院校围绕立德树人根本任务开展的重点工作。

（一）高校研究生参与校园文化活动的基本原则

高校引导研究生参与校园文化活动，主要应遵循四个基本原则，即主体性与兼容性相统一、长期性与短期性相统一、理论性与实践性相统一、普遍性与特殊性相统一，把提升研究生科技创新能力为主导的综合能力作为目标。

主体性与兼容性相统一。从校园文化的视角看，主体是指研究生群体，兼容则是指进行校园文化的各类方法、途径和工具。在校园文化活动中，既要及时总结制约研究生参与文化活动的因素，并有针对性地提出解决方案，也要探索校园文化的深层次内涵。兼容性需要统一地服务于主体性，重点在于促进主体的自觉性。这要求研究生深刻认识参与校园文化活动的必要性，特别是校园文化对科研和工作的持久助力。在这一过程中，指导老师应发挥引导作用，帮助主体从纯粹的技术理性层面到全面科学地认识和领悟校园文化的重要性，并掌握各种兼容性的方法。

长期性与短期性相统一。长周期是研究生科技创新能力培养的重要特征，基于此，在校园文化的渗透与传播中，需要准确把握长期目标与短期目标关系的运动变化，及时调整对应措施。我国现行研究生的培养学制一般为 3 年，由于个体之间接受能力并不均匀，校园文化的传播渠道和影响程度对个体的影响差距也较大，使得在规定学制内迅速提高研究生的科技创新能力成为较为艰巨的任务，并表现为长期目标与短期目标之间的矛盾。这对矛盾的协调，必须要明确长期的实践能力的培养内容多样性，并认识到此类能力的培养无法一蹴而就。因此，在规定学制时间内要明确主要培养方向，把以科研能力为核心的能力培养放在首要位置，通过学术论坛、科研讲座、小组研讨等多种形式创造能力提升的途径。

理论性与实践性相统一。理论与实践关系的探讨是校园文化融入科技创新能力培养的重要课题。校园文化的融入需要在科学理论指导的基础上，通过社会科学进行人文涵养，二者的结合可以更加全面地促进研究生对校园文化的自觉践行。在文化理论的范畴外，充实的实践内容也是加强校园文化建设的重要保障，例如摇篮杯、挑战杯、互联网 +、科技文化节等可以创造热爱创新、善于创新的校园文化氛围，促进研究生科技创新能力的持续提升。此外，一些必备的课堂授课必不可少，例如数据分析方法、案例分析技巧等。

普遍性与特殊性相统一。校园文化是高校软实力的重要体现，为学校持续发展提供加速度。从校园文化的普遍性来看，各类院校（包括综合性院校、理工农医类院校和人文社科类院校等）的校园文化基本都是校园主体对学术思想和技术前沿追求的映射，并又在教学科研的点点滴滴中体现。从特殊性的角度，每所学校拥有大相径庭的历史、定位和发展特点，因而渗透着本校历史和前景的校园文化表现出强烈的独特性。因此，要想加大校园文化在研究生科技创新能力培养方面的融入度，必须坚持普遍性和特殊性的统一。一方面，要在学校乃至地域特点特色的基础上，建立独特的文化内涵，并通过校园文化建设不断巩固和发展。另一方面，要秉持求真精神，做到实事求是，秉承务实精神，坚持脚踏实地，发扬拼搏精神，努力刻苦钻研，弘扬创新精神，不断自我挑战，全面提升研究生的科技创新能力。

（二）高校研究生参与校园文化活动的主要特点

本文基于对北京市 7 所重点高校 1134 名在读研究生的调研，对当前高校研究生参与校园文化活动情况进行了梳理归纳，认为主要呈现以下四个特点。

1. 现有活动吸引力不够高

数据显示，41.80% 的研究生参与校园文化活动的频率为 1—2 次 / 学期，23.34% 的研究生参与校园文化活动的频率为 3—4 次 / 学期，达到每学期 5 次以上的研究生只有 22.75%，并存在 11.11% 的研究生没参与过校园文化活动。这表明研究生群体对校园文化活动的重视程度仍然不足，无法发挥校园文化在育人中的普遍作用。分析认为，一是研究生学业压力过大，降低了参加文化活动的积极性，二是现有活动安排未能激发研究生群体的兴趣。这表明，一方面需要学校形成加强校园文化教育的制度，将文化育人纳入研究生培养体系，另一方面要加大对校园文化活动的支持和改进力度，使其以研究生喜闻乐见的形式呈现出来。

2. 信息传播方式多样

数据显示，研究生获取校园文化活动最普遍的方式为互联网，79.37% 的研究生通过公众号推送获得信息，68.25% 的研究生通过朋友圈获得信息；但是传统媒介也同时发挥强有力的宣传作用，62.96% 的研究生通过宣传展板条幅等获得信息。这表明，扩大校园文化活动的宣传力度，需要确保“线上 + 线下”两条路都要畅通，既要通过新媒体平台及时发布消息，又要注重实体宣传物料的设置，营造活动氛围。值得注意的是，56.08% 的研究生表示，通过朋友老师推荐获得活动信息，这表明文化活动的口碑会对其自身形成正向激励，一些校园精品文化活动也正是通过口口相传成为研究生群体的“热搜”。

3. 以休闲放松和促进专业成长的文化活动是研究生的主要需求

以研究生希望参与的活动类型为对象，对其需要程度进行打分，满分为 5 分，表示最为需要。数据显示，研究生群体最希望参与的活动为“演讲 / 合唱 / 歌唱 / 朗诵 / 摄影等文娱赛事”，其综合得分为 4.36，其次为“专题讲座 / 学术论坛”，其综合得分为 4.16。85.71% 的研究生表示参与活动希望能够提升交际能力，认识更多朋友；79.89% 的研究生表示希望放松心情，休闲娱乐。这表明，校园文化活动的设计要贴近研究生的真实需求，通过文化活动润泽其身心，以助于其更快地恢复精力投入紧张的研究工作。此外，数据显示，“党史教育 / 思政活动”的综合评分只有 2.85，这表明现阶段思政类的文化活动仍有一定的进步空间，需要投入更多的精心设计，成为能够正确引导研究生价值观和世界观的精品文化活动。

4. 校园文化建设总体进步空间较大

数据显示，24.34% 的研究生表示对学校目前开展的文化活动十分满意，64.02% 的研究生表示比较满意，9.52% 和 2.12% 的研究生分别表示不太满意、非常不满意。同时，78.31% 的研究生表示学习之余常用的休闲方式为逛街、聚餐等，75.66% 的研究生选择看电视剧、电影等。这表明，校园文化活动并非研究生群体“第一课堂”之后的主流，通过契合研究生需求，丰富活动载体，校园文化活动可以对研究生群体产生更大的正向影响力，最终融入其科技创新能力的培养全过程。

三、北京科技大学搭建“四位一体”研究生校园文化活动的实践探索

北京科技大学深入贯彻落实习近平总书记对研究生教育工作的重要指示精神，贯彻《教育部　国家发展改革委　财政部关于加快新时代研究生教育改革发展的意见》等重要文件精神，始终致力于培养具有追求卓越、勇于争先等优良品格的研究生。北京科技大学努力探索特色化、精品化、国际化的研究生培养模式，构建了思想育人、学术育人、实践育人和组织育人“四位一体”的研究生校园文化育人格局，形成了一二课堂互融互促、校园文化欣欣向荣的良好局面。

（一）做好思想育人，加强思想政治引领和价值引领

一是以研究生党建为抓手，切实做好研究生主题党日、班团会组织策划工作，扎实开展业余党校、党员承诺践诺评诺和红色“1+1”共建工作。

近年来，学校多个研究生党支部荣获北京市示范一等奖、2个研究生党支部入选全国高校“百个研究生样板党支部”。二是胸怀国之大者，服务大局，围绕重要时间节点，精准把握工作切入点和着力点，搭建服务实践和思想交流平台，组织研究生开展形式多样、特色鲜明的主题教育活动。如组织研究生参与庆祝中国共产党成立100周年系列活动的服务保障工作、新中国成立70周年群众游行、“改革开放40周年”大型展览等大型爱国主义教育活动。三是打造网络思想引领项目，构建微信、微博、B站、iBeiKe论坛等为一体的“网络阵地”，搭建网络交流平台，把稳主流研究生舆论场，引导、培育向上向善的研究生网络文化。

（二）做好学术育人，夯实学科专业基础和优良学风

一是学术生涯规划统筹先行，结合研究生学风调研结果，针对性开展研究生学术生涯规划指导，帮助研究生加强自我认知、规划生涯路线、设定科研目标、制订行动计划。二是学术诚信教育贯穿始终，在集体建设、学术论坛、日常教育、评优评奖、科技服务中，融入学术诚信教育讲座、宣讲会、专题学习等，不断加强研究生科学素质与科学道德宣传教育。三是学术类论坛蓬勃开展，各培养单位结合学科特点和学生需求，组织诚信教育、前沿讲座、科研交流、写作指导、论文评选等活动，营造求实鼎新、追求卓越、勇于争先的学术氛围。四是学术之星星光闪耀，作为学校出资设立的最高研究生荣誉奖项，十佳学术之星荣誉旨在树立优秀典型、发挥示范效应、传承榜样力量、助力“双一流”建设。五是学术三分钟演讲百家争鸣，旨在通过“以演讲道学术”的方式，打造研究生学术风采展示品牌活动，加强学术交流、促进学科交叉、繁荣科研氛围。六是贝壳学术汇群英汇聚，以“交叉、争鸣、真知、创新”为主题，定期举办跨学院、跨学科、跨专业的主题沙龙，促进研究生思考科研、质疑科研、挑战科研、创新科研。

（三）做好实践育人，增进科研成果转化率和社会贡献度

一是积极开展研究生科技服务与挂职锻炼，提出了“培育基地、分类实践、结合专业、注重实效”的研究生社会实践原则，通过“广泛宣传、积极申报、严格选拔、岗前培训、过程考核、总结表彰”实行“六步走”的规范化过程管理，目前已经形成了各单位积极组织、研究生导师大力支持、广大研究生踊跃报名、用人单位反响较好的良好局面。获得了用人单位的持续好评，在经济、技术和社会反响方面取得良好效益。二是积极参与社会实践，组织研究生作为指导学长参与本科生社会实践项目，深入田野山村及城镇社区等开展实践活动，培养学生的社会担当。同时，大力开展志愿服务，学校选派优秀研究生志愿者高水平完成“一带一路”国际合作高峰论坛、APEC峰会、世界田径锦标赛等重大赛事和会议的志愿服务任务。三是开展创新创业教育，促进科技成果转化。举办“名家讲坛”等活动，邀请以中国工程院原院长徐匡迪院士为代表的一批杰出科学家与研究生面对面谈创新。举办“摇篮杯”“创青春”等创新创业竞赛，引领青年学生投身创新创业的时代热潮。

（四）做好组织育人，完善工作体系和保障机制

一是以学校党委名义印发《北京科技大学学生会组织改革实施方案》，修订研究生会组织章程，推进研究生会“代表性、学术型”建设，举办“学术人生”“研师亦友——我最喜欢的导师”评选活动，尊师重教氛围日益浓厚；依托研究生代表大会，让研究生骨干协助推动校园卡功能升级、学生宿舍设备改造等40件学生提案得到圆满解决，助力研究生成长。二是寻找青年榜样，强化榜样示范作用。学校实行多元化、个性化的评价机制，坚持举办“校长奖章”“学术十佳之星”“感动北科大”评选表彰等品牌活动，选树青年榜样人物，近几年学校涌现出一批在*Science Nature*上发表高水平学术文章的优秀研究生。三是依托研究生会组织、社团等学生团体开展“一二·九合唱比赛”“校园歌手大赛”等文娱活动，既是对学生骨干能力的提升，也是丰富研究生课余生活。

四、高校针对研究生群体构建校园文化活动的工作启示与展望

（一）紧紧围绕研究生科技创新能力提升开展文化建设

为国家培养德才兼备的、各项发展事业迫切需要的高层次人才是研究生教育的根本目标，也是开展校园文化建设的核心要义。当今世界，高层次人才标准应当以“四个面向”为界定，决定了当前研究生培养的目标包括学术性人才和应用型人才的培养，进而形成在校培养的不同侧重点和从事社会工作的不同岗位。校园文化建设应当紧密结合学科建设人才培养项目，鼓励研究生通过参与重大科技项目、各类产学研结合项目等途径，提高研究生学术科研的积极性和科研水平。同时，校园文化建设要深度融入

研究生学风建设，引导研究生树立正确的科学道德观，勇于科学追求真理，并善于把实验室成果转化为服务国家经济发展的生产力。

（二）把创新作为研究生文化建设的核心

高校是一个国家创新火花最密集的区域，是创新人才和技术创新的策源地，其创新能力可以在一定程度作为衡量整个国家创新力的标尺，高校校园文化建设必须围绕提升创新能力展开，服务于高层次人才追求创新之路的成长蜕变。可依托重点优势学科的特色，充分利用学术带头人的学术影响力，开展各类文化活动，例如院士的学术人生讲坛，鼓励研究生积极参与科技创新，培养其善于思考和创新、勤于实践和创造的能力。

（三）强化研究生校园文化建设的制度保障

以制度建设为抓手将研究生校园文化建设发展为系统工程、长效机制，成为提升研究生科技创新能力强有力的支撑。加强各级党组织对学生组织的领导和各级团组织的指导，帮助学生打造思想性、学术性、时代性和文化性俱佳的精品、典型文化活动，让校园文化活动真正贴合研究生所需，成为研究生文化建设的重要途径和载体。将校园文化建设的整体工作固化于制，纳入学校文化育人、组织育人的大盘中，形成科学合理、行之有效、与时俱进的文化教育制度。

（四）做好各类研究生校园文化的融合与互促

兼容并蓄、守正创新是中华文化的属性，也应当是当代高校校园文化发展的方向，是高校进一步加强校风建设，继承和弘扬学校优势特色的重要途径。研究生校园文化建设要立足本校历史特色、学科特色、行业特色、地缘特色等，考虑研究生个体需求多样性、发展方向多样性，形成和发扬能够深度融合、遥相呼应的校园文化，让研究生个体能够相互交流、扩宽视野、丰富内涵、创新提高。

（五）加大教师队伍建设和教学资源与研究生文化建设的匹配力度

师风优良、能力过硬的教师工作队伍是支撑研究生教育持续发展的重要支撑点，校园文化教育同样需要优秀的指导教师队伍。教师是培养研究生的主力军，是开展育人事业的主体，其师风、教风、作风，教学能力和学术水平都直接决定着研究生教育和研究生文化建设的质量，所以研究生文化建设要注重充分发挥教师的主动性和创造性。同时，以教学科研的平台、实习实践基地等为代表的教学资源是研究生文化建设的客观条件和物质基础，高校前瞻性需要对校园建设进行统一规划，科学整合各类教育资源，为研究生校园文化建设创造良好平台。

（六）将校风建设作为研究生文化建设的升华

校风是校园文化最突出的代表，特色鲜明、相对稳定、全校师生共同认可的研究生文化向校风的升华是其融入科技创新能力的必要过程和重要体现。

五、结束语

当今世界处于百年未有之大变局，科技创新能力在一个国家和民族发展战略层面的作用越发突出，培养大批可堪大任的高层次创新型人才，让科技创新成为“改革马车”“强国马车”“复兴马车”是历史发展的必然趋势。高校作为创新人才的“摇篮”，培育德才兼备的研究生，是肩负起为党育人、为国育才重要使命的忠诚担当。以北京科技大学“四位一体”研究生文化育人体系为例，校园文化建设作为专业教育的有力补充，可以对科技人才的成长起到润滑和促进作用，应当受到充分重视并大力发展，与学科建设一道互促互进，共同成为研究生教育的有力“法宝”。

（2021 年立项项目　撰稿人：邵丽华　张茂航）

新冠疫情下图书馆微信公众号建设的实践与探索

项目概述

高校图书馆肩负向广大师生传播知识和提供可靠信息资源的责任，是学校重要的信息保障机构，在重大公共安全突发事件中，也应发挥文化传播功能，让优秀的文化信仰给人们提供砥砺前行的精神动力。在新冠疫情防控期间，图书馆按照疫情防控要求，及时调整服务读者方式，借助互联网及移动网络，充分利用好微信公众号这一线上阵地，做好线上图书馆服务，作到闭馆不闭网，支持师生科研教学工作。

一、项目背景及意义

（一）立足“双一流”建设背景，深化“文化育人”教育内涵

图书馆微信公众号对接了图书馆大部分线上资源和服务，在此次疫情期间的远程教学、线上考试以及毕业设计中发挥了不可替代的重要作用。通过调研 42 所一流大学图书馆的官方微信公众号，从“硬件”“软件”“特色”三个角度来进行总结，扎实立足“文化育人”之本，能够为北京科技大学开展文化资源服务创新工作带来借鉴和思考，实现文献资源保障教学育人的“帕累托最优”。

（二）建设线上知识信息服务体系，不断提升师生人文素养

疫情期间，不同层次、区域的用户对知识的要求是不一样的。通过后台读者使用数据了解用户的检索方式、发掘用户的潜在需求，为用户推送智能化的、分门别类的、有价值的信息，能够不断提高师生文化素养，丰富师生精神生活，从而形成优秀的校园文化氛围。

（三）广泛开展应急文化教育，完善应急文化服务机制

公共应急素养是公众的应急知识技能储备、规避风险能力以及应对危机的自救互救能力。从这次疫情可以看出，公众对突发事件的应急素养教育是十分重要的。借助微信公众号这个平台，将应急教育如科普宣传、知识讲座、技能培训和应急演练等纳入北京科技大学文化建设的体系中来，能够使北京科技大学应急文化服务变得更加有针对性，更加常态化，更能适应后疫情时代学校文化建设的总体要求。

（四）不断增强师生文化自信，践行社会主义核心价值观

在此次肆虐全球、危害人类的新冠肺炎疫情面前，中华文化的“仁爱、自强、包容、和合”让人与人、人与物等之间的关系越来越和谐，疫情中的北京科技大学师生深刻践行着社会主义核心价值观。我们需要将这种精神通过微信公众号等一系列新媒体阵地传递出去，彰显中华民族同舟共济、共克时艰的精神，树立全校师生深刻的爱国文化自信。

二、具体实施情况

（一）建设目标

通过对一流大学图书馆抗疫期间开展微信服务的工作调研，同时利用数据评估北京科技大学用户关乎微信使用的方式、发掘用户的潜在需求，建立基于微信公众平台的特色性与完整性统一的信息服务体系，并且广泛开展应急文化服务教育，提升师生文化素养，树立师生文化自信，力争为北京科技大学文化育人建设产生积极影响。

（二）建设内容

1.“双一流”大学图书馆抗疫期间开展微信服务工作调研

通过调研 42 所“双一流”大学图书馆的官方微信公众号，梳理其为保障师生教学和科研的开展提供的相应调整和创新图书馆电子资源保障服务，从“硬件”“软件”“特色”三个角度来进行评价与分析研究。

本课题采取网络调研方式，选取 2020 年 1 月 23 日至 3 月 21 日期间，42 所“双一流”大学图书馆微信公众号的新闻公告信息，对其资源服务工作的保障情况做了调研。42 所“双一流”大学图书馆为保障师生教学和科研的开展，相应调整和创新图书馆电子资源保障服务，其重点如下。

“硬件”方面：校外远程访问保障到位。远程图书馆资源服务里一项

重要的基础设施就是数据资源的远程访问途径和方法。研究中对42所双一流大学图书馆在疫情期间开通的校外访问方式进行调研，除了新疆大学图书馆未对外说明外，其他41所双一流大学图书馆的校外访问数据库的途径总结见表1。

表1　双一流大学图书馆微信发布电子资源校外远程访问途径统计

序号	高校名称	校外访问途径	校外访问途径数量	是否新增CARSI访问
1	北京大学	VPN、CARSI	2	√
2	中国人民大学	图书馆电子资源统一访问系统（测试）、VPN	2	
3	清华大学	校外访问系统、Shibboleth认证、Remote Access远程访问、SSL VPN、临时申请账号	5	√
4	北京航空航天大学	VPN、短期校外漫游、数据库商直通方式	3	
5	北京理工大学	VPN、ScienceDirect以及Scopus平台的远程访问	3	
6	中国农业大学	VPN、CARSI	2	√
7	北京师范大学	VPN、CARSI	2	√
8	中央民族大学	VPN、CARSI	2	√
9	南开大学	VPN、CARSI	2	√
10	天津大学	EDS、VPN	2	
11	大连理工大学	VPN、CARSI	2	√
12	吉林大学	VPN	1	
13	哈尔滨工业大学	VPN	1	
14	复旦大学	图书馆代理、VPN访问、基于Shibboleth校外访问	3	√
15	同济大学	VPN访问、基于Shibboleth校外访问、CARSI	2	√
16	上海交通大学	VPN、校园网代理、短期校外漫游（仅部分数据库支持）、CARSI	4	√

续表

序号	高校名称	校外访问途径	校外访问途径数量	是否新增CARSI访问
17	华东师范大学	VPN、CARSI	2	√
18	南京大学	MyLOFT 访问、VPN、CARSI	3	√
19	东南大学	VPN、CARSI	2	√
20	浙江大学	MyLOFT 访问、VPN、CARSI	3	√
21	中国科学技术大学	VPN、WebVPN、代理服务器、Shibboleth、数据库漫游	5	√
22	厦门大学	VPN、CARSI	2	√
23	山东大学	VPN、MyLOFT 远程访问	2	
24	中国海洋大学	VPN、CARSI、ScienceDirect 远程	3	√
25	武汉大学	VPN、Shibboleth 校外访问	2	√
26	华中科技大学	VPN、Shibboleth 校外访问	2	√
27	中南大学	VPN	1	
28	中山大学	VPN 访问、CARSI	2	√
29	华南理工大学	VPN 访问、CARSI	2	√
30	四川大学	VPN 访问、CARSI	2	√
31	重庆大学	VPN	1	
32	电子科技大学	VPN 访问、CARSI	2	√
33	西安交通大学	WebVPN、反向代理、客户端 VPN	3	
34	西北工业大学	VPN、CARSI	3	√
35	兰州大学	VPN、临时账密、CARSI 认证、MYLOFT	4	√
36	国防科技大学	旧版远程访问、新版测试远程访问	2	
37	东北大学	VPN、CARSI	2	√
38	郑州大学	VPN、IP 通、CARSI	3	√
39	湖南大学	VPN、CARSI	2	√

续表

序号	高校名称	校外访问途径	校外访问途径数量	是否新增CARSI访问
40	云南大学	VPN、数据库漫游账号、基于Shibboleth校外访问	3	√
41	西北农林科技大学	VPN、CARSI	2	√

从表1中可以看出多个高校支持2种及以上的校外访问方式，这样既保证了访问途径的多样性，又可以相互弥补，覆盖更多人群，给更多读者带来方便。在调研的41所“双一流”大学图书馆中，有24所高校图书馆支持2种访问方式，占比58%，百分比最多；有9所高校图书馆支持3种访问方式，占比22%；支持4种和5种访问方式的高校各占5%。

“软件”方面：图书馆电子资源“主题化”系列推送。为了给读者提供更多的图书馆资源信息和服务，一项重要的举措就是开展电子资源信息推送，这是当今互联网高速发展时代常被使用的一种信息推广途径。42所双一流大学图书馆中，北京大学图书馆、北京航空航天大学图书馆、中国农业大学图书馆、南开大学图书馆、中山大学图书馆、华南理工大学图书馆、西安交通大学图书馆、兰州大学图书馆、东北大学图书馆、湖南大学图书馆10所高校图书馆以“主题化”的形式系列微信推送资源，方便读者系统使用和学习，详情见表2。“主题化”系列推送主要是针对某一特定内容或主题，连续推出多期信息资源，这种推送形式具有新颖性、系统性和连贯性特点，易于吸引读者关注和增加读者的使用访问量。

表2　电子资源“主题化”系列推送情况统计

序号	高校图书馆名称	主题名称	系列数量
1	北京大学图书馆	“区域与国别研究”系列资源	3
2	北京航空航天大学图书馆	图书馆电子资源使用帮助系列	9
3	中国农业大学图书馆	免费学习资源之系列	3

续表

序号	高校图书馆名称	主题名称	系列数量
4	南开大学图书馆	“足不出户尽享免费资源”系列	3
5	中山大学图书馆	“免费资源共度时艰”系列	6
6	华南理工大学图书馆	“不出门，涨知识”系列	22
7	西安交通大学图书馆	“抗疫情送圕情，图书馆在行动”系列	5
8	兰州大学图书馆	“图书馆升级在线文献资源与服务”系列、图书馆“一小时讲座”系列	5
9	东北大学图书馆	“全民同心，抗击疫情！我馆联合……推出免费在线学习资源”系列	4
10	湖南大学图书馆	“湖南大学图书馆资源推介”系列	31

在数量上，只有 24% 的高校图书馆开展了“主题化”系列推送电子资源。在对应主题的系列数量上，湖南大学图书馆推送数量最多。自 1 月 23 日至 3 月 21 日，湖南大学图书馆资源推介系列推文共计 31 篇，阅读量共计 23 000 余次，位居湖南省图书馆之首。华南理工大学图书馆推送了 22 个系列，仅次于湖南大学图书馆。另外值得说明的是，很多高校图书馆只开展了一个主题，然而兰州大学图书馆开展了“图书馆升级在线文献资源与服务”、图书馆“一小时讲座”两个主题，资源服务覆盖较全面。

在内容上，各高校图书馆推出的主题令人耳目一新，涵盖的内容丰富全面。例如，北京航空航天大学图书馆推出图书馆电子资源使用帮助 9 个系列，涵盖了电子教材、图书、多媒体学术资源、在线教育平台、电子教材精准服务、教材教参资源集锦、电子资源原文传递服务、2020 年春季数据库在线培训与课程、学位论文检测开通在线服务，保障了电子资源的全方位服务。

“特色”方面：新冠疫情专题资源推送。在 42 所“双一流”大学图书馆中，有北京大学图书馆、清华大学图书馆、中国农业大学图书馆、南开大学图书馆、大连理工大学图书馆、吉林大学图书馆、复旦大学图书馆、同济大学图书馆、中国科学技术大学图书馆、厦门大学图书馆、中国海洋大学图书馆、华中科技大学图书馆、中南大学图书馆、四川大学图书馆、东北大学图书馆15所高校图书馆开设了专栏推送新冠专题资源，为支持抗击病毒的相关研究和科研攻关提供最新的、权威的学术资料。

各高校图书馆推送的专栏内容丰富，种类多样。例如，北京大学图书馆推出了“免费资源新体验之新型冠状病毒（2019-nCoV）研究资源”；中国海洋大学图书馆推出了“新型冠状病毒相关资源专题推介”；清华大学图书馆推出了COVID-19（新冠肺炎）专题类数据库和新型冠状病毒研究信息资源汇总，方便读者查询或使用；大连理工大学图书馆整理了各大外文数据商提供的相关内容，为各科研人员提供参考；中国科学技术大学图书馆对新冠病毒相关文献免费开放访问；中国农业大学图书馆提供了包括疫情防控心理健康指导读物、预防新型冠状病毒肺炎宣传手册、5期防控新型冠状病毒肺炎科普视频、上线多本预防新冠肺炎有声书并特别录制粤语有声版，7种防疫抗疫相关电子书等免费疫情防控相关资源；中南大学图书馆推出了电子书《新型冠状病毒感染的肺炎防控知识100问》和《新型冠状病毒肺炎大众防护与心理疏导》。

各种数据库公司开通专项资源访问途径。国内众多出版社、数据库商纷纷推出了限时免费访问的学术资源。如爱思唯尔公司为高校用户开通了ScienceDirect新型冠状病毒肺炎相关高品质期刊及图书免费试用三个月资源服务，南开大学图书馆、复旦大学图书馆、吉林大学图书馆、华中科技大学图书馆、同济大学图书馆、东北大学图书馆等多所高校图书馆已申请加入并试用。大连理工大学图书馆、厦门大学图书馆、四川大学图书馆、郑州大学图书馆等高校图书馆将数据库中新冠病毒相关学术资源归集整理，拟开通相关专项资源渠道。

2. 建设特色化和完整性统一的线上信息资源服务体系

此次疫情阻隔了读者对于实体文献资源的获取，作为微信平台管理者，需要不断整合嵌入图书馆线上资源，丰富资源类型，将电子书、数据库、多媒体影音资源、讲座培训、阅读推广以及活动通知等信息逐步纳入微信公众平台的发布体系中去，从而做到为读者提供7×24小时远程不间断服务，形成具有北京科技大学特色的文献资源与文化服务保障体系。

自新型冠状病毒肺炎疫情发生以来，图书馆按照疫情防控要求，及时调整服务读者方式，借助互联网及移动网络，充分利用好图书馆微信公众号这一线上阵地，做好线上图书馆服务，做到闭馆不闭网，服务不打烊。

一是搭建读者服务平台，创建疫情防控服务专栏。疫情期间，图书馆所有到馆服务暂停，网站和微信成了疫情期间读者使用图书馆最主要的渠道。疫情发生以后，图书馆在微信公众号及时发布了各项业务联系方式，制定了线上工作流程与办法，技术部全体同志加班加点，在网站和微信公众号同步上线了疫情防控期间的服务专栏，开辟“抗疫服务”“电子资源”“讲座培训”“活动集锦”四大分主题，每天收集、整理汇总第一手新鲜资讯与服务消息，以最快的速度、最直接的方式呈现给广大读者，使线上服务 24 小时不打烊。更将疫情期间图书馆所有服务与资源进行大整合，推出《疫情防控期间图书馆资源与服务导引》《疫情防控期间图书馆电子资源服务指南》等，读者可以简洁明快地将图书馆使用指南一览无余。疫情期间共推出图书馆服务指南 7 篇，图书馆资源使用指南 40 余篇，发布讲座培训信息 30 余篇，发布线上活动信息 30 余场。

二是整合数字资源，保障师生读者在家学习、科研需要。面对师生读者无法到校从而产生文献资源获取难的问题，图书馆统一安排部署梳理北京科技大学图书馆所有已购资源及开放获取电子资源，以专题的形式总结了常用中文期刊数据库、外文期刊数据库、文摘索引型数据库、数值型数据库、中外文电子书、学术资源、多媒体资源等全部电子资源近 30 项，通过微信、网站平台有序化、分门别类向读者推出，满足师生读者在家学习科研的需要。另外积极与电子书及多媒体数据商进行沟通，联系到超星学术资源总库、雅乐影院、网上报告厅、知识视界等资源全部外网免费使用权限，第一时间向读者进行宣传推送。

3. 基于疫情期间微信公众号用户行为监测的数据挖掘

公众号在运维过程中会产生大量用户行为数据，可以准确反映出用户的需求和偏好。依托微信后台数据统计功能，对北京科技大学图书馆微信服务的微信公众号用户行为数据进行检测，并将其应用于“北京科技大学图书馆”微信公众号运维，利用数据监测结果分析排查微信服务存在的问题及原因，并进行相应运营调整。

疫情防控关键时期，图书馆进行闭馆（2020.2.1—4.30），在微信发布文章 172 篇，网站发布文章 79 篇，其中推出图书馆疫情期间服务指南 7 篇，图书馆资源使用指南 40 余篇，发布讲座培训信息 30 余篇，发布线上活动信息 30 余场。微信总阅读次数 72001 次，总阅读人数 45763 人次，官网访问量总计807482次，同比2019年2—4月增长381620次，增长率高达89.6%，可以看出图书馆线上服务平台取得了非常好的推广服务效果。

全年微信公众平台共计发布信息文章510篇。累计关注人数达到36166人。其中疫情中新增关注4565人。微信发布文章总阅读量达到272470次，全年读者共有242193次点击菜单与图书馆进行互动。2015—2020年微信关注人数与阅读人数逐年上升，情况见图1、图2。

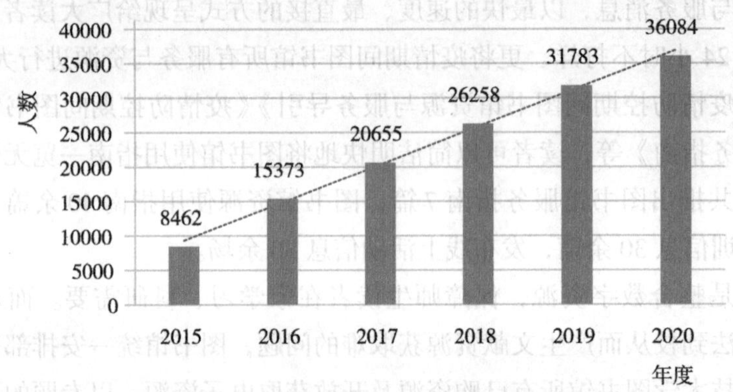

图1　2015—2020年北京科技大学图书馆微信关注人数

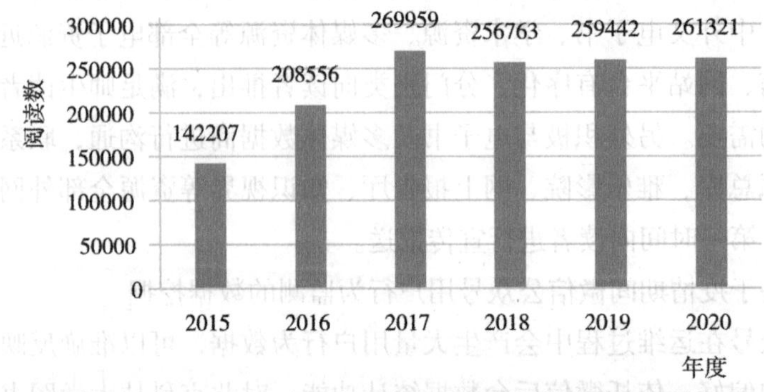

图2　2015—2020年北京科技大学图书馆微信图文阅读数

4. 实现微信公众号应急服务常态化，广泛开展应急教育

尽管国际图书馆界早在40多年前就将关注社会问题、承担社会责任纳入其职责范围之内，但是在突发事件中提供应急服务则是从2001年“9·11”恐怖袭击事件发生之后才开始并逐渐取得一定发展的。国内的图书馆是从2003年非典疫情时期开始逐渐开展应急服务，2008年汶川地震发生后对应急服务进一步展开实践和研究，但是直到这次新冠肺炎疫情，

国内图书馆界才真正开始重视应急服务的重要性并广泛地开展各类应急服务的实践和研究活动。

美国国立医学图书馆是最早开展灾害应急信息服务的图书馆之一，其可供借鉴的经验有：从战略上重视应急信息服务开展；注重图书馆专业人才的培养和公众的培训；注重馆藏资源挖掘与用户需求相结合；注重机构间的协同；建立多渠道资金保障。根据分析美国“9・11”事件和我国抗“非典”斗争中公共图书馆的做法，在突发事件中，公共图书馆应该积极地投入社区的恢复中去，在恢复过程中，主要发挥的是自身的社区记忆功能、社区活动中心功能、情报中心功能、大众文化资料中心功能。综合来看，目前国内外图书馆在应对各类突发事件中，主要的应急服务包括对公众的教育和培训、决策支持、应急产品的开发和建设、信息的收集、管理和发布、应急知识共享的推动等方面。

一方面在微信平台建设突发事件应急服务，应急服务主要收集突发事例以及突发事件相关出版物，提供开展应急服务的知识保障和基本工具；另一方面针对疫情开展相关信息资源建设，例如疫情专题数据库、疫情服务专栏等，使北京科技大学应急文化服务变得更加有针对性，更加常态化，更能适应后疫情时代学校文化建设的总体要求。

三、项目成果成效

（一）完成疫情期间 42 所“双一流”大学微信公众号调研工作及用户使用数据采集整理

通过调研 42 所“双一流”大学图书馆的官方微信公众号，梳理其为保障师生教学和科研的开展提供的相应调整和创新图书馆电子资源保障服务，从“硬件”“软件”“特色”三个角度来进行评价与分析研究，对北京科技大学图书馆微信平台建设具有重要指导作用。

（二）调整图书馆微信运营策略，建设特色化和完整性统一的图书馆微信信息资源服务体系

疫情初始搭建微信读者服务平台，创建疫情防控服务专栏。开辟“抗疫服务”“电子资源”“讲座培训”“活动集锦”四大分主题，每天收集、整理汇总第一手新鲜资讯与服务消息，以最快的速度、最直接的方式呈现给广大读者，使线上服务 24 小时不打烊。更将疫情期间图书馆所有服务

与资源进行大整合，推出《疫情防控期间图书馆资源与服务导引》《疫情防控期间图书馆电子资源服务指南》等，读者可以简洁明快地将图书馆使用指南一览无余。疫情期间共推出图书馆服务指南7篇，图书馆资源使用指南40余篇，发布讲座培训信息30余篇，发布线上活动信息30余场。全年微信公众平台共计发布信息文章510篇。累计关注人数达到36166人，其中疫情中新增关注4565人。微信发布文章总阅读量达到272470次，全年读者共有242193次点击菜单与图书馆进行互动，取得了良好的推广效果。

（2020年立项项目　撰稿人：张赛男）

高校国际传播能力创新型机制建设探索与实践

项目概述

高校应肩负起中外青年文化交流的责任和使命，本课题立项，聚焦中外青年文化交流重要主题，通过梳理高校中外文化交流的现实情况，分析符合高校文化建设规律的中外青年文化交流机制和可行模式，同时结合挖掘高校内生动力，整合多方资源，以期形成可供借鉴的实践范例，从而更好地发挥校园文化在培育和践行社会主义核心价值观、提升师生人文素养方面的重要作用。

一、引言

党的十八大以来，以习近平同志为核心的党中央高度重视国际传播能力建设工作；党的十九大报告明确指出，要“推进国际传播能力建设，讲好中国故事”。高等院校是国际交流传播的重要主体，高校国际交流传播是促进民心相通的重要途径。建设发展高校国际传播能力，向海内外展现真实、立体、全面的中国，不仅是自身国际化办学发展的必然要求，更是厚植国际人文交流的青年基础和民间力量、推进“一带一路”与人类命运共同体建设的重要举措。

本文通过深入调研海内外一流高校的海外传播能力建设机制，研究世界主流排名机构的国际化指标，结合国家“双一流”建设与“十四五”规划，聚焦中外人文交流传播高校创新机制，以北京科技大学近年来的教育国际化探索实践为例，围绕学校优势与特色学科建设，研究国际传播机制与能力建设的实践经验与提升举措，思考如何联动发挥多层级、多主体、多视角国际传播主动性，为新时代学校建设具有全局性和前瞻性的国际传播能力提供思路与建议。

二、高校国际传播能力

（一）定义

随着全球一体化进程加快，国际交流日益频繁。随着综合国力大幅提升、国际地位日益提高，中国正在走向世界舞台中央，参与国际事务的能力显著提升，与世界的关系发生了历史性变化。

语言既是交际的工具，更是知识的工具，本质上是价值的承载。法国学者米歇尔·福柯于1970年的演说《话语的秩序》中提出了话语理论，认为“话语即权力”。对一个国家而言，参与全球治理需要与之匹配的话语能力，即运用话语处理关涉国家利益的内外部事务的能力、设置全球议程的能力。当今时代，话语能力和国际传播能力建设已成为一个越来越受关注的课题。对我国而言，提升国际传播能力，是推动全球治理体系变革、提升国际话语权、参与制定国际规则的重要基础。

高等教育国际化是全球化背景下高等教育发展的一种基本趋势，也是发展中国家建设高水平大学的必然路径。作为国际交流传播的重要主体，高校承担了促进民心相通的使命与重担。因此，建设发展高校国际传播能力，成为我国大学“走出去”的题中应有之义。

（二）特点

国际传播活动中，高校需要根据各式各样的发展交流需求，策划并提供具有针对性的新闻宣传内容。针对不同平台和场景特色，通过选择性加工其在学科水平、科研能力、硬件设施、文化价值等多方面的综合表现开展海外宣传。这种过程实则为对大学概念范围内现象或事件进行选择与建构后的产物，其背后所蕴含的是传播者的价值观。因此，高校国际传播实际为一种以塑造主体良好声誉为首要目标的活动与途径，通过传播专业水平与文化价值观为主要策略性选择构建国际公众视野中的理想大学形象。

相关研究表明，大学声誉是受众对于一个组织在能力、愿景、历史、使命等方面的认知。在针对世界高校国际传播能力的比较研究中，来自中国、美国和北欧国家的大学在国际传播的内容选择方面呈现出显著差异。我国大学的国际传播主要以与专业维度和行为维度相关的内容为核心，尤其注重诸如排名、规模、荣誉等层面的行为维度相关内容的国际宣传。美国大学与中国相反，与本校取得的各类成就相关的传播内容，在美国大学的国际传播中占比最小，最重视专业维度的传播内容，例如科研水平、学术成果、教学能力等。北欧国家的大学最为重视文化道德维度下的传播内容，文化、信仰、开放性、包容性以及对于种族和性别的探讨，在北欧国家大学的传播中占有最大比例。

（三）重要性与必要性

提升国际传播能力，是新形势下对外交流宣传的必然要求。党的十八大以来，以习近平同志为核心的党中央高度重视加强对外宣传、提高国际传播能力，对其宏观战略、顶层设计、发展路径、方式方法等进行了全面清晰的指示部署。推进国际传播能力建设，讲好中国故事，展示真实、立体、全面的中国，是加强我国国际传播能力建设的重要任务。习近平总书记强调，要精心做好对外宣传工作，创新对外宣传方式，着力打造融通中外的新概念、新范畴、新表述，讲好中国故事，传播好中国声音。习近平总书记的重要指示，为做好新形势下国际传播能力建设工作指明了前进方向，提供了重要遵循，提出了更高要求。

加强国际传播，是建设一流大学与学科的必由之路。随着全球化浪潮演进，高等教育国际合作交流持续深入，如何“走出去”越发成为中国高校的关注焦点，加强国际传播能力建设日益成为推进高校国际化办学纵深发展的必要举措。高校的国际传播工作具有一定特殊性和规律性，在新时期，调研海内外一流院校海外交流传播机制，厘清国际传播能力建设发展思路与有效途径，既有利于深入推进高校“双一流”建设，更具有深远的文化交流战略意义。

国际传播能力建设，是深入贯彻习近平总书记重要回信精神的重要抓手。今年5月17日，习近平总书记给北京科技大学全体巴基斯坦留学生回信。习近平总书记的回信情真意切，意义重大而深远，激励着广大师生砥砺奋进，为全面提升来华留学教育水平、扩大教育对外开放指明了前进方向，提供了根本遵循。加快提升国际化办学水平，紧密围绕国际合作交流“师资培养、学生教育、科研合作、创新创业、文化传播”五大国际化发展目标，推动建设覆盖全校各院系的高质量国际传播机制与内容体系，满足新时代国际传播能力建设需求，深度助力学校“双一流”建设，是深入贯彻落实习近平总书记回信精神的必要环节与重要抓手。

三、国内外高校国际传播能力建设经验

通过调研交流海内外一流大学国际传播能力建设相关实践与成果，我们发现，各学校普遍重视政策指引和制度支撑，以战略规划统领国际建设全局，以平台建设推动国际化深度发展，以制度创新强化管理服务，以深度合作改革机制体系，突破瓶颈、疏通堵点、激活全盘，创新拓展高校深层次参与国际科研合作、人才培养、人文交流的多样化途径。

清华大学非常重视国际交流传播的顶层设计，以整体的战略规划为前提和基础而开展，搭建海外整合传播矩阵，旨在探索解决“我们是谁、我们想影响谁、利用何种渠道、如何确保效果”这四大国际传播核心问题。清华大学确立了以新闻为核心的信息传播作为最核心的海外传播手段，专门在海外传播战略规划中成立英文新闻中心与英文服务中心两个特设机构，专岗专责，分别负责汇聚整理来自全校不同院系的新闻信息以及新闻内容的英文翻译工作。在内容国际传播上，清华大学作为传统理工特色院校，极其重视清华校园生活中浓厚人文氛围的营造与凸显。例如清华英文新闻频道中特别增设了自然科学与人文科学两个并列的栏目，将与之相关的专业新闻分别汇聚在两个栏目之下，这种做法致力于改善外界对于清华大学是理工类院校的片面认知。在新闻英文网运营过程中，反映清华大学全球视野、国际化生活方式、多元文化等方面的新闻成为最核心内容，目标是将清华校园营造成一个极具国际化和年轻化的社区形象。

北京航空航天大学同样重视对外传播的顶层战略设计，其实施的“UPS 计划”（U：University to University，P：Professor to Professor，S：Student to Student）构建了学校全球合作网络和平台，下属概念计划“学院国际评估支持计划”“国际化师范学院建设计划”“学院全球合作伙伴建设计划”“双边合作研讨会资助计划”“国际暑期学校支持计划”“学院国际化人才培养支持计划”六大国际化建设系统工程均注重以校院协同、经费支持等方式推动学生双向交流模式，深度拓展合作伙伴关系，建立国际合作项目，全面提升国际交流与对外宣传主动性。

美国大学一贯重视具备国际视野的人才培养，注重人才领导力拓展，认为学生的海外教育经历为职业发展和个人成长提供了宝贵的机会，因此长期以来都非常重视学生通过学术课程、实习或者海外服务体验更广阔的

世界，并在这个过程中潜移默化开展国际人文交流与传播，学生海外教育与社会实践中，其本身便是最好的美国价值观传播者。加州大学伯克利分校非常重视国际交流合作，为教师提供覆盖近50个国家200多所机构的国际交流机会，以师生交流进行科研人际传播。学校设置的七种类型的海外访学计划中的第五类、第六类、第七类，都是依托国内外长期、稳定的合作单位得以实施的海外交流项目，其中第五类国际研究型大学联盟（International Alliance of Research University，IARU）全球暑期计划，就是依托稳定的协作伙伴IARU联盟高校开设的学习、实习和志愿者方面的暑假短期国际交流项目。密西根大学同样秉承海外教育实践，该校的“密大指南针”计划专门用于支持学生到海外进行教育，有覆盖全球141个国家的项目供学生选择，该计划主要是由教师带队前往世界各地进行交流学习。

伊利诺伊大学厄巴纳—香槟分校国际化工作涵盖7个部门，包括全球教育与培训、全球关系、伊利诺伊州海外与全球交流、强化英语学院、国际安全与保障、国际学生与学者服务、上海办事处。针对上述职能，设立了多项奖项与资助，包括国际成就奖、出国留学奖学金、留学生奖学金、会议旅行和活动赠款，以支持世界各地的学生、教师和员工开展国际交流访问。其开设的国际学术课程涵盖16个学院和教学单位，涉及150多个研究领域。为本科生制定了详细的海外学习指南。以2019年为例，学校开发并设置了300多个海外学习项目，包括交换项目、直接注册项目、机构提供项目和短期定制项目四大类，鼓励学生参与海外学习以探索新的文化。

科罗拉多矿业学院是世界一流的公立研究型大学，2020年USNews排名第84位，主要致力于工程及应用科学研究，是世界上资源开发、开采及利用方面研究实力最强的机构之一，专务于工程学与应用科学。其国际留学生来自80个国家，占比6%，为国际学生提供了“亚洲文化节”“Nsbe文化之夜”等形式多样的庆典活动。CSM还为学生提供了在其他国家50多所大学学习和生活的机会，包括欧洲、澳大利亚、拉丁美洲、亚洲和中东地区，有7%—10%的学生参与。

伯明翰大学是一所学科门类齐全的综合性研究型大学，尤其以冶金材料、医学、社会学等学科见长。学校从建立之日其就定位在国际视野上，制定并实行国际化的战略纲领，向国际化的教员、国际化的学生、国际化的课程、国际化项目等各个方面发展。伯明翰大学非常鼓励学生在校学习期间的海外经历，其苏格拉底 / 伊拉斯谟交流计划（Socrates/Erasmus exchange programme）就是鼓励和支持学生在 31 个欧洲国家之一进行为期一年的学习生活，感受不同文化背景。该计划的合作伙伴遍及整个欧洲的 150 多个机构，是英国最大的交流计划之一。在教员的配置上，该校四分之一的教员是海外教员。这些教员都是各领域各学科的精英，教学和科研水平极高。在科研经费中，其 10% 的资金来自国际项目。在国际化战略中对课程设置和人员招聘等都做了详细的规定，设置了一系列的国际化课程，强调自身“世界公民”学校定位，开设不同的语言课程，如设置了法语、阿拉伯语等。学校还成立了国际化课程工作组（ICWP），专门更新国际化课程和处理国际化相关的事务。从伯明翰大学国际化战略看，学校特别重视本校的国际声誉，要求吸引更多赞助商资金，把地区、国家、世界的发展当成自身使命，成立了国际委员会，任命了监督国际化战略实施的领导人员，同时在征集全校师生意见的基础上拟定了《行动计划》，把国际化的重点、行为、目标、框架和业绩表现等都做了详细的规定。

日本东北大学是日本“超级国际化大学计划”A 类（顶尖型）高校，该计划与中国“双一流”建设具有相似的时空背景。在战略规划方面，日本东北大学国际交流部门制定了《国际战略》文件，提出了国际化的两大战略任务：一是切实加强与国外高校、学术机构和产业协作的广度和深度；二是打造国际化校园环境和人文环境，加强国际化产学研结合，确保人人都可参与国际化，人人都具备国际化意识。在国际科研方面，打造品牌性的高端学术论坛“东北创新论坛”（Tohoku Forum for Creativity），在世界范围内收集各领域重点问题并筛选项目提案，聚焦多领域合作，邀请国际知名专家教授来校主讲，开展短期集中跨学科综合研究。在学校影响力发展方面，在海外设立代表处，促进学校在海外举办的各项国际交流活动并提供帮助，支援海外校友会活动，推进产学合作的国际化进程，支援其他教育研究战略项目等。此举有利于发掘学校在海外的发展潜力，进而提高国际知名度，同时促使大学的研究成果更好地回馈并造福于国际社会。

北海道大学自建校以来，一直将“全球视角”作为其理念基础，不断努力向更高程度的国际化迈进。在教育改革层面，北海道大学为本科生和研究生在常规课程之余专门设置“新渡户学院”特别教育课程，在本科生入学的第一年设置基础特别教育，加强学生对国际社会的认识；在本科生毕业前第二年设置专业技能课程，为有意愿前往国际组织工作或参与国际研究的学生提供技能培训。在提升学校影响力方面，北海道大学十分重视海外校友会的作用，创立了全球范围内的“北海道大学大使伙伴体系”，在全球35个国家和地区任命了43位“大使”和132位“伙伴”，在所在地区内的校友交流沟通中起到核心作用，加强学校在海外的宣传和海外校友会的组织，在全球范围内打造强有力的校友资源体系。此外，学校专门创办了宣传性电子期刊*Hokkaido University Times*，定期发布学校最新的重要国际新闻和研究成果，以邮件推送的形式发送给订阅者供其查阅。

亚琛工业大学是6所每届都入选德国精英大学计划的大学之一，2021QS世界大学排名第145位，早在1979年，亚琛工大就与北京科技大学在冶金与材料等方面的合作建立了双赢的关系，期间为北京科技大学培养了在冶金、材料、机械、自动化、计算机、管理科学、物理、化学、德语等专业的70多名教师。在科研合作上，亚琛工业大学与科研机构合作，为科学家建立和扩大国际联盟提供了理想的框架条件，从而优化RWTH的研究，并进行人才引进与资金引入。在产、学、研转化方面，亚琛工业大学的国际化促进了与工业和科学领域中充分的研究参与者之间的联系和交流，其工作重点是在国际层面进行高水平的科学交流。RWTH及其附属机构与亚琛弗劳恩霍夫研究所之间在科学与研究领域有着悠久的合作历史，在将研究成果转化为实际应用方面尤为突出。在教学方面，RWTH的教学创新使学生积极参与国际环境。其将国际观点纳入课程，提供多种英语课程，并大力推进数字化教学战略，向国际合作伙伴提供的各类数字教学也进一步推进了教学国际化。

澳大利亚是教育国际化政策体系最为完善的国家，也是最早接受中国留学生的发达国家之一。第一，国际教育是澳大利亚重要的出口产业和服务贸易组成部分，有力助推其社会经济发展；第二，澳大利亚教育国际化政策体系顶层设计较为成熟，于2017年设立了国际教育咨询委员会（International Educational Advisory Council，IEAC），推进国际教育科学合理管理。

墨尔本大学2021QS排名第41位，坚持以成为“世界上最好的大学之一”作为奋斗目标，确立了课程国际化的目标，开发具有国际视野的课程，此外，为学生提供国际化学习机会，以学生交换项目及国外学习项目为主，为学生提供参加国外学习、外语培训、网络课程及国际化研究等机会。

昆士兰大学 2021QS 排名第 42 位，学校国际化策略是在全球范围内探索、建立合作关系，紧密联系行业内工作者、学校校友，共同发挥昆士兰大学的国际优势。在生源方面，昆士兰大学与国际资助机构合作，吸引全球优秀留学生。在人才培养方面，致力于为学生创造更多出国交流和学习机会，包括参加国际学术活动、学术讲座、实习，通过网络学习国外其他学校的精品课程等，培养学生国际化视野。在教育科研合作方面，推动联合办学、举办国际研讨会、转化科研成果，进一步提升国际影响力。

新南威尔士大学发布的《2025 规划》将“学术卓越”“社会参与”“全球影响”列为学校未来优先发展的战略基点，其中“全球影响”力求通过国际化的教育体系，世界级的教研能力，高端战略伙伴关系和全球治理与协同能力，扩大学校在全球范围内的教育辐射力与教育领导力。学校启动各类学识资助项目和专项奖学金计划，吸引优秀生源，规划以教育产品的共享机制与输出网络为纽带，勾连起学校全球范围内的合作关系，凸显国际化视野和全球竞争力。

四、北京科技大学的国际传播能力建设

北京科技大学国际合作交流工作有着优良传统和丰富积淀。自建校以来，北京科技大学在办学育人、学术科研的过程中，以开放的姿态迎接海外来宾，积极扩展国际合作与交流。早在 1979 年，北京科技大学便与德国亚琛工业大学签订了校际合作协议，这是改革开放后中国大陆高校与国外大学最早签订的校际合作协议之一。

广交流，谋合作。多年来，在上级部门的支持下，北京科技大学国际合作交流工作取得了长足发展。目前，北京科技大学共有 220 余个海境外合作伙伴；重点推动联合办学、共建联合实验室等高端、深度合作；深入推进和实施“鼎新北科大”国际化平台建设计划；学校共有 7 个“111”学科创新引智基地。2019 年聘请外国专家、学者来校授课、开展合作研究逾 1150 人次，选派学生赴国外交流学习近千人次。

近年来，随着北科大国际化办学水平与保障机制日益健全和完善，国

际合作与交流能力持续增强，学校瞄准国际知名度与影响力，拓展学校海外宣传范围与大学形象塑造，在国际传播能力建设上取得了一定经验与成果。

（一）北科大国际传播的主要思路

一是校际交流与高端出访拓宽影响力辐射范围。拓展海外交流与传播，增强国际人文交流，重点推进以建立或拓展校际合作关系为目的的高水平组团出访，提升学校的国际知名度和影响力。

多渠道创新助力学校海外形象宣传，探索国际影响力提升新模式。精心策划海外大学日活动，2016 年在澳大利亚伍伦贡大学成功举办了北京科技大学校史上首次在海外进行的大型宣传活动；充分利用中法工程教育论坛、中荷瑞士高教论坛等高级别交流机制的作用，积极宣传学校教育成果，着力开拓工程科技及人才培养合作空间。

协同多部门，打造高层次互访宣传渠道。通过高质量的前期准备，使校领导高质高效完成出访，在世界一流大学宣传北科大和一流学科，增强对方与北京科技大学深化合作的决心。2018 年 10 月，杨仁树校长率团出访澳大利亚合作院校并延揽优秀海外人才；与昆士兰大学、新南威尔士大学开展校际交流访问并签署扩大合作协议。2019 年 3 月，权良柱副书记率团访问英国德蒙福特大学、莱斯特大学、剑桥大学李约瑟研究所、挪威科技大学等院校；与德蒙福特大学联合召开了第五届孔子学院理事会，共同举办了孔子学院成立 5 周年庆祝活动。2019 年 3 月，薛庆国副校长率团赴美参加第 148 届 TMS 会议，提高学校知名度，扩大相关学科对外交流，吸收国内外先进研究思想；赴伊利诺伊理工学院开展校际交流，就学生联合培养、科研合作、师资培训等合作进行磋商。2019 年 3 月，吕昭平副校长率团访问台湾，参加朝阳科技大学建校 25 周年活动，作为大陆嘉宾致辞，致敬自 2001 年开始的两校合作友谊，为两岸高等教育交流的先锋。2019 年 5 月，吕昭平副校长赴台湾参加“朝阳科技大学 2019 大学社会责任国际论坛”，全球 12 所学校 42 位校长、学者出席。2019 年 6 月，王维才副校长率团出访德国、比利时，与德国亚琛工业大学、慕尼黑大学及比利时鲁汶大学开展校际交流。2019 年 10 月，中国教育国际交流协会组织 11 所高校交流团赴外访问，臧勇副校长率团访问美国，与俄克拉何马州立大学签署校际合作协议。

探索新形势下海外人才招聘与校友联谊的新模式，并与校友会协同推动合作伙伴所在国校友会的成立。杨仁树校长出访澳大利亚期间，举办两场人才招聘会暨校友联谊会，共120余人参会，在当地青年学者中赢得较大反响。王维才副校长出访德国、比利时期间，举办两场人才招聘会暨校友联谊会，近百人参加，在当地青年学者、留学生中取得较大反响。薛庆国副校长赴美期间，举行校友联谊会，中国驻芝加哥总领事馆参赞衔领事参会；权良柱副书记访问挪威期间，组织举办专场海外校友及朋友联谊会，30余名北科大校友参加。

依托政府资源，借助海外领馆、教育论坛等渠道宣传，探索了提升学校国际知名度、延揽海外人才、为海外校友提供服务帮助的新模式。杨仁树校长出访澳大利亚期间拜访中国驻布里斯班、悉尼总领事馆，与总领事、副总领事、科技参赞等会谈。王维才副校长出访德国、比利时期间拜访中国驻慕尼黑总领事馆。薛庆国副校长赴美期间举行校友联谊会，中国驻芝加哥总领事馆参赞衔领事参会。臧勇副校长率团访问美国，参加美洲国际教育年会（论坛及教育展）、第三届中墨大学校长论坛、中美大学校长研讨会，就科研与知识转化、创新学习、可持续发展的国际伙伴关系、教育社会融合等议题展开研讨和务实交流。

二是外事活动与外宾来访使特色优势深入人心。加强高端外事活动的影响辐射能力，通过高层次会议、高级别来宾和高水平交流的传播作用，推动北京科技大学海境外影响力与学科知名度提升。作为改革开放以来与国外高校最早签署合作协议的院校，北京科技大学多年来致力于与国际高水平院校进行师生互访，2019年9月，与亚琛工业大学联合举办“中国—德国高水平大学校际合作40周年纪念会暨北京科技大学—亚琛工业大学学术研讨会”，教育部及科技部领导、亚琛工业大学校长、德国驻华大使代表等重要来宾参会，以新华社、央视、《人民日报》等为代表的20多家主流媒体报道，反响热烈。2019年6月，接待乌克兰教育与科技部代表团，在“一带一路”倡议背景之下，推进双方在材料、冶金、人工智能等优势学科实现进一步合作。

接待海境外学校代表团来访，进一步向海（境）外高校宣传北科大特色学科、整体实力，推动开展实质性深入合作，促进与海（境）外高校在学生交流、教师互访和科研合作等方面密切合作交流。五年间接待近百个访团，包括美国德克萨斯大学阿灵顿分校、康奈尔大学医学院代表团，英国伯明翰大学、埃塞克斯大学、邓迪大学、德蒙福特大学代表团，日本东北大学、北海道大学，印度塔塔钢铁公司和荷兰皇家壳牌公司等来自海（境）外高水平院校 / 机构的代表团来校访问。

三是平台和内容建设成为形象远播的主流渠道。加强英文宣传体系建设，完善多元化学校海外宣传平台媒介，有效助力学校海外形象推广工作。协同多部门，圆满完成学校英文网站改版和上线工作，大力推动院级英文网站建设，多维度、全方位展示学校风貌。制作学校英文宣传视频、画册、折页、PPT 和纪念品等材料并向海内外传播。设立“对外交流宣传办公室”，提升英文网站等信息化宣传建设专业化水平，建设覆盖全校的交流传播内容体系。定期更新网站等多媒体平台，展示国际学生在京学习生活，宣传学校科研工作成就，筹划建设具备北科大特色的国情校情、文化风俗宣传内容体系，以增强来华留学生、海外院校、国际友人等对学校发展的理解和认同。

（二）北科大国际传播能力建设的具体举措

1. 国际交流文创产品创新计划

2021 年春季学期，国际处推出了“国际交流文创产品创新计划”，立足于国际合作与交流中校际交往场景，围绕“国际化”“中国化”“北科大”元素进行设计，制作具有秦安元素的北科大校际国际交流文创礼品，满足广大师生在国际交往中的实际需求。引导文化创意设计紧贴国际交流，将实用功能、大众审美、万众创新等新要求与师生对校园生活美好记忆和国际交流新需求相结合，促进北科大国际交流魅力校园文创产品高质发展，提升北京科技大学国际形象。

2. “贝壳寰宇”海外交流沙龙

2020—2021 年春季学期，国际处对外交流宣传办公室下属指导的学生社团 HiWorld 海外交流协会开展了“贝壳寰宇”海外交流沙龙品牌活动。在社团迎新换届后，组织了成效显著的百团大战迎新工作，刷新了社团招新人数纪录，有力支撑了学校新学期的国际化校园建设工作。同时，通过深入走访调研学生群体，密切结合学校国际交流与广大师生需求，围绕社团核心学生骨干发展意愿，确定了社团主办的品牌活动思路，推出“贝壳寰宇”海外交流沙龙系列活动计划，为校内广大学子知悉了解海外留学生活与学业深造抉择等方面搭建一个高效立体的信息交流平台，将其确定为社团未来一年来重点开展的核心品牌活动着重投入精力。活动开展以来，在学校范围内起到了为校内学生拓展国际视野的积极作用，为国际处的学生海境外交流项目宣传推广搭建了更为立体化的传播渠道，协助推动了北科大的国际化校园氛围建设。

3. 北科大英文网站改版升级

自北科大英文网站上线试运行开展以来，广大师生对英文网站设计运行情况提出了大量宝贵建议。为回应广大师生关切，学校成立了北京科技大学英文网站改版工作领导小组，相关部门通过深入调研，密切磋商，按照《北京科技大学英文网站改版工作方案》设计思路与时间节点，推动全校一盘棋，明确部门分工，充分沟通交流，积极开展开发建设工作，严格把握质量，高水平高质量完成了改版工作。

改版后学校英文网站在版块设置、内容更新、页面设计、用户体验等方面，充分对标世界知名高校网站设计思路，重点展现了北京科技大学别具一格的办学亮点特色与敦厚古朴典雅大气的门户风格。

4. “鼎新杯”国际传播能力综合评比大赛

国际传播能力建设是学校建设和学科发展的重要组成部分，以评促建，打造覆盖性强、内容扎实的全校海外传播内容与平台体系，为服务学校双一流建设做出积极贡献。2020 年“鼎新杯”国际传播能力综合评比大赛旨在加快和扩大新时代教育对外开放，加强学校国际传播能力建设，扩大学校的国际影响力与知名度。两年来，学校以“鼎新北科大”计划支持，推动了 22 家教学科研单位英文海外传播材料质量全面提升。22 家单位已经全部完成英文网站建设任务，圆满实现了“全上线、全覆盖”目标，并持续推动学校的英文网站改版工作紧锣密鼓开展，献礼建党百周年及 2022 年的建校 70 周年，有利于持续扩大学校的国际影响力与海外知名度，联动发挥多层级、多主体、多视角国际传播主动性，展现北科大坚持开放办学、携手海外合作伙伴建设人类命运共同体的坚定信念，助力学校朝着建设中国特色、世界一流的多学科研究型大学的目标迈进。

颁奖典礼上，综合奖总分前三名代表分享了本单位的国际传播能力建设经验。机械学院高度重视国际传播能力的建设，学院党政联席会多次讨论，并组建了专业团队全程跟进、悉心打磨。能环学院富有国际合作经验的领导老师们积极参与国际传播能力提升工作，网站建设以教师为核心亮点。经管学院海外传播建设着重于对教师学生及校友的优秀案例挖掘，网页建设充分考虑了国外用户的体验感。此外，各教学科研单位后续将会重点完善优化各教学科研单位英文网站中师资、科研、人才培养等国际化页面设计与使用体验，并配合学校英文网站改版工作顺利推进，打通各环节，实现各版块联动，真正使网站功能“全校一盘棋”，讲好北科大国际化故事，传播好中国声音。

5. 国际校园文化传播精品内容计划

通过“国际校园文化传播精品内容”计划，策划制作了系列国际合作交流传播内容，旨在满足广大师生海外交流传播需求，为其提供多样化的影音、文字、图片信息服务。主要成果有：为“贝壳游世界 —— 后疫情时代留学咨询日”暨“行知世界”奖学金颁奖仪式制作拍摄“行知世界”学生海境外交流项目快闪视频，策划“行知世界”系列学生海境外交流信息线上展和推送图文信息；积极宣传 Alberto 教授参加外国专家迎新会并受到李克强总理接见事迹，推动其接受后续央视等媒体采访，推出“建党百周年——外教与北科大”系列报道，在学校外国师生群体中取得较大积极反响；制作发布《北京科技大学英译规范手册》，以期筹备推进学校外宣用语与道路标识英译规范化工程。

五、北京科技大学国际传播能力建设存在的不足之处

五年间，学校的国际交流传播工作对学校教学、科研、育人等方面形成了积极的支撑和促进作用。在国际化建设各项工作取得显著成绩的同时，结合《“双一流”建设监测指标体系（试行）》等相关文件，对标 QS、软科、THE、USNews、四大世界排名数据指标，综合对比国内一流大学与国际高水平大学的国际化发展各项指标，北京科技大学的国际人文交流有待提升，国际影响力有待加强，和优秀案例仍存在明显差距。

1. 高层国际或区域互访对话平台参与度需要进一步提升，需要以更开放的姿态参与与发起国际或区域间高校联盟，以更加积极的心态参与全球高等教育的竞争与合作。

2. 学校优势特色学科和优秀文化传承海外宣传力度不充分，海外交流传播路径仍有待拓宽，形式有待丰富，学校品牌效益有待提高。

3. 已有国际合作优质项目梳理工作不全面，重点学术科研成果的跟踪宣传有待加强，特别是学校各学科重要进展、重大成就等，需要进一步挖掘有效海内外形象宣传途径，提高学校国际学术影响力。

4. 校园文化特色风貌展示不充分，仍需充分开发校内资源和海外平台，打造国际化校园文化与学术氛围。

5. 依托现有新型国际交流与合作研究院进行对外人文合作交流传播机制不完善，有待进一步探索，例如世界钢铁研究院、矿业与钢铁行业中外人文交流研究院等机构。

6. 学校国际传播顶层设计思路与机制有待提升，国际宣传信息化与平台建设有待加强，学校国际化形象建设和宣传力度仍有较大提升空间。

7. 海外传播校内协同能力亟待进一步提升；各学院的国际化发展水平仍然参差不齐，职能部门与教学科研单位间的协作程度有待进一步提高。

六、未来建设思路与举措

（一）形势和挑战

1. 全球局势复杂，教育国际化建设面临外部挑战

下个五年时期是我国“两个一百年”奋斗目标的历史交汇期，也是全面开启社会主义现代化强国建设新征程的重要机遇期；对于北科大而言，是“双一流”建设、“三全育人”工作的发展关键期，也是教育对外开放实现内涵式发展的蓄力提升期。

随着全球新冠肺炎疫情持续蔓延，高校国际交流合作面临诸多风险和后疫情时代的困难阻碍。世界面临百年未有之大变局，外部发展环境错综复杂、瞬息万变，战争隐患、贸易摩擦、技术封锁等逆全球化态势一触即发，教育国际化的不确定性显著上升，教育对外开放和来华留学教育发展方向及趋势受到深刻影响。

2. 响应国家战略，满足新形势下中国崛起的时代要求

当前，加快和扩大新时代教育对外开放是教育部依据新形势下国家发展需求所做出的重要国际化战略判断。高校国际交流合作应更好地服务国家战略，形成更全方位、更宽领域、更多层次、更加主动的教育对外开放局面。以政策沟通、设施联通、贸易畅通、资金融通、民心相通为目标的“一带一路”倡议正全面推进。加强与沿线国家的教育合作、共同行动，

既是“一带一路”的重要组成部分，又为国家发展提供重要的人才支撑。

3. 立足当下形势，学习贯彻习近平总书记重要回信精神

2020 年 5 月 17 日，习近平总书记给学校全体巴基斯坦留学生回信，情真意切，意义深远，为学校落实立德树人根本任务、全面提升来华留学教育水平、扩大教育对外开放、加快“双一流”建设指明了前进方向，提供了根本遵循。下一个五年的关键发展期，学校应勇担使命，勇攀高峰，将自身发展目标与党和国家重大发展战略、首都“四个中心”功能建设规划紧密结合，以海内外一流大学为标杆择善而从，以全面深度调研为依据深剖沉疴痼疾；应时而动，制定新时代国际化建设的全面应对战略，积极拓展“一带一路”沿线国家合作交流关系，建设全球高水平、立体化合作网络，积极发展更开放、包容、互惠、友好的教育科研合作，稳步提升学校的国际影响力和全球竞争力。

4. 直面发展困难，剖析新形势下国际化发展需求

未来一段时间，学校国际化事业主要有以下几方面困难。

（1）疫情远未结束，全球人员流动受阻。各国政府为控制疫情，都采取了出入境管理相关措施，以限制人员国际流动；北京科技大学多数海外合作伙伴高校都受到了冲击和影响，大量高校被迫纷纷停课封校，出台实施防控措施应对疫情的同时，也不可避免地使得线下国际合作交流暂时停滞。今年以来，绝大部分学生赴外交流项目不能如期派出，联合科研和访学交流项目教师无法出行，多数国际会议及外事活动被迫暂时取消或改为线上开展，国际学生来华留学工作面临诸多实际困难，孔子学院新上任志愿者老师无法到位，所有汉语课程均改为线上授课形式。新冠疫情对学校海外校际合作、学生培养、教师出国和科研合作等方面都带来了实质性的巨大影响。

（2）全球政治经济的不确定因素，深刻影响着教育国际化。新冠疫情为世界经济发展趋势和国际政治局势带来更多不确定因素，也必将影响政府对高校教育拨款政策和对外政策的制定，从而使高校国际交流与合作面临更多未知数。以北京科技大学主要合作高校所在地之一的美国为例，美国商务部数据显示，2020 年第一季度美国 GDP 按年率计算萎缩 5%；国际货币基金组织（IMF）预计受新冠疫情重创经济活动影响，美国经济二季度按年率计算萎缩 37%，全年萎缩 6.6%，经济形势不甚乐观；与此同时，

国际社会对中国高校国际交流合作的态度、世界纷繁复杂的外交局势也将影响中外高校合作交流项目的推进，对外交流合作项目很大程度上可能会遇到在资金支持和签证政策等方面实际性的问题和阻碍。在全球经济因新冠疫情遭受重大冲击之时，各国政府财政收入与分配情况或许发生变化，高校用于支持国际交流与合作的经费也会受到相应影响，这使得学校正在进行和计划推进的国际合作项目面临着更多不确定因素的挑战。

（3）新冠疫情为来华留学教育带来严重挑战。一是各国政府为防控疫情，普遍采取了入境管制等措施，给国际学生跨境流动带来了极大限制，为外国青年学生来华留学造成严重影响。据了解，今年各校国际学生生源流失较为严重，突出表现在新生申请人数下降。二是教学培养存在诸多困难。为降低疫情影响，各校普遍大力推进在线教学，最大限度地按计划推进教学培养；但由于国际学生生活时差较大、网络等基础设施较差等客观实际困难，一定程度上影响到学习进度和学习效果。三是管理面临风险。校园从 2020 年 1 月底至今一直采取管控措施，占据在校学生较大比例的国际学生要求放松校园管理的要求逐渐强烈，甚至出现情绪波动。尤其是国际学生毕业后滞留校内，面临着签证到期、经济压力、不能回国等困难，给学校管理带来挑战。同时，由于国际学生管理模式普遍存在“孤岛效应”，在疫情防控中暴露出与来华留学教育工作实际不相适应的地方，成为制约来华留学教育发展的障碍。四是疫情引发的全球经济严重衰退和公共卫生危机，以及由此带来的心理预期，较大程度影响国际学生跨境留学意愿，存在冲击来华留学教育发展基本规模的可能性。

当前，疫情远未结束，后疫情时代催生了教育国际交流合作的新范式，我们应该厘清思路，直面困阻，认真分析形势，努力钻研未来教育国际化发展趋势与策略。此次新冠疫情使人们认识到公共卫生安全是人类面临的共同挑战，也使得全球高校在生命科学领域的合作意愿更加迫切，生命科学领域的合作将成为未来全球高等教育合作的重要领域，也使得教育对外开放不断呈现新形态。学校应以此次新冠疫情为契机，化危为机，“在危机中育新机、于变局中开新局”，加强生命科学领域学科建设，在未来全球高等教育重点合作领域寻求突破，拓宽合作空间，携手与世界各国共同应对未来可能存在的全球性危机，在深入贯彻习近平总书记给北京科技大学全体巴基斯坦留学生重要回信精神之时，推进国际交流与合作工作改革创新，为国家战略和构建人类命运共同体贡献力量。

（二）目标与任务

2020—2025 年，学校将重点建设“鼎新北科大全球跃升战略”，厚植文化内涵，加快“全球视野人文交流计划”建设，全面构建北科大国际传播新格局，大力促进学校国际传播能力建设。推动新时代对外宣传创新思路与途径，推动建设覆盖全校各院系的高质量海外宣传机制与体系，促进学校的学科影响力显著提升、社会贡献力显著提高、国际化发展支撑力显著增强，加快提升国际化办学水平，深度助力学校“双一流”建设。

主要任务分为以下几方面：

一是加强国际传播工作组织建设和队伍建设，打造专兼结合的国际传播工作队伍，激发广大师生宣传主体的主动性、积极性、创造性；

二是加强交流互访嵌入式国际传播工作，围绕“展形象”深耕传播内容，聚焦“学者、学生、学术、学校”，对外宣介国家大政方针、创新理论成果、优秀民族传统文化；

三是加强互联网传播能力建设，推动构建系统化创新型网络外宣阵地，继续拓展国际传播信息化渠道和平台建设；

四是推进国际传播内容创新机制建设，打造覆盖面广、信息量多的宣传内容体系，包括但不限于国际交流与传播文创制品、宣传彩页、宣传册、PPT 等形式，充分展现学校办学水平与精神风貌；

五是创新校园文化传播内容和形式，用国际化思维和海外受众乐于接受的方式、易于理解的动态图文影像语言，讲好北科大故事，讲好中国故事。

（三）主要举措

1. 建设新时代国际传播专业机制

制定学校新时代海外传播战略。走访兄弟院校，深度调研优秀高校海外传播战略与相关机制，建章立制，推出专项北科大国际传播战略规划，协同联动激发国际交流传播活力。

探索建设学校海外传播专业化建设机制。建设院校联动的国际交流传播负责机构与人员体系，创新打造专兼结合的国际传播工作队伍，拓展途径宣传路径，联动发挥多层级、多主体、多视角的国际传播主动性。

2. 拓展交流互访传播创新机制

推动高层次交流互访宣传机制。依托校际互访、学术研讨会、国际/区域高校联盟对话等教育国际交流机制，用好国家级、北京市级科研学术平台与国外高校之间的交流渠道，继续推动校领导带队赴海外高水平科研机构合作交流，拓展海外使领馆、校友资源，挖掘海外校友联谊会暨人才招聘会等创新形式。

实施科研学术人际传播协同计划。深化与海境外高水平院校间合作关系，提升学校国际知名度和学科影响力。积极承办协办大型外事活动、双边/多边研讨、国际学术会议等，以学术交流领域合作为契机，嵌入式开展人际传播，邀请优秀国际学生和青年学者广泛参与，积极展示北京现代化建设新成就。

推进集学术研究与人文交流为一体的国际化智库建设。创新人文交流路径，着力建好矿业与钢铁行业中外人文交流研究院；推进世界钢铁发展研究院建设，深入研究探讨未来钢铁工业可持续发展；推进多学科融合交叉发展，从人文交流的角度增强北京科技大学服务社会的针对性、实效性，更好地服务于“走出去”战略和“一带一路”建设，提升学校的开放办学水平和海外知名度。

推动孔子学院建设与汉语文化传播。继续做好与德蒙福特大学共建孔子学院工作，推进深度合作与拓展辐射，依托现有孔院教学力量与资源形成海外学校形象与中华文化宣传平台，在欧洲地区宣传北科大“求实鼎新”创新文化理念，多途径开展文化活动，建设海外人文交流平台；借助汉语海境外教学与文化交流活动平台，拓展学校品牌形象国际传播渠道；实施中华文化对外推广计划，在校际互访基础上“走出去”与“请进来”相结合，推动中外媒体、教育、文化领域的交流参访；建设多语种宣传内容体系，积极建设实施汉语教学、研究课题、文化教材等相关重点工程；展示外国留学生在北京的学习生活，吸引更多优秀外国青年来京学习，宣传中国扶贫工作成就，展示传播非遗文化，厚植国际传播能力建设的青年基础和民间力量。

3. 增强海境外交流传播顶层设计

创新技术手段，着力推动师生海境外交流项目国际传播创新发展。积极把握机遇，在国际传播中运用5G、VR/AR等互动性或创新性技术手段举办“云展览”，提升海境外交流宣传技术支撑，以受众喜闻乐见的形式激发国际传播内生动力与氛围。

优化运行机制，推动海境外交流项目传播提质增效。加强学生海境外交流项目顶层设计，增加项目信息宣传范围，提升宣传主体覆盖面。持续打造项目媒体内容品牌，支持院系、个人开展主动宣传，挖掘创新性内容宣传机制，充分利用经费资助手段引导二级单位高质高效开展海境外交流项目宣传。

策划品牌活动，成建制加强新媒体传播内容建设。聚焦北京科技大学国际化氛围和校园生活日常，制作学生海境外交流项目系列宣传视频、宣传展览、宣传资料等，大力开展学校国际化成果宣传，充分展现学校近年来教师与学生国际交流项目概况、优势特点和相关心得，促进海境外交流合作与来华留学教育蓬勃发展，积极引导学生赴国际组织实习、任职，推动学校新媒体国际传播内容建设成建制、品牌化、体系化。

4. 建设完善海外传播平台及体系

建好北科大英文网站群。打造覆盖全校各教学、科研单位的信息化宣传发布平台；按照实际需求与运行问题，修改完善当前网站功能与布局；制定包括文字、图片、影音投稿与审核在内的学校国际宣传内容激励制度。

充分激发“鼎新北科大”国际化平台活力。继续举办海外传播内容体系建设评比，将各教学科研单位国际传播能力纳入考核指标；聚焦学校悠久文化与优良学风，开展校园文化译介项目；利用经费政策倾斜，打造海外宣传内容及平台建设队伍与培养专业化人才。

加强新媒体传播平台建设。引导与鼓励建设培育新媒体账号，积极开设海外社交媒体账号，建设融信息发布、文化体验、咨询互动为一体的重要外宣阵地，着力展示学校近年发展成就与来华留学教育成果。

推出北科大文化海外传播内容成果。围绕北科大校情校史等系列校园精品文化，结合国际合作交流需求与国际传播特色，讲好“中国故事”“北科大故事”“秦安故事”；设计、发布一系列海外传播创新型文化成果，包括且不限于英文宣传文案、各种主题宣传视频、海外交流宣传纪念品等。

5. 国际化校园文化培育与传播

打造特色品牌活动。实施国际学生中华文化体验与理解计划，深入探索实施“三全育人”在国际学生培养中的实现途径，依托北京丰厚的文化资源，探索建设常态化、稳定性国际学生校外文化体验活动基地，推动中外青年交流互鉴，拓展国际传播渠道。

推动国际交流社团发展。每年通过综合考评，给学生社团一定自主权和活动经费，以开展学生感兴趣的形式活动，例如百团大战的招新活动、定期举办沙龙交流活动与培训、拍摄国际化校园宣传小视频、举办校内英语角、国际交流文化日、海外学习心得展会等。

提升国际化信息服务水平。利用国际处官微、学校网站平台、新媒体矩阵等服务功能，发布流程指南性质推送信息，更好地让广大师生了解因公出国、涉外活动、外事接待的流程手续，了解国际合作交流。推进学校外宣用语英译规范化工程，发布推广《北京科技大学英译规范手册》，服务广大师生海外传播需求。

（2021 年立项项目　撰稿人：李贝）

中外青年文化交流的模式构建和实践探索

项目概述

高校应肩负起中外青年文化交流的责任和使命，本课题立项，聚焦中外青年文化交流重要主题，通过梳理高校中外文化交流的现实情况，分析符合高校文化建设规律的中外青年文化交流机制和可行模式，同时结合挖掘高校内生动力，整合多方资源，以期形成可供借鉴的实践范例，从而更好地发挥校园文化在培育和践行社会主义核心价值观、提升师生人文素养方面的重要作用。

一、前言

所谓文化，在通常概念下是指以人类为对象，在物质活动和政治法律范畴之外所形成的精神活动及其成果的生动展现和潜移默化的影响，涵盖教育、科技、卫生、体育、旅游、新闻出版、社会科学、文学艺术等形式。古往今来，文化基于软实力的属性，逐渐在评价一个国家或地区的综合实力中占据重要标志性地位。高等院校作为社会发展、文化传承和现代文明的摇篮，更应该担负起时代赋予的历史责任。

习近平总书记在给北京科技大学全体巴基斯坦留学生的回信中指出，高校留学生“要多同中国青年交流，同世界各国青年一道，携手为促进民心相通、推动构建人类命运共同体贡献力量”。

中共中央办公厅、国务院办公厅印发的《关于做好新时期教育对外开放工作的若干意见》指出，要推进人文交流，不断提升我国教育质量、国家软实力和国际影响力。高度重视、稳妥推进高校中外青年学生交流互动，是党的十九大报告的政治要求，是“一带一路”倡议的殷切希望，是新时期教育对外开放的题中之义，具有重要意义和现实价值。

中外青年文化交流，是讲好中国故事的新动力。习近平总书记在亚洲文明对话大会开幕式上强调，“要尊重世界文明多样性”，核心思想直指大力提倡文化交流。中外青年交流是推进我国文化建设的关键一环，通过文化交流消除文化隔阂，达成尊重理解对方文化的初衷，中外文化在交流互鉴中共同发展，中外青年在相互启迪中激发创造，将会更有力地将中国故事传递到世界各地。习近平总书记在纳扎尔巴耶夫大学的演讲中亦曾提到，“青年是人民友谊的生力军”。高校增进中外青年学生交流，让来华留学生与中国学生结下深厚友谊，从了解认知中国文化逐步上升到理解认同中国文化，积累自己的中国故事素材，深化讲述中国故事的意愿，提升讲好中国故事的能力，进而讲好他们自己的中国故事、传播好中国声音、促进中外民心相通。

中外青年文化交流，有助于开阔中外青年视野，培养中外青年胸怀。习近平总书记谈及中国同世界的关系时强调，“中国人具有国际视野和国际胸怀”。提升国际视野和国际胸怀是对当代青年学生提出的重要要求。增进中外青年文化交流不仅有助于扩大中华文化在国际上的吸引力和影响力，也助力于加深中外友谊，拓展青年学生的国际视野。

高校中外青年文化交流工作应契合新时代、新形势、新要求，中外青年文化交流模式构建和文化交流实践探索具有重要意义，是高校加强中外人文交流工作的实际举措，对来华留学教育体系建设具有重要支撑作用。

多年来，北京科技大学深入推进中外青年文化交流工作的制度化、体系化、规模化、质量化和内涵化，经历了从确保文化交流任务的顺利完成到自主发展、不断增强政治责任感和历史使命感，从文化交流形式的单一到不断明确主题、丰富内容、创新形式的多元，从文化交流活动的实践探索到较为深入的理性思考的过程。

本研究项目共分三个部分：第一部分研究中外青年文化交流现状，厘清中外青年文化交流中存在的问题，研究可行性途径；第二部分开展中外青年文化交流模式构建分析；第三部分以北京科技大学为例，阐释丰富多彩的中外青年文化交流实践方式和未来探索。

二、中外青年文化交流现状分析

中外青年文化交流是不同国家、地区间具有文化差异的中外青年以任一主题、内容、方式开展的各项活动形成的文化上的交往互动，并通过这种交往互动产生相互间文化上的认同乃至融合。中国与世界其他国家之间文化交流的深度、广度各有不同，彼此所受对方影响的深浅及产生的结果因国家特点和时代特色不同而呈现出差异化特征。中国与外界的文化交流是历史的必然，在中外文化交互影响的漫长过程中，形成了中外双方互相受益的共赢局面。

当前，百年未有之大变局是世界各国和人民不得不面对的严肃课题。多元文化的发展趋势愈加明显，青年学生富有创新精神和包容意识，是接受多元文化最积极的群体。随着多元文化进入校园，不同文化间的碰撞、交融正在影响高校学生对中华文化的态度。文明因交流而多彩、因互鉴而丰富，封闭的文化教育已不适应时代发展的需求，高校应更加主动地迎接挑战，推动中外文化交流互鉴，对中外青年进行正确的思想引导，使中外青年成为促进中外文化交流的文化使者，以自信的精神、态度、行为，传扬中国精神、讲好中国故事、发出中国声音、提升国际话语权、增强文化认同、培育文化自信。

（一）制约中外青年文化交流的影响因素

虽然中外青年文化交流的重要意义显而易见，但是中外青年文化交流的发展道路却并不一帆风顺，文化和宗教的差异性、政治体制的不同以及经济发展不平衡等都对中外文化交流产生了一定的影响。

一是文化和宗教差异对文化交流的影响。文化、历史、地理以及宗教信仰等方面的差异使得世界各国拥有其独特的魅力，并在风俗习惯上百花齐放，体现出鲜明的民族特色，也对文化交流产生内在的黏滞。文化和宗教差异对文化交流的影响不容忽视。

二是政治体制的差异对文化交流的影响。积淀于历史因素，不同国家的政治体制不尽相同。政治体制决定社会制度和社会模式，不同的政治体制衍生出的社会生存模式差异化显著，塑造出不同的行为模式。不同国家依照国情和政治体制制定对本国国民最为规范有效的法律法规，不同的文化传入时，不能及时调整对策和规定来对其进行规范和管理，成为文化交流顺畅发展的又一黏滞力。

三是经济发展不平衡对文化交流的影响。经济发展的不平衡导致了各国青年在物质和精神层次需求上呈现了不一样的表现，经济相对发达的国家注意力主要放在综合国力发展上，注重人民精神世界的提升，经济发展落后的国家仍将提高本国经济实力作为首要任务。因此，不同经济层次之间的文化交流不可避免地存在着一定的摩擦力。

（二）开展中外青年文化交流的可行途径

在分析中外青年文化交流现状和面临的主要问题过程中，中外青年文化交流的可行途径也愈加清晰，主要包括四个方面。

一是完善顶层设计。围绕学校“双一流”建设任务和人才培养中心工作，在“特色化、精品化、国际化”办学思路中找准工作切入点、结合点、着力点，以更开放的姿态、更宽广的视野，深化国际交流合作，创新中外青年文化交流形式，吸引全球青年精英，为世界培养了解中国的优秀人才，为中国培育一批能够深度参与全球治理的先进青年。

二是注重改革创新。围绕新时代特点与中外青年学生日趋多元的价值取向、发展选择，开创新时期中外青年文化交流的新品牌、新亮点。推动中外青年交流，在国际舞台上讲好中国故事、传播中国声音，展示可亲可感、真实立体的中国形象，为促进民心相通做出努力。

三是强化全域合作。在构建人类命运共同体的时代背景下，加强学术合作，促进中外青年学生人文交流，更好承担起把世界介绍给中国、把中国讲给世界的双重使命，为推动构建人类命运共同体厚植基础。

四是把握时代特点。善于把中外青年喜爱的文化交流活动建设为持续发挥育人功能的长效机制。搭建中外青年学生思想、实践、文化、组织交流平台，推动中外青年与时代同步伐、与中国共奋进、与世界同前行、与人类共命运，携手为实现构建人类命运共同体的伟大目标而不断努力。

三、中外青年文化交流实践活动成果

高校作为来华教育的重要阵地，承担着促进中外青年人文交流、民心相通的历史使命。北京科技大学通过强化资源整合、创新方式方法，着力构建并完善中外青年文化交流模式构建，深度开展实践活动，深化国际传播能力建设，讲好中国故事、传播好中国声音、阐释好中国特色。

（一）建设文化思想交流平台

一是把握大势、着眼大事，紧抓重要时间节点，找准工作切入点和着力点，搭建思想交流平台，组织中外青年学生开展特色鲜明、形式多样的主题教育活动。例如：2019 年 10 月 1 日，来自 28 个国家的 40 名国际学生和中国青年组成人类命运共同体方阵一起阔步走过天安门，激励中外青年学生秉承文明交流互鉴宗旨，与中国共奋进、与时代齐发展；组织国际学生到中国共产党党史展览馆参观，了解中国共产党的历史，见证中国共产党带领全中国人民实现从站起来到富起来到强起来的伟大历史功绩。在读懂中国共产党的过程中，加深对中国的认识与理解。

二是立足学校特色，创造性开展“中国文化大讲堂”“学术三分钟”等主题教育活动，教授言传身教中华优秀传统文化，中国学生站上讲台、走进社团，展示汉服、茶艺、民乐、中医等中华传统文化精髓，有力强化了国际学生对中国文化、当代中国社会的情感认同。

三是学校积极用好用活新媒体平台，在微信公众平台开设中外文化栏目，推送世界民族音乐、中外散文诗歌、中国传统节气、中外风景名胜等相关文章，为国际学生提供双语阅读材料。

（二）建设文化实践交流平台

一是积极参与社会实践，组织中外青年学生深入山村及城镇社区开展实践活动。与首都图书馆、中国科技馆等单位建立实践教育基地，为中外青年学子进行社会实践提供重要物质保障。

二是大力开展志愿服务，展现中外青年学生责任担当。选派优秀中外青年学生志愿者高水平完成 2022 年冬奥会、APEC 峰会、“一带一路”国际合作高峰论坛等重大赛会志愿服务任务。

三是开展创新创业教育，促进中外青年学生科技碰撞。举办“名家讲坛”等活动，邀请一批杰出人物与中外青年学生面对面谈创新。举办“摇篮杯”“创青春”等创新创业竞赛，引领中外青年学生投身创新创业的时代热潮。

（三）打造实体性文化交流空间

持续实施“知友工程”，以中外青年文化交流作为扶贫工作的新载体，建立秦安中外青年交流基地，推动中外师生到定点扶贫县——甘肃省天水市秦安县开展文化活动，为乡村学子提供了解外国文化的机会。学校组织开展北科大国际师生“感知中国 · 秦安行”活动，国际师生走进当地中小学校园，与中小学生共同开展文艺表演、英语角、文化分享、制作书签和“民心相通　携手筑梦”展板画等交流互动项目，促进中外师生互学互鉴共成长。2021 年六一前夕，学校国际师生首次将“国际文化节”带到秦安，来自 14 个国家的 14 名国际学生身着本国特色服饰，向秦安当地中小学生介绍本国文化和自己在中国学习生活的感受。活动中，学校国际学生爱心公益团队分别为王尹中学和陇城中学捐赠了近两百本世界文化主题图书，在学校设立了图书角。2021 年 9 月 23 日，恰逢第四届中国农民丰收节，学校国际学生受邀参加秦安县庆祝 2021 年中国农民丰收节文艺会演活动，为脱贫攻坚贡献微薄之力。北京科技大学依托定点扶贫工作，为中外青年增进相互交流，了解中国国情，开展社会实践搭建了良好实践育人平台。

（四）打造多元性文化交流空间

学校连续多年举办国际文化节等文化品牌活动，营造出浓厚的校园艺术氛围，引领多元文化蓬勃交融，增进中外学生文化交流，实现中外学生文明互鉴；精心打造贯穿全年的系列文化交流活动，坚持开展科技游园会、歌手大赛、新年晚会、跨年舞会等活动，中外青年学生互动展示，构建中外青年学生文化艺术交流的空间；组织开展系列文化和学术实践活动“中国文化体验之旅”“中国文化体验课堂”“企业参访”“感知中国”“理解中国”等系列活动，让国际学生更加深入浸濡中国文化。组织国际学生参加北京科技大学七人制足球赛，两支队伍分别获得冠军、亚军，参加市外办组织的首届在京外籍人士足球赛并获得冠军。注重通过开展多种形式的实践活动，创造中外青年互动机会，推动中外青年文化交流。

（五）打造组织性文化交流空间

一是优化国际交流社团功能发挥。结合学校实际，国际交流社团依据自身特色，充分利用资源联合中国青年学生开展外事接待、国际会议、国际项目洽谈等活动，促进中外青年学生交流、中外文化结合和学习与实践相结合。

二是选树典型强化榜样引领。打造多元化、个性化评价机制，深入开展“校长奖章”“学术十佳之星”“感动北科大”评选表彰等品牌活动，选树青年榜样人物。中外青年学生勤学修德、励志图强，用坚定之志书写着无悔青春的奋斗事迹。例如哈萨克斯坦学生鲁斯兰，被中国国家主席习近平称赞为“中哈友谊的使者”，身体力行发挥榜样引领作用。

四、中外青年文化交流实践活动的探索

北京科技大学通过建设、完善、整合、优化中外青年文化交流模式和实践活动，积极探索更加具有代表性、连贯性且符合中外青年特点的中外青年文化交流方式，加深中外青年相互了解，融通中外优秀文化。在探索创新中外青年文化交流模式和实践活动中重点突出以下四个方面。

一是突出价值引领。开展多层次、体系化、全覆盖的培育践行活动。坚持综合发力，统筹运用教育宣传、典型示范、制度保障、文化熏陶、实践引领等手段加强理想信念教育，帮助中外青年解决好世界观、人生观、价值观问题。例如，建设中国国情课程教育体系，开设符合中外青年特点的通识教育文化课、专业课、选修课、实习实践；新冠肺炎疫情期间教育引导青年学生勇于担当，团结中外青年担任抗疫志愿者等。

二是突出实践导向。塑造社会实践、志愿服务品牌，针对中外青年需求组织开展实践活动，带领学生主动“走出去”，深入社区开展社会实践，运用专业知识、核心技能开展专业化志愿服务，更好地服务社会。发挥“第二课堂”功能，使中外青年学生加深对彼此文化的理解，跨文化交际能力得到提升，友谊得以加深，对推动中外文化交流有着积极的意义。

三是突出主体作用。注重高校育人职责，深入挖掘校训、校史育人功能，围绕学术科技、文化艺术、公益服务等主题，持续开展国际文化节等形式多样、健康向上、格调高雅的校园文化体验，将德育与智育、体育、美育有机结合，实现全员育人、全过程育人、全方位育人；以趣味性、普及性相结合的讲座形式介绍中国国情，增进中外青年文化课程交流。提高中外青年跨文化交际能力，打造中外交融朋友圈。在形成校园多元文化生态圈的基础上，提高中外青年跨文化交际能力，培养更多知华友华的中外友好交流合作使者。

四是营造开放包容的校园文化氛围。开放、包容的校园文化氛围是促进中外文化交流互鉴的现实土壤。建立多元文化生态圈，尊重中外文化差异，通过校园文化建设，利用各种形式呈现中外优秀文化，让大学生在校园中能够感受到世界各地不同的文化，进而在中外文化比较、鉴别中，发现中华文化的独特魅力，从而实现对中华文化的认同。夯实中外青年学生交流的组织体系，创新激励评价机制，持续遴选优秀中外青年典型，充分

展现新时代中外青年学生形象。

五是构建生动立体交流圈。创新多渠道校园文化宣传方式，全媒体时代使校园文化活动的传播方式和内容变得多种多样，校园的信息传播需要贴近生活、贴近师生、贴近真实，信息的内容丰富度和传播速度有了很大提高，成为宣传校园文化的高效渠道。将校园文化宣传与新媒体平台深度融合，利用好新型媒体传播校园文化，对中外文化交流产生积极的意义。

五、总结与展望

在构建人类命运共同体的时代背景下，促进中外青年文化交流，更好地承担起把世界介绍给中国、把中国介绍给世界的双重使命，为推动构建人类命运共同体厚植基础。以更开放的姿态、更宽广的视野，深化国际交流合作，创新中外青年文化交流形式，吸引全球青年精英。高校要进一步以文明互鉴为先导推动中外青年与时代同步伐、与中国共奋进、与世界同前行、与人类共命运，携手为实现构建人类命运共同体的伟大目标而不断努力。

（2021 年立项项目　撰稿人：赵宝永）

附录：

北京科技大学文化交流活动一览表

北京科技大学文化交流活动

序号	活动名称	时间
1	中华文化讲堂——中秋节线上线下活动	2021.9.8
2	中华文化大讲堂——国际人才感受中国传统之美文艺会演	2021.9.29
3	新生心理素质拓展——破冰	2021.9.29
4	国际师生参观中国共产党党史展览馆活动	2021.9.30
5	中外人文交流沙龙	2021.10.16
6	新生图书馆实地参观讲解活动	2021.10.21

续表

序号	活动名称	时间
7	新生心理健康测评活动	2021.10
8	巴基斯坦留学生校友会成立大会	2021.10.28
9	新生参观心理健康中心	2021.10.30
10	新生参观校史馆	2021.10.30
11	中外人文交流沙龙	2021.10.30
12	新生心理健康辅导活动	2021.11
13	国际学生“十佳学术之星”评审	2021.11
14	国际学生“道道风尚奖”评选活动	2021.11
15	来华留学生高等教育质量认证工作推进会	2021.11.2
16	国际毕业生说明会	2021.11.10
17	泰国留学生校友会成立大会	2021.11.16
18	新生清扫校园落叶活动	2021.11.18
19	新生心理健康团体辅导——茶文化	2021.11.18
20	中国共产党党史展览馆参观分享会	2021.11.19
21	中外人文交流沙龙	2021.11.20
22	“百川归海，中外和鸣”中外音乐交流会	2021.11.24
23	我给导师写封信活动	2021.11.25
24	信义集团线上就业宣讲会	2021.11.25
25	国际学生志愿者服务队——美化科大社区活动	2021.11.27
26	“共迎未来”国际青年交流营	2021.11.28
27	双百校企宣讲对接会	2021.11.29
28	国际学生期中教学专项督导线上线下班会	2021.11
29	“梦想公开课”优秀学长经验交流会	2021.12.2
30	国际学生宿舍建设动员会	2021.12.2
31	优秀校友经验分享会	2021.12.9
32	国际学生在华就业政策说明会	2021.12.9
33	国际学生喜迎春节系列活动	2022.2
34	“吾肆放歌”校园歌手大赛——国际学生分站赛	2022.3
35	国际学生女生节专场团体心理辅导沙龙	2022.3.7

续表

序号	活动名称	时间
36	“我与北京”2022 在京外国留学生主题征文比赛	2022.3
37	“迎校庆 健体魄”国际小贝壳运动打卡活动	2022.4
38	中华文化大讲堂——“阅文化 悦墨宝”书法活动	2022.4
39	“扮靓校园 迎接校庆”国际学生志愿服务活动	2022.4.4
40	第十四届国际文化节	2022.4.22
41	“迎校庆 健体魄”国际小贝壳趣味运动会	2022.4
42	国际学生就业技能线上讲座	2022.6.2
43	国际毕业生就业创业专场宣讲会	2022.6.11
44	国际学生中心校友联络员线上座谈会	2022.6.13
45	2022 届优秀毕业生经验分享会	2022.6.21
46	“未来领袖 青春使者”2022 北京国际青年社会实践夏令营	2022.7
47	“创享大湾区”Z 世代青年文化创客营	2022.8

北京科技大学中外青年文化交流基地建设

项目概述

北京科技大学自2012年与秦安县建立了定点帮扶关系。2020年5月17日，习近平总书记在给北京科技大学全体巴基斯坦留学生的回信中指出:“希望大家多了解中国、多向世界讲讲你们所看到的中国，多同中国青年交流，同世界各国青年一道，携手为促进民心相通、推动构建人类命运共同体贡献力量。”在全面建成小康社会之际，北京科技大学在秦安县贫困村（康坡村）建设“中外青年文化交流基地”，对贯彻落实习近平总书记重要回信精神，推动全面打赢脱贫攻坚战具有重大的历史意义。

一、项目背景及意义

（一）有利于促进中外青年的交流合作

积极推动构建人类命运共同体，青年人责无旁贷。中外青年不仅要有家国意识，也要有人类情怀。中外青年因交流而了解，因了解而互动，因互动而融合，这也是构建人类命运共同体的基本要求。基地的建设，为中外青年共讲中国故事、同传中国声音、合奏中国乐章，搭建了坚实的舞台，为促进民心相通、推动构建人类命运共同体，贡献了力量。

（二）有利于深挖陕甘宁边区文化资源

秦安是中华文明重要发祥地之一，同时也是孕育陕甘宁边区革命文化的重镇。中外青年文化交流基地的建设，将有利于弘扬中华优秀传统文化，挖掘陕甘宁边区革命文化资源，拓展中国特色社会主义文化的传播渠道，助力秦安特色文化品牌打造及文旅产业发展。同时，通过开展文化合作与交流，中外青年互学互鉴共成长，有利于促进中国特色社会主义文化走向世界，提高国家文化软实力和中华文化影响力。

（三）有利于厚植青年学生的文化自信

习近平总书记指出，“文化自信是一个国家、一个民族发展中更基本、更深沉、更持久的力量”，“在文化自信的建设工作中要注重青年的力量”，“牢固树立青少年一代的文化自信”。当前，我们正处于实现“两个一百年”奋斗目标的历史交汇期，通过建设“中外青年文化交流基地”，讲好脱贫故事，讲好减贫成绩，讲好复兴前景，让青年能够更好地增加对中国特色社会主义的道路自信、理论自信、制度自信和文化自信。

（四）有利于推动学校“三全育人”工作

习近平总书记指出，“青年要成长为国家栋梁之才，既要读万卷书，又要行万里路，既多读有字之书，也多读无字之书，注重学习人生经验和社会知识”。通过推动中外青年文化交流基地建设，为青年学生搭建社会实践平台，让学生在亲身参与中认识国情、了解社会、体会民生，受教育、长才干、做贡献，对厚植学生家国情怀，正确处理个人成长与民族复兴的关系，落实学校立德树人根本任务具有重大的实践意义。

（五）有利于推动秦安全面打赢脱贫攻坚战

2020 年年初，秦安县成功脱贫摘帽，但全县仍有 5 个未退出贫困村，3344 人未脱贫，5362 人存在返贫风险，10579 人存在致贫风险，面临新冠肺炎疫情带来的新挑战，完成剩余脱贫任务、巩固脱贫攻坚成果仍然面临较大压力。通过推进“中外青年文化交流基地”建设，把中外各国青年力量凝聚到基地来，凝聚到脱贫攻坚工作上来，助推打赢脱贫攻坚歼灭战。同时，也是向外国青年讲述好中国的脱贫攻坚故事，传播好中国改革发展声音，展示好中国在全球治理和消除贫困伟大实践中总结出来的中国经验、中国方案、中国智慧的重要契机。

二、具体实施情况

（一）开展“跨越国界”多元文化交流活动

1. 国际学生进校园

举办北京科技大学国际师生“感知中国·秦安行”活动，增进中外学生相互了解，提升乡村师生的国际视野和跨文化交流能力。2020 年 11 月 10 日和 2021 年 5 月 28 日至 29 日，两次举办北京科技大学国际师生“感知中国·秦安行”活动，组织来自巴基斯坦、阿富汗、叙利亚、泰国、印尼、加纳和美国等18个国家共20名国际师生走进秦安县王尹中学、陇城中学、古城小学、单山小学等乡村学校，开展文艺表演、国别文化讲座、大学生活经验交流、主题英语角和国际文化节等活动。

2. 讲好中国故事

向校内国际师生宣传展示学校扶贫工作成果，传播中国改革发展声音，展示中国减贫经验和智慧。将脱贫攻坚工作纳入来华留学生的中国国情教育课程教学实践体系，举办国际学生主题班会，邀请学校派驻秦安县第一书记做脱贫攻坚专题讲座，把我国脱贫攻坚工作的好政策好办法、基层扶贫干部忘我奉献的感人故事、贫困群众艰苦奋斗的励志故事讲给国际师生听。举办交流成果分享会，邀请国际学生作为中国脱贫攻坚的见证者和参与者，向身边的师生和各自国家的人民分享他们在秦安脱贫攻坚一线的所见所闻，为促进民心相通、推动构建人类命运共同体贡献力量。

（二）实施“感知中国”社会实践调研活动

1. 推动社会实践

扶贫办积极发挥驻地帮扶和桥梁作用，紧密联系秦安县相关部门、教育园区、林果企业、扶贫车间等，为校内青年师生、国际学生赴秦安开展社会实践搭建平台。2020年8月6日至7日，举办脱贫攻坚秦安训练营活动，组织学校10名甘肃籍大学生到秦安开展认知实践。期间，学生赴古城农中、三棵树中学等乡村学校与中学生交流学习心得，与秦安县抗击新冠疫情一线的医生交流对话，开展彩陶文化学习与体验，参观解放纪念馆等，促进学生对脱贫攻坚工作的认知，鼓励学生努力学习，提高自身本领，学成之后为家乡建设做贡献。2021年7月至8月，共有来自19支团队共224名师生赴秦安进行大学生暑期社会实践，开展科技夏令营、乡村教育、农业推广、文化保护、环境治理、志愿服务等帮扶实践，让青年师生在帮扶实践中体会国情、社情、民情。

2. 开展科技服务

积极调动学科资源，发挥科技优势，开展科技帮扶，助推秦安县文化和科技振兴。科技史专业研究生团队与秦安县文化馆开展“红色1+1”共建活动，联合开展秦安县非遗文化相关史料整理编订工作。社工专业研究生深入兴国镇康坡村开展社会工作服务，组织开展少儿夏令营、露天观影、留守儿童与老人关怀等活动。英语专业研究生组织英语夏令营活动，为近百名秦安县中学生进行英语课业辅导与兴趣拓展教学。其间，帮扶办带领师生深入北京科技大学派驻第一书记的康坡村、秦洼村，以及王尹中学、陇城中学、革山小学、古城小学等扶贫一线进行调研，邀请扶贫干部、支教研究生以亲身经历讲述脱贫攻坚故事，感受脱贫攻坚工作成果。

（三）推动“魅力秦安”文化实地参访活动

1. 开展感知历史文化活动

利用学校师生赴秦安对接帮扶工作、开展社会实践和科技服务的机会，带领师生深入体验秦安县丰厚的历史文化。组织师生赴大地湾博物馆和遗址、麦积山、伏羲庙、女娲祠、县博物馆以及文庙等人文景观，深刻感受秦安的历史文化，增强师生的文化自信和民族自豪感。

2. 开展特色民俗文化体验活动

依托秦安县丰富文化资源，与秦安县文旅局、文化馆紧密合作，为师生深入体验秦安县国家级非遗女娲祭典、秦安小曲，省级非遗彩陶、麦秆编、秦安剪纸、壳子棍等特色秦安民俗文化提供平台。邀请非遗传承人为师生进行示范指导，让师生在动手创作中体验中华文化的厚重与精深。

（四）开展“探秘康坡”彩陶文化体验活动

1. 加强彩陶体验与创新设计

组织学校中外师生逾百人到陶艺扶贫车间学习了解彩陶文化，亲身体验彩陶制作乐趣。在保持车间传统特色产品的制作优势基础上，大力挖掘大地湾历史文化内涵，研发兼具文化特色、工艺性、实用性的创新产品。国际处联合机械学院文创团队以大地湾彩陶为基础，设计国际交流文创产品。推动文化产业与农业融合，整合康坡村陶艺与养蜂产业资源，制作创意蜂蜜陶罐，并邀请机械学院工业设计系师生为产品进行外包装设计，提高农产品附加值。

2. 助力科学研究与人才培养

助推陶艺扶贫车间与学校科技史与文化遗产研究院开展合作，开展大地湾文化及陶器制作工艺相关科学研究。2020 年，科技史教师在国际期刊发表大地湾彩陶相关学术研究成果，陶艺扶贫车间为研究提供专业咨询。2021 年 5 月 25 日，举办秦安县非遗文化产业人才暨彩陶制作专业技术人才培训班，助推非遗人才业务素质和非遗保护工作水平提升。

三、项目成果成效

（一）深入贯彻落实习近平总书记回信精神，传播中国声音

建设中外青年文化交流基地，是北京科技大学深入贯彻落实习近平总书记重要回信精神，传播中国声音的重要抓手。通过举办国际学生主题班会、开展国际师生“感知中国・秦安行”活动、举办调研实践分享会等形式，向国际师生讲述学校扶贫工作和中国减贫成就，增进国际学生对中国发展的理解和认同，促进中外青年文化交流。共20名国际师生深入扶贫一线，30余名国际学生线上参加脱贫攻坚主题班会，逾百名在外国际学生线上参与调研实践分享会。

脱贫攻坚成果得到了国际学生的高度认同。学生们通过社交媒体向身边的师生和各自国家的人民宣传中国脱贫攻坚成就，传播中国改革发展声音。国际学生自发成立爱心公益团队，组织国际学生募捐活动，在王尹中学、陇城中学设立外文图书角，捐赠近200本外文图书，并计划逐年扩增外文图书角藏书量。国际学生白娜两次主动申请到秦安开展文化交流，并与乡村孩子保持频繁联系互动。她作为爱心公益团队的发起人，倡议成立捐建外文图书角，表达“为当地中学生理解世界打开一扇窗”的诚挚希望。“基地”的成立为中外青年搭建了新交流途径，搭建中外青年情感融通新平台。

（二）以文化交流推动教育扶贫，激发乡村学生学习动力

以“基地”为桥梁，组织国际师生走进秦安县乡村中小学校园，与乡村师生开展面对面交流，共有王尹中学、陇城中学、古城小学、革山小学等校逾500名师生参与交流。国际师生的到访，是上述学校建校史上第一次开展中外文化交流。通过交流，使乡村孩子第一次近距离深入了解国外的世界。中外文化交流活动的开展，为乡村基础教育提供优质资源补充，让乡村孩子的成长与世界和未来相联系。

交流活动引起秦安师生的强烈反响，部分师生有感而发：“为了学生的健康成长，愿这样的交流活动能够取得更长远、更长久的持续发展。”“你们（国际师生）的到来给我们校园注入了一股新的希望；因为你们和善的交流让孩子有了别样的天空。也许少年的心中此时早已根植了某颗发芽的种子。”“活动不仅增长了我的眼界，也让我拥有了为梦想奋斗的动力。不

愿再偏居一方，坐井观天，也不愿再也不努力，以致挥霍青春。不论如何，我都会一直坚持下去。”

（三）探索构建“扶贫＋育人”实践育人机制，丰富“三全育人”新途径

一是实践育人。以“基地”为载体，将实践育人平台延伸至农村，通过开展大学生暑期社会实践和研究生科技下乡活动，引导学生利用专业知识开展智力扶贫、科技扶贫，让学生在社会大课堂中受教育、长才干、做贡献。二是文化育人。以“基地”为平台，展示秦安县非遗传统文化，助力传统工艺传承发展。组织访秦师生观看秦安小曲、蜡花舞等非遗文化展演，参观大地湾遗址、女娲祠等历史文化遗迹，体验草编、制陶等民间工艺制作，让学生深入感受传统文化魅力，培育社会主义核心价值观和提升民族自豪感。三是协同育人。以“基地”为桥梁推动建立校地新合作，在中小学、扶贫车间、合作社、贫困村等建立教学实习基地、社会实践基地和创新创业实践基地，开展结对帮扶合作。自“基地”成立以来，已有20余支实践团队近300名学生深入农村扶贫一线，已经成为学校开展“三全育人”工作的有效载体。

（四）助推中华优秀传统文化传承，提升乡村文化自信

瞄准乡村文化发展困境，以中外文化交流促进中华传统文化传承发展。一是开展文艺展演交流。访秦国际师生与秦安县当地艺术家同场进行表演交流，让当地群众和国际师生近距离感受蜡花舞、秦安小曲等秦安传统文化的魅力，领略异国文化风采。二是加强非遗文化展示和宣传。学校组织中外师生向非遗文化传承人学习传统草编、彩陶等手工艺制作，赴大地湾遗址、女娲祠、三国街亭古战场等历史文化遗址参观，深入体验秦安深厚的历史底蕴和民俗文化，提升秦安历史文化知名度。三是助力非遗文化创新。国际处携机械学院文创团队发挥专业优势，帮助草编、彩陶非遗传承人进行国际交流文创产品设计，助力非遗文化新发展。

（2020年立项项目　撰稿人：沈崴等）

融媒体时代校友文化建设的实践与探索

项目概述

随着网络技术的进步，信息的传播和接收方式发生巨大变化，转变新闻宣传观念，推动媒体融合，成为新时期新闻宣传新的发展方向，不仅可以为高校打造更好的新闻宣传格局，同时促进主流认知深入青年思想，形成高校思想意识形态的共同视域。校友文化是高校推进“三全育人”的重要一环，充分利用融媒体平台扩大校友文化的影响范围和深度，从全程媒体、全息媒体、全员媒体、全校媒体四方面打造校友文化融媒体矩阵。

一、融媒时代概述

（一）融媒体概念

在20世纪末，信息革命出现以前，电信、电视和计算机通常被看作不同的技术，分别被不同的厂家生产、为不同的学科领域所研究。融合是指多种技术的相互结合，事实上几乎涵盖所有的传播媒介。这个词语现在已经不单单用于技术，而且还与工业和制度的结构密切相关，同时社会和文化标准也塑造着或者正在被融合媒体塑造着。

融媒体是当下最普遍的媒介形态，它将图、文、音、影等多种表现形式相互融合，在理念、人力、新闻编排、信息传播等方面全面整合报纸、电视、广播、微博、微信等多种传播媒介，在多种平台上进行全方位、立体化的信息展示和传播，实现各传播媒介之间“资源通融、内容兼融、宣传互融、利益共融”。融媒体综合运用云计算、大数据、互联网新信息技术，将分属于传统媒体与新媒体的单一信息发布平台进行整合，实现两类媒体技术互通、信息共享，从而提升信息传播速度与质量，推进传统媒体生产的集约化、数字化和智能化，促进新媒体的深度化、立体化、质感化。

（二）融媒体发展历程

早在20世纪50年代，美国就出现了通过传真机为客户代发新闻稿的“新闻专线服务”融媒体模式；与此并行的一种模式是“媒资库”模式，通过建立文字、图片、音视频资料的全媒体数据库方式，完成资源整合以取得经济效益的媒体布局。融媒体是新闻出版业，尤其是报业、广电产业贯彻落实融合发展指导意见的创新举措和战略布局。尽管在国外融媒体的概念由来已久，但是我国融媒体的构建有着时代赋予的崭新内涵和外延。

融媒体是贯彻媒体融合战略的产物。《关于推动传统媒体和新兴媒体融合发展的指导意见》《关于推动传统出版和新兴出版融合发展的指导意见》的出台，对报社、期刊社和出版社开展融合业务、推动融合发展起到直接的指导作用和引领效果。2014年10月25日，《光明日报》宣布成立“融媒体中心”，即将把分散的内容资源、采编队伍、采编流程，产品形态、传播渠道、技术解决方案、市场对接等，整合到统一的融媒体平台上，标志着“中国版”媒体融合时代的到来。

从发展的情况来看，无论是新闻、出版业所发起的融媒体，还是广电行业所发起的融媒体，都要实现出版与广电业务融合、人才融合和渠道融合的战略目标。

（三）融媒体在高校中的应用

在信息化时代，媒体深度融合已是大势所趋，打造立体化、多维度的新闻宣传格局，不仅是党和国家在宣传思想工作上提出的新要求，更是高校自身发展的现实需求。

2019年5月，教育部启动全国教育系统融媒体建设试点工作。2020年，先后确定了两批共计30家试点单位，其中高校24所。几年来，各试点单位坚持正确政治方向，坚持围绕中心、服务大局，将高校融媒体中心试点建设，作为高校媒体融合发展工作转型升级的突破口，采取多种措施强力推进，有效提升了教育新闻舆论工作的传播力、引导力、影响力、公信力。

目前，高校的融媒体平台建设主要在两个“层面”上推进：一是完全套用媒体的“策、采、编、发、管、馈”等生产模式，硬件设备摄像机、非线编辑机、演播厅、演播室、播音室等一应俱全，完全按照媒体流程推进，与教学活动无直接关联；二是硬件设备齐全，完全服务于新闻与传播学院学生教学与实训，与学校融合宣传基本没有关联。

多所高校立足于构建“大宣传”格局，统筹各个层面资源，建立起一个全员参与、全领域覆盖、全校共享的立体式融合宣传平台。组建起新的媒体矩阵，进而充分激发师生内生动力，院系平台和校级平台协调一致；遇到大事步调一致，同频共振，排除杂音，外树形象，内聚“民心”，形成校内互动、校外联动的媒体融合宣传大平台。

同时，借助融媒体平台开展高校思政工作已经逐渐成熟。2022 年五四青年节前夕，习近平总书记在中国人民大学考察时指出：思政课的本质是讲道理，要注重方式方法，把道理讲深、讲透、讲活，老师要用心教，学生要用心悟，达到沟通心灵、启智润心、激扬斗志。习近平总书记特别强调，要运用新媒体、新技术使工作活起来，推动思想政治工作传统优势同信息技术高度融合，增强时代感和吸引力。高校融媒体平台可以在全员育人、全过程育人、全方位育人等方面形成合力，推动将思想政治工作融入高校人才培养的各环节。

二、校友文化发展现状

（一）校友文化概述

校友文化，主要是指在学校及其前身学习和工作过的学生和教职工共同参与创造的一种群体文化，属于校园文化中精神层面的范畴，是一所学校在长期育人活动中形成的母校和校友、校友和校友之间的情感维系、价值取向、联络沟通、合作交流、服务回馈等，它对校园文化的积淀和传承起着重要的作用。

党的十九大报告提出要实现高等教育内涵式发展，将“ 双一流”建设作为高等教育在新历史时期的重要任务。世界一流大学和一流学科建设，是提升我国高等教育综合实力和国际竞争力、实现我国从教育大国向教育强国跨越的重大战略。各界校友是高校推进“双一流”建设的重要资源，在高校教学科研、学科建设、人才培养、成果转化、服务社会、文化传承与创新等“双一流”建设过程中发挥着不可或缺的作用，是推进教育教学改革、提高现代化管理水平、实现高校内涵式发展的重要推动力和强大支持。

（二）校友文化作用发挥

健康向上的校友文化对塑造校园文化内在的精神品格起着积极的推进作用，总的来说，校友文化具有教育、激励、导向和凝聚的作用。

教育作用。校友是从学校走向社会的群体，既有母校教育的经历又有社会实践活动的经验，校友的足迹遍及祖国的大江南北和世界各地，充实着各行各业，他们中有各路精英、社会名流，也有在自身岗位和领域默默奉献和扎实耕耘做出不平凡业绩者，挖掘校友中的闪光点，营造一种催人奋进的文化氛围，校友文化以它更广阔的空间和丰富的内容，其精神教育功能无疑是课堂教学无法替代的。

激励作用。榜样的力量是无穷的，校友在社会上取得的成就不但可以彰显学校的声望、提高学校的信誉度、增强学校的影响力，更重要的是可激发在校学生及广大校友学习和成材的积极性和信心，对他们的世界观、人生观、价值观、审美情趣、集体舆论的塑造都将产生潜移默化的激励作用。

导向作用。分布在社会各地、各行各业的高校校友是文化层次高、信息丰富、与社会有密切联系、与母校有特殊感情的群体，他们对母校发展建设提出的建议，对于学校的人才培养方案、学科方向和专业的设置、招生就业等都具有积极的引导作用。

凝聚作用。校友文化与其他社会亚文化相比，有其特殊性，其特殊性在于文化的主体绝大多数都在其世界观、人生观、价值观等刚刚形成的那个风华正茂的时期，在同一所学校感受过同一种氛围，这种感受会在他们一生中留下深深的烙印，这种缘分和情结，会让他们因共同的知识、记忆和温情而自自然然凝聚在一起。

（三）北京科技大学校友文化建设情况

北京科技大学聚焦立德树人根本任务，统筹推进校友育人平台建设，坚持以习近平新时代中国特色社会主义思想为指导，进一步巩固、扩大“不忘初心、牢记使命”主题教育成果，围绕立德树人根本任务，提升校友文化影响力度和深度。

校友会办公室与各部门、各学院协调沟通，积极构筑五大校友育人平台。一是思想引领平台。利用校友捐赠和奖助学金颁奖仪式等机会举行“校友面对面”活动，在物质资助的同时，加强对学生精神和思想上的引导和培养。“87级校友基金”以“回馈母校，服务母校，促进母校发展”为宗旨，连续11年持续奖励和资助在学生工作重点领域表现突出的班集体、学生干部、辅导员、学生创新团队与个人、学生社团和学生艺术团民乐团等，开启了校友群体系统参与学校育人工作的新模式。二是榜样育人平台。利用开学典礼、毕业典礼等重要育人载体，邀请知名校友回母校分享成长经历和人生感悟；以领导干部上形势政策课为契机，以“校友身上的北科大精神”为题梳理总结北科大精神，帮助学生树立正确的人生观、价值观。三是成长分享平台。利用线上线下相结合的方式，持续推进“校长相约、共话成长”等主题论坛活动，坚持在校庆周期间邀请历届“校长奖章”获得者重返母校，与在校师生共聚首、忆当年、聊成长，培养在校生的归属感和荣誉感，指引学生成长成才、努力奋斗。四是创业教育平台。创建青年创业家校友俱乐部，加强创业校友对在校学生的指导和分享，推动学校双创事业发展；由电89级校友刘芹发起资助的首届“科创班（机器人方向）”为学校双创人才培养提供了重要支撑。五是精英培养平台。进一步巩固“励志计划”品牌效应，稳步推进“黔驿人才计划”，培养具有高度社会责任感、鲜明实践品格、奋进创新精神、全面综合素质并有志于投身西部建功立业的贵州籍优秀青年。

近年来，学校共组织各类校友活动156场次（其中校友活动32场次，校友讲座沙龙109场次，颁奖聘任活动15场次），覆盖在校学生人数总计20000余人次。同时，组织毕业生职业能力提升训练营、创业校友种子计划指导会，励志计划、鼎新讲堂、领航计划、管理大视野校友讲坛、“卓越青年成长课堂”系列校友访谈讲座、青年创业家校友俱乐部创业沙龙、满井谷校友系列讲座、创学堂、求实大讲堂、经管年度论坛等各项校友活动，在服务学生立德树人，助力学生成长成才方面取得了丰硕的成果。

三、“四全”打造校友文化融媒体矩阵

以学校70周年校庆为契机，深入推进校友文化建设的探索与实践，发展融媒体宣传平台，提高宣传质量和覆盖面，发挥高校和校友的各自优势，加强相互的交流沟通，促进双方的共同发展，实现互惠双赢。

（一）构建全程媒体，以全景直播助力校友文化全浸润

根据疫情防控要求，很多校园活动无法满足大量校友返校参与，全程

媒体可以满足这一需求。利用校园网直播、腾讯会议、网络平台直播等方式，多平台共同转播校园活动，满足校友不返校就可以实时参与校园活动的目的，增加校友爱校荣校文化氛围。除了视频直播，每次活动均进行全程实时图片直播，抓住精彩瞬间渲染活动氛围，让校友看到熟悉的同学和伙伴，仿佛身临其境，克服时间空间的距离，拉近与校友的关系，构建较为密切的校友关系。

2020年，因疫情无法组织校庆周线下系列活动，校友会办公室与学校党委宣传部、学生工作部共同策划69周年"云聚母校·同心祝福"校庆日线上庆祝活动；依托学校各类官方媒体平台，通过信息发布、校园直播、线上互动等，吸引20余万师生校友广泛参与；借助推送动图展示学校主楼、西门、宿舍、食堂等标志性建筑和录取通知书、毕业证书、校徽校牌的变迁史，通过"穿越"模式将校友思绪拉回青春年代，引发校友强烈共鸣；通过图片展示历届校友捐赠给母校的牌匾、石刻、雕塑等文化积淀，展现校友与母校的血脉相连，凝聚爱校情怀；通过引导校友参与校庆专属小游戏、留言集赞、分享集赞等互动，增强参与性和体验感，传递北科大情怀。

2021年，建立秩年返校"云直播"活动平台。"一'陆'有你，未来可'柒'——86、87级校友毕业30周年返校纪念活动"和"同路北科大情 共期中国梦——96、97级校友毕业20周年返校纪念活动"两次秩年返校活动，线上参与互动的校友达10万余人次，共接待四届校友1200余人。通过照片流、直播等媒体形式实况转播现场情况。

2022年，70周年校庆来临之际，学校量质并举、内外联动，发挥各平台传播优势，圆满完成校庆期间系列直播活动。由于疫情防控要求，多数校庆相关系列活动均采用网络平台直播形式实现。学校整体统筹，联合宣传部、信息办等有关部门组建直播宣传工作组，根据活动性质及要求的不同，通过学校直播平台、腾讯会议、官方抖音、快手、B站、央视频、微信视频号、闭路电视、户外大屏等平台，完成线上线下直播，将校庆大会、文艺晚会、魏寿昆颁奖典礼及双碳论坛、国际材料院长论坛及抖音云游校园等直播，呈现给海内外校友和广大社会人士。校庆大会及文艺晚会依托专业公司的现场导播及推流，通过全平台全网同步直播，有10余万人次观看，受到师生校友的一致好评。

（二）构建全息媒体，以全维载体助力校友文化全影响

通过文字、图片、音频、视频等方式让校友文化宣传"全息化"。更新改版校友会网站，设置新闻、组织、回忆、人物、媒介、服务六个一级页面，20余个二级页面，承担传播校园新闻、弘扬校园文化、记录校友身影和北科大声音等任务，推动校友工作制度化和规范化发展、搭建校友之间互动的新平台、创办丰富多彩的校友活动，开创校友文化建设新阶段。新版基金会网站在保留原版基金会网站内容基础上，增加全息校友文化宣传模块，并将捐赠项目和校企合作意向实时更新在网站首页，方便校友联系母校、支持母校发展。

校友供稿、老照片、著名校友访谈等内容通过文字、图片结合的方式展现校友风采，上线《大国钢铁》系列慕课通过音视频结合的形式展示精品课程，全方位打造北科大校友文化品牌。

基金会网站与校友网、新闻网、校友总会微信平台等实现联动，第一时间宣传校内新闻、校友捐赠新闻、颁奖典礼等，发挥融媒体矩阵的优势，加快信息传播速度，让校友们能第一时间看到消息。

（三）构建全员媒体，以全聚数据助力校友文化全联动

随着碎片化信息的普及，便携端信息传播成为文化宣传助力平台，校友文化融媒体矩阵中全员媒体是必不可少的一环。

为了给"北科大人"小程序提供扎实的数据库保障，校友会办公室在档案馆、信息办等部门协助下，从源头上做好校友信息和专业沿革的梳理工作，从纸质档案到电子数据库，从单方数据梳理到多面数据验证，经过几轮整理，共梳理35万校友名单，做到校友情况底清数明，让校友数据库"活"起来，极大简化小程序注册登录流程，提高校友识别准确性。

70周年校庆期间，积极在各校友群中推广"北科大人"小程序，拉动更多校友主动与母校联系，寻求更多合作发展机会，很多校友通过小程序不仅方便快捷地与母校取得联系，还与本专业同学、老师取得联系，得到广大校友的一致好评，使校友们成为一个联系更紧密、凝聚力更强大的整体。

"北科大人"小程序在承载校友数据库这一重要功能的基础上，还以便携端的形式发挥融媒体矩阵中不可替代的作用，与其他媒体形式新闻互动的同时，校友们可以在"活动"板块发起活动，全球校友均可第一时间看到消息并参与活动，扩大校友活动宣传面和影响力。

（四）构建全效媒体，以全能服务助力校友文化全延伸

微信服务号“北京科技大学校友总会”汇集校内各大网站新闻、微信订阅号推送文章以及国内外主流媒体新闻等信息，精选后在服务号推送展现，推送每周校园大事记和校友新闻，逐步养成校友们关注母校发展的习惯，将北科大声音传播到更多角落。

从“北京科技大学校友总会”服务号上线以来，每月制作3—4期推送，与网站、小程序呼应互动，定期发送《校友捐赠动态》，及时向捐赠单位或校友汇报基金使用进展，并通过举办捐赠仪式、配合相关宣传活动、颁发证书等方式不断加强与校友的持续沟通；借助服务号平台提供校友与学校沟通的窗口，为校友在需求对接、合作牵线、个人信息证明、档案材料补办、校园招聘、实习生推荐等各方面给予必要协助，得到校友的一致认同和赞许，进一步增强了校友与母校的互动。

四、总结与展望

本课题以融媒体矩阵建设为目标，抓住70周年校庆重要发展契机，从“全程、全息、全员、全效”四维度打造校友文化宣传矩阵，将校友会网站、基金会网站、“北科大人”小程序、“校友总会”服务号等宣传平台同步快速联动，全方位多用户端展现新闻风貌，营造积极活跃的校友文化。

虽然目前已经完成矩阵框架，但是还有以下几方面可以继续改进。

1. 部门内部宣传平台与学校宣传平台联动机制较为完善，但与学校各部门、各二级单位、学生组织宣传平台等联动不够紧密，融媒体矩阵还可以向更全面、更立体、更快速方向发展，应进一步加强与各单位的沟通联系，共同促进融媒体矩阵这一重要校友文化宣传平台的建设。

2. 目前融媒体矩阵中的各个宣传平台的内容虽然已经较为丰富，但是未针对不同的浏览群体做出更多针对性的设计。比如对于学生群体，可以设计更多形式多样的活动，在学生团体主流媒体进行互动宣传，扩大校友文化在学生群体中扩散广度；对于校友群体，与各校友会自身宣传平台互动，增加各地校友会之间的新闻互动，增加校友群体凝聚力；对于企业群体，可加大对学校最新科研成果宣传力度，吸引更多企业与学校合作，发挥校友网络强大作用。

（2021年立项项目　撰稿人：何进）

“把我的大学带回母校”寒招活动对大学文化建设的积极功效

项目概述

大学文化是大学持续发展的基础，是大学核心竞争力之所在，是大学生存发展、办学育人和承担社会责任的根本。招生宣传实践活动是高校校园文化建设的重要方面，是开展立德树人和文化培养的重要支撑。寒招活动是北京科技大学招生宣传的金牌活动，大学生作为主要参与对象，帮助培养大学生认识学校、宣传学校、热爱学校的意识。寒招活动不仅有利于高校对各省份重点学校进行宣传工作，对高校进行校园文化建设也有很大的研究意义。

一、课题研究内容和意义

（一）寒招活动担负新时期大学文化传播的重要使命

“崇尚实践”是北科大的优良传统文化。寒假招生宣传实践活动（以下简称“寒招”）作为学校本科招生宣传的一项品牌活动，承载着学校招生宣传的重要使命。寒招活动以招生宣讲为主题，以“学校培训，学院辅助，学生自主”的形式让学生了解校史、校风、校训，提高大学生对学校的认同感与自豪感，向高三学生乃至社会展示学校的办学理念、文化品质、精神风貌等。大学招生宣传本身就是一种大学文化的传播行为。所以，进一步丰富寒招活动的内涵，也是一种大学文化建设的有效探索。

（二）寒招活动是校园文化传播的重要主体

招生宣传作为高校吸引优质生源的直接手段，不仅是招生环节中最重要的环节之一，还是影响高校人才质量和实现跨越发展的主导因素之一。

近六年来，寒招活动参与人数和覆盖中学数不断增加。相当于每年有近2000名大学生在进行学校宣传和文化输出，这是一支庞大的学校宣传队伍，是一股有利的文化传播力量，大学生带着“主人翁”意识，过程中培养爱校荣校思想。活动每年都有骨干成员重复参与活动，省团内部不断传承创新，逐步形成以省份为中心的聚拢效应，有助于给大学生建立学习平台并给其他类型实践活动提供指导意见。

（三）寒招活动是校园文化传播项目的品牌“创作者”

教育的首要任务是立德树人，高校应注重以文化人以文育人，开展形式多样、健康向上、格调高雅的校园文化活动，各类社会实践与志愿服务，建设文明校园。互联网时代，寒招借助新媒体传播，在内容、形式上创新，广泛运用微信、微博、抖音等新媒体平台。寒招为大学生提供展示机会，每年打造、催生出大量优质宣传作品。在新媒体时代，各大平台，为北科大“发声”，扩大学校影响力。

（四）寒招活动是学校文化育人的重要实践内涵

寒招活动作为大学生社会实践的一种形式，起到促进“长才干、展形象、促新风”长远作用。寒招活动对于大学生“感恩教育、生涯教育、实践教育”三个方面的育人作用有着非常显著的功效，对于提高学生的人文道德素养，培养爱校荣校品格和坚忍不拔的奋斗精神，拓宽同学们的视野具有深远意义。寒招展现着学校物质文化建设、精神文化建设和制度文化建设，是一所学校综合实力的表现，校园文化的核心竞争力主要表现在文化的凝聚力和创造力，以招生宣传为核心内容的校园活动文化能赋予师生独立的人格、独立的精神，激励师生不断反思、不断超越。

二、核心概念界定

（一）招生宣传工作

生源是人才培养的源头和基础，招生宣传工作是提高生源质量的重要环节。招生宣传工作是高校营销的一种宣传方式和手段，不仅有利于提升高校的声誉，也能满足考生和家长了解高校。

高校的招生宣传工作是招生高校依据国家的教育方针和积极发展高等教育的指导思想，面向符合招生条件的社会公众对象所开展的以招生政策、高校招生信息等为主要内容的宣传活动。招生宣传工作是高校联系考生和社会的纽带，是高校招生政策贯彻执行和获得优质生源的必要手段。有效的招生宣传工作不仅能实现考生和家长进行跨空间的交流和沟通，还能从考生、家长及社会主体视角来了解其对高校招生工作和办学质量的要求、建议和评价。

（二）“把我的大学带回母校”寒招活动

寒招活动是北京科技大学进行本科招生宣传的一项品牌活动，承载着学校招生宣传的重要使命。活动充分发挥社会实践的育人功效，丰富青年学生寒假生活，同时加强北京科技大学与各省市优质重点中学的联系，扩大招生宣传力度，与高中学弟学妹、老师家长们分享大学精彩生活、介绍北科大优势及特色。通过寒招活动，充分展现北科大学子的优良风貌，发挥好北科大与生源高中的纽带联系作用，为北科大代言。

（三）大学文化建设

大学文化包含着精神、制度、物质和行为等方面的文化：精神文化是大学办学理念、办学方向、办学传统、办学特点以及其他方面内容的体现，也是反映着大学师生情感认同、信仰理想、价值取向和独特性气质的价值体系，是大学文化的核心与根本，对大学的一切活动都有着深远而持久的影响；制度文化是大学在长期办学、组织管理过程中制定的用来规范约束师生行为活动，以保障大学校园各项事务和活动有序进行、大学职能有效发挥的章程条例、规则制度和机制体系，同时它也包括条规管理下的管理气氛、学术气氛以及科研气氛等方面；物质文化是大学文化中具备物质形态的文化，包括特色建筑、硬件设施、专业课程和师资队伍等，是大学文化的物质基础与支撑，体现着大学的综合实力；行为文化是大学师生职工在行政、教育、管理和科学研究，以及日常生活、实践活动中所体现出的精神观念、师德师风、道德情操、行为操守和性格气质等的总和，是大学精神的具体折射。

三、寒招活动特色及示范效果

（一）“组织者”——招生工作组全程支持寒招工作

工作组从整体形势出发，为招生宣传人员进行专题培训，从招生政策、宣传内容、咨询方式等方面介绍学校招生宣传要求；同时还通过完善激励保障制度、加强队伍建设，努力实现有效动员、有效激励，确保工作顺利进行，形成了宣传工作整体布局的体系化建设。实践证明，学生是招生宣传不可或缺的重要力量，学生也是校园文化的建造者和传播者。寒招队伍中，有不同的角色分工，学生在活动组织、联系、实施、总结、评比过程中锻炼了不同的能力，这对于很多新生来说是宝贵的成长机会。将进一步完善“分团长—队长—队员”选拔机制，进一步健全“分团”制度，重点培育优秀的学生宣传骨干，同时拟通过对参与寒招同学的跟踪调研，总结探析出一套基于寒招活动的北科大社会实践文化育人模式。

（二）“创作者”——合力打造校园文化传播品牌项目

教育的根本任务是立德树人，寒招活动以文化人以文育人，开展形式多样、健康向上、格调高雅的校园文化活动，各类社会实践与志愿服务，建设文明校园。互联网时代，寒招借助新媒体传播，在内容、形式上创新，广泛运用微信、微博、抖音等新媒体平台。寒招为大学生提供展示机会，学生创意改编海报、MV、歌曲串烧等，每年打造、催生出大量优质宣传作品。高年级优秀学生化身“招生宣传大使”，结合自己在北科大的学习生活，为高考学子带去在北科大生活的真实体验感。他们依托带有个人风格的PPT，重点介绍自己所在学院与专业的学习内容、深造情况、师资力量等情况，在选择专业、院校等生涯规划方面给出自己的建议，带领学弟学妹们领略北科大不同学院的专业特色，展现北科大学科建设的风采。在各大新媒体平台为北科大“发声”，扩大学校影响力。

（三）“推广者”——整合资源与平台多元宣传

根据新时代多媒体平台的多元发展，开启多方同时宣传的新模式，组织运维团队开设抖音，哔哩哔哩，微信视频号，微博账号，同步输送相关内容，提升校园文化社会关注度。并且要结合时事制作内容，在保证质量的同时贴近大众品位，学生偏好，对外输出更多及时有效的内容。在前两届的基础上，继续举办“爱在北科大”三分钟宣传大赛，组织学生积极参与，从比赛动员、组织力度、奖励机制、项目转化等方面继续完善，拟通过举办大赛，激发广大师生的才智创意，“催生”更多校园文化传播的创意、作品、事迹。通过比赛来进一步丰富招生宣传内容，拓展招生宣传形式，将“三分钟宣传大赛”办成一项全校范围内的以服务招生宣传为目的的文化建设类赛事。寒招活动始终秉承“把最好的北科大讲给考生听”的宗旨，致力于把最好的北科大带回母校，把最好的生源带回北科大。

四、寒招活动与大学文化建设联系

（一）寒招活动融入重大活动，通过校园仪式获得放大效应

高校校园仪式以纪念、过渡、欢庆等诸多形式呈现出一种特定而多元的大学文化，其内嵌了严肃性与活泼性、理想性与实践性、历史性与现实性的表达属性，充分释放出建构大学文化的功能。高校校园仪式本质上是作为一种大学文化而存在的，大学文化有其特定的内容、表现形式、传播载体，而校园仪式作为大学文化的外在表现形式之一，具有有效传播和稳定传承大学文化的作用，这使得两者密切相连、相辅相成。近几年，寒招活动中的优秀学生参与中华人民共和国成立 70 周年、建党百年庆祝大会、北京 2022 年冬奥会、北京科技大学 70 周年等重大活动，并不断分享、传播难得的经历与感悟，寒招活动也为其提供了宽广的展示平台。校园仪式是大学文化的外在表现形式，是大学文化传播、记忆和传承的载体，寒招活动通过校园仪式展现出强烈的爱校荣校、尊师重道、生涯规划、积极向上与团队协作等多种多样的品质与精神，在大学生成长成才的过程中至关重要。

（二）寒招活动与思政课结合，服务立德树人根本任务落实

习近平在全国高校思想政治工作会议上明确指出，“高校立身之本在于立德树人”，进一步明确了新时代中国特色社会主义大学的根本任务。大学文化是人类社会长期累积的优秀文化的缩影，是一所大学赖以生存、发展的重要根基和血脉。大学文化的根本任务是文化传承、文化创新或者文化导向，归结起来，最基础的功能就是培养人。人才的培养绝不仅仅是知识的传授，正确的价值观、良好的行为规范等都是人才培养的重要内容。寒招活动具有丰富的文化内涵，以“招生宣讲”为主体，同时开展三分钟宣讲大赛、录取通知书设计大赛、文创和新媒体创意作品大赛等其他活动，为大学文化建设提供实际的内容支撑。寒招活动始终坚持主导性与多样性有机结合的原则，不断提升大学文化的供给体系与供给质量，畅通大学文化的传播渠道，更好地满足大学生对于更高层次的精神追求和对于更加优质的大学文化服务的追求。

（三）寒招活动坚持守正创新，探索丰富大学文化新路径

大学文化并不是静态不变的，而是在传承中不断发展创新的。大学

的产生与发展既是社会发展的产物，也是社会进步的重要组成部分。守正创新，“正”即是事物发展的正确道路。“守正”是指准确把握事物发展规律，保护、坚守和传承人类社会发展的文明成果。“创”即是有意识地实践，形成新鲜的事物。“创新”是指形成新事物、新观点、新思想、新方法、新路径的过程。大学的属性、职能、体制、机制以及大学文化的内涵、形式等，都会随着社会的进步而不断变化。在这个过程中，大学文化深深打上了时代的烙印。2020年年初，在新冠疫情防控形势严峻的情况下，寒招工作组及时调整工作和宣传模式，通过电话、邮件和视频会议与全国各地200余支队伍取得联系，核实所有队员所处位置与当时风险情况，顺利地将线下进校的宣讲活动，转化为线上多渠道的宣传矩阵。在面对前所未有的风险以及各地不同的防疫要求之下，寒招活动中仍然涌现出众多的优秀作品，短视频、海报、文创产品、抗疫志愿、接力祝福等，工作组始终与寒招的分团和队伍站在一起，探索着扩大宣传范围与丰富大学文化的新平台、新路径与新契机。

五、寒招活动推动文化建设的未来发展

新时期校园文化建设面临着新情况和新任务，因此高校必须从自身实际出发，利用一切可以利用的资源，提升校园文化建设效果，而高校校史档案蕴含着丰富的文化资源，完全可以成为校园文化建设的重要依据，因此在校园文化建设过程中有必要对校史档案资源进行有效整合，加大挖掘力度，更好地服务校园文化建设。

（一）以优秀的宣讲案例为核心加强校园文化建设

学生是招生宣传不可或缺的重要力量，学生也是校园文化的建造者和传播者。寒招队伍中，有不同的角色分工，学生在活动组织、联系、实施、总结、评比过程中锻炼了不同的能力，这对于很多新生来说是宝贵的成长机会。2021年寒假，北科大学子组成213支队伍，走过30个省份，宣传覆盖1200余所学校，共与25万学弟学妹相识相遇，相互鼓励，线上线下齐宣讲。线上直播600场，覆盖人数超过25万；微信推送700余篇，被高中教师、高三家长多次转发；微博发布1300余条，记录宣讲日常，创建的“我为北科大代言”专项话题阅读量过百万。北科大寒招学子的优秀事迹应该继续得以推广和发扬，继续推送北科大学子的荣校爱校、为校

代言观念。

由于疫情，部分学校未开放线下宣讲，但这无法阻挡同学们的步伐，通过与老师沟通以及各种官方有效渠道紧锣密鼓的宣传，展开了一次次线上宣讲，宣讲覆盖人数亦十分客观，线上，宣讲的影响力也不容小觑。

寒招队员回到母校，他们不再是以学生的身份踏进那扇大门，而是站上讲台，讲述这所位于首都的学校的故事，传递给每一位高三学子关于大学的概念，为备战高考的奋斗者们给予黎明的希望，同时给他们留下了美好的初印象。学生宣讲团从学生中来，到学生中去，讲青年人故事，传递青年人思想，引领青年人进步，将“育人育己，成人成才”的教育理念深度融合与发展。学生宣讲团是校园文化的一股“清流”，在厚植青年学生家国情怀、立德树人上具有无可比拟的优势。宣讲营造的氛围对师生的学习起到推波助澜的作用，加速了校园文化价值观念和精神状态的形成。宣讲输出的主流价值观能够长久地印入听众的脑海里，成为不自觉的行为指南。宣讲团的团体文化和集体价值观吸引学生个体和校园团体学习。

（二）以良好的宣传物资为保障加强校园文化建设

招生宣传现在所需要的“弹药”种类更多，要求更高，作为学校宣传的一部分，招生宣传对外输出的不仅仅是分数，还需要将大学的精神和文化通过各种宣传载体传播出去。需要组建专门团队对校园文化档案进行挖掘整理，从招生宣传的角度和需求出发，总结凝练学校建校 70 年过程中一些引以为荣的“大事件”“大人物”，并且撰写宣传通稿，形成一系列配套材料，为大学文化的传播提供丰富、有吸引力的内容。

“把我的大学带回母校”寒假招生活动的举办，为良好宣传物资提供用武之地和永续发展的有力保障。每一年的寒招活动都应秉承着“继承传统，推陈出新”的理念，群策群力，集腋成裘，在前期继承原有的宣传通稿和宣讲 PPT 等一系列配套材料，并根据学校最新发展情况、学术成果进行修改创新，以保证内容恰当完备、合乎时宜，能够充分体现出北京科技大学的优势，吸引优秀生源报考。

各寒招团队充分发挥团队优势，自主设计制作宣传物料。在宣讲开始前，小贝壳亲手在明信片上书写对老师和学弟学妹的祝福语，对老师在此次宣讲中的支持表达感谢，对学弟学妹进行鼓舞。同时，自主设计相关创意文创和海报，创意十足，增添校园文化的趣味性。有的团队还分别设计了专属队徽，将学校与当地地域特色相融合，这就如同注册品牌商标一般，每一个小队都是独一无二的存在。

同时，每年寒招活动都吸引大量在校生参与，范围广泛、规模庞大。在寒招过程中，各分团应该运用自己的智慧进行宣传，将自己的成果反馈到学校招生办，招生办团队也可取其精华加以吸纳，丰富宣传物资，以加强校园文化建设。

（三）以优良的品牌文化为表现加强校园文化建设

培育高校校园文化品牌，是将校园文化作为意识形态领域的无形资源转变为学校品牌的有形资源。任何一所高校，皆有其自身的历史文化积淀，会形成带有自身特色的校园文化，在此基础上打造自己特有的无可替代的校园文化品牌。高校校园文化品牌的核心价值是文化育人，定位文化品牌，要紧紧围绕这一核心价值展开，与大学生的素质拓展、能力提升、专业发展相结合，使他们在参与校园文化品牌建设过程中得到收获，从而建立起对校园文化品牌的归属感，增加对校园文化品牌的忠诚度。高校以定位合理的校园文化品牌为核心推进校园文化建设，才能实现高校战略发展与学生成长成才的互利共赢。

一方面，在寒招活动培训中加强爱校荣校教育，是每一名参与寒招同学的“必修课”，这也是大学新生教育和思想政治教育工作的重要内容。寒招活动作为学校招生宣传的重要形式，应充分践行“把最好的北科大说给考生听”的活动理念，在校内营造浓郁的招生宣传氛围。将根据往年寒假招生实践活动的经历，从活动组织者、参与者、评审者多重角度进行经验总结，以此来完善寒假招生实践过程中的细节，增强活动环节的参与度和教育感，最终形成具有北科大特色的寒招文化。

另一方面，寒假招生活动年年举办，整个活动过程不断修改完善，寒招活动的意义重大，是一个有深度、有高度、有温度的社会实践活动。不仅具有温情和力量，也具有传承性、传递性；既是每一届参与寒招活动的北科大学子之间的传承与传递，也是文化的传承、感情的传递；既是北科大学子对于北京科技大学感情的体现，也饱含着对家乡和高中母校的感恩与思念。

品牌文化建设是一种战略行为，也就是我们常说的可持续性。一方面，创意品牌活动要想保持旺盛的生命力，就要在总结、提炼、完善的基础上，不断创新，有所变革，寻找新的增长点。另一方面，品牌活动还应注意与其他工作的有机结合，通过一个活动可以辐射到其他工作。以点带面，不断带动，孕育出新的内容和举措，这样品牌活动才能与时俱进，保持可持续发展。大学教育的根本目的在于育人，因此，学生文化的品牌建设也必须以学生为本，以学生为主体，结合学校特色，强化品牌定位和建设。只有照着这个方向迈进，找准定位，打造品牌，才能创造更精的文化。

总而言之，寒招活动是北科大文化建设中一大品牌，其文化意义值得弘扬，对加强校园文化建设具有重要意义。

（2021 年立项项目　撰稿人：张赛男）

深入凝练学校办学水平和大学文化，打造“四七”短视频矩阵

项目概述

在短视频市场蓬勃发展的背景下，其在新闻传播和舆论表达上的重要性日益凸显。为更好地将短视频创新化应用于高校宣传工作中，充分发挥短视频自身的传播潜力，本项目组把握校园文化建设发展机遇，运用短视频创新校园文化传播途径，整合高校信息传播和新闻宣传资源，打造“四七”短视频矩阵，提升校园文化传播的广度和效度，助推官方短视频新媒体阵地建设，献礼建校 70 周年。

一、项目背景及意义

随着信息技术的发展和融媒体趋势日益明显，短视频作为一种录制时长较短的视频模式，在传播中以碎片化形式为主，其对于时间和空间条件限制较小，具有高渗透率、沉浸式、个性化的特征，充分适应碎片化时代用户的浏览习惯和市场需求。根据 CNNIC 发布第 47 次《中国互联网络发展状况统计报告》，截至 2020 年 12 月，我国短视频用户规模达到 8.73 亿，较 2020 年 3 月增长 1.00 亿，占网民整体的 88.3%。

自 2018 年以来，短视频亦逐渐成为高校政务新媒体及校园文化建设的重要组成部分，各高校不断加快短视频生产与发布常态化配置、精品化打造和立体化传播，以各高校名称命名认证的官方平台账号逐渐增加，以匠心精制理念为指导，以精品短视频打造为核心，优化平台账号的运营模式，提高多主题、高质量的短视频制作产出，打造校园文化传播短视频矩阵新格局已势在必行。

二、项目建设的内容

以凝练学校文化为统领，以全方位展示宣传学校办学实力为目标，项目组主要开展三方面的工作。

（一）创新校园文化传播途径

短视频具有传播快、受众面广等特点，区别于传统的文案写作等宣传方式，短视频宣传以最短的时间呈现最精华的内容，对于创新高校宣传工作具有得天独厚的优势。项目组在开拓抖音、哔哩哔哩等知名度较高短视频传播渠道的同时，高度重视短视频在微博、微信等社交渠道账号以及头条号、百家号等社会媒体账号的传播效果，建立起立体化、多样化的学校文化传播途径。这些传播途径的拓展运用，打破了传统宣传部门单一、被动的工作模式，弥补传统宣传方式在时间和空间上的限制，匹配师生碎片化阅读特点的同时，极大地丰富了学校校园文化的宣传途径。

（二）培养组建短视频制作团队

短视频平台建设依托人力、物力和技术保障，做好校园短视频，视频制作和宣传队伍的建设至关重要。教师层面，项目组顺应新媒体时代的发展需要，注重实践性与创新性，注重挖掘培养具有短视频策划、制作以及运营经验的新媒体人才，组建起教师策划指导团队，为学校短视频创作和运营提供专业指导，提高优质短视频的生产力，保障输出内容的持续性与吸引力，激发短视频在宣传工作中的潜能。学生层面，项目组明确高校学生既是媒体内容的接受者更是内容生产的创作者的思路定位，充分发挥新媒体学生团队的作用，为团队学生提供视频制作专业培训，培养学生在视频制作中的相关技能与能力。同时，鼓励学校学生积极参与短视频拍摄制作，充分发挥学生的自主性和创造性，多视角展现校园风貌，为校园文化短视频矩阵建设储备人才和素材资源。

（三）打造校园文化短视频矩阵

为献礼建校 70 周年，深入凝练学校办学水平和校园文化，项目组创新短视频表达方式，依靠独具特色的优质内容，打造出“四七”短视频矩阵，初步形成 7 部 70 秒短片，从 7 个不同方面展现北京科技大学办学水平和文化特色。《科技北科大》：介绍学校近 10 年最顶尖学术成果和先进实验装备;《名师北科大》：介绍学校整体师资队伍建设、国家级和市级教学名师等;《成长北科大》: 介绍学生在校的个性化成长条件和情况;《美丽北科大》介绍北科大四季美景和浓厚的人文、学术氛围;《舌尖北科大》:介绍校园的各类美食、学校的住宿、体育氛围等;《科技北科大》(20世纪篇): 介绍学校的光荣学术历史，建校到20世纪末的重要学术成果;《爱在北科大》: 介绍学校中的师生、同窗之间的情感。同时，将短视频制作宣传提升至学校精品项目培育层面，提高学校校园文化传播的广度和效度，助力学校官方短视频新媒体阵营建设。

三、项目取得的成果

为期一年的项目建设取得以下成果:

(一)改革宣传模式，短视频成为展示学校校园文化的主要方式

高校校园文化的传播与宣传必须紧跟新媒体平台发展的脚步，学校短视频平台的运营逐渐成为与校报、官方微信公众号等媒介并驾齐驱的校园宣传媒介载体。在该项目建设过程中，短视频充分发挥学校科研成果及人文底蕴的宣传引领作用，逐步同学校广播、网站等传统校园宣传媒介有机融合，平行共建、资源共享、协同联动。

(二)强化人才培养，组建起一支高水平的短视频宣传运营团队

在短视频探索实践阶段，项目组在加强各宣传平台间的交流与协作、吸收专业新媒体人才的同时，发掘校园内具有短视频创作潜力的师生资源，有组织、有计划地开展学习短视频知识的活动，使之成为高校宣传力量的有益补充，为促进短视频主题创新、增加优质短视频作品的产出提供强有力的团队保障和技术支持，并不断加强团队间的交流与协作，形成传播合力，提升短视频传播的综合影响力。在短视频创作过程中，团队成员充分发挥主观能动性，深入了解北科大发展历程，实地探索校园中的一草一木，不断转变创作观念，进行详细的前期调查和策划，确定短视频的主题及中心思想，在正式开始拍摄前形成完整内容主线的文案写作，与团队成员共同讨论确定最终分镜脚本，并在拍摄中不断修改完善。分镜拍摄完成后，在专业老师的指导下落实后期视频剪辑和配音录制等工作，实现短视频的内容个性化和视角多元化，最终形成“一次采集、多元制作、多渠道传播”的短视频传播运营模式，以精细化的编辑处理产出优质内容，提高工作效能。

（三）积累短视频宣传素材，完成《科技北科大》及《美丽北科大》两部70秒短视频作品

两部作品通过在短视频中融入北科大自身的特殊元素，展现学校近年来最顶尖的学术成果和先进实验装备，介绍北科大校园的四季美景和人文、学术氛围，探索“短视频＋高校宣传”新模式，用短视频讲好高校故事，达到对学校形象的宣传作用，提高校园师生的归属感。《科技北科大》篇立足于科技对于国家前途命运和人们生活福祉的深刻影响，明确学校属性，挖掘自身特色元素，阐述北京科技大学作为高水平研究型大学，以科技兴国和人才强国为己任，设立多所高精尖创新型研究院、众多大型高端研究设备支撑原始创新，各类学科交叉融合推动人类文明发展。《美丽北科大》篇把握校园风光的重要时间节点，配合校园四季美景展现北科大浓厚的人文和学术氛围，对校园中的点滴温暖和感动瞬间进行记录，以贴近生活的创作引发观众的情感共鸣。本篇以最直观的方式、最亲切的视角讲好高校故事，构建高校特色形象，营造校园温情的生活氛围，展现文明校园的良好精神风貌。其他5部短视频现均已完成脚本创作及视频素材拍摄，目前正在剪辑制作当中。

（2020年立项项目　撰稿人：张毅）

打造多元化新媒体中心，构建多维度学院文化发展阵地

项目概述

开展校园文化建设，既可以丰富思想政治教育的载体，又可以拓宽育人方法的人文情怀。为了更好地宣传党的指导思想，提高网络思政教育的目的性和时效性，本项目组着力打造一支理论扎实、本领高强、求实创新的全能型宣传队伍，引领学院师生践行社会主义核心价值观，更加明确当代师生的责任与使命，对推进学校“三全育人”综合试点改革具有重要作用。

一、项目背景及意义

随着网络技术发展，形式多样的新媒体平台不断涌现并逐渐成为当代大学生广泛聚集活跃之地，微信推文、QQ空间、微博、哔哩哔哩、抖音、斗鱼等平台已超越主流媒体成为当代大学生获取信息的主要渠道。较传统媒体而言，新媒体具有信息互动性高、传播实效性强等优势，建立了人与社会、人与人之间信息交流的信息高速公路，为学校师生提供了丰富的文化知识资源，打造了对外发声的开放平台，使校园不再独立于社会，在当代高校文化建设中有着难以替代的作用。

为了更好地学习宣传贯彻党的指导思想，提高网络思政教育目的性和时效性，本项目组把握学院文化建设发展机遇，在稳固“主阵地”——传统媒体的基础上，积极探索开拓“新阵地”——新媒体平台，以服务学科发展为主线，以弘扬材料精神为目标，整合优化团学组织宣传资源，打造了一支理论扎实、本领高强、求实创新的全能型宣传队伍，搭建了一个

以"北科大材子风华"微信公众号为主，以网站和直播平台为辅的全方位宣传平台，引领学院师生践行社会主义核心价值观，实现了传统媒体与新媒体平台融合发展，打造了学院文化建设新形态，使当代师生更加明确材料人的职责和使命，对推进学校"三全育人"综合改革试点工作具有重要作用。

二、项目建设的内容

以学院文化建设为统领，以提升宣传能力为着力点，项目组主要开展三方面工作：

（一）组建全能型宣传队伍

宣传工作具有点多、线长、面广的特点，丰富学院文化内涵、传播和传承高校优秀文化精神和提升师生文化自信皆为其应有之义。要想做好宣传工作，关键在人，培养锻炼一支政治坚定、业务精湛的宣传工作队伍对发挥文化育人宣传实效至关重要。因此，我们要优化组织架构，结合学院团学组织宣传资源中各职能的差异性，着力构建务实管用、分工明确的组织架构；打造专项小组，坚持问题导向与目标导向相统一，整合相关力量成立专项小组，切实做好宣传工作，为学院发展保驾护航；搭建人才梯队，将有理想的、有能力的、有担当的人才持续吸收聚集到学院宣传工作当中，让学生的创造活力竞相迸发、聪明才智充分涌动起来，更好地服务于学院发展事业。

（二）搭建立体化宣传平台

随着互联网和新媒体技术的高速发展和不断普及，微信公众平台在大学生思想政治教育中发挥着愈来愈重要的作用。随着5G时代的到来，众多短视频平台和直播平台也应运而生，哔哩哔哩、抖音、斗鱼等平台逐渐成为"00后"大学生活跃之地，全媒体时代已然来临。我们要秉承着"学生在哪里，我们的宣传阵地就在哪里"的原则，充分发挥材料学院官方微信公众号"北科大材子风华"的新媒体平台优势，提高学院官微的传播力、引导力与影响力，形成以"北科大材子风华"微信公众号为主，以网站、短视频平台和直播平台等为辅的立体化宣传平台，拓宽学院形象宣传渠道，做一名合格的学院历史记录者、学院文化传播者。

（三）形成全方位宣传模式

全媒体时代背景下，题材单一、形式老旧的新闻报道难以落实好宣传职责，因而向丰富性、新颖性的全方位宣传进行转型已刻不容缓。因此，我们要丰富宣传题材，打造学院时事动态窗口、加强师生榜样模范宣传，多角度、深层次地针对学院教学科研中的突出成绩、学院建设及学生成长需要等展开宣传工作，对学院模范教师、优秀学子和杰出院友的先进事迹进行采编，讲述材料人的情怀与使命、责任与担当，服务材料学科建设发展，教育引导广大师生培育求实鼎新的大学精神；创新宣传形式，发展新型网络宣传推广，积极将新闻素材转化为短视频素材、将线下大型学生活动同步至线上直播平台，提高学院文化与学院形象宣传的趣味度与受众面；推进学院文创产品创作，设计金小象表情包、文件夹、U 盘、玩偶等金小象文创产品，树立良好的品牌形象，传承和传播学院优秀文化精神，进一步加大学院影响力。

三、项目取得的成果

为期一年的项目建设取得以下成果：

（一）组建了一支团结有爱、职责分明、本领过硬的全能型宣传队伍

依托新闻宣传中心，形成了“宣传工作负责人—指导教师—学生骨干”三级联动宣传队伍，为提高宣传能力、建立高素质的信息处理和报送队伍、实现宣传工作长效性提供了强有力的组织保障。新闻宣传中心发挥自身优势，提高了材料学院整体宣传质量，部门以优异的成绩获得 2020 年度材料学院“三好团学组织”的荣誉称号，部门半数成员获得北京科技大学优秀学生干部、优秀共青团干部、优秀共青团员等荣誉称号。

（二）搭建了完整的、立体的、覆盖面广的宣传平台

我们总结提炼经验做法，坚持巩固“传统阵地”——纸质媒体，制作海报 30 张、报纸 5 期（特刊 2 期），累计发放量达 1300 份；同时开拓创新，积极融入时代潮流，探索发展“主阵地”——新媒体平台，官方微信公众号“北科大材子风华”关注人数稳步提升，发布推送 360 篇，累计阅读量超 20 万人次，其中阅读量过千推文 101 篇，较往年增长 159%；把握时代潮流，摸索创新“新阵地”——视频直播，制作视频 18 部、开设直播 10 余场，处处发声，学院传播力与影响力显著增大，实现了传统媒体

与新媒体平台融合发展，形成了学院文化建设新形态。

（三）形成了角度多元、题材丰富、形式新颖的宣传模式

推出燕青芝、李静媛、岩雨、高克玮、强文江、张虎、黄继华、宋仁伯、郑裕东、刘泉林等“材师微光”教师榜样宣传推送12篇，形成总计约3.8万字的访谈录，全面展现了12位教师成长经历及感人事迹；推出田舒臣、姜添翼、于谊平、鲁雨馨、崔剑潇、陈智超等“一展风材”学生榜样推送17篇，形成总计约2.8万字的访谈录，塑造了17组学生成长及蜕变的励志故事，将推文上传至微信公众平台后，总阅读量达6万人次。通过讲好材院故事，呈现多彩学院，在扩大师德建设覆盖面和影响力、营造尊师重教良好氛围的同时，塑造了一批学生先锋模范，打造了一种见贤思齐、努力奋进的学院文化。此外，我们还设计了学院吉祥物玩偶、文件夹、卡贴、笔记本等文创产品十余件，累计发行数量超过4000余份；制作金小象表情包32款，累计发送量达6万余次，扩大了学院影响力的同时也强化了学院师生的爱院荣院之情。

（2020年立项项目　撰稿人：王海波）

附录：

一、材师微光访谈录

（一）燕青芝：专心科研无遗力，谁谓晚到志不成

燕青芝，北京科技大学材料学院教授、博士生导师，女，1966年9月出生，2003年考入北京科技大学材料科学与工程学院，师从葛昌纯院士，攻读工学博士学位，2006年留校任教，次年破格晋升教授、博导。现为北京科技大学材料科学与工程学院粉末冶金与先进陶瓷研究所副所长、科技部ITER专项首席科学家、中国核学会会员、北京市核学会理事。

主要研究领域有：轨道交通用摩擦材料及制动部件的设计制备与应用、核反应堆用金属基材料的制备与应用、碳化硅基陶瓷材料的增韧技术、燃烧合成制备复合材料等。燕青芝开创性地用燃烧合成工艺制备异相接枝聚合物和多孔聚合物复合材料，被国际权威专家评价为“对聚合物

化学尤其是波聚合做出了重大贡献"。承担国家级研究项目7个，反应堆燃料及材料重点实验室项目若干，中广核等企业合作项目若干。2005年被聘任为湖南省株洲市人民政府技术顾问，现担任*Chemistry-A European Journal*、*Journal of Nuclear Materials*、*Acta Materialia*、*Script Materialia*、*Journal of Alloys and Compounds* 等期刊审稿人。

1. 大器晚成，敢想敢搏：初探科研之路

2003年对燕青芝来说至关重要，这年3月她以博士研究生的身份踏进北京科技大学，推开这道迟来了十几年的"科研大门"，那时，她36岁。2003年之前，燕青芝一直在河南一所高校工作，教书育人，哺育桃李。精益求精的天性逐渐让燕青芝意识到，只停留在探索书本阶段的知识是远远不足够的，她总想做些改变，却不知从何处入手。终于，一次前往华东化工学院（现华东理工大学）的访学旅程让燕青芝茅塞顿开。燕青芝坦言，"我跟着一群博士们走进车间、参观化工厂，听着他们讨论，我第一次知道，原来科研是这个样子的，科研是可以解决工程问题的"。结束了为期一年的访学之旅，燕青芝回校后的第一个决定就是——读博！

彼时材料学在国内刚刚兴起，燕青芝在看电视的时候无意中看到CCTV-10科教频道的人物专访，正是北京科技大学的毛卫民老师。"当时看毛卫民老师讲织构，可以调控金属铝的织构任意生长，我觉得这个可真有意思！在网上搜索北京科技大学后，我就下定了决心来这个学校读博士！"顺利通过考试后，燕青芝选择了葛昌纯院士。在与葛院士见面之前，燕青芝有些忧心忡忡，一方面她担心自己年龄过大，另一方面还担心自己的科研基础不扎实。然而与葛老师的一段对话使她记忆犹新——在燕青芝向葛院士坦白了自己的顾虑后，葛院士问她，"36岁还行，那你勤奋吗？"燕青芝没有丝毫犹豫，她自信坚定地告诉葛院士："我最大的优点就是勤奋！"

2. 天道酬勤，心怀感恩：理想与现实都很丰满

燕青芝从不讲大话，她用"勤奋"这个武器，攻克读博路上一个又一个难关。2006年3月，燕青芝顺利通过答辩，拿到工学博士学位，耗时3年。刚入学，燕青芝就收到了葛院士"抛"过来的一大堆资料，要求她撰写国家自然基金申请计划书。化工背景的燕青芝看着这成摞的关于"自蔓延高温燃烧合成"的英文资料，忐忑地跟自己的爱人说，"葛老师跟我说

的东西我一个字都没听懂，我真的能搞科研吗？”

说归说，但燕青芝还是迅速调整状态，精心投入工作。不理解的知识，查资料自学；看不懂的英文，翻词典硬啃。将燃烧合成工艺用在淀粉的改性上是前所未有的尝试，她便自己一点一点地摸索着设计搭建实验平台。最终，燕青芝提出《用波聚合工艺制备淀粉接枝型吸水材料》，得到了葛院士的赞扬，也得到了国家自然基金的认可。

博士三年，燕青芝“钟情”于《波聚合工艺制备淀粉接枝型吸水材料》这个课题，填补了我国波聚合工艺制备高分子材料的空白，其研究成果被国际权威专家称赞为“在聚合物尤其是波聚合方面做出了重大贡献”，相关研究论文 *Frontal polymerization synthesis of starch grafted hydrogels: Effect of temperature and tube size on propagating front and properties of hydrogels* 作为 Very Important Paper 一字未改发表在 *Chemistry-A European Journal* 上。

仅博士期间，燕青芝协助导师申请国家自然基金项目 2 个，发明专利 2 项，发表 SCI 论文 21 篇（一作 10 篇），参与企业项目 5 个，获得北京科技大学第一届“十佳学术之星”荣誉称号，并于 2005 年被湖南省株洲市人民政府聘为技术顾问。如此丰硕的成果，燕青芝的勤奋程度可见一斑。当被问及是什么激励着她如此勤奋刻苦时，燕青芝认为是常怀感恩之心。与一同求学的同学们相比，燕青芝十分珍惜重返象牙塔的机会。她感恩国家政策让她实现“做一名博士”的理想，感恩学校提供的每一个实验设备、每一笔实验经费，感恩导师的悉心教导。

不管被布置了什么科研任务，是否与自己的课题相关，她都全力以赴、一丝不苟地进行调研学习，燕青芝反复强调，“不管我在做的是什么，我从中学到的每一点知识和经验都是我自己的，都在为今后的漫漫科研路打基础”。

3. 穷且益坚，迎难而上：对科研有“精神病”一样的狂热

讨论起近几年一直在研究的高铁刹车片时，燕青芝的情绪显而易见地开始高涨起来，“那个时候我们三个（她的两个女博士生）就像三个精神病，天天聚在一起做实验—测结果—实验失败—讨论问题—再做实验—再测结果—再失败……”从 2011 年开始，燕青芝承担了多项国家项目，开始研究轨道交通用制动摩擦材料的设计制备与部件开发。简单来说，就是

研发高铁动车的刹车片。我国高铁技术的发展日新月异，实现零部件自主研发的需求也越来越迫切，而刹车片作为至关重要的一环却一直依赖于德国进口。

在这样的大背景下，燕青芝和她的团队接下了研发高铁刹车片的任务。项目研发伊始，燕青芝深感责任重大，按照燕青芝的一贯秉性，既然承担了这个任务，就要在有限的时间内做到最好。随着研究不断深入，燕青芝渐渐被逼出了一股“火气”。制动摩擦机理的理论研究几乎为零，可以参考的实验数据也几乎为零，德国机构把产品和数据捂得死死的，恨不得几百只眼睛盯着中国的试验进度，等着看笑话。

面对诸多困难，燕青芝的态度从单纯的“责任感”转变成了“不服气”。于是，她拿出自己那把叫作“勤奋”的武器，带领团队攻坚克难。实验室里堆放着数十种材料，燕青芝和她的“三人团”没有周末，没有假期，每天泡在实验室里调配材料配方，进行试验，测试性能。回忆起那段时间，燕青芝十分激动，笑称自己就是精神病，每天疯了一样地做实验。有心人天不负，燕青芝带领团队用三年的实践制备得到了达到要求的刹车片样品。

（二）李静媛：半生潜心科研多建树，二十年春风化雨育新苗

李静媛教授，博导，现任材料学院副院长。北京科技大学本科、硕士，日本东京大学博士，主要从事材料基因工程方法、高性能不锈钢材料研究工作。先后主持了国家自然科学基金重点及面上项目 4 项、“十三五”国家材料基因工程专项课题 1 项，承担或参与完成了 40 余项国家科技支撑、863、973、JPPT 及省部级、企业合作科技项目。在 JAC、MSEA 等期刊发表论文 120 余篇，出版专著 2 部，获授权发明专利 16 项，获国家科学技术进步二等奖 1 项、省部级一等奖 4 项。目前兼任中国材料研究学会镁合金分会常务理事，IJPEM-GT 编委、《热加工工艺》副主任编委。已培养博士、硕士研究生 60 余名，其中 6 名获国家奖学金，8 名获优秀毕业论文。

1. 漫漫求学路，悠悠赤子情

1988 年参加高考后，青年时期的李静媛懵懵懂懂，缘于家乡的钢铁企业及学长的积极推荐，李静媛以第一志愿被北京钢铁学院金属压力加工专业录取。然而读完四年本科后，正如现在许多的年轻人，厌倦了十几年的

校园生活，对校园外的世界充满期待，干劲满满的她一心想着早日步入社会、大放光彩。优秀的成绩和柔谦的性格让她的老师一再挽留这个学生，但初生牛犊不怕虎，李静媛只想去象牙塔外的世界看看。

就这样，本科毕业的李静媛迈入了社会，但工作却不尽如人意。进入工厂后，繁复庞杂的工艺让她认识到自己知识储备的不足。许是造化弄人，又许是命运安排，两年后工厂倒闭，经过了一番深思熟虑，她决定重返校园，继续深造。硕士期间，李静媛在导师谢建新教授的引导下，参与了“大型铝合金型材挤压成套工模具设计制造技术与应用”项目。该项目成果被应用于国内动车设计制造，并于2011年获得国家科学技术进步奖二等奖。虽然在项目进行过程中，她和几位同学负责的是比较基础的模具设计和管理，但这种“听从祖国召唤”的科研精神，让她更加无悔于选择科研这条道路。

值得一提的是，硕士求学期间，她在妊娠期中也一直坚守岗位，直到生产前才放下手中的科研工作。在日本东京大学攻读产业机械工学博士学位期间，李静媛师从柳本润，参与了“钢铁材料的半固态加工”项目。钢铁材料的半固态加工温度区间仅仅只有20摄氏度左右，而钢铁材料的熔点却高达1400摄氏度。如何精确控制温度便成了一个巨大的难题。某些材料的包晶反应，还导致了不容易出现球状半固态组织的问题。在经历了多次挫折后，她发现逆包晶反应使得到球状物质变得容易得多，大大降低了实验难度。这一工作得到了柳本润教授的高度赞许和肯定，而这一研究成果直至2019年仍挂在东京大学产业机械学科研究室的首页。

留学期间，见识了日本发达的科研水平和条件，李静媛更加坚持了要以国家科技发展的重大需求为己任。以全优成绩毕业后，她选择了回到母校任职，继续科研道路。

2. 学道须当猛烈，始终确守初心

学成归国后，李静媛致力于兼具耐腐蚀、无磁、高导电等功能性的高强高韧结构材料的研制开发工作，并通过产学研合作等方式实现科技成果转化。她在国内外重要学术期刊上以第一作者、通信作者身份发表学术论文120余篇，出版专著2部、获授权发明专利15项，并先后主持国家自然科学基金重点项目、国家重点研发计划课题、国家科技支撑计划课题、国防军工科研项目、省部级重大重点科技攻关项目以及企业技术合作开发项目30余项。

近年来，李静媛不满足于只总结前人成果，她开始了对高通量螺旋梯度连铸的研究。从研究原理开始，到自主设计并制造设备，再到做出梯度材料，她实现从0到1的跨越。而她带领梯队设计的装置，不仅缩短了材料从成分设计、熔炼、性能制备、应用制备的时间进程，还减少了多炉熔炼合金的冶金能耗，降低了开发成本，提高了新金属梯度材料制备质量和效率。

李静媛一直强调，科学技术不能简单地等同于生产力，科学研究只有应用到实践中才能真正推动技术发展和国民经济发展。柳钢集团是中国企业500强，前不久他们主动联系到李静媛，希望李静媛能为他们解决生产的不锈钢的开裂问题。柳钢集团每年的不锈钢产量以百万吨计，下游合作企业数不胜数，这一质量问题的影响可谓深远。

经过详细的实地考察后，李静媛向柳钢集团提出了两个建议：一是热轧后对不锈钢降温，加控冷装置；二是在轧制后的退火过程中，将温度控制得比其他企业更高，时间更长一点。柳钢集团正是因为没有安装控冷装置，才导致了开裂问题。而柳钢集团生产的不锈钢里碳含量过高，使热轧后的卷曲温度过高，产品在卷曲过程中析出了碳化物，在后续的轧制过程中形成了裂纹源。增加退火过程中的温度控制便是为了熔解碳化物，避免产生开裂问题，为生产工艺提供了新方向。后来，柳钢集团的负责人兴奋地说，“我们现在生产的不锈钢质量可好了，不开裂了，又薄又软！”

除了为柳钢集团解决难题，李静媛还参与了多项校企合作，从为中兴通讯研制通信用无磁不锈钢，到为山西太钢解决电磁阀用JB–J6铁素体不锈钢盐雾锈蚀问题，再到联合东北轻合金有限公司研制大飞机用新型超强高韧耐蚀铝合金挤压材……在她看来，所有的科研成果都是以服务生产发展为目的的，实现科研向实际应用才是科学研究成果的最好归宿。

在进入21世纪的第二个10年，国家正在逐步从“钢铁大国”迈向“钢铁强国”，热点也从宏观产量到微观精细材料。李静媛与时俱进，开始了对于生物医药可降解材料的研究。现如今她的梯队正在研制的便是可降解镁合金材料，相信不久的未来，它会在心血管手术中发挥出巨大的作用，也为社会创造出更大的价值。

3. 师道既尊，学风自善

学术有道，亦要有德，比起做学问，李静媛更愿意让学生先学习做人。诚实守信，立德树人，不仅是她的为师之道，更是她培养人才的不二法门。在她的课题组中，每两周便会举行一次组会交流，学生轮流汇报工作进展情况，探讨学术见解，气氛都很热烈。除此之外，鼓励学生参加海内外学术会议开拓眼界、带领学生前往工厂一线结合实践等，都是她对年轻人的“远线投资”。

如今，李静媛仍旧活跃在教学第一线，目前主讲“材料成形理论基础”“材料制备与加工”等5门课，合讲“材料科学与工程前沿”“材料科学与工程专题讨论”等2门课，总计162学时。

李静媛认为，本科生最重要的是夯实基础知识，以及掌握一些辅助的基本技能，而老师所要做的在于“教”，是如何通过老师的上课建立起知识的关联性。进入硕士阶段，则在于“训”，尤其是思维逻辑的训练，以及整体布局和规划能力的训练，还有个人表达能力的提高。而对于博士生而言，老师做的其实是“推”，是激发他们的创新思维，去发现问题，并且能够独立思考和解决问题。

从教25年以来，李静媛已培养材料一流学科博士、硕士研究生60余名。在她的指导和督促下，学生以第一作者的身份发表论文80余篇；6名学生获国家奖学金，8名学生获校级优秀毕业论文；多名学生获得北京市优秀学生干部、北京市优秀共青团干部等荣誉称号。

4. 历练今朝，未来可期

在全球化背景下，科技合作、交流逐渐突破国界，成为世界科技发展的大趋势。对此，李静媛是很支持学生从中国走向世界去汲取养分的。但她更认为，科学没有国界，科学家是有祖国的。在科技创新成为变革进步的强大引领和重要力量时，对科技人员而言，祖国二字不仅不应该褪色，反而更应深铭肺腑。

“一代材料，一代产业。”李静媛说道。未来30年，中国的高质量发展必然要依靠高新技术产业，中国新材料产业市场规模将持续增长，但中国新材料产业目前还处在爬坡的阶段。尽管中国是原材料大国，但材料深加工与发达国家差距仍旧显著，关键材料始终受到掣肘。作为老一辈的知识分子，她希望广大青年学子能怀抱着深厚的家国情怀，在建设科技强国的道路上，树立起以科技创新服务国家、造福人民的荣誉感和使命感，实现个人价值、科学研究、国家发展的完美契合。

（三）岩雨：勇攀重“岩”探科研幽胜，春风化“雨”沐桃李芬芳

岩雨，1980年出生，内蒙古人。担任北京科技大学教授、研究生导师、博士生导师、新材院青年教师团工委书记。2002年本科毕业于北京科技大学，同年前往英国留学。2003年在英国爱丁堡赫尔瓦特大学进行硕士研究工作。2006年在英国利兹大学获得博士学位。2008年结束博士后的研究。随后被聘为利兹大学学术研究员、博导和纳米技术转化经理。2010年回国，在北京科技大学新材料技术研究院进行教学科研工作。主持4项国家自然科学基金（包括一项重点基金）和20余项省部级和横向课题。已转让3项专利。曾获国家优秀留学生奖、国际摩擦学青年奖、中国腐蚀与防护学会杰出青年科技人才奖、全国优秀科技指导教师奖等。主要研究方向为金属材料在生物环境中的磨蚀、高强钢的氢脆和应力腐蚀、航空航天用材料的服役寿命预测和材料基因工程等。

1. 别舒适之境，乘长风破万里浪

有很多选择，看似偶然，实则必然。岩雨与材料的结缘便是如此。儿时的岩雨就曾在作文里写到，他的梦想是当一名科学家。也许是小时候想要成为科学家的梦想一直在潜意识中引导着岩雨前行，尽管他留恋熟悉的环境，也更喜欢接触熟悉的人，但还是机缘巧合被录取到北科大。就是这份与材料结缘的偶然性，在未来带给了岩雨更多的可能性。

本科期间他踏踏实实、刻苦学习、成绩优异，不仅获得了保研资格，还通过了国考。放眼望去，前路顺畅平稳，无论岩雨选择哪个，都能迎来大好前途。而面对关乎人生方向的重要选择，岩雨目标明确，他选择了一条前方未知最多的道路——出国留学。于理想，他想要在材料的道路上更进一步，去学习国外先进的科学领域及技术，奉献国家；于个人，他希望走出舒适圈，把握好这个难得的机会，接受更多知识和文化熏陶，与不同文化背景、知识背景的人去交流学习，增长见识、开阔思维。

平稳的道路往往无法给生命留下浓墨重彩的一笔，而敢于冒险、意志坚定的人却常常在人生的道路上收获惊喜。但万事开头难，出国这条路上的障碍确实不少。

语言障碍应该是留学生会有的普遍问题，岩雨用自己的妙招克服了

这个难题。他首先意识到了中国人含蓄的性格会容易扎堆，于是他逼迫自己跳出舒适圈，去创造练习英语的语言环境。当时他在的宿舍里，有来自德国、墨西哥、比利时等不同国家的人，他们约定每周其中一人会给其他人做一次饭，然后大家一边吃饭，一边聊天。岩雨借此机会消除了自己的语言障碍，也在交流中给外国人宣扬了中国美食文化的博大精深、丰富多彩，并借着聊美食的过程，学习到了西方人看待事情的角度。掌握一门语言其实是水滴石穿、水到渠成的事情，需要我们主动花心思、花精力、花时间去积累，才能取得进步，进而熟练掌握。任何学习都不是可以速成的，克服这些困难都需要自己走出舒适圈，才能收获好的结果。

扬帆远航的过程难免遇到风浪，岩雨在博士第一年也栽过一个不小的跟头。当时他做实验的经验还没有那么丰富，小心谨慎、认真操作，最终却得到了异常的实验结果。反复核对、检查，发现问题出现在微不足道却是实验根本的探针上——仪器上的探针是坏的。失之毫厘，谬以千里。而这件事情让他在之后的所有实验中都更加严谨，更加注重基本的东西，严格遵守完整的程序。前事不忘，后事之师。成功需要一些失败来做铺垫，也往往是失败积累成了成功的果实。

人生的分岔路，我们难免会产生怀疑的情绪，会犹豫不决，重新审视自己的选择。在国外的八年时间里，岩雨也不是每一步都坚定无比。

硕士毕业之后，他犹豫过究竟是否要继续下去。岩雨花了整整四周的时间去考虑。他列表分析了自己的研究方向和可以得到的帮助，也征求了家人和导师的意见，还结合了个人发展及能力提升等方面考虑，最终决定继续读博。海阔凭鱼跃，天高任鸟飞。他还是觉得自己对科研感兴趣，而兴趣是最好的老师。他将做实验看作很有趣的事情，将科研作为自己发展的目标。

岩雨认为，在科研这个漫长的航行里，一定要以兴趣作灯塔。岩雨本科学习的时候，接触科研培训的机会很少，但是因为他自己喜欢，对科研感兴趣，会经常与导师沟通交流，也会小规模地参与一些活动。

在科研道路的伊始，他感觉科研是一个比较神秘、神圣、充满挑战的东西。在实验室也是畏手畏脚，不敢碰设备和器皿。可随着待在实验室里的时间变多，和各个设备、器皿打了更多交道，他深入了解到科研的魅力，也为其深深着迷。如同航行的船只，在兴趣的指引下，他一次次克服难题，乘风破浪，驶离原有的舒适圈，去开拓了一片片新的海域。

2. 探科研前沿，砥志研思终揽月

多年来岩雨致力于研究材料的腐蚀问题。腐蚀问题是危及材料服役安全性和可靠性的老问题。因为腐蚀环境因素多样，各类腐蚀现象较为复杂。大部分合金表面存在一层具有降低腐蚀速率的钝化膜，但在摩擦力的作用下，其钝化膜会被局部或全部破坏，腐蚀速率急剧升高，材料的服役寿命大大缩短。因此弄清电化学腐蚀与机械摩擦磨损的多尺度耦合作用，对研发耐磨蚀材料、增强关键部件的服役可靠性至关重要。

对于这一问题，岩雨分别通过分子模拟和原子力显微镜等手段，揭示了材料表面磨蚀产物和纳米梯度结构的生长规律；他基于电化学反应动力学和机械磨损经典理论，建立了电化学腐蚀和机械磨损在磨蚀过程中的多尺度定量耦合模型；通过调控材料表面钝化膜的成分和结构，显著提高了材料耐磨蚀性能。

该方法成功应用于“天宫”空间实验站系列、“长征”运载火箭系列等重要工程中，成为至关重要的一颗“螺丝钉”。由于岩雨在国防领域的工作，中央电视台第九频道“军事科技”专门对其进行了采访。

人工关节体外检测是评价关节材料安全性的一项重要内容。但是之前的关节模拟器只能实现对人体运动力学的简单模拟，均不能实时监测材料的磨损速率，更没有实时测量材料的腐蚀速率的功能，这极大限制了新型材料的研发和使用。关节模拟器的成功运行对新型人工关节材料和器具设计的检测都具有非常重要的作用。

岩雨通过自己的研究设计和制备出了具有实时监测人工髋关节磨损腐蚀速率的仿真模拟器，缩短了人工髋关节的研发周期，并利用该模拟器研究了复杂运动模式中钝化膜破裂、剥离的动力学，获得了纳米磨屑的生成规律及 3 项授权专利。

岩雨近年来发表 SCI 收录文章 100 余篇，被 SCI 源期刊引用 1580 次；他引 1490 次；第一作者文章最高他引为 152 次。岩雨作为唯一主编，2013 年由 Elsevier Publishing 出版社出版了 *Biotribocorrosion in biomaterials and medical implants*，该书为领域内第一本关于生物磨损腐蚀的著作。他还参与了其他 6 部中英文学术论著的编写工作；获得授权发明专利 2 项，实用新型专利 3 项，转让专利 2 项；2013 年入选北京青年英才计划。

心怀国家发展，助力材料精尖。他尽己所能、埋头苦干。若将人类的知识总和看作一个圆，岩雨则是通过自己所学去思考、创新，在圆上一点解决问题、不断进步，而正是由于像岩雨这样的无数个在知识边界不断突破的科研工作者，人类的知识范围才会不断扩大。

3. 育桃李芬芳，研师益友美名传

2010 年，岩雨回到了祖国。八年的留学时间里，他掌握了国外前沿的科研思维，也取得一些成果。出国时他抱着学成归国、助力国家发展的决心，回国后也不忘初心，第一时间申请恢复党籍，之后成为一名老师，教书育人。

教学相长，选择成为一名老师，让他收获了很多。在第一年里他教授的专业课是全英文授课，又缺乏教材。他就按照自己的理解亲自写课件，又深入地研究了许多非常基础的东西，重新完善知识体系。这些研究也为他后来的科研带来很多帮助，教学过程中的一些研究很大程度上支持了他之后在腐蚀领域发的很多文章。

作为教师，岩雨勤勤恳恳、因材施教，既专业又耐心，认真负责地引导每一位学生在科研的道路上精益求精、触类旁通。他曾获得北京科技大学第六届“研师益友”的奖项，在领奖时他讲道:“人无完人，但作为老师，需要把自己的优点扩大，传授给学生优良的品质。”这是他出于教师身份对自己的严格要求。站在讲台上，就承担了一份责任，在那一个半小时内，教师必须抛开杂念，专注自己讲授的知识，守住师德，不辜负所有学生的期待。而在实验室里，他也同样言传身教、循循善诱。

经师易遇，人师难求。他与学生一起探讨科研问题，分享业内最新的研究动态，培养学生独立解决科研难题的能力；也会因材施教，综合学生的能力、兴趣和职业规划去帮助他们选择研究方向。新竹高于旧竹枝，全凭老干为扶持。岩雨和自己的学生说过，“老师对学生的期待就是学生对自己的期待”。

在学生学业上，他认真负责、倾囊相授，激发学生更多的可能性。在教导学生论文撰写和投稿时，他会先讲授基础内容，分享写作逻辑，然后让学生自己摸索具体的写作内容，授之以“渔”而不是“鱼”。

为人处世方面岩雨更是悉心教导。他告诉学生，“科研不是一个人的马拉松，要学会与身边的人沟通交流”；也用自己严谨谦逊、务实求真的品质影响着学生，春风化雨，润物无声。

作为科研导师，岩雨一直积极引导自己的学生主动思考、实践，而不是被动地“完成任务”。他教导学生科研要追溯实验起源、目的，探寻更优方法，要分析结果，归纳结论，总结收获，希望他们有所启发。爱岗敬业、甘于奉献，他用自己的学识和经验引导学生前行，为国家培育栋梁之才。

岩雨期望学生在他们研究问题上的理解比他还要深刻；也期待学生在科研上有所突破，取得更高的成就。这是老师对学生的期待，也是一个科研前辈对后来者、对国家材料发展的期待。

心怀国家发展，助力材料精尖。他尽己所能、埋头苦干。若将人类的知识总和看作一个圆，岩雨则是通过自己所学去思考、创新，在圆上一点解决问题、不断进步，而正是由于像岩雨这样的无数个在知识边界不断突破的科研工作者，人类的知识范围才会不断扩大。

（四）高克玮：踏实沉着怀梦克坚玉，谦和宁静苦心育光华

高克玮，北京科技大学材料物理与化学系教授。女，汉族，1967 年 4 月生于陕西西安。1994 年博士毕业于北京科技大学材料物理系。1996—1997 年前往加拿大阿尔伯特大学作客座访问；1998—2000 年前往日本金属材料技术研究所作特聘研究员。主要研究方向包括两个方面：材料服役行为的评价，包括材料的断裂以及环境断裂行为及机制的研究、材料的腐蚀行为及耐蚀性能的研究等；材料表面改性及表征，包括利用物理气相沉积方法制备功能薄膜、化学沉积方法进行表面改性等。目前负责国家重点专项 1 项，国家自然科学基金 2 项。曾获国家部委级科技进步一等奖 2 项，二等奖 5 项，霍英东青年教师基金。入选北京市科技新星计划项目、教育部新世纪优秀人才计划。发表论文 200 多篇，其中 SCI 收录 100 余篇。

> “与高克玮教授交谈时，她的字句间好似流淌着带着凉爽的平静，周身燥热退散，心中浮躁消解，像浸在晨间薄雾里，皮肤在水汽中润盈，也接受朝阳的热意。”
>
> ——编者记

1. 脚踏实地缘结材料门，沉着刻苦铺垫科研路

伴随着满满的缘分，高克玮来到了北京科技大学，由于她的数学考分相当不错，得到北科大应用物理系的提前录取。她在求学时代所体现出的脚踏实地、静静地沉淀积累、坚守初心的精神放在任何环境下都不失光华。

在高克玮的本科时期，学校的科研条件远不及现在，本科学生很难有机会参与科研。她那时唯一的科研经历是在做毕业设计时跟着导师顾桐教授做实验。“顾老师对学生关心备至，就像父母一般。”回忆中，高克玮感触很深。顾老师和学生们的相处方式在潜移默化中对她产生了极深远的影响。

考研时，高克玮凭借着一贯踏实刻苦的求学态度，成功进入由柯俊、肖纪美院士坐阵的金属物理系，开启了她的材料之路。

研究生期间，高克玮遇到了对她影响最深的一位老师——褚武扬教授。“非常幸运能在褚武扬教授的指导下度过研究生和博士生阶段。他是一位非常关心学生，且做学问非常严谨的教授，从他的身上我学到了很多的治学理念、方法和精神。”高克玮谈道，“褚武扬教授从不因为学生能力不足或实验进展不理想而发火，他总是耐心帮助同学们完成目标，对自己却倍加严格要求。”那时，高克玮在褚武扬教授的指导下研究钛铝合金的氢脆问题。这是为国家研发航空发动机材料而设计的项目，航空发动机想要实现轻量化，定要以氢为燃料，钛合金材料凭借其质量轻、比强度高、对氢表现出敏感性的特点成为当时一个受到关注的研究方向。

研究钛铝合金的氢致开裂问题，需要在正式实验前在样品上开疲劳裂纹。“那时的钛铝合金样品是褚武扬教授远从美国带回来的，能带回的样品不多，每一份都非常宝贵。”钛铝合金质地很脆，可由于他们欠缺足够的经验，为第一个样品开疲劳裂纹时，机器刚运行半个小时，样品就断掉报废了，意味着实验未开始就已失败。“当时褚老师感到非常可惜和难过，我也由此感受到科研并不容易，科研过程是充满未知和挑战的。”从那以后，高克玮每次做实验都会非常小心谨慎，尽可能保证实验的成功率和效率。

回想在褚武扬教授指导下学习的那几年，高克玮言语间流露着感激之情：“褚武扬教授的言谈举止在潜移默化中给了我们很多治学指导，对我今

后的科研工作产生了关键性的引导作用。”

总结自己的求学经历，高克玮谈道：“科研工作者一定要脚踏实地，做到极致，这样才能有益于长期的发展。如果总是这山望着那山高，不安心于本职工作，对长期发展是非常不利的。”

高克玮的求学之路，看似没有坎坷，一切都是自然而然地过渡，但实际上这背后隐藏的是她对于自己所选定方向的坚守；是她不惧外界的干扰，安静沉淀自己的勇气；是她脚踏实地，不问结果只求完美韧性。这也是她对于当代大学生的期待：“任何时代，我们都需要有人能安静下来，真真切切地去创造一些有价值东西。”

2. 携兴趣和好奇科研探秘境，怀宁静与细致竭心育硕果

高克玮的父母都在高校从事教学和科研工作，耳濡目染之下，高克玮从小就对科研工作满怀兴趣，对于自然的未知充满探索的好奇。加之她求学阶段的辛苦耕耘，走上研究与教学的道路就成为她求学之路的必然终点，也是她人生新阶段的起点。而在新的路途上，牵引着高克玮不断超越、获取成功的是来自心灵深处的宁静和对手共事的细致苛求。

年轻时的高克玮就在科研工作中获得了不少奖项，其中她记忆比较深刻的是一个对应力腐蚀开裂的机理进行的研究。金属材料在潮湿的服役环境中，表面会附着薄液膜，导致金属表面形成腐蚀产物膜或者脱合金层，进而促进应力腐蚀开裂。而研究的目标就在于解释力学化学的协同效应机制。由于那时没有如今的研究条件，心中的想法很难通过现有的设备来实现，高克玮和她的团队就自己搭建实验环境。“由于实验过程对环境相当敏感，需要在极静且密闭的条件下实验，我们常在夜深人静时进行实验以避免干扰，熬通宵是常事。”

“那时我们只想得到一个满意的结果，不满意就重新来，一个实验做几十遍都正常，其他事情概不考虑。心中没有杂念，只想把实验做好，正因如此也才得到了想要的结果。”

科研中的高克玮，在宁静的心绪中任凭思维向未知探索，带着她一次又一次寻到自己心中想要的结果。原来发电机组由国外设计，而加工和安装由国内完成，且冷凝管和配套的支撑板由不同的厂家制造。一个厂家没有注意到单位问题，未将国外使用的英制单位换算为国内的公制单位，使得冷凝管口径和支撑板打孔孔径不匹配，造成冷凝管运行过程中的震动和

机组本身的震动发生共振，引发大幅震动而致使开裂泄漏。造成如此大损失的，只是一个小小的单位问题。由此高克玮提道，科研工作中，细致非常重要，每个大大小小的环节都应做到极致。从材料的冶炼、加工、制备到最终装配，每个环节都差一点，最终的成品就差距巨大。

我国研发的高铁使用车轮钢，目前在断裂韧性这一方面较欠缺，合格率、安全性、可靠性均有待提高。高克玮认为，要想彻底解决这个问题，需要沉下心来打磨细节，这样才有助于我国从制造大国向制造强国转化。而她的团队也正希望通过研究来提高车轮钢的断裂韧性。

“一个材料的研发需要很长的周期，从构思到进入实际服役，要从各个方面综合评价，一般需要20年以上。而这都依赖于长期的研究、探索和评价。”高克玮如此解释。而能支撑这样长久枯燥的坚持探索的动力，就是兴趣。科研给予高克玮一片能够释放热情、兴趣与好奇的领域，她则报以宁静的心绪和追求细致的韧性与坚守。而这也是高克玮对于青年学子们的无限期许——有追求，不浮躁，沉下来做一些真正有意义的事，为国家的发展贡献一份力。

3. 初心不移，勇对时代变化；教学相长，谦和哺育芳华

毕业后，高克玮一直留在北科大研究教学，她开始教学工作亦是一个自然而然的过程。关于教学理念，高克玮毫不犹豫地说出四个字：教学相长。“自己看书学习和将知识教授于学生是完全不同的，教师必须先把知识研究得很透彻才能讲得清楚。”有时候学生向高克玮提问时她也不能立刻给出确切答案，但她认为在探索解决这个问题的过程中，自己也就获得了新的理解。

而在与学生的相处过程中，高克玮感受到除了把课本教好，还得需要学会和现代年轻人打交道。高克玮作为班主任去宿舍和学生们谈心时，惊讶地发现每个人都考取了一些证书，询问才得知这些都是为找工作准备的。“现在学生找工作压力大，要求他们把精力全部投入在专业内不现实。教师需要理解学生的处境，并调整教学模式。”

高克玮非常重视对学生的综合素质培养。在她看来，相比于学到知识，提升综合素质更为重要。“就拿科研来说，成绩好是科研工作做得好的一个必要条件，但并不充分，综合能力强才能获得令人满意的结果。”在高克玮眼里，社会形态在变化，学生们在不断调整来应对社会的变化，

老师们也应该尽力适应学生的变化。作为一名教师，她希望自己能够在教授知识的同时帮助学生提高综合能力，以面对种种挑战，胜任未来的工作。高克玮不仅具有顺应时代变化的意识，同时也强调着中华传统的重要性："我们尊师重道的传统非常重要，只有先接受老师，才能有效接受老师所讲的内容；只有潜意识里认可老师，才能认可老师教授的知识。"在高克玮看来，师生关系和相处方式是需要不断探索和改进的，但尊师重教必须放在第一位。

在学生眼中，高克玮是恩师亦是好友，是校园里的一个家人；她秉求真初心，亦怀慈母之情。高克玮的一位学生谈道，初见高老师，总觉得她的轻声细语包裹着强大的气场，觉得她不太好亲近，甚至与她短短地交谈也会手心出汗。可后来和她接触，她常聊一些比较家常和生活的事情，处处体现出对学生的关心，温和有如母亲。"本科毕业设计时和高老师交流比较多，高老师常常会询问我学习和生活上的情况，并常常主动向我提供科研上的机会，也很理解我偶尔时间上的一些冲突。生活中她对我们不太苛刻，但是在对科研的态度上却是绝对的严厉。"这位学生回忆着，充满对高克玮老师的感激与尊敬。

2020年的新冠肺炎疫情致使2020届高校毕业生无法返校收拾行李，在学院向教师发出"毕业生行李打包寄送服务"号召时，高克玮主动要求参与打包。快到午饭时间时，高老师仍在整理包裹，一位在校生志愿者便上前询问情况。这时高老师似乎忽然变成身边的一个朋友，调侃着打包的辛苦，手中的工作却没停。当时的那一幕，高克玮全然褪去了平日课堂上和实验室里的严肃，这份亲和令这位学生印象非常深刻。

在教学中的高克玮对于自己的要求是教学相长，对于学生则是一切都从利于学生发展的角度出发，不断根据学生的需求自我调整，尽己所能地让学生学到有价值的东西。她不失随时代而动的变通性，亦不失坚守优良传统的惯性，怀谦和之心，与学生们共同学习，陪伴一代又一代学子奔赴自己的目标。说着自己的经历，高克玮的话语间总是透着轻松，似乎她一路走来，经历的一切都是自然而然地发生的。

她谈吐风轻云淡，却一直走在寻光的路上，她脚下无声淌着的流光所结成的光华，即是我们需要去汲取的——那由脚踏实地，宁静谦和，不问结果但力求细致完美的精神凝结成的坚实内核。

（五）强文江：历练十载为国初心不换，科研育人谱写壮志篇章

强文江，男，北京科技大学材料科学与工程学院教授。1980 年 9 月入北京科技大学（原北京钢铁学院），在金属材料及热处理专业学习，先后获学士学位和硕士学位；1990 年起，在德国斯图加特大学就读材料科学专业，获博士学位。研究领域为磁性材料及材料磁性应用技术，主要科研项目：反应堆控制棒驱动机构用高性能隔磁片材料的研制、RPV 钢中子辐照损伤磁性无损检测技术的基础研究。曾获国家级教学团队、北京市优秀教学团队——材料学教学团队带头人；北京市第五届教学名师奖（2009 年）；宝钢教育奖优秀教师奖（2011 年）；北京科技大学师德标兵（2014 年）；国家级教学成果奖 2 项，北京市教学成果奖 5 项。

1. 心怀感恩，砥砺前行

20 世纪 80 年代初期，随着改革开放浪潮的不断推进，我国经济步入了快速发展的轨道，其中钢铁工业成为国家重点支持的行业之一。1980 年，风华正茂的强文江怀揣钢铁强国的初心，进入北京钢铁学院（现北京科技大学）开启了崭新而充满未知的求学之旅。

当时我国实行计划经济体制，毕业大学生由国家分配工作，因此在求学期间，强文江一心想的是将眼前的学习任务抓好，未来的事情听从国家安排。本科阶段的学习过程中，他总是尽最大努力地记忆课本知识并进行消化吸收，掌握了扎实的理论基础；在研究生做课题的阶段，他把书本知识与实际问题相结合，培养了较强的动手实践能力。得益于这种“海绵型学习”，即选择性不强但吸收性较强的学习方法，强文江在求学期间始终保持着优异的成绩，顺利考上研究生和博士生，所以毕业分配制度下的两次工作分配，他实际上都没有亲身经历过。

尽管在选择的岔路口，强文江两次都选择了继续深造，但当时的他对于未来的工作选择，已经有了一个明确的方向。

那时我国恢复高考不久，由于“文化大革命”时期教育荒芜，教学队伍出现断层，导致很多高校科研单位急需人才，难忘母校培育之恩的强文江逐渐萌生出留校任教的念头。对于 16 岁就步入大学的他来说，北京钢铁学院（现北京科技大学）不仅仅是学习知识、提高能力的象牙塔，也是他不断自我打磨、走向成熟的锤炼基地。

因为上大学的年龄较早，强文江认为自己的人生观、价值观、世界观

都是在学院路30号成形的，而对他的成长赋予如此深远影响的，则是当时所有的任课老师。如至今仍站在讲台上的余永宁教授，还有指导本科毕业论文的陈国良老师，以及硕士导师周寿增老师等。

回首自己的成长路，强文江不禁感慨："每一位老师都有着个性鲜明的教学风格，而老师们的这些特点也都会在学生身上留下些许印记；当不同的老师组成了一个庞大的教育集体，则会对塑造学生的品质共同发挥潜移默化的作用。"正因如此，强文江也希望学生们尽可能多地去接触身边不同的老师，全方位地同老师们交流，并努力去适应理解每位老师的特点，然后见贤思齐。

他认为："在未来的工作和生活中，每个人也都需要和形形色色的人相处，只有我们做到客观全面地了解不同性格的人的想法，学会与其合作时，才能充分发挥团队里每个人的优势，这就是兵法里所谓的'知己知彼'。"

1990年，在导师王润教授的强烈推荐之下，强文江争取到了国家奖学金，并获得中外联合培养博士生项目的机会，前往德国斯图加特大学进行交流学习。迈上博士生这一台阶后，强文江也感受到了身上沉甸甸的担子，为了在德国顺利取得博士学位，他不仅需要完成毕业答辩，还需要通过德国专业课的基础知识考试。因此，当时强文江在准备学业论文答辩工作的同时，还坚持深入材料性能、物理性能等课程的学习中，并保质保量按时完成课后作业。而正是这段切身体会德国课堂的经历，让强文江总结出一套国外系统化的教学方法，这也为他日后回国从教打下了坚实的基础。

这段留学经历不仅拓宽了强文江的学术视野，夯实了他的学术功底和技术积累；也让强文江深刻感受到当时国内外在社会日常和科研领域等方面的显著差距。初到德国时，强文江最大的感受就是惊奇——惊奇于德国公交车几乎严格按照时刻表到站，乘客因此不用长时间等待；惊奇于德国实验室的液氦设备只需要提前一天预约就可以使用；惊奇于因为便利的实验条件和先进的科研设备，教授们可以进行大量实验操作，积累丰富的研究数据，更能收获新的发现。

从现实各方面中体会到的差距也更加激发了他为祖国奋斗的澎湃力量，坚定了他为祖国的砥砺奋进培养更多人才的志向。

2. 薪火相传，爱国育人

回国之后，强文江开始留校任教。受到留学期间总结的教学模式启发，强文江要求学生通过作答定量的习题，将书本上学到的理论与实际生活紧密联系，达到将已有课本内容内化为学生自己知识的效果。

他在教学过程中始终强调习题的重要性，坚持认真布置和批改作业的习惯，并形成了一套批阅作业的“独门秘籍”。在批阅后的学生作业本上，既没有密密麻麻的批注符号和文字，也不只判给一个分数，而是被强文江精心标注了一个个由字母和数字组成的简单代码。这是因为代码标注在出错之处一目了然，而其中字母代表了问题的严重性。借助于这种独特的批阅方法，强文江在庞杂的学生批阅工作中，更好地掌握学生的课程学习情况，以帮助学生们扬长避短。

强文江在工作后不久，便参与到老先生们的军工项目和教育改革活动中：2000年，参与完成国家“九五”重点教材《金属材料学》；2007年，参与评选首届北京市优秀教学团队。

谈到这些项目所带来的荣誉时，他感激并谦虚地表示，“之所以能够获得奖项，是因为我站在巨人的肩膀上”。强文江带领材料学教学团队获得北京市优秀教学团队及国家级教学团队奖励后，将团队建设经费用于丰富教学资源，并吸引更多年轻老师加入这个集体中，以全面提高老师们的教学水平。而这也是材料科学与工程学院悠久历史文化得以传承的一个重要原因——一代代材料人始终心怀感恩，继承并发扬老先生们的教学经验和无私奉献的精神，而后又托举起一代代更年轻的教师们。

在不断探索教学改革的路上，强文江也有着丰富的经验和独特的理念。近些年，学校一直致力于坚持培养学生创新精神，他对此深有感悟，并列举了两位老先生的例子进行阐释。一位是专业创始人之一的章守华老先生，他曾说过“不要搞工艺，而要弄明白机理”，借此希望学生们不要用碰运气的方式做科研，而要去不断合理分析，科学寻找是否还有其他的方法同样可以实现科研目的。另一位是柯俊老先生，他首次提出的“工科人才如何培养”的材料学院教学改革，使学院的教育更有针对性和系统性。

强文江表示有幸与老先生为伴，不仅将自身的教学基础夯实得更加牢固，也学到了先生们思想铸魂育人的经验，为培育后辈青年材料学子奠定良好的基础。在多年的教学生涯中，强文江讲授过“材料科学基础”“材料物理性能”“材料力学性能”“材料结构与性能”等多门课程，范围涵盖本硕。并且多次获得国家级、北京市级的优秀教学团队和优秀教师的奖项，同时也被誉为“材料学教学团队带头人”。这些奖项对强文江而言意味着新的起点，代表着自己的教学团队被外界支持并看好，激励着团队更好地完成后继工作。

在带领教学团队不断前进的过程中，他也总结出一个优秀的团队需要立足的两个基础：一是团队教师们都立志将任务做完做好，尽善尽美；二是团队要提升自身的竞争力。一方面，强文江表示每个人都应该有努力的方向和目标，并且一旦确定下来就要一辈子为之坚守。强文江回忆，自加入教师队伍那时起，他便认定了一辈子教书育人的目标。他始终履行职责，总是想倾尽所有知识灌溉每一位学子。同时他也希望如今的学生们尽早清楚认识自身未来的方向，这样就可以用更多的时间去探索追寻。

另一方面，强文江也给青年大学生提供了发展性的建议，他指出材料学子们在深入学习本专业的过程中，要有意识地全方面、多渠道了解专业前景和国家发展需求。“当我们始终怀抱着为国家解决问题的志向，考虑自己的一生致力于深入钻研什么领域的时候，才不会被眼前的迷茫阻挡。”

（六）张虎：心无旁骛潜心科研，授渔于人仁者师心

张虎，男，汉族，1982 年 5 月出生，新疆生产建设兵团人，北京科技大学材料学院教授、博士生导师。2004 年于北京科技大学取得材料学系学士学位，2004 年至 2007 年继续在北京科技大学硕博连读深造。2010 年至 2012 年，于中国科学院物理研究所跟随沈保根院士进行博士后研究，2012 年到北京科技大学材料学系龙毅教授课题组工作，2013 年晋升副教授，2019 年晋升教授。张虎的国际交流经验丰富，曾于 2007 年至 2009 年赴美国能源部 Ames 实验室做联合培养博士，2016 年在北京科技大学国际交流与合作处挂职处长助理并于同年再次获得国家公派留学奖学金，赴美国博伊西州立大学访学一年。

多年来，张虎一直从事新型稀土功能材料的基础磁性及磁热效应的相关研究工作，具有丰富的科研和工作经验，曾参与多项国家 863、973 等重大项目的研究工作。目前，作为负责人主持国家自然科学基金面上项目、青年科学基金项目、北京市自然科学基金面上项目、中央高校基本

科研业务项目等多项科研项目。在 *Acta Materialia, Chemistry of Materials, Advanced Electronic Materials, Applied Physics Letters* 等国际期刊发表高水平论文 80 余篇，论文被引近 2000 次。申请国家发明专利 19 项（授权 7 项），国际专利 2 项。多次受邀在国内外大型学术会议作邀请报告，并担任“中国稀土学会稀土磁制冷材料专业委员会”副主任，及“全国磁热效应材料和磁制冷技术学术研讨会”组委会委员。现为 *Scientific Reports* 期刊编辑，及 *Applied Physics Letters, Materials & Design, Journal of Applied Physics* 等国际学术期刊的审稿人。指导硕士、博士研究生十余名，已毕业四届研究生均获得国家奖学金。

1. 品质是永恒的财宝，经历是沉淀的财富

“当你迷茫无措时，做好眼前每一件小事，永远保持一颗超越自我、积极进取、持之以恒的心，你所经历的都是在默默为了你所期待的而存在。”印象里，对待老师的指导，张虎从小到大总是弭耳受教。张虎有着优异的成绩、过人的能力，他是老师们最喜爱的学生，是同学们最钦佩的对象。

在材院前辈们的耳濡目染下，本科时期的张虎对探索材料领域有着深深的向往，他希望通过自己的努力，在这片天地里和前辈们一样熠熠生辉，踏入为国家繁荣、人类进步做出贡献的时代洪流中。

经历犹如航船上的尾灯，照亮已经驶过的航程。了解到公派留学出国这一政策，张虎凭借出类拔萃的成绩和锲而不舍的争取，获得了这个来之不易的机会——到美国能源部 Ames 实验室做联合培养博士。本没有任何出国意向的张虎决定超越自我，抓住机遇。

在美国的两年时间里，张虎收获了丰富的前沿知识，细钻科研的能力。有了这次出国经验后，为了进一步增加自身的竞争后劲、磨炼能力，张虎又在 2016 年赴美国博伊西州立大学做访问学者，为自己的研究项目添砖加瓦。

出国经历带给张虎的不仅是眼界的开阔，知识的储备，还有对完全陌生环境的快速熟悉、从零开始学习书本之外技能的能力。在文化背景完全不同的美国生活，怎样去买菜做饭这种日常琐事都需要重新学习。这也让张虎收获了他认为很珍贵的一项能力——英语口语的熟练运用。“来到了国外后，我发现除了学习方面的成长，更难能可贵的是人在一个完全陌生

的环境、文化中能够开阔眼界。”

除此之外，只身来到国外是提升英语的绝好机会。在我回国后，很多流程、项目能够顺利进行都得益于英语的巨大进步。“大学中学好英语对我们找工作，读研深造以及研究生之后的学术研究都大有裨益，我也希望同学们真正重视大学中英语的学习和积累。”

现在，张虎不仅担任国际部教学负责人的职务、主讲两门全英文课程、三门普通班课程及一门研究生课程，更是肩负着负责材院外事活动的重任。

2. 生命中遇到的贵人，是助力梦想的翅膀

大千世界，芸芸众生，人生难得贵人相助。刚刚本科毕业时，懵懵懂懂的张虎遇到了人生中第一位引导者——龙毅教授。如果说张虎是一匹磁制冷领域的“千里马”，那龙毅教授就是那位开启了他的成功之路的“伯乐”。龙教授在科研领域对张虎并没有很大的限制，可谓“放羊式”的管理，正是这一管理方式使得张虎能够寻找到自己最擅长的领域。生命中的贵人，是引为知己的人，龙教授亦是如此。在工作之余，龙毅教授更似一位知心的朋友，与张虎唠家常聊人生。龙毅教授带给张虎的更多是在科研上的启迪，以及让张虎感受到亦师亦友亦如母的恩师情谊。

张虎认为，在从事科研工作的道路中，自己“开窍”比较晚，上研究生初期对研究的方式，怎么做实验，怎么读文献，如何写论文这些做科研的基本问题没有一个十分全面的认识，他真正有了系统的认识是在中科院物理所做博士后期间。在这里，他遇到了生命中的第二位好导师——沈保根院士。沈保根院士两年来一直地善诱恂恂、诱掖后进，以及物理所优良的科研氛围，使张虎的科研之路步入正轨，驶向快车道。“沈院士是我十分感激的导师，每次跟沈老师谈话我都由衷敬佩，我常跟我的爱人说，沈老师是一个高瞻远瞩的人，和他交流能够涨知识阔眼界。他给我清晰的指导，及时的帮助，告诉我明确的方向，也给我足够自我探索的空间，使我在科研道路上能够平稳地前行。”沈保根院士作为一个院士级别的人物，仍旧愿意抽出很多时间来亲历亲为地指导学生。“见贤”自而“思齐”，张虎常常向他汇报学术进展，虚心求教，每次都能得到一大“箩筐”的惊喜和收获。在沈院士的引导和自身的不懈努力下，张虎在完成导师课题的同时也开始了自己的项目来拓宽研究领域。“功不枉使，地不亏人。”两年

间，他先后发表了17篇SCI文章，其中第一作者7篇，申请了5项发明专利。此外，张虎还成功申请到了国家自然科学基金和博士后科学基金。这两年是张虎科研工作的重要转折点，为后续的经历奠定了坚实的基础。

3. 苦心孤诣做研究，毅然投身不言弃

从硕博阶段到如今，张虎一直坚持深入基于磁热效应的磁制冷材料的研究，从探索新型磁制冷材料及其新性能，到磁制冷材料应用的实用技术，他一直在这一领域筚路蓝缕，孜孜不倦地开辟了一条创新之路——探寻绿色环保、节能高效、稳定可靠的制冷材料和研发新型低能耗、高效率的制冷技术。

在他的心中，科研是一场能力和耐心的"持久战"，只有最终做出一番成果才是对艰苦过程最大的回报。在气体压缩制冷技术所使用的氟利昂制冷剂逐渐被各个国家禁止的今天，绿色制冷技术在我国当今的科研领域起着极为重要的作用，寻求新型、高效、无污染的制冷方式成为迫切需要解决的一个问题。

经历前期对科研方向的迷茫，张虎不断学习和探索，针对限制磁制冷材料研究的瓶颈，从机理上研究磁制冷材料综合性能的优化机制，以及不同性质相变的相变过程及各向异性磁热效应的内在机理，从探索新型磁制冷材料及其新性能，到磁制冷材料应用的实用技术，在低温和室温磁制冷材料等领域做出了重要贡献。

一方面，磁性材料在低温条件下常表现出丰富的物理现象，低温磁制冷材料在绿色能源液化氢、氮和天然气方面有很好的应用前景。作为磁制冷技术核心，探索新型低温大磁热效应，尤其是低温低场大磁热效应的新材料成为促进低温磁制冷发展的关键。张虎认为，稀土基化合物往往具有低温相变，最有望成为良好的低温磁制冷材料。因此，张虎将创新想法付诸行动，深入开展了稀土基新型磁制冷材料的研究。"千淘万漉虽辛苦，吹尽狂沙始到金"，经过反复的选择、尝试和测试实验，他最终研究出8种低温低场大磁热效应的稀土基新材料，尤其在APL 102（2013）092401和APL 103（2013）202412中首次发现RFeSi在低温液化气体温度附近具有低磁场、可逆大磁热效应，成功研究出可以用于液化氢、氮和天然气的材料新体系。此外，张虎率先提出了在取向多晶材料中获得大各向异性磁热效应的新思路，首次报道了织构取向的多晶RNiSi材料的巨各向异性磁热效应（Acta Mater. 193（2020）210，Sci. Rep. 5（2015）11929），这一结果甚至高于许多已报道的单晶样品，开拓了多晶材料各向异性磁热效应研究的新方向。

另一方面，室温La（Fe，Si）13基化合物，因具有原料价格低廉、相变温度和相变性质可调、且室温附近磁热效应大等优点，被认为是最具有应用前景的室温磁制冷材料。然而该材料仍存在成相困难、氢化物稳定性差、磁滞损耗大、难于加工成型等诸多问题，限制了La（Fe，Si）13在磁制冷机上的应用。针对这些关键问题，张虎转变思路、另辟蹊径，系统研究了限制La（Fe，Si）13材料应用的关键特性，阐明了间隙原子对该种材料的成相和磁滞损耗的优化机理，最终成功获得室温低磁滞损耗、大磁热效应的La（Fe, Si）13材料。旧的技术只有经历新陈代谢，才能推陈出新，张虎借鉴粘结永磁材料的技术，又是经历了一番艰苦卓绝的努力，首次提出利用环氧树脂粘结制备La（Fe，Si）13复合材料的有效方法，最终此项技术成功应用于室温磁制冷样机。该工作被APL直接接受发表（APL 104（2014）062407）。

“欲穷千里目，更上一层楼。”不满足于眼前的成就，才会更进一步。近期，张虎还进一步制备出了La（Fe，Si）13Hy/In复合材料，该复合材料具有目前室温磁制冷已报道的最大的热导率，同时其还具有很好的耐腐蚀性能和磁热循环稳定性（磁循环10万次依然稳定）。该工作发表在*Advanced Electronic Materials*上（Adv. Electron. Mater. 4（2018）1700636），并被*Advanced Science News*和*Materials Views China*专题报道。目前他关于La（Fe，Si）13复合材料的代表性工作已被包括美国、德国、英国、加拿大、中国在内的35个研究组在33种期刊上相继引用超100次，并采用类似方法研究了磁制冷材料的机械和磁热性能。现在通过制备粘结La（Fe, Si）13复合材料已成为获得磁制冷机用工质的典型方法，并已被成功应用到了磁制冷机中（Int. J. Refrig. 76（2017）245；Appl. Therm. Eng. 128（2018）10）。

要相信，人生的光荣，在于永不言败，更在于能够屡扑屡起。张虎得到的荣誉背后是汗水进取，是信仰永驻，是初心无改。“百尺竿头须进步，十方世界是全身。”继续深入磁制冷领域，另辟新的研究方向，不断为国家繁荣、人类技术进步做出贡献，是张虎的大志所向。

4. 热忱感染桃李，细雨润而无声。

“身教重于言传，生活别于科研。既专注于学生一点一滴的引导，又放手于学生独立思考能力的培养。”沈保根院士对待科研的钻坚研微、龙毅教授对待学生日常生活的悉心了解和关照，让张虎潜移默化地形成了自己为师七载的育人理念。

沈保根院士和龙毅教授都更倾向于培养研究生们自主探索的能力，张虎在硕博连读的阶段几乎是靠自己探索，他认为在科研道路上，从零开始摸索的过程是痛苦的。为了使他的研究生们更快地真正了解科研、寻找到兴趣匹配的科研领域，当学生在探索科研的道路上遇到迷茫时，张虎会“随叫随到”，毫无保留倾尽平生所学，“手把手”将他的学生们引上探索科研的“捷径”。“师傅引进门，修行在个人。一开始我会对他们比较严格，把他们引上路了，我就会逐渐放手。”在张虎看来，一个人一旦失去独立思考的能力，便会被这个社会抛弃。在固定两周一次的组会上，他鼓励学生提出自己的见解，对于不同的ideas，他会亲自拉经费，支持着学生大胆创新与尝试。

而让学生们受益终身的还有张虎对他们能力的培养，大到参加各种学术会议做汇报，与科研“大牛”们一起深入研究领域的最前沿，细到根据场合如何做出最合适、美观的PPT、设置Word文档字体格式，张虎都事无巨细、事必躬亲。他的一位已经毕业的研究生在工作时，因为PPT十分得体美观受到上级的欣赏，她感谢张虎的循循善诱和无微不至，她骄傲于有幸成为张虎的一名研究生！

感染学生的不只张虎对待科研的一丝不苟，更在于他对生活的热忱。相比于科研工作中严谨认真的导师形象，张虎更愿意作为朋友参与同学们的体育锻炼，关心他们的身心健康和全面发展。张虎经常和学生们一起打篮球羽毛球，亲自监督学生们的身体锻炼，嘱咐学生们少熬夜、均衡饮食。旅游同样是张虎生活中不可或缺的爱好，他会利用参加学术会议的机会带学生们去领略当地的风土人情，感受当地的灿烂文化，让他们在繁忙的科研生活中彻底放松自己，释放压力，充上电，焕发更大的潜力。

生活中幽默风趣、平易近人的张虎时刻关注着每一位学生的状态，一旦学生有困难或者不开心的事情，张老师都是第一个送去关怀，及时对学生疏导安抚。张虎不仅是学生科研道路上的领路人，更是他们人生中的好导师。作为一名本科生国际班的班主任，他兢兢业业，恪尽职守，亲自联系国外老师为准备出国的同学们写介绍信。人生路遇好老师指导，实人生之幸也！

七年来，张虎始终为人师表、言传身教。目前张虎指导硕士、博士研究生十余名，已毕业四届硕士生均获得国家奖学金。仰之弥高，钻之弥坚，当谈及对学生们的展望，张虎说，当他的学生回想起在北科大与他一起奋斗拼搏的这几年，可以毫不犹豫地说"痛并快乐着，有所收获有所成长"，这就是他最大的期待。

生为林木，当以欣欣而向荣。在未来，张虎将秉承着自己对科研事业和教书育人的独特理念，立德树人铸师魂，逐渐成为创新型德才兼备的年轻导师。

（七）黄继华：虚怀若谷术业已臻化境，润物无声大爱泽被学子

黄继华教授，男，生于1962年。1992年到北京科技大学任教并评聘为副教授，1998年被评聘为教授，2000年遴选为博士生导师。兼任中国焊接学会常务理事，国防"973计划"项目组专家，国家科学技术奖评审专家，《材料研究学报》《材料科学与工艺》《焊接学报》等杂志编委。

现主持的主要科研项目包括："磁约束核聚变能发展研究－高导热W基复合材料制备与结构设计"；"基于多机制复合效应的Cf/SiC复合材料与GH3044高温合金连接基础研究"；"基于新一代高温功率芯片封装的Ni-Sn TLPS连接特性与动力学研究"；"Cf/SiC复合材料与钛合金复合扩散钎焊动力学与界面反应研究"；"陶瓷基复合材料与金属复杂构件焊接技术"；"单晶高温合金表面缺陷修复组织调控技术"；"不锈钢与Cf/SiC复合材料高性能钎焊技术"等。

负责和参加多项国家自然科学基金、国家"863计划"、"973计划"、国防预研、技术攻关和民口配套等项目研究，发表学术论文被SCI/EI收录336篇，其中SCI收录210余篇；出版《焊接冶金原理》等教材/专著6部，申请/获授权国家发明专利50余项，获省部级科技成果二等奖2项。

1. 夙兴夜寐　十余载初心不忘

追梦少年　归来时已是栋梁

"每一代人有每一代人的长征路。"每个时代都有自己的主题，每一代人都有不同的使命。1978年，知识分子迎来了"科学的春天"。一向成绩优异的黄继华当然也有一个“当科学家”的梦。1979 年，17 岁的黄继华踏入了哈工大的大门，从此与材料结缘。

千里求学，黄继华成绩一直全优。在备考期间，他还发现了主动学习的乐趣，那些概念和公式，在他看来仿佛音乐家眼中优美的音符。像是发现了知识宝库的金钥匙，他尽情享受着学海遨游的畅快。那时候条件很艰苦，日子却也很简单，黄继华喜欢跑步，绕城跑。哈尔滨的冬天从不缺雪，那雪中奔跑的少年便成了记忆中的一帧风景画。

科研方向的确定，说来也是趣事。当“穿件大棉袄，戴顶狗皮帽子”的陈定华先生走进教室，黄继华的心受到了触动：心目中“殿堂级别”的人物竟然这样朴素，一点架子也没有！他心中瞬间做出了决定——研究生导师就选陈定华先生！陈先生是当年援华的苏联专家的 6 位研究生之一，焊接界著名专家，国际焊接领域知名学者。“治学严谨，务实，为人低调”，是黄继华对先生的评价，也是他继承于先生的精神财富。1990 年 3 月，黄继华获金属材料及工艺系焊接专业博士学位。同年 5 月，黄继华到北京科技大学材料科学与工程系粉末冶金专业从事博士后研究。

当时的北科大，以钢铁、冶金著称，却没有焊接方向，黄继华对科研敏锐的嗅觉让他决心填补这个空白。他放弃了本应更平坦的发展道路，立志在自己最擅长的领域开创一番事业。但白手起家、从无到有开创一个专业方向，谈何容易！“老师只有两位，设备少得可怜：一个陈旧的管式炉、一个自组的井式炉和一个简易的卧式球磨机。”年轻的黄继华一身拼劲，在学院的支持下购置了真空钎焊炉、构建了激光焊接—切割系统……时至今日，研究室已经拥有了包括 MIG 焊机、TIG 焊机、高频焊机、红外快速加热炉、中 / 高温马弗炉、管式 / 箱式真空钎焊炉、急速冷却扩散烧结炉、离心喷雾干燥机、行星球磨机、超声波清洗机、真空干燥箱以及盐雾试验箱等齐全的焊接研究相关试验设备。

5 年前，美国肯塔基大学电气工程学院、时任美国焊接协会会士遴选委员会委员的张裕明教授曾到北京科技大学交流，当他进入焊接实验室，实验仪器的先进和完善让他大为惊叹。经过 20 多年的苦心经营，黄继华带领的北科大焊接团队在国内焊接界已小有名气，每年的国际焊接协会年会、全国焊接学会会议都少不了北科大焊接人的身影。

现在的北科大焊接，已然成为学科热门团队之一，很受学生青睐，每年报考焊接研究室的人数都远远超过招生名额。焊接实验室已经走出了168名优秀的博士/硕士研究生，目前，还有在学博士12人，在学硕士27人。坚定的信念、奋进的精神，黄继华用尽一身所学为焊接团队的成长壮大保驾护航，带领着北科大焊接研究室走过了一段艰难长征路，走向更远方。

2. 心平和　求真务实搞创新
　业精细　寻根究底问缘由

黄继华极为谦逊温和，他说自己“喜欢踏踏实实地做点‘事’”。“事”这个字他说得很重，语气中有一种不容置疑的决绝。“人各有志，人尽其用嘛”，黄继华也很乐观，他认为总有人是喜欢做点“事”的。这个“事”，还真不是小事。焊接，是一种先进的制造技术，与材料等多学科互相交融，是一种综合的工程技术。大到航空航天小到微电子元器件，焊接技术水平高低直接影响产品质量和使用可靠性。而且焊接技术也是节能节材取得经济效益的重要手段，是立国惠民的大事。

1996年9月，黄继华以高级访问学者的身份到日本东北大学工学部材料加工学科进行访问研究。在访学的短短半年内，黄继华通过数学公式，推导出梯度材料的成分分布。这一成果发表于《科学通报》和*Journal of Materials Science*。日本的渡边龙三教授对此很惊讶，后来他到中国讲学还多次提及此事，对中国学者的研究能力大加赞赏。

访学期间，黄继华发现在科研条件方面我们与发达国家还是有很大差距的，这也更加坚定了他在科研领域“创新”的信念。黄继华非常重视创新，特别是学科前沿的研究。他致力于探索“在什么状态下，为什么要做”，“知其然，更知其所以然”，着重于对规律、对本质的探寻。基于这种执着和自信，黄继华的梯队从不会避重就轻，而是敢于选择迎难而上。

梯队有一个研究课题——异种金属材料连接。研究方向涉及异种材料连接及电弧焊。相较于当前较为先进的激光、电子束及搅拌摩擦焊等，电弧焊是比较传统的焊接方法，这意味着很难出成果。黄继华并没有盲目地跟随研究热点，而是从工程实际应用角度出发，认为电弧焊仍是当前解决异种金属工程连接的首选方法。

黄继华创新性地提出将双面双弧焊接方法用于异种金属材料焊接，成功实现了钛/钢、钛/铝、钢/铝等异种金属的高效高质量连接。在

Journal of Alloys and Compounds，*Materials & Design* 及 *Journal of Materials Processing and Technology* 等高水平 SCI 期刊发表了近 20 篇研究论文，并多次在全国焊接会议做报告，获得了广大同行的认可。

黄继华梯队还针对航空航天领域的需求开创了异种材料连接的焊接领域前沿方向。采用 Cf/SiC 复合材料替代铌（Nb）、钨（W）等金属材料作为发动机推力室喷管或喷管延伸段，可以显著减轻发动机质量、提高发动机性能（推质比和灵敏度）。

然而，Cf/SiC 复合材料与金属的高可靠连接一直是限制我国发动机技术发展的关键技术难题。经过多年的潜心研究，黄继华老师率领团队首次开发了一种先进的复合扩散钎焊技术，成功实现了 Cf/SiC 复合材料与 TC4 钛合金的低应力 / 耐高温连接。采用相关焊接结构的发动机地面热试车考核成绩优异，相关研究成果对提高我国发动机技术水平具有重要意义。

黄继华精心布局、不懈探索，异种材料连接的每个研究方向、每个分支都有突破，他有很多“奇思妙想”，有很多规划，在申请课题、解决课题方面有举重若轻之感。其研究团队每年发表二区以上 SCI 论文 8—10 篇、获多项专利授权，主要覆盖了异种材料焊接、电子封装、涂层表面工程等几个领域。探索永无止境，执着务实的黄继华必将发现更多焊接的独特魅力。

3. 为人梯做明灯，严师慈父

倾心血育桃李，满园芬芳

黄继华喜欢和学生在一起。只要说起学生，他就显得神采奕奕，浑身洋溢着喜悦。他喜欢他的学生们像一家人一样聚一聚，他欣喜于学生们一届帮一届的爱心传承。他说得最多的就是：“我就是个平平常常的老师嘛，事都是大家做的。”他喜欢做老师，把“做老师”当成了一个事业，他是个名副其实的“严师”。

黄继华的“严谨”是出了名的。他对论文及稿件写作的要求算得上“苛刻”，他亲自把关，一个符号、一个标点，都是他“较真”的地方。他抽屉里有一本厚厚的英文字典，对英文投稿更是力求每个词都准确贴切。他对学术的要求更是严格。2014 年，黄继华主编的《焊接冶金原理》教材的编撰工作紧张进行。他感觉一处公式符号不准确，公式出处引用的是一篇 1968 年的俄文文献，非常难找。为确保公式的正确性，黄继华发动学生四处搜寻该文献。学生们找遍了北科大图书馆、国家图书馆、北大图书馆等各大图书馆，最终在上海交通大学图书馆找到了图片纸质版，错误终于得以修正。

言传身教，上行下效。黄继华严谨细致一丝不苟的治学态度，给学生们留下了深刻的印象，他培养的学生也都能以丰硕的学术成果毕业，且多次获得国家奖学金（2020年，共6个国奖名额，焊接实验室3人获奖）、特种奖学金、宝钢奖学金、凤铝奖学金、校长奖学金、学术之星等奖励及荣誉称号。

黄继华注重对学生学习能力的培养。他说，“只会听老师讲，被动学习，那是‘废材’”。他提倡学生去“悟”去“懂”，要把所学的东西用自己的话讲出来，要会给别人讲。在这种理念下，他的学生真的做到“懂了”和能讲出来。在“学术三分钟”大赛中，他的学生——陈帅，以别样的方式做了关于“Cf/SiC复合材料与高温合金的连接”课题报告，这是一项适用于航天发动机的尾喷管处的技术。这样高大上的课题，竟然被他以“证婚人”的身份讲成了一场唯美的爱情故事：“所谓‘证婚’，是指见证着Cf/SiC小姐与高温合金先生历经升温、保温、降温这一钎焊过程之后，实现连接、永结同心……”毫无疑问，这份作品获得了大赛金奖。

黄继华很重视学生的学术水平，两年一次的埃森焊接展览会和一年一次的全国钎焊及特种连接会议，都鼓励学生参加。他还希望同学们在专心学术的同时，提高文化修养，每年都会在中山音乐厅、国家大剧院、梅兰芳大剧院等艺术殿堂组织一次听音乐会、看话剧、品戏曲等的艺术欣赏活动，让学生们放松身心，提高审美能力。

黄继华授课幽默风趣、深入浅出，对待学生热心亲切。2017年，黄继华荣获北京科技大学“研师亦友——我最喜爱的导师”荣誉称号。闲暇时开玩笑，黄继华喜欢自称为“师父”，这个“父”字也赋予他自己更多的责任。“桃李不言，下自成蹊。”黄继华父亲一般的关怀，让很多学生心存感激。学生们一直和他保持联系，求职、就业，往往第一时间想到的就是“师父”黄继华。黄老师也非常耐心地帮他们分析指导，甚至为了完善学生某个基金项目的申请书内容，年近花甲的黄老师逐字逐句修改申请书中的措辞至凌晨1点多。

师慈子尊，黄继华的关爱，学生们也都铭记于心。在黄继华50岁生日之际，时任梯队班长的项建英博士在出游的大巴上为黄老师献上了一份特殊的生日贺礼。那是一段视频，远在全国各地的弟子们自发给恩师拜寿。那是一颗颗诚挚感恩之心啊！“我当时那眼泪‘哗’的一下就来了”，黄继华回忆说。这份礼物，黄老师珍藏多年，一直视若珍宝。他指着视频一一介绍：“这个是在长春，这个是在西安，这个是在青岛……”他止不住地笑，满脸都是宠溺和自豪。那一刻，他就是一位慈爱的老父亲，看着自己的孩子们一个个成才，沉浸在满满的幸福之中。师者，父母心也。

如今，黄继华的学生们已经在各个领域崭露头角。积极向上、严谨务实、精益求精的精神得以传承；而黄继华教授，虽年近花甲却老当益壮，依然在焊接领域兢兢业业、潜心做“事”，不畏艰难走在科研的漫漫长征路上。

（八）宋仁伯：钢铁材料拨动初心，以身为范润物无声

宋仁伯，汉，博导，1970 年 9 月出生，材料加工与控制工程系主任。2002 年 6 月在北京科技大学获材料加工工程专业博士学位，2002 年 11 月到日本东京大学先端科学技术研究中心高性能材料研究室，从事为期两年的博士后研究工作，于 2004 年 12 月回国在北京科技大学材料学院任教。主要研究方向为新材料的制备及加工、先进高强度钢铁材料的开发及组织性能控制等。宋仁伯教授研究团队在先进钢铁材料设计、制备及加工领域开展了一系列系统及深入的研究工作。在材料类国际著名学术期刊共发表学术论文 40 余篇；授权及申请 30 余项发明专利。主编教材及专著 4 部，参编教材 2 部。指导毕业及在读硕士研究生 128 人，博士生 21 人。分别在 2011、2014、2016、2017、2018 年北京科技大学“我爱我师——我心目中最优秀的老师”评选活动中 5 次荣获“专业课优秀教师”及第十九届“我爱我师——我心目中最优秀的老师”金质奖章 1 枚。

1. 年少兴趣引领前进，常年坚持助力成功

“这里培育着，新中国的建设者，这里浇注着，伟大祖国的钢铁栋梁；这里日日夜夜，响彻着震撼宇宙的声音，这里雄伟的炉群吐出的钢铁流水，好似奔腾的黄河长江。”这里就是鞍山，就是宋仁伯的故乡。一方水土养一方人，从小在鞍山长大的宋仁伯，深受“钢都”“鞍钢”氛围的熏陶，在潜移默化中对钢铁和金属材料产生了浓厚的兴趣。

由于父亲和一些亲戚在鞍钢工作，少年时期的他便有机会真正地“下

钢厂”，亲身体验钢铁生产工作。在这样的耳濡目染之下，他对钢铁材料有着较同龄人不同的认知和理解。高中毕业选择专业与大学时，在其他同学还为填报志愿而绞尽脑汁，宋仁伯毫不犹豫地选择金属压力加工专业，选择了投身于钢铁金属材料领域。

本科毕业后，出于对钢材发自内心的热忱，也出于对教师这个职业崇高的敬意，宋仁伯选择继续深入钢铁材料领域，同时也在心里种下了将来要成为一名优秀教师的种子。1999 年，他成功考上了北京科技大学的博士生，从此开启了他的学术研究之路。“古之立大志者，不唯有超世之才，亦必有坚韧不拔之志。”即使经常感到彷徨、迷茫，宋仁伯也坚定不移地相信“盛开鲜花的道路上总是布满荆棘”，所有的坚持不懈，最终都会迎来硕果。

2002 年，博士毕业的宋仁伯获得了前往日本东京大学继续深造的机会。导师和日本同窗们严谨认真的治学态度深刻影响着他的学术生涯。回忆起自己的奋斗时光，宋仁伯说道：“感激那时那个为了实现梦想而义无反顾、不懈奋斗的自己。”在日本生活、学习中的点点滴滴，也让他下定决心，无论任何时候做科研都要事无巨细、认真对待。此外，在实验过程中，宋仁伯还发现了国内外研究材料方式的不同，并从中受到启发。“静下心来，多读多想善于学习”，在外交流的日子让宋仁伯坚定了这样的研究方法，并时刻以之约束自己。他查阅文献，深入研究，不断学习，不断尝试，不断突破，披荆斩棘后收获了成果，也收获了更好的自己。

2. 理论和实践交织，科研与创新联结

宋仁伯的研究领域很广，涵盖材料工程的多个方面，尤其专注于各类金属材料。除了我们熟悉的钢铁材料外，在有色金属材料（如镁合金）、结构材料、功能材料、复合材料等领域均有所涉猎。

近年来，宋仁伯承担并完成了国家自然科学基金、“863 计划”规划项目、省市重大科技项目，以及鞍钢、河钢、首钢大型钢铁企业等多个关于高性能钢铁材料研究开发及应用技术课题 30 余项，取得了一批创新性成果，积累了丰富的研究经验和雄厚的研究基础。

尤其在高品质不锈钢钢丝的质量控制及工艺研究、冶金矿山大型装备用高强韧耐磨钢板研制及应用技术研究、超高强度冷轧钢板连续退火超快冷却工艺条件下组织演变机制及性能调控理论的研究等方面，这些研究成果与实际应用均息息相关，和一些企业形成了密不可分的合作关系，团队协力将理论细化到实践，并将其应用于工业化生产，他们的研究成果为企业解决了很多实际问题。

十年岁月，精诚合作。宋仁伯团队与一所江苏民营企业拥有稳定合作关系。该企业的某种不锈钢产品在全国市场上的占有率高达60%，一些产品也会出口日本、韩国及欧洲等国家，在业内小有名气。2010年以来，宋仁伯及团队成员广泛调研产品市场、深入企业车间、与企业人员一同走访客户；同时利用实验室已有的关于不锈钢组织性能控制理论方面的研究成果对该企业在科研实践、投入工业化生产方面提供了很大帮助。

尤其利用专业领域知识及团队的科研成果从理论上针对不锈钢丝的表面质量问题成因、组织性能不均、异常断裂等一些问题做出了合理的分析和解释，解决了长时间困扰企业的问题，同时他们还据此对现有工艺进行改进，大大提升了产品质量，为企业创造的经济效益高达2000万元，并合编了1本学术专著，出版发行。

付出也是一种收获，宋仁伯及其团队通过与企业合作，将理论付诸实践，帮助企业解决技术难题的同时，用科学的力量为我国企业发展保驾护航。将研究理论、成果投入实践，宋仁伯研究团队指导的研究生取得了多项创新性科研成果。

近年来，对高强韧汽车钢的组织性能特征、生产工艺控制、应用性能以及冲压成型过程模拟分析等进行了较系统的研究。例如，在多相汽车钢的多相组织演变规律、奥氏体复合变形机制协同作用、奥氏体稳定性对于变形机制及拉伸性能的影响及双相钢的动态变形行为及本构方程的建立等领域都具有国际领先的、深入的工作基础，在 *Scripta Materialia*，*Materials & Design*，*Materials Science and Engineering A*，*Journal of Alloys and Compounds*，*Journal of Materials Science*，*Materials Letters* 等材料类国际著名学术期刊共发表学术论文40余篇，申请并授权发明专利30余项。同时，宋仁伯研究团队博士杨富强在国内著名期刊《金属学报》发表的文章被选为封面文章。

正是由于对科学研究抱有极大的热情，宋仁伯才能在此领域取得如此成就。他在研究领域每一个坚定的脚印也印证了他对于初心的坚持。

3. 播撒着春风化雨的温暖，传递着润物无声的力量

“有些事，唯有经历才知道；有些路，唯有走过才清楚。”长时间的求学经历，让宋仁伯懂得终身学习的重要性。他常常殷切地叮嘱学生们要认真对待学术研究工作，不管遇到什么问题都可以随时与老师沟通交流。“认真、尽心尽力、还要善做小事”，宋仁伯经常告诉他的学生，“小的课题不要因为没有挑战性，就毫不在意，简单的东西不要因为简单，就胡乱应付。从小事中才能看出一个人真正的品格，一件事情，无论大小，都要把它踏踏实实地做好。”他明白“千里之堤，溃于蚁穴”的道理，也希望自己的学生能避免吃亏，不要因“毫厘之失”而酿成“千里之差”。宋仁伯希望同学们在硕士生和博士生阶段不仅在学业方面有所建树，其他能力也要得到相应的提升。

为了锻炼学生的社交能力，宋仁伯总是带着他们跑企业、下现场，接触真正的企业技术人员，感受真实的生产工作环境，为将来步入社会做好准备。宋仁伯也会带着学生们参加国内及国际学术会议、进行学术报告，与外国研究人员进行沟通，锻炼交流能力，提升外语水平。“科研没有捷径，一定要学会思考、肯于付出，才会收获回报。”在宋仁伯老师的精心教导下，学生们创新务实，以实际行动向老师提交了一份份满意的答卷。

宋仁伯在踏实科研、无私育人的同时，也有着丰富充实的课外生活。他平时喜欢锻炼身体，每天都会抽出些时间去跑跑步、做做运动；自从2008年校体育馆交付使用以来，十余年实验室坚持每周组织2—3次羽毛球活动，还给每个学生都发了队服，在沉浸实验的同时也号召大家都积极锻炼身体。

宋仁伯自从教以来已指导硕士生128名、博士生21名，在他看来，每个学生的性格、能力各不相同，所以他总是针对不同的情况给予不同科研上的建议。宋仁伯喜欢了解同学们的想法，他的培养措施因人而异。他希望充分发挥同学们的特长，针对同学们的不同特点来分配不同的实验内容及工作量，使他们能力得到最好的发挥和最大的提升。

在“我爱我师——我心目中最优秀的老师”评选活动中，宋仁伯荣获金质奖章1枚、“专业课优秀教师”5次、“就业工作贡献教师”2次，除此之外，他还在“研师亦友——我最喜爱的导师”评选中脱颖而出。他的学生都觉得老师个人魅力很足，平易近人，态度和蔼，会常与同学们沟

通，也会时时留意同学们的生活，带来无微不至的关怀；而在教学方面，宋仁伯也是尽职尽责，以幽默风趣、深入浅出的授课方式，循循善诱、诲人不倦。学生们对宋仁伯老师的课堂赞不绝口，“课堂有温度，老师有情怀”。他们通过课堂学到更多专业知识，也更加钦佩老师渊博的学识、严谨踏实的态度。宋仁伯调侃道希望把每一个同学都培养成“大师兄”，因为在《西游记》里面“有困难就要找大师兄”。他希望培养同学们的能力，期待他们逐渐能够独当一面；同时也希望大家在团队协作和互帮互助中找到适合的解决问题的方法。学生们也因此受益颇多，在老师的指导下不断丰富积累，积攒经验，都培养起了主动学习和解决问题的能力。

宋仁伯热爱他的工作，便向其中投入十二万分的热情；热爱他的学生，便尽心尽力带着他们脚踏实地完成科研，与他们相处亦师亦友。但这一切的一切，不仅是出于热爱，更因为他从始至终的“静心”与坚持。脚踏实地，多思多想多做，才能有非凡成就。

（九）郑裕东：寒林邃穆育千兰，寻得东风尽盛开

郑裕东，北京科技大学材料学院生物医用材料研究室首席教授，博士生导师，北京科技大学生物医用材料研究中心副主任。主要研究方向为生物复合材料的功能化改性及医学应用研究。

主持和完成了8项国家自然科学基金和中英国际合作项目，以及多项国家级“973计划”项目、“863计划”项目、国家科技支撑项目，以及北京市科技计划项目和产学研项目的研究。在纳米细菌纤维素，高强度水凝胶及其皮肤、软骨、神经修复等方面取得一系列研究成果，获得多项科技成果奖励，发表SCI论文120余篇，参编出版多部教材或专著，获得国家发明专利30多项。多项成果实现产业转化。

现为国家药监局医疗器械分类技术委员会专业组委员、国家药监局医疗器械审评专家、北京食药监局医疗器械专业委员会委员、中国生物材料学会理事 、中国生物材料学会生物复合材料分会副主任委员、中国生物材料学会纳米生物材料分会委员、中国生物材料学会心血管材料分会委员、中国生物医学工程学会生物材料分会委员、中国复合材料学会理事、中国复合材料学会理事生物复合材料学会分会副主任委员等，2020年当选国际生物材料联合会fellow。

1. 扎根，埋头苦学蔓生稳实根系

对于刚踏入材料科学领域的郑裕东而言，这是一片广袤空阔而雾气凝重的地区，那时的她不认为自己会在这里停驻十分长久，直到她在不断的探索与付出中，将自己的根系渐渐深扎于这一方土地。

1984年，结束了高考的郑裕东，懵懂地意识到材料科学是国家发展的支柱产业，便好似注定一般地填报了北京航空航天大学材料系并被录取。那时讯息不及现在发达，郑裕东对未来自己要走上一条怎样的路亦难有清晰规划，也觉得自己的性格和从小的想法与科研之路并不相符。虽然心有疑虑，但她并未因此受缚，而是凭着要强的性格和踏实的求学态度，专注于手中事，在大学期间始终保持着优异的成绩。

本科毕业设计时，郑裕东第一次瞥见她科研的灵光。那时她虽凡事按照老师的安排完成实验，但“不保守”的科研思维却开始显露。一次实验时她的小组利用DSC观察材料变化，而其他小组则采取别的方法完成相同的实验。怀着好奇和凡事都想尝试的态度，郑裕东向老师提出要在实验完成后再用其他方法对结果进行验证，老师当即表现出支持与欣赏。虽然自己并未意识到，但是潜藏于郑裕东心中的科研精神却犹如含苞的空谷幽兰，静待她在人生道路的探索中去发现，待她引去心灵的东风。

研究生时期，郑裕东遇见了对她影响深远的过梅丽老师。那时过老师正和钱人元院士合作，她严谨认真的思维，讨论与考虑时清晰的逻辑能力令郑裕东钦佩。“过老师不论谈什么，逻辑从不会偏离原点，让我意识到逻辑性的思维非常重要，而这需要我们去学习和锻炼。”那时学校的研究条件不优越，一切都需自己学习——设备的搭建和使用、测试方法等都要摸索，她讲道：“真正迈出独立科研的步子，才发现探索和自我学习的过程，却是科研中收获最大的部分。”

博士期间，郑裕东迎来更大的挑战。她不曾想到，就读博士期间让她第一件犯难的事竟然是课题的确立。她的博士导师龚克成教授强调学生的独立和自主性，于是包含确立课题在内的系列工作都由学生独立完成。“当我向过梅丽老师诉起这些苦恼时，她告诉我：‘一定要回到文献中去，静下来看半年资料，自然就能明了研究方向。’”而从那时起，郑裕东就认识到，科研是要在安静的沉淀中才能有升华的工作。

在和龚老师的相处中，郑裕东是“受过训”的。那时她向龚老师汇报自己的研究进展，却总是说着别人对实验的看法和认识，严厉的龚老师当即教训了她。郑裕东逐渐意识到，面对新的课题和工作，了解别人的观点和认识是第一步，更重要的是要有自己的想法和思考，这样才能培养出独立的科研能力。经过龚老师开放而严苛的指导，郑裕东注意到课题组成员在今后研究中挖掘课题的能力均较为突出，这便是那段艰难的经历中所习得的独立，为后来的独立科研发挥了作用。

她与科研的每一次擦身，她用自己的韧性克服的每一道坎坷，她心中逐渐成长的科研精神迸射的每一道灵光，都让郑裕东埋植于材料科研这片土地的根系愈加交错稳固，渐渐地就要长出木林。

郑裕东在材料之路上愈行愈远虽非她的初衷，但在日复一日的探寻中，她已在心中隐隐做出坚守它的选择。她虽强调，学生要尽早思考自己未来的生活方式，尽早定下目标，但她更用经历告诉我们，生命中充满巧合，即使踏上的道路有违最初的愿景，也不要徘徊抱怨：无论是选择起跳做出改变，或是心平气和接续前路，都需要具有时刻保持内心宁静，踏实地做好眼下事的精神。

2. 苍翠，沉心科研深邃密叶繁枝

博士毕业后的郑裕东，深植材料领域的根系已向上聚集成林木，既然和科研已经牵连到难以分割，她决定将研究工作继续下去。教学研究已成为她注定的前路。2000 年，留任华南理工大学的郑裕东结识到王迎军院士。那时王院士在生物医用材料领域的研究刚刚起步，郑裕东成为当时团队的一员，正式开启生物医用材料研究的新篇章。

在郑裕东的科研经历中，她认为最大的困难常在于成果转化——研究和应用常会脱节。她曾和团队做过纳米纤维素敷料应用的研究，那时国内对纳米纤维素的研究多用于骨修复等组织工程支架，作为体内长期植入的材料真正实现应用周期长而难度大。郑裕东的团队抛开当时热点研究思路，将其用于创面敷料，并在国内首次实现细菌纤维素敷料的落地转化和临床应用 ，引起了不小的反响。然而由于那时尚欠缺对医疗器械市场的理解和认识，错过了产品推广的最佳时机。

后来郑裕东和团队又进行了在细菌纤维素上原位复合纳米银的研究，该成果首次发表在 Top 期刊 *Carbohydrate Polymers* 上，获得同行的广泛引用。但成果转化时，这项研究却就此搁置——纳米银的体内毒性未经过验证，药监局不批准纳米银的产品。她开始认识到，学术上新颖而有潜力的东西，在临床不一定能走通。研究和产业化的思路不同，研究需要追求新颖，而产品需要得到长期的验证和认可才能得到审批。

这些校企合作的经历让郑裕东认识到，生物医用材料对于市场的价值主要在于临床安全有效性，越是新的材料，越是新的成分，实现临床应用的难度越大。生物材料和医疗器械的研究应从应用出发，从临床入手，和临床医生充分接触——好的灵感要变现为价值，需要真正解决临床问题。面对研发时的诸多困难，郑裕东强调坚持。对于性能优秀的材料，即使短时间内看不见转化的希望，在长久的坚持下也许能迎来机会。

目前，团队长期研究的自膨胀止血材料以及用于半月板关节的高强度水凝胶等都在多年的坚持中显示出逐渐光明的前景。郑裕东认为科研中最重要的是解决问题时的逻辑思维能力，以及其背后蕴含的关注和思考的习惯。广泛的关注带来活跃的思考，而常带着思考解决遇到的问题，逻辑思维的能力就在这样的训练中提升。

“对周围各种新事物和进展十分关注的同学，往往也更有探索和创新意识，心中也充满着跃动的想法，也更有不断进取的动力。”郑裕东说道。她也强调，需要在科研中给予自己足够的自信心，相信自己的价值。这一点她在赴英访问的经历中深有体会。她就中英合作项目导电水凝胶在生物医学中的应用与Brunel大学的合作团队进行了大胆的展示和充分的交流，这个过程中感受到国外科学家对研究的深入性和严谨性：“他们的研究往往是从原理到理论，对一个点沉下心来作多方位的探究。而这也是我们现在对学生培养比较注重的方面，要把手中的研究做得细致而深刻。”而学习交流的过程是双向的，郑裕东团队的思路往往也能为国外团队提供新的思路与灵感。我们在从外界不断汲取经验的同时，也别忘记自己亦能贡献一份独特的光彩。

郑裕东在认定科研这条道路、将科研作为自己的目标之后，就放下了以往的疑虑和负担，她专注地吸收着每一次科研中获得的经验，在她多年前就扎根的领域四处发起探索，她身后的茂林也在她觅来的甘霖的泽润下，日渐苍翠。

3. 吐芬，和逊育人倾散桂馥兰香

在郑裕东多年的积累下，在她自引来的东风的拂动下，匿于她心里韧性森林中的幽兰开始吐蕊，散播的芬芳混合着林中水汽又沁润了代代学子。她的教学生涯中，培养 80 多名生物材料科学领域的博士生和硕士生。关于教学理念，郑裕东提到要将学术化的研究与工程化的应用能力兼顾，在努力实现技术应用的同时，也要重视论文的写作。她说道：“将自己的科研成果在高水平 Top 期刊发表出来不是一件简单的事，写文章的过程本就是思路的训练，是对研究能力与表达能力的综合挑战，也是对学生科研能力培养的重要环节”。

在郑裕东的从教生涯中，遇见过不少优秀的学生，很多到目前仍保持着联系。在她的印象里，尽管这些学生所处的阶段不同，但都表现出相同的特质，即积极主动、好奇心强、富于逻辑的思维和优秀的综合能力。他们懂得主动寻求资源和帮助，在研究学习时勤于思考而能举一反三，时刻关注周围人的研究进展，不断为自己的研究发现新思路，从而能在相同的学习过程中收获更多的体悟。

郑裕东多年前的学生，从事博士后研究的乔坤谈到，他十多年前结识郑老师时，就感染于她与众不同的亲和。在他的印象里，郑老师总是对学生们充满鼓励与认可，帮助大家建立自信心。郑老师是他材料科研生涯的引路人。他在郑老师的鼓励下决心读博深造后，却在很长一段时间里难以沉下心投入科研。那时郑老师为他制定一系列严苛的目标和规划，迫使他将自己沉淀。而当他在博士期间研究力电响应特性水凝胶，却迟迟找不到方向，郑老师主动帮助他梳理了研究思路，并帮忙联系到生物领域的老师和 301 医院的医生来为他的研究做指导，引导他脱离了思维的“死循环”。

郑裕东为教时总是为学生着想，却也不失严厉，循循善诱之中帮助学生在科研之路上稳步前行。在学生们眼中，郑裕东是一个爱热闹的“白羊座”，生活中相处起来更像是一个大姐姐。逢年过节时总是会和学生们一起外出活动；年年校园里牡丹花开、银杏大道金黄时，也少不了他们的合影。而郑裕东亦视学生如自己的孩子，常常领着学生们参加学术会议，营建家一般的氛围的同时也帮助学生们开阔学术视野。

她毫无保留地倾散着她积累于心的桂馥兰芳，总是尽最大努力希望能对学生们有所启发和帮助。自己在求学和研究中遇到的坎坷和走过的弯路，她都尽可能引导学生们避免。“但是大家的主动性也很重要，大家的主动才能让我明白我该如何给予大家帮助。”郑裕东补充道。

4. 新绿，直面滞碍断枝再抽新芽

一方面，在郑裕东心中这片森林的生长过程中，也遭遇不少风雨的滞碍。突如其来的强风会在林中劈裂出断枝枯木，但期间亦会不断抽生新绿的芽。回顾自己的科研生涯，郑裕东认为她的目标建立得太晚了，同时在很长的一段时间里一直没能对自己的科研能力抱持足够的信心，因之走了不少弯路。她说道："在相当漫长的一段时间中，我都没有把科研认定为我的前路，也没有认真思考要在科研上做出怎样的成就，因而对于自己建立起来的科研平台也不够珍惜，错失不少机会。"郑裕东当年读博时选择从北京航空航天大学去往华南理工大学，以及后来又从华南理工大学回到北京科技大学。而这样往返辗转间，让郑裕东每次都要伐断不少多年来成长起来的枝丫——那些在多年工作中建立起来的研究平台。

回顾这些经历，郑裕东认为，我们在有充足的时间和机会做选择时，要尽早思考自己的前路，明确自己到底想要什么。坚定了前进的方向，才能在自己感兴趣的领域寻求更多的积淀，抓住更多机会。刚来到北京科技大学的郑裕东，面对着几乎一切都要从零建立的研究平台，却在点点滴滴的筹建工作中，渐渐在自己的木林中迸出不少倔强的新芽。"我在生物材料领域的发展受到王迎军院士的不少帮助，在北科大的第一个项目就是王院士给予的支持，此后王院士一直支持和关注着我们团队的发展，回想起王院士待人处世的风格和气魄气度，都对我有着深刻影响"，郑裕东话语中充满着感激。

另一方面，郑裕东虽然因为目标的不确定而丢失了许多机会，但这样的磨砺却给了她建立自信的机会。"当我发现一切都需要从零开始由自己去做时，我便放下了所有的顾虑与担心，抛却瞻前顾后和患得患失，大胆去把每一件事做到最好，心里渐渐强大起来，也逐步建立起自信心。"由此，乐观的郑裕东也认为这些挫折其实是帮助自己成长的益事。若无这些苦难的磨砺，自己也很难蜕变得坚韧。当郑裕东终于把心全部沉浸在科研中，她也产生了全新的感受："我发现当我真正将科研作为目标时，心态就变了，每每发现和自己的研究存在共通点的东西就会考虑到和自己的研究挂钩。"

细心的郑裕东察觉到现在自己的不少学生也受困于自信心不足，想到自己也曾在自信的缺乏中困惑，她向大家提出了建议和期望：只要我们踏踏实实安安静静地丰实过自己，就要对自己有信心，要认可自己的优秀之处，大大方方展现出自己的水平，在任何环境中都不卑不亢。能认可自己相信自己的人，走到哪里都能克服各种困难，不断进步。

“心之何如有似迷津万丈，其中无舟可渡，唯有自渡。”郑裕东用乐观与坚韧不断克服着她前行路上的滞碍，断枝下接续迸生的新芽标注着她的永不停息的成长。她练得自信的目光来正视心之所向，自引东风暖泉滋养心中逐渐广袤的韧性森林，开得兰桂尽芬芳。让脚步听从心灵之音，不受滞于前路的坎坷沟壑，以自信之姿，踏实之态勇敢探索我们所经过的寸寸土壤。

愿我们都能在各自注定的那片陆地上，耕植出适于自己的栖身之林。

（十）刘泉林：泉声带雨育新蕊行胜于言，钻坚研微出溪林质胜于华

刘泉林，北京科技大学材料科学与工程学院教授、博士生导师，材料物理与化学系主任。1970年1月出生于山东垦利县，1998年于中科院物理研究所凝聚态物理专业获理学博士学位。中科院物理研究所助理研究员（1998—2000年）、副研究员（2000—2005），北京科技大学教授（2005年—至今）。其间，在日本国家材料研究所STA作研究员（2001.1—2003.1）和访问学者（2003.10—2004.3）。主讲本科生课《统计物理》和《材料科学与工程导论》，以及研究生课《晶体衍射与结构分析》和《功能材料物理》。目前研究方向为无机发光材料，侧重LED照明和显示用的发光材料、以及长余辉发光材料。负责主持国家自然科学基金、国家高技术研究发展计划项目（“863计划”）、教育部科学技术研究重大项目及企业合作等项目。2004年获得“北京市科学技术奖一等奖”（排序4），2006年获教育部“新世纪优秀人才支持计划”。迄今已合作发表SCI学术论文200余篇，论文被引用8000多次，10项发明专利获得授权。指导硕士、博士研究生40余名，其中6人获得“研究生国家奖学金”。

1. 须有宁拙毋巧之意，而后可以持久

从本科到博士，刘泉林的求学过程可谓一波三折，但万变不离其宗的，是他的“宁拙毋巧”之意。时间回溯到1988年，少年人高考失利，未能去成当时心仪的同济建筑专业，却阴差阳错到了四川就读地质勘察专业。虽说选择这一专业是被动而为，但以一贯之的勤奋踏实的求学态度，使刘泉林仍保持着专业第一的优异成绩。秉承着“学一行精一行”的朴实想法，四年后，他成为专业唯一一个选择继续攻读硕士学位的学生，并前往中国地质大学就读矿物学专业。进入地大X射线研究室后，他接触到了当时处于世界前沿的矿物结构分析，这也是他第一次接触到了科学研究。

1995年，从小就对物理和化学感兴趣的他，考入了中科院物理研究所的凝聚态物理专业攻读博士学位，至此真正和科学研究及材料学科结缘。虽说对自己的学习能力和自律程度抱有信心，但跨专业读博还是给刘泉林带来了极大的压力。凝聚态物理专业对数理知识有着极高的要求，而这些他之前未曾接触的基础课程，都是横亘在他科研路上的拦路石。而博士阶段又不像本科阶段有老师能带领着学习，他只能通过自学来补上落下的课程。

从统计力学开始到量子力学和固体物理，再从傅里叶函数到泛函数和群论，他愣是靠着“坐冷板凳”的信念，加班加点啃下了这些难啃的骨头。“当时北大那边有个小书店，离物理所很近，我就不停地上那里去买书，几乎买全了北大物理系的基础课和专业课的书，这些书现在都还在办公室或家里呢。”他如是说道。

在中科院物理所的十年，刘泉林遇见了他一生的良师——梁敬魁院士。梁老长期在晶体结构化学、材料科学和固体物理三个学科的交叉领域从事基础和应用基础方面的研究工作。在梁老的指导下，刘泉林完成了博士论文《R2T17-xMx（R=La,Sm,Nd; T=Co,Fe; M=Ti,V,Mn,Mo,Nb）金属间化合物的结构和磁性研究》，相关研究成果发表在美国著名学术期刊*Applied Physics Letters*和英国重要期刊*J.Phys.: Condens. Matter*上。之后，刘泉林也继承了梁老的研究方向，在三个学科中的交叉领域继续钻研。

1998年至2005年期间，刘泉林被梁老选中留在物理所从事研究工作，并通过申请获得了日本科学技术厅（STA）研究奖学金，两次前往日本国家材料研究所从事研究工作，从事晶体生长和半导体薄膜材料方面的研究。在日本进修时，隔壁的低能电子衍射实验室曾给他留下了深刻印象。20平方米左右的实验室，密密麻麻铺满了上百条电线和各种探测器，全部都是由实验人员自行搭建并用来测量的。这种自行设计实验设备的理念，虽说现在来看不算前卫，在21世纪初却震撼了当时的他，也为他回国后解决一个科研难题结下了契机。

2. 志之所趋，无远弗届；穷山距海，不能限也

独特的多学科基础让刘泉林擅长从晶体结构出发，研究材料性能并阐

明物理机制，从而设计出符合应用要求的新材料，特别是目前比较热门的半导体照明用荧光材料以及新型光功能材料等。

2005年，刘泉林回国后，经由当时北科大材料物理系主任的引进，进入北京科技大学材料物理与化学系工作。在选择科研方向时，他大胆选择了处于世界前沿的光功能材料领域。之所以没有继续从事磁性或是半导体薄膜材料领域，刘泉林认为“机遇”占很大的比重。日本在20世纪90年代中期就已申请了LED的专利，到21世纪初就已经发现1113结构的高性能氮化物发光材料，解决了白光LED照明的显色性问题，而这研究成果刚好就出于当时他进修的日本国家材料研究所。

来到北科大后，他申报的“新型暖色调白光LED用氮化物荧光材料”，顺利获得国家高技术研究发展计划（“863计划”）资助。在“863计划”项目开题时，刘泉林就面临着三大难题：时间紧、任务重、经费少。当时世界范围内为了配合蓝光芯片，都在研究各种发光材料，试图解决LED照明全色调问题，可以说所有的国内外研究团队都处于一个起跑线上，这也意味着谁抢到了时间，谁就是第一个吃螃蟹的人。而“863计划”对项目产品的要求又极高，再达到一定的指标后还须得投入量产，进行“产学研”合作。

当然，最难的还是在设备上的紧缺。制备氮化物荧光粉，须得采用高温固相反应法（1900℃高温和高压），而彼时符合条件的设备在国内市场中还未出现，从国外购置的价格又高达几百万，这让本就有限的科研经费更加难以承担。面对如此情况，刘泉林咬了咬牙，决定自己动手。受到日本进修经历的启发，他和团队从需求追本溯源，通过翻阅大量资料，一步步设计出可行的方案，再以提供设计方案为谈判点联系公司，最终成功地以进口设备的约六分之一价搭建起国内第一台“高温—高真空/高气压烧结炉”，这台烧结炉可加热到2100℃，并加压到100个大气压。“每个经历，不管你当时认为有用还是没用，真的按部就班走下去了，你会发现只要踏实做事，过去的经历都会对你有用，无论是思维方式还是做事方法。”刘泉林感慨道。

解决了设备难题后，刘泉林及其团队基础研究和应用研究并行，通过理论实验相结合，研发出一系列的白光LED用高性能发光材料。刘泉林创建了光功能材料与器件团队，团队在无机发光材料领域，特别是在发光材料的晶体结构、局域结构、电子结构和构效关系方面做出了一些原创性的成果；并与国内外相关课题组开展了广泛的交流合作，其中境外有30余位教授来访过课题组。

近年来刘泉林主持或参加了国家自然科学基金面上项目、重点项目，国家重点研发计划及企业合作等。2004年刘泉林获得“北京市科学技术奖一等奖”（排序4），2006年获教育部“新世纪项目优秀人才支持计划”，迄今已合作发表SCI学术论文200余篇，被引用8000多次，获得授权发明专利10项。

守笃实，戒机巧，守强毅，戒刚愎。上下求索，朝夕不倦，刘泉林用身体力行，诠释着“求实鼎新”的校训。

3. 芳林新叶催陈叶，流水前波让后波

“训练有素，独当一面。”这句话刘泉林常挂在嘴边，教诲他的学生。15年的从教生涯中，他已培养16名博士生，30名硕士生，其中6人获得“研究生国家奖学金”。出于自身曲折的求学经历，刘泉林对他的硕士生也并未设置专业限制，他认为只要学生本科成绩足够优秀，就足以说明学生至少有能力跨到另一学科。对每一个初来到他团队的学生，刘泉林都会告诫他们：“也许你们读研的目的不是为了将来做科学研究，但我希望，你们作为我的研究生，能学好一套做科研的思路和方法，这对你们将来从事科研或者其他工作都会有益处。”

在培养硕博生期间，他一直认可“兔子理论”和“红烧肉理论”。他对硕士生的要求是学会怎么查资料和解决问题，培养动手能力和科学严谨的思维方式；而对博士生，培养目标则是发现问题和具有独立从事科研工作的能力。从选题开始，他的教育理念就是“全链条培训”，如何发现问题，设计实验，采集数据，进行实验分析以及论文撰写，再到发表论文和做展示PPT，每一步都要扎实。

对如何建立起一个平衡健康的师生关系，刘泉林也有着独到见解。他认为师生的相遇即是缘，作为导师，首要职责就是配合学生进行科研培训，帮助学生获得学位，在其余处，则要充分地尊重学生意愿，不干涉学生的选择。而作为学生，则有两个“底线”：一是学习层面，不挂科是最基础的；二是科研层面，刘泉林特别强调了求真，尤其是不能数据造假。

如今仍活跃在教学一线的刘泉林，负责主讲本科生课程“统计物理”

和“材料科学与工程导论：名师课堂”，以及研究生课程“晶体衍射与结构分析”。在进行教学和科研之余，他仍保持着旺盛的求知欲，通过不同的方式充实自我，拓宽视野。“作为老师嘛，站的高度，理解的深度，融合程度，还有讲解水平，都会影响培养学生的能力。”他给自己定下了一个规矩，每年的假期，都要坚持阅读一本外文教材原著，这一坚持，就是十几年。

严谨细致，和善博学，是刘泉林在学生们眼中一致的映像，但他也有“口是心非”的可爱行为。他的学生蔡昊，在刚入学之际，就曾因为想出国深造需要文章成果，追着刘泉林要课题而被当面批评；却在后来出去联培时，从其他同学口中得知，老师在组会上“偷偷”表扬了他的上进。这无疑是刘泉林在教育学生方面的一点小巧思。

科研育人十余载，刘泉林正如他的名字，如一泓清泉沁润稚嫩的新苗，亦如一丛苍林根植山野，朴素却质坚。

二、优秀学子访谈录

（一）16个宿舍全员深造！相遇相知，相扶相持，朋友就在身边，研友近在眼前！

大学四年，时光飞逝，在拼搏与热血中，毕业季如期而至。岁月匆匆，他们携手并进，为梦想赴汤蹈火，倾尽全力；青春似火，他们昂首阔步，为将来打好基础，勇往直前。

随着考研结果的公布，材料学院涌现出一批“励志寝室”，材本17级有16个寝室达到100%的深造率。在这16个寝室的85位优秀毕业生之中，44%留校深造，38%校外深造，18%出国深造。

在这些励志寝室中，兄弟姐妹们相互扶持，突破极限，开启一个又一个新的起点；渺小的梦想生根发芽，迎接挑战，留住青春最好的纪念。

下面，让我们走进其中的两个寝室，8＃241以及6＃707，捕捉小哥哥小姐姐们在宿舍中的精彩瞬间，并汲取经验融入自己的宿舍中吧！

1. 乘风破浪小姐姐

8＃241四年中一次被评为标兵宿舍，两次被评为文明宿舍，宿舍成员平均加权成绩88.04。

她们在四年的学习生活中，人民奖学金、山西建邦奖学金拿到手软；

竞赛方面斩获“摇篮杯”创业竞赛一等奖、“互联网+”大学生创新创业竞赛北京赛区三等奖等多项竞赛奖项。

（1）进取有你

宿舍全员深造在学习方面有什么“上分”秘诀吗?

一个宿舍优秀的学风建设，来源于大家的团结。无论是平时学习、考试周复习，还是考研同学的关键时刻，大家都会以学习为先，并且团结起来，给在学习的同学一个安静的学习氛围。当有同学懈怠的时候，大家会互相提醒，互相鼓励。同时，我们定期举行座谈会，由作为中共党员的宿舍长牵头，总结大家最近的思想动态，向大家宣传党的思想和政策，充分调动各位团员的积极性，使大家全身心地投入学习和工作中去。宿舍成员都能积极参加宿舍的座谈会，并对宿舍工作提出自己的想法，共同建设我们的宿舍。

（2）不负遇见

四年宿舍生活，有哪些相处的小秘籍呢?

宿舍门前的小黑板是相互鼓励的证明。大家总在上面写上激励的话，每天看到都感觉有种力量在支撑自己。

宿舍是一起生活的地方，良好的宿舍氛围是帮助建立舍友关系的良方。我们能注重彼此的感受，能给彼此留足够的私人空间，产生矛盾的时候我们也会敞开心扉把话都说明白，不留隐患。晚上11点，各自躺在床上，一段笑声就能引发一个话题，一次又一次的思想碰撞，让我们深入了解彼此，成为密不可分的亲人。我们会有不同的想法，但“互相尊重”是我们四年来一直默默遵守的相处原则。

（3）研途有你

考研过程中，彼此之间是怎样相互扶持呢?

首先，我们每个人都有很强的信念感，不到最后决不罢休。其次，在这一年中，所有人保持同一作息时间，大家相互叫早，争取在六点半甚至更早起床，抓住早晨有限的时间学习、锻炼、做兼职工作，让生活向各方面延伸，这样也能淡化我们备考这段时间的紧张感。除此之外，每个人也都能自觉关注保研考研的系列公众号，相互交流分享，彼此加油打气。为了明天的曙光，为了前途的璀璨，我们相信，只要握住希望，无论成功多远，我们终将到达。

（4）一路有你

四年朝夕相处有哪些小确幸给彼此都留下了深刻的印象？

学习中，我们经常在一起探讨学习上的问题，互帮互助，共同进步。学习成绩优异的同学也尽自己最大的努力帮助暂时落后的同学，排除她们学习上的障碍，调整她们的心态，使成绩稍差的同学能够以最快的速度赶上并力争超过其他同学。生活中，我们彼此取长补短，开展了一些娱乐活动，比如学习弹吉他、吹口琴、吹萨克斯等。这些活动丰富了我们的生活，不仅使大家在休息时得到放松，而且也能学到一技之长。从大一到现在，我们已经亲如姐妹，我们曾一起去银杏大道合影、一起跨年、一起过圣诞、为即将过生日的室友准备秘密活动，这些珍贵的回忆是大学生活非常重要的一部分。

（5）学姐寄语

首先，每个人的生活方式和习惯都不同，要记得学会包容，给对方一份理解和尊重。同时，利用课余时间，积极组织或参与宿舍集体活动，相互拍拍照片，一起品尝美味，会收获到多多的快乐！宿舍是大学期间可以给你最多温暖的地方，大家一定好好珍惜室友，认真经营感情。愿你们都有美好的宿舍生活，充实的大学生活！女生之间的友谊纯洁明亮，小姐姐们用最真挚的姐妹情绘制了五彩斑斓的宿舍生活。6#707 的少年们披荆斩棘，在大学四年生活展现出他们的青春风采，让我们走进他们的故事。

2. 披荆斩棘的少年

6#707 四年中两次被评为文明宿舍，宿舍成员平均加权成绩 86.00，其中多人在学生工作方面十分出彩，多次荣获“优秀三好学生”“优秀共青团干部”“体测之星”等荣誉称号，在学习竞赛方面，荣获“北京市 3D 打印大赛三等奖”“节能减排校赛二等奖”等多个奖项。

（1）奋进有你

在宿舍这个集体中，有什么保持良好学习状态的小窍门与我们分享呢？

学习一直是我们宿舍所有成员心中的第一要务，自觉自习也是常态。除此之外，舍长做好模范带头工作，把学习节奏带起来，营造积极的学习氛围，鼓励结伴自习，做好复习工作。即便是已经保研的同学仍然不放松对自己的要求，与考研的同学一起商讨计划制定考研作息时间表，帮助大家管理时间，这有利于统一协调大家的作息。对于学习过程中的问题，大家也积极在宿舍共同思考，讨论解决。日复一日，这样的学习氛围便成了习惯。

（2）相约有你

宿舍内部为了增近彼此间的关系，有精心策划哪些有趣的活动吗？

几乎每周我们都会约上相邻宿舍的几个同学去篮球场较量一番，大家一起打打篮球不仅能锻炼身体，还可以增进友谊、放松心情。操场上一次次的挥洒汗水、全力以赴、肆意奔跑，都给我们留下了不可磨灭的记忆。每周一次的体育运动给了我们学习之余的轻松闲暇的时光，虽然短暂但美好。

（3）不负有你

朝夕相处四年，彼此身上有哪些闪光点呢？

首先，我们宿舍的每个人都性格开朗，活力满满，整个宿舍的集体项目大家都踊跃参加。其次，每个人做事都脚踏实地，学习认真刻苦，有干劲，不断提升自己，改善小的不完美。最后，我们都有很强的语言表达能力，善于与人交流，每人都是宿舍的优秀“外联人”。

（4）身边有你

考研上岸之后，每人为毕业做了哪些准备呢？在准备的过程中大家是如何互相帮助呢？

考研结束以后，要做好毕业准备工作和毕业设计，核对志愿工时和创新学分，确保自己达到毕业要求。对于工时和学分不够的同学，积极寻找志愿岗位和创新讲座，在宿舍层面让所有人顺利毕业。对于毕业设计，由于疫情的不确定性，大家应相互提醒尽快完成实验部分，不要拖延留到最后。宿舍之内多交流沟通，尽早确定毕业去向。对于准备就业的同学，如有需要可以配合在宿舍模拟面试场景。

（5）学长寄语

最重要的是包容。因为每个人的生活习惯不同，所以我们要学会接纳别人的不一样。生活在同一屋檐下，只有相互理解彼此的心态，设身处地为他人着想，用一份宽容的心态去包容他人的小缺点，才能尽可能地减少矛盾，拉近彼此之间的距离，这样才能够更加和谐友好地相处。

岁月无声走过，任时光采撷最美好的年华，但风中吟唱的依旧是那一段纯洁的记忆。那些年，你们曾将嬉笑怒骂写成轻快的钢琴曲，你们曾将艰难坎坷绘成绚丽的风景画，从此跃入人海，各有风雨灿烂。无论未来如何，相信朝夕相处，携手并进的这段旅程将会埋藏在记忆的最深处，任时光打磨，永不褪色。

回首过去，你们不断拼搏，奋力上岸，扶摇直上九万里；展望未来，你们笑容灿烂，登上顶峰，瑰丽之梦终成真。材子材女们更要把握当下，坚定信念，与舍友一起昂首前行，共创寝室辉煌！

（二）田舒臣：十余个 offer 背后的小幸运与大智慧

田舒臣，工学学士，北京科技大学材料科学与工程学院材料化学专业 2017 级本科生免试攻读南洋理工大学博士研究生学位，曾至中国海洋大学交换学习和新加坡国立大学暑期交流，并具多家大型企业实习经验，曾任材本 1708 班班长，院文艺部部员，参与组织院运动会、吾肆放歌、毕业典礼等，曾获北京市三好学生、北京科技大学优秀班委、北京科技大学人民二等奖学金等荣誉。

1. 功崇唯志　业广唯勤

“生命不息，奋斗不止！”

早在刚进入大学时，田舒臣就树立了前往国外高校深造，汲取异邦之精华的目标。因此，他将绩点与语言成绩作为重中之重，努力完善，追求卓越。

在田舒臣看来，大学的课不像高中那么多，可以保证充足的自习和休息时间，但也需要大家合理安排时间，并且要做好劳逸结合才能保证加权成绩。如果盲目将时间一股脑地用在了学习上，可能会导致所学内容的消化吸收不够彻底，反而会留下大量的知识漏洞。因此，他合理安排学习和放松时间，课余之时常积极参与课外活动，也会和同学们相约运动或娱乐，放松身心，以便学习时能保持饱满的激情高效投入其中。

此外，在保证校内学习不落后的情况下，田舒臣从大二下学期开始将攻坚克难的阵地转移到语言学习堡垒前。从 abandon 到 zealous，从 GRE 到托福，充满荆棘的道路上留下了田舒臣一个又一个深深的脚印。为提高英语口语能力，田舒臣放弃周末休息的时间参加辅导班练习语言表达；为提高读写能力，田舒臣采用网课的形式学习相关技巧；为在语言考试中取得佳绩，田舒臣巧妙平衡好课内学业与英语学习的冲突，力争效益最大化……

清晨走在尚未天明的星空下，深夜轻轻踏在熟睡的银杏叶上，用汗水浇灌的青春之花终在奋斗中盛开。田舒臣始终相信“生命不息，奋斗不止”，始终做到“心中有火，眼里有光”，用榜样的精神传播拼搏的力量！

2.把握青春　描绘未来

“大学不只是一个学习的过程。”

借助北科大的优势平台，田舒臣以未来目标为导向，确定需要提升的板块，积极挑战自我，用青春的画笔书写个人全方位发展的华章序曲。

大二的时候，在辅导员和导师的帮助下，田舒臣开始了他的科研初体验。田舒臣发现，学校的教授们都十分友善，他们十分欢迎想要进入实验室的学生。而本科生导师也给予田舒臣宝贵的机会，让他能够在科研方面有初步的探索。当然，科研之路并不是一直一帆风顺的，像是制备的物质和理论上的不相符，表征以后与文献上的不一致等情况。这就需要田舒臣沉下心来看文献并与师兄师姐和导师多沟通，将问题一个一个地解决。三段科研经验，发表过相关的科研文章，丰富的科研经历让田舒臣从曾经的优秀走向更大舞台的杰出。

不仅仅在科研方面，田舒臣在实习中也展现出高超的本领。实习和象牙塔内的学习有着较大区别，需要真正将书本上的知识转化运用到现实生活中，也正是这些实习经历，让田舒臣不但巩固了课内知识，也为出国深造打下了坚实的基础。此外，实习还极大提高了田舒臣的人际交往能力。最重要的是，在实习过程中产生的学以致用的感觉令田舒臣充满成就感，也坚定了他勇敢走下去的信念。

作为材本1708班的班长和院学生会文艺部的部员，学生工作也是田舒臣大学生活不可或缺的一张拼图。参加学生会和社团极大地拓展了田舒臣的朋友圈，让他认识到更多优秀的人，同时多彩的活动也让田舒臣的日常生活变得更有规划性。不论是运动会、吾肆放歌还是毕业典礼等，田舒臣时刻牢记初心使命，扬起奋斗风帆，力争将活动策划做到最佳。北京市三好学生和北京科技大学优秀班委的荣誉便是对田舒臣学生工作最大的肯定。

每一棵渴望成长的树苗，都有一个关于春天的梦想；每一位追求卓越的达人，都将开创更光辉的未来。通过全方位、大格局的多项并举和全面发展，田舒臣用行动与智慧为青春写下生动注脚！

3. 扎实准备　一往无前

“申请需要广撒网，细准备。”

提及斩获英国帝国理工学院、伦敦大学学院、康奈尔大学、密歇根大学安娜堡分校、布朗大学、新加坡国立大学、南洋理工大学（博士）等十余个 offer 的骄人成绩，田舒臣将扎实细致的准备和拼搏向前的勇气视作成功不可或缺的要素。

回望一年前的申请之路，田舒臣认为提前明确未来是完成硕士后就业还是继续攻读博士学位对申请至关重要。在确定计划后，应拉长申请的战线，从 9 月开始一直到第二年 3 月都是申请的黄金时间。此外，田舒臣提到一个小技巧，即学会“广撒网”，不固守于一个国家或者是一个学校，这样可以减少彻底失败的几率。田舒臣结合自己的申请经历，总结出一些经验，他提到，要找到自己心仪的目标院校，看项目的核心课程以及每个学期的要求，根据这些信息再写文书会更有针对性。更要重视导师套磁环节，申请前看教授的研究领域和自己的本科实验方向是否吻合，然后通过邮件的形式将自己的语言成绩、绩点、科研成果乃至感兴趣的领域等相关资料发送给教授，以提高自己的成功率。

新冠肺炎疫情暴发初期，紧张的国际形势让田舒臣一度有放弃留学的想法。但是后来他了解到，国外的入学相对比较宽松，可以申请网课也可以申请延期入学，这便免去了田舒臣的后顾之忧。他也建议有意向出国留学的同学们鼓起勇气，坚定向前，在自己选择的道路上砥砺前行。

4. 学长寄语

走出宿舍学习是提高加权成绩的一个大前提，学习的重要性在任何时候都不容忽视。此外，有关学习的竞赛和活动也是很有必要参加的。生活上，一个融洽的氛围，往往可以让生活充满乐趣并且起到事半功倍的作用。晚上或者周末可以约着一起去自习，一起解决学习上的难题。此外，空闲时间，可以约朋友一起去跑步，一起出去约饭。运动，社交这些事情也是很必要的。不过，作为一个学生还是应该把学习放在第一位，不能因为社团或者是娱乐活动而耽误学业。

希望材子材女们能够好好利用大学四年的宝贵时间，想好自己未来想要实现什么，并且努力地坚持下去。

（三）姜添翼：在奔赴梦想的旅程中，我从未松懈

姜添翼，中共党员。本科期间曾任材料科学与工程学院学生会体育部部长，材料科学与工程学院学生会第二十四届主席团成员。同时担任学生处教育科助管，材本17级第二党支部书记。目前作为本科生兼职辅导员，指导学生会相关工作。在大学四年，姜添翼荣获北京科技大学优秀团员、北京科技大学优秀共青团干部等多个荣誉称号。

1. 以奉献渲染成长，让付出回馈收获

大学生活不只有学习，丰富的学生工作是学习之外的又一道亮丽的风景线。学生工作充满未知与挑战，对于姜添翼而言，“千里之行，始于足下”，脚踏实地地走好每一步，是他对自己的严格要求。

大一学年，他被学生会吸引，融洽相处的氛围、极具凝聚力的集体都是他梦寐以求的。下学期他如愿加入学生会，从阳光晨跑到寝室文化节都有他的身影。他不断地积累经验，提升自己，在这段时间内加深了对学生会的责任感和归属感。

在姜添翼担任材料学院学生会体育部部长后，他带领学生会的成员们组织筹备了材料学部师生综合运动会以及院校两级各类体育比赛。然而，当繁忙琐碎的工作撞上考试期时他也会急躁，但是他坦言道：“在努力克服困难的过程中能逐渐地感受到自己在时间管理方面的成长，逐渐变得沉得住气，做到忙而有序，这也是我从繁忙中学到的东西。”

大三学年，姜添翼升任材料学院学生会主席团成员。他管理学生会各部门，积极配合学院工作，制订学生会工作计划，创新工作模式，注重提高学生会影响力。学生会的有序运作，也给他的工作增添了动力。

在姜添翼看来，在学生会的众多工作中，给他锻炼最大的是第一届材料学部运动会的筹备。他亲身参与赛程的安排、人员的协调、现场突发情况的处理，同学们的热情参与以及运动会的顺利举办，都让他产生由衷的自豪和喜悦。大家能因他的努力而快乐，是他最幸福的事。

然而学生会的工作并不是顺风顺水的，总会面临突如其来的挑战。疫情之下，他尽可能地将活动转移到线上开展，丰富同学们居家生活的同时做好学生会“创造·分享·爱”的精神传承。疫情拉开了人与人的距离，但是通过他与其他成员的努力，拉近了同学之间心与心的交流。

如今的姜添翼作为本科生兼职辅导员，从之前是收到辅导员关心帮助

的受益人，到如今作为新生的引路人。从在树下乘凉的人到为他人提供阴凉的人，他更体会到辅导员的责任与付出。

工作有限，热情无限，唯有热爱，才能做到极致。他用奉献为成长写下华丽的诗篇，用付出成就下一秒更好的自己。

2. 精神充盈思想，信念付诸实践

前路漫长，正确的思想才能引导正确的方向，而有了坚定的信念，才能坚定地迈步前进。

在成为正式党员后，他的身上多了一份使命和责任。作为材本 17 级第二党支部组织委员，他积极落实“三会一课”制度，学习党章党规和系列讲话；他一直以先进理论为指导，加强党员队伍和基础服务型党组织建设，把党史学习教育作为重点，开展理论学习、参观考察等活动，推进大学生思想政治教育，丰富党内组织生活；他扎实推进党团班一体化建设，带动班级形成良好班风学风，带领材料 1703 班获评“87 级校友基金最佳团队”称号。

与此同时，他最大限度地发挥党支部战斗堡垒作用和共产党员先锋模范作用。他带领党支部高质量地完成“承诺践诺评诺”、红色“1+1”、助学零距离等活动，与密云区西葫芦峪村党支部结对共建，从经济创收、文体建设等方面切实发挥党建引领作用；疫情期间，他组织部员进基层、齐捐款、做志愿、送祝福，带头遵规守纪，切实维护社会和校园良好秩序，加强疫情防控知识普及宣传，弘扬正能量。

在向成为党员的目标奋进的过程中，他严格要求自己，牢记初心使命，认真工作、努力学习、奉献自我，时刻践行党员精神，为祖国发展奉献蓬勃力量。

3. 青春永不褪色，努力终将成功

“路漫漫其修远兮，吾将上下而求索”，享受工作，认真生活，前路未知值得探索，努力的风帆终会驶向胜利的彼岸。

姜添翼对工作的认真负责源于那份执着持久的热爱，面对大学里各种各样的重要活动，他总是冲在前列。国庆 70 周年阅兵群众游行，他担任小队长，组织队员积极训练，协助中队整理物资，直观地感受到了祖国的繁荣富强，那一刻的震撼与光荣令他永生难忘。活动结束后，他进行了国庆游行的宣讲，把这一份庄严的情感传递给了更多的人。

然而平时工作再多，他也没有放松对学习的要求。他利用好零碎的时间，合理规划，调整心态，让工作和学习相辅相成。他坚信在压力下保持高效的工作和学习状态是关键，只要沉下心来踏踏实实地干，问题都会迎刃而解。

孜孜不倦，求实笃行，他用实践丈量心中的路；执着追求，始终如一，他用信念扬起梦中的帆；心之所向，未来可期，在奔赴理想的道路上，他步履不停。

（四）有“茬”姐妹花：你的清冽与我的火热，灿烂了我们共有的流年

于谊平，北京科技大学材料科学与工程学院本科17级学生。专业加权第一，曾任校团委实志中心主任助理，担任材料1714团支部书记，带领支部获评“优秀团支部”。获得过“中天钢铁奖学金”“人民奖学金”，荣获“优秀三好学生”等荣誉称号，曾获第六届中国国际“互联网+”大学生创新创业大赛北京赛区三等奖、第十四届iCAN国际创新创业大赛北京科技大学校内选拔赛一等奖等。

鲁雨馨，北京科技大学材料科学与工程学院本科17级学生。前六个学期综合排名28%。曾任学生处教育科助管团队组长、负责学生处官方微信号“贝壳学子在线”运营、担任材料学院团委组织部部长、材料1713团支书。曾获十佳团支书、人民奖学金（2次）、优秀学生干部（2次）、暑期社会实践先进个人、北京市三校联合3D打印大赛二等奖、校级钢铁模拟冶炼大赛一等奖等奖项。通过工作保研，保研至北京科技大学马克思主义学院攻读学术型硕士学位，目前在学生学习与发展指导中心挂职工作。

1. 有你的时光才更加灿烂

你看过那张在自行车上用电脑学习的照片吗？你听说过有人把衣柜改成课桌，在里面偷偷学习？又或者每次熄灯后的黑暗里，总有那么一点微弱的光从室友的课本上传出？是的，在这样的一个竞争激烈的时代，我们不禁想问，是否有一种友谊，温暖而有力，能够促进双方的共同成长呢？从鲁雨馨和于谊平的身上，我们或许可以找到答案。

2. 缘分使然，我遇见了这样的你

“我是13班的32号，她是14班的33号，就这样到了一个宿舍……”

鲁雨馨说起她和于谊平的相遇，嘴角漾起满满的笑意。好一个大大咧咧的女孩，像夏日的薄荷般清爽，就这么风风火火地闯进了她的生活。然而她们的相处却显得有点拘谨和疏远，不过是普通的“认识”而已。时光荏苒，岁月这个魔法师却在以特殊的方式促进这段友谊。一次做完实验后，鲁雨馨无意间问了句：出去逛街吗？没想到于谊平却出乎意料地同意了。友情的小船借得了东风后便勇往直前，她们发现互相居然出奇地有默契，合拍的三观让在一起的时光和谐动听，日子因为彼此变得甜了起来，鲁雨馨因为工作保研，成为对方口中的“鲁老师”，而于谊平也凭借大大咧咧爽朗爱笑的性格成为“平哥”。渐渐地，她们成为互相生命中一块不可或缺的拼图。

3. 时光荏苒，有你的岁月更加甜

“你先睡觉吧。”于谊平淡淡地说。临近比赛，她还想再努力一把。既然参加了就必须做到最好。清晨的第一缕阳光伴随着悠哈糖特有的水果味唤醒了她。“这是有魔力的糖哦，吃了就一定得第一！”调皮的字眼此时忽然有了温暖无比的力量，她一抬头望见正远远关切地偷看着的鲁老师，忽然感觉清爽无比，活力满满。

大三上时，鲁雨馨要负责学通社、团委组织部等项学生工作。行程表满满当当，每日的午睡成了她的奢侈，早7点晚12点的生活让一切都变得沉重厌烦，连轴转的她感觉头上时刻挂着小乌云，心里蒙了厚厚的纱。一个普通的早晨她醒来，发现一封霍格沃茨的录取通知书悄悄飞到了她的桌上。她突然回想起前一天晚上于谊平桌前的灯亮到了很晚，感动的情绪一时涌上心头，但还未来得及倾诉，就看到床边的于谊平揉着眼睛，满脸的困乏和委屈，“为了给你准备这个惊喜，我昨晚眼睛都要睁不开了也没敢去睡……”

大学四年的漫漫时光留下来好多她们一起走过的足迹。荧光夜跑时，她们“前赴后继”地摔倒了，虽然有伤口的疼痛和尴尬的社死，但是那份相互扶持着奔向终点的喜悦是无可比拟的。她们一起去北戴河，一起去拍证件照，一起去抚平生活的褶皱中那些阴暗灰冷的部分，一起将生活演绎成甜蜜的粉红。

4. 共同绽放，友情是陪伴着一起成长

对自我和目标有清晰的认知，自律自强而绝不自负，这就是鲁雨馨眼中的“平哥”。于谊平对每日的时间都能合理规划分配，遇到任务立马解决不会拖泥带水，面对游戏懒觉的诱惑能够权衡利弊后坚定说不……曾经的鲁雨馨也许会拖沓，会偷懒，会把 DDL 作为第一生产力。然而如今的她在于谊平的影响下，也开始变得干练洒脱了起来，不逃避不气馁，正面迎着问题去解决，连眼神都多了那么点飒爽和坚毅。

永远满怀热忱，很强的责任感，凡事都用十二分的认真，这就是于谊平眼中的鲁老师。当接到写采访稿的任务时，鲁雨馨会耐心地和采访对象交流讨论，一遍又一遍不厌其烦地修改自己的稿子，抠每一处细节，丝毫不含糊敷衍。这种凡事过细，从小处抓起的严谨也深深影响了于谊平，大大咧咧的外表下从此多了一颗认认真真的心，工作和学习也越来越顺心。

大二时，她们一起参加了 3D 打印的比赛。开始时她们对这项技术真的是一无所知，但是她们有创造性的思想和勤奋不服输的心。为了抓住一个突然出现的灵感，她们会一直讨论到晚上 10 点半冶金楼关门，辗转于机电楼和逸夫楼之间，只为了捕捉刹那间的美丽。就是通过这样一点一点的努力，她们设计的小小耳机盒在当时极具前瞻性，获得了评委的一致好评，用心浇灌的种子终于开出来美丽的花。

一起的日子因为各自的优秀而变得充满色彩，她们身上不仅有着属于自己的独特品质，也蕴含着对方灵魂里的清香。

5. 分岔路口，我们携手向前

面对毕业，性格不尽相同的她们选择了不一样的道路。几年的学生工作让鲁雨馨逐渐意识到思政工作的重要性。她在学生工作中发掘到一种兼具工文学科特色的知识体系和思维方式，能使她的视野更加开阔，处世角度更加科学合理，于是毅然借助工作保研的机会，于马克思主义学院留校深造。

于谊平以专业第一的成绩顺利保研。面临保研学校的抉择时，她思虑良久，四年的相处让她对这所学校沉淀下深厚的感情。北科大校园的一草一木，老师们的兢兢业业都让她感怀。出于对学校的留恋、对老师的敬爱、以及对强关联电子器件的偏爱，她选择了留校读研。虽然二人的选择不同，但都为其心之所向，在以后的生活中，也必定都会一往无前。

就像命中注定的缘分，她们又一次陪伴了彼此，继续为对方照亮着前进的路。

现如今，每当我们谈起“宿舍”“学习”“排名”这些时，总会不自主地想起“内卷”这个词，似乎这种没有任何意义的消耗，这种恶性的、不加节制的竞争已经成为家常便饭。然而鲁雨馨和于谊平用她们的行动告诉我们，这根本不是大学生活该有的样子。她们不去嫉妒对方身上的天赋和才能，不以“将他人比下去”作为成功的标准，不顾影自怜，期期艾艾于别人的成就；她们行走在各自的朝圣路上，优雅而自信，却因为有彼此的存在而看到了更美的风景，经历了更美的岁月。每个人都是小王子，我们只需要守护自己的玫瑰花，纵使外面的世界美丽绚烂我们也不必羡慕，因为只要用心经营自己的星球，灿烂的春光必将带来一个鸟语花香，梦一样的黄昏。

（五）两位特奖，一个宿舍　北科大材子国际之路由此起航！

星光不问赶路人，时光不负有心人
在答辩的舞台上
两位来自同一个宿舍的学子
一同受到了特等奖学金的嘉奖
一位擅长在图书馆挥洒笔墨
一位乐于在宿舍讨论中学习
他们就是住在 9#509 的特奖双子
徐泽瑞 & 程于津

——编者记

姓名：徐泽瑞

专业：材料科学与工程国际班

个人经历：曾获新生入学奖、新生特等奖学金等多项荣誉奖励。大一学年加权成绩为 93.6。担任材料科学与工程学院材料 1901 班班长。曾担任北京科技大学孟子居黍稷筑梦实践团队长。本次特奖答辩荣获冠之奖学金。

姓名：程于津

专业：材料科学与工程国际班

个人经历：大一上学期获得材料科学与工程学院举办的书法主题大赛

二等奖，为专业第一名，获得人民一等奖学金。专业排名第二名，大一一学年加权成绩为92.7。在班级内担任物理课代表。本次特奖答辩荣获国家奖学金。

1. 两位都是国际班的同学，对于全英文教学这种特殊的课程安排，你们有什么独特的学习心得和学习方法吗？

徐泽瑞：学习方法是把英语当作一个工具而不是一个阻碍。在遇到学不懂的内容的时候，我会选择看一些中文的mooc，同时做一些中文书上的练习，并思考这些题目的英文翻译，为考试看懂题目打下基础。

程于津：全英文教学主要是学习英语的学习方法，之后再结合中英课本一起进行思考，我也会同时请教中文班同学的课程进度，尽可能多学习一些国际班不涉及的内容，广泛涉猎更多的知识。

2. 在学习方面有没有一些独特的体会？

徐泽瑞：在学习方面不服输，在大学里要提高自己的自学能力，同时也要擅长向他人请教。我习惯使用平板电脑记笔记以提高效率，同时通过绘制思维导图，对所学的内容形成更加深入的了解。

程于津：要对每门课程形成自己的理解。有些课程需要静下心来去自习室里慢慢琢磨，并辅以大量的习题与练习，而有些课程需要我们在空余时间去搜集更多的资料自主学习，补充课堂之外的知识。

3. 当在学习中遇到瓶颈时，一般会采取什么解决方法？

徐泽瑞：适当放空自己，用美食和游戏来放松自己，当度过休息时间之后，回想自己的目标和理想，勉励自己继续努力，尽力做到兵来将挡水来土掩。

程于津：一定要坚持住，抽出半天的时间完全抛空学习去做自己喜欢的事情，我的爱好是足球，约上朋友踢一局球赛，打一次游戏进行适当缓解，不过之后学习还是要继续进行。

4. 在你眼中，对方是一个怎样的人？

徐泽瑞：程于津是一个长相帅气，自律严谨，会管理时间，均衡发展兴趣爱好的人。

程于津：徐泽瑞是一个认真、开朗、乐观，善于利用时间，能把学生工作和学习安排得十分妥当的人。

5. 作为舍友，你们认为宿舍的环境对你们大学的学习和生活有什么积极促进的影响吗？

徐泽瑞：宿舍是我们大家生活的地方，一个温馨的宿舍对我们有很多正能量的影响，我们互相关心彼此的心理和生活，做到一起成长。不过相对于程于津，我更偏向于在图书馆的大桌子上挥洒笔墨。

程于津：我们宿舍学习风气非常好，早上闹钟响起大家会自觉起床开启一天的生活，同时在宿舍里方便大家讨论问题，个人更喜欢在宿舍中学习，可以节省在路上奔波的时间。

6. 你们两个是很好的朋友，在日常学习生活中，你们两个是通过竞争促进更多还是通过合作进步更多呢？

徐泽瑞 & 程于津：可能是因为我们成绩接近所以被看作竞争关系，但我们是通过合作进步得更多，因为我们是舍友，有问题会一起想办法解决，我们还会在课程中组队，如 ansys project，国际理解 presentation 等。

7. 两位同学都进行了许多学生工作，在工作中你们有哪些特别的收获？会不会担心学生工作占据学习时间？

徐泽瑞：学生工作可以学到很多技能，如 PPT 制作、视频剪辑等，学到的填表技能也能够帮助我大物实验可以快速填写数据，同时学生工作可以锻炼与人打交道的能力。我会通过合理规划时间，压缩娱乐时间来弥补学习时间的缩短。

程于津：参加学生工作可以结识更多优秀的人，在向他们学习的过程中我建立了更多的自信，同时可以及时了解学院最新的消息。自然也有学生工作会占据学习时间的顾虑，但是我会选择压缩娱乐时间，保证学习时间尽量不受干扰。

8. 大学的生活有时候是重复平淡的，你们是如何调节心态，成为更好的自己的？

徐泽瑞：其实我喜欢这种平淡、有规律的生活，虽然每天生活的节奏差不多，但是可以发现每天都会有不一样的收获。我喜欢每天躺在床上回忆今天和昨天有什么不同、又有怎么样的成长，这可以帮助我们在新的一天更加充满动力。

程于津：大学的生活还是很忙碌的，包括学习、学生工作和自己的爱好。我每一天的时间都是挺挤的，生活虽然重复但是却不平淡，因为每一天都在提高、在发掘潜力，我的心态就是过好每一天、进步每一天。

9. 对学弟学妹的寄语：

徐泽瑞：请洒潘江，各倾陆海云尔！

程于津：希望大家勇于开拓大学生活的各个方面，追求自己最理想的大学生活，不要因为成绩桎梏自己。

在大学这段最好的时光里，互相学习，共同进步，你们终将收获美好的未来。

（六）材料双子星：意气少年骋球场，乘风破浪永向前

盼望着，盼望着，终于如期到来啦！2021 年 5 月 28 日 18 点整，北京科技大学“三好杯”篮球联赛总决赛第二场在阿迪场进行，观众席座无虚席，材料学院最终以 41∶34 的成绩战胜数理学院，勇夺冠军奖杯。这是材料男篮的丰碑，也是陈智超和崔剑潇的青春。

在球场上，他们互相配合，拿下一个又一个绝杀球；在球场下，他们互相鼓励，走过了一个又一个春夏。

——编者记

33 号——崔剑潇

材料 1701 班班长，材料学院院篮球队控球后卫，连续三年担任院篮球队队长。深造去向：德国亚琛工业大学。

25 号——陈智超

来自材料 1713 班，材料学院院篮球队得分后卫。深造去向：南京航空航天大学。

1. 缘结篮球，志同道合

初入北科大，陈智超和崔剑潇就带着一份对篮球的热爱，积极报名了院篮球队的选拔。

选拔时的初见，在二人飘忽的对视中潦草结束。后来校队选拔，两人碰巧一起找到教练蹭课，两人的接触也越来越多。他们发现，二人都对篮球抱有近乎偏执的喜爱以及刻苦的训练态度。渐渐地，两位篮球少年越感志同道合，惺惺相惜。

作为篮球的深度爱好者，陈智超和崔剑潇陪伴院队走过了四年。

在他们大一时的“三好杯”篮球赛里，他们俩一个打了八分钟，一个打了十分钟，配合团队拿下了亚军。在那之后的每一届“三好杯”他们都未曾缺席。他们对彼此来说，是长久配合的战友，是球场上最默契的兄弟。

2. 球场上，势如长虹，不断超越

大三那年十一假期放七天假，他们在篮球馆练了六天，每天四五个小时。陈智超说，他是因为七号有比赛所以在加练，但崔剑潇不是，他就是为了变强变厉害。对他们而言，没有寒暑假，只有精益求精、日复一日的刻苦训练。为了更稳定的发挥、更优异的成绩，他们不断地去精进自己的进攻技巧、细化自己的防控脚步。

在面对比赛的失败时，他们一点也不慌张，内心沉静而坚定，相信他们一定能行。不断复盘，改变策略，用更好的自己去迎接下一场比赛。

胜不骄，败不馁。这种发自内心的自信来源于这三年里他们付出的比常人多三倍的训练时间，除了院篮球队每周八小时的团队训练外，他们两个每天都会训练至少一个小时。他们把这些基础训练形容成重要但不紧急的事，每天都坚持做，从不间歇，日积月累，到了比赛这件重要且紧急的事发生时，提前去找找手感，跑跑战术，就能够稳操胜券了。

3. 生活中，不断挑战，勇往直前

训练场上昂首的朝气和勇往直前的精神让崔剑潇在学习和科研上也吃得了苦，沉得住气。他勇于尝试，只因热爱可抵岁月漫长。

崔剑潇在很早就确定了想要出国读书的目标，所以在平时也很注重英语词汇量的积累，曾连续200多天，每晚睡前打卡100个英语单词，像篮球练习一样，坚持做着这些重要但不紧急的事。后来在备战雅思的过程中，得益于之前每天不懈的坚持，他仅用一个月的备考就取得了七分的好成绩。

本科期间崔剑潇尝试了许多不同的科研方向，在SRTP项目中接触了导电高分子，后来在中科院超导所又做了有关提高超导薄膜性能的科研，但他始终觉得差点火候，燃不起自己内心的激情。大四，跟着何洋老师做毕业设计时接触到了透射电镜，他这才确定这是他真正感兴趣的方向，真正愿意为之奋斗、为之沉迷的方向。这是科研路上必经的一个试错过程，只有亲自尝试过才能知道适合与否。

而陈智超在初入大学时，对未来发展还很迷茫，对学习也并没有太大的热情。但他在大二下意识到自己的加权太低决定考研后，坚持每一节课都坐在第一排，并且每天自觉去图书馆自习，养成了良好的学习习惯。特别是考研的那段时间，他每天7点出门，23点回来，从最开始每周星期天休息，逐渐变成单周休一天、双周休半天，到最后连续一个月都没休息。他就这样埋头苦学到了11月份，最终以初试第9，复试第15的成绩成功上岸。

吾志所向，一往无前。陈智超和崔剑潇都心怀坚定的目标。篮球场上拼搏的劲头和不服输精神让他们始终保持着征服的心态。对他们来说，篮球和学习是一样的，都是在奔着一个目标全力拼搏，过程中需要付出大量努力，吃很多不为人知的苦，也要不断克服困难扭转局面。但是他们不会畏惧，朝着目标全力奔跑，去追逐胜利的结局。而所有的努力都不会被辜负，他们最终做到了。

4. 回首过去，思绪纷飞

展望未来，无限期待

回望大学四年，大一下参加一场比赛时，连续投中三个三分球的场景崔剑潇还历历在目，并表示那是他人生的高光时刻。当时上半场比分是大幅落后于对手的，在他上场时大家也都不抱什么赢的希望。或是因为置之死地而后生，他稳扎稳打、绝地反击，带领大家一路赶超扭转了赛局。

训练场上他们挥洒下的汗水，图书馆里他们埋头苦学的身影，无一不在诉说着，哪有什么一蹴而就，每种你羡慕的生活背后，都有你未曾想到的苦。越努力，越幸运；越自律，越优秀。明白什么时候应该做什么事，对生活有计划，才不会在纷杂的世界中迷失自我。他们也想对学弟学妹们说，上课的时候就应该好好学习，打起一百二十分的精力去听课，这是作为学生的本职工作，不要因为别人的表现而降低对自己的标准。认真听课，独立完成作业，付出是一定会有回报的，这样坚持下来你的成绩一定不会差。

时隔三年，材料学院重回决赛，今年“三好杯”也是陈智超和崔剑潇在北科大的收官之赛。材料学院最终夺冠，也让他们为自己的青春画上一个满意的句号。

蝉鸣声中，毕业季又到。昔日的场景在心中回荡，从前的欢笑耳边回响，转瞬四年时光，宴席即将散场。因篮球而结缘，他们并肩前进的道路上有过荆棘，但他们的脚步却从未停歇。梦想在前方，未来也在前方。大学生活即将结束，他们在这里有过浸透汗水的拼搏，留下了属于青春的印记，也留下了难忘的荣誉。

少年热血，未来可期。

（七）国奖双星　合作共赢：答辩舞台棋逢对手针锋相对科研竞赛共同合作勇攀高峰

他们连续两年站在特奖答辩的舞台上，答辩舞台上棋逢对手针锋相对，科研竞赛中相互激励互相成就，既是好对手又是好队友，北京市“挑战杯”斩获金奖，SRTP 项目获评北京市级项目，数学建模竞赛获得公费参赛资格，他们一位精益求精，36 门九十分以上的课程，登顶材料物理专业榜首；一位勤勉踏实，综合加权成绩为 93.9，位列材料化学专业第一，同一个学院不同的专业选择，他们都在各自领域熠熠生辉，大学生活不仅仅需要家人的支持、朋友的鼓励、同学的帮助、恋人的陪伴，更需要一位志趣相投、并肩作战的战友，寒来暑往，秋收冬藏，让我们走进他们的故事。

——编者记

求实鼎新　永不服输：材料物理 1802 田光

1. 学厚质朴，百炼成材

踏实认真，永不服输是田光的缩影，他坚信，规则里修改自己，大家都是不舒服不开心的，但是谁适应得好，谁先过这座桥，谁就会一路通畅。这个硬骨头都是难啃的，但是谁先啃下来，谁先克服了，谁就成功了。

从大一以来，36 门课程在 90 分及以上，在大二学年材料物理专业位列第一。两年以来一直还坚持英语的学习，在大一以 638 分通过了英语四级，后以 528 分通过了英语六级，现在还在准备进一步提升六级分数。求实鼎新的校训在田光身上得以体现。

在田光看来，学习一定要求实，要有意识地培养自己踏实的学习习惯和扎实的学科基础。他会用两本不同版本的课本，从中汲取不同的解题思路；他会广泛地学习慕课，从中培养自己的空间想象力；他会与积极的搭档交流，借鉴解题方法与思路。

田光对于学习上的问题，永不服输，及时调整自己的前进方向，用奋斗青春书写新篇章。

今日之事今日毕，拒绝拖延做到自律。身为班长，田光的日常也有很多学生工作去做，而他能够做到将时间合理分配的秘诀就是今日之事今日毕，绝不拖延。他将平时的作业当天完成，周末预留大量时间准备竞赛，完成学习工作。这为他在竞赛中取得优秀的成绩打下了坚实的基础。

每一个小小的优秀的习惯，都埋下了成功的种子。

2. 接触科研，敢于尝试

“科学是使人的精神变得勇敢的最好途径。”

SRTP 项目让田光首次接触到了科研，竞赛让田光培养了科研的探索精神与敢于探索的勇气。大二学年之初，田光与喻以诺搭档共同参与了同一个 SRTP 项目——面向新一代人机界面的自驱动交互型电子皮肤，在将近半年时间的转化后，参与了今年的“摇篮杯”“互联网+”“挑战杯”三大科研作品学术竞赛中，均刷新了学校历史最好成绩，在北京市“挑战杯”中更是获得了金奖，被选送参加即将进行的国家级“挑战杯”。

随后，两人又作为同一支数学建模队伍参加了今年的数学建模竞赛，在准备过程中相互鼓励、彼此学习，最后获得了公费参加竞赛的资格。

田光说到，在接触科研的过程中，他明白了有想法了一定要放心大胆地去做，勇敢表达自己。老师们都是非常欢迎学生有想法的，只有探索尝试了才会有收获。竞赛带给他的不仅仅是知识上的收获，科研技能的提升，更有自己表达能力的提升。

心有猛虎，细嗅蔷薇。科研让田光在想法上更加大胆创新，同时让田光在科研技术上更加精进，更加细致。

3. 提升思想，积极服务

身为预备党员的田光，在学习优秀的同时并没有将思想落下。苑惠婷老师所说的大学生需要培养自己的服务意识给田光留下了深刻的印象，他也用行动践行着“全心全意为人民服务”这句话。

田光认为，服务意识就是把自己工作做好的同时也要积极地给别人提供服务，有了服务意识，才会有责任意识，才会说这个人是一个有责任感的人，服务意识提升上来了才能说更全面地把一个事情做好，才能更全面地把一个事情做透。

在班级中，他在两年来分别担任了材料1812班的团支部书记和班长，参与班级建设。小到班级团建，大到班级答辩，都从中贡献了中坚力量。在社会上，他是一名优秀的志愿者，两年来参加各类志愿服务，工时达到了200+小时，参加了去年的国庆群众游行方阵和今年的国庆升旗活动。

在为同学们服务，为社会贡献自己力量的过程中，田光一直保持着积极热情的态度，提升自己的服务意识，提升自己的党性，思想上从不懈怠。

笃实专一　乐于奉献：材料化学1802喻以诺

1. 心无旁骛，勤学修德

“在学习的峰峦上，有汗水的溪流飞淌；在智慧的珍珠里，有勤奋的心血闪光。”

喻以诺大二学年加权成绩为93.912，排名材料化学专业第一。大二学年95分以上的科目近乎一半，其中工程力学取得满分。除了理论科目，她也十分注重实验课程，并且都取得了较好的成绩。喻以诺“第一”的身份与她“勤勉”的品质息息相关。

除了自我完善，自我提升之外，在平时生活学习中，她积极地帮助身边的同学，疫情期间，认真开展“助学零距离”活动，通过线上和线下等方式帮助身边的同学答疑解惑。喻以诺分享经历时说道：我们不能否认天才的存在，但我不是那一类人，唯有勤勉，才能让自己变得优秀。”

2. 积极进取，全力以赴

喻以诺说：“大学里，我们可以选择保温杯里泡枸杞的养老生活，也可以选择在大好年华里折腾自己，我一定选择后者。”

疫情期间，喻以诺参加了“摇篮杯”大学生学术科技作品竞赛和创新创业竞赛，所在团队最终分别获得二等奖和特等奖。但她并没有因为取得的成绩而止步于此，在老师的指导下，她以第一负责人和第二负责人的身份参加了“挑战杯”大学生创业计划竞赛和“互联网+”大学生创新创业大赛。最终斩获了“互联网+”市赛二等奖，“挑战杯”市赛金奖。

除了创业竞赛，她还以队长的身份参加了数学建模竞赛，经过一个假期的努力，她所在的团队最终通过校级选拔，获得公费参加市赛的资格。

为了不耽误后续的进程，当别人还在享受假期时，喻以诺选择早上练科目二，下午练科目三，晚上学习模型或者写计划书，那段难熬且快乐的时光，让她最终收获了驾照以及挑战杯国赛入场券。

“大学是让我们的想法与梦想重获自由的地方，随波逐流的过程可能会很开心，但是一定会后悔，进取需要我们的勇气。”

不要因路远而踌躇，只要去，就必到达。

3. 严谨踏实，奉献自己

“有所成就的唯一途径就是热爱自己所做的事情。”

在大一学年，喻以诺担任了班级的宣传委员，大一下学期，加入了院学生会外联部和院求是学会。同时也担任过材料学院和能环学院联合举办的两院先锋课堂竞赛活动和新生辩论赛决赛的主持人。大二学年留任院求是学会当部长，负责材院党建公众号的运营、“青年大学习”宣传等工作。

除此之外，喻以诺秉持着“俯首甘为孺子牛”的精神，乐于奉献。平时热爱志愿活动，共获志愿工时260.5小时，并且被评为“百优志愿者”，她教老人电脑、清晨奉粥、站岗送水、累计献血三次，同时也是一名器官捐献者。

“君子以厚德载物”这句话深深地影响着喻以诺。上大学以来，她一直在思想上和行为上积极向党组织靠拢，目前她已经是一名中共预备党员。2019年国庆参加的70周年群众阅兵活动，喻以诺深深为祖国的飞速发展而骄傲，为祖国的强大而自豪。除此之外，她积极地参与党支部组织的各项活动，认真学习党校的知识，每个月用心准备组织生活的讲稿等资料，定期向培养联系人汇报情况，不断提高党性，培养德行，严于律己、宽以待人，欲以厚德载物。

怀揣赤子之心，拼上青春的荣耀，不遗余力去追寻属于她自己的那一份“优秀”。

实验室见证了他们为目标奋斗的身影，同学们见证了他们甘于服务奉献的品质，他们更见证了彼此共同进步的痕迹。不服输，勇进取，相互交流，积极沟通，最终获得一个又一个耀眼成就；互相搭档，互相进步，这就是他们的故事。

（八）求知若渴，虚怀若愚：文能科研创新篇，武能球场定乾坤

梁凯彦，2000年6月出生，北京科技大学材料科学与工程学院材料科学与工程（国际班）专业2018级学生，现担任材料1801学习委员。曾获北京科技大学优秀三好学生、人民一等奖学金、人民新生三等奖学金、国家奖学金等荣誉和奖项。至今已参与发表论文3篇，一项专利授权正在申请。

1. 学海无涯，求知若渴

大一第一学期我的成绩远远低于我对自己的期望，也就是在那个寒假，我痛定思痛，提前预习了下学期内容。在这个学习的过程中，我出乎意料地对其中一些知识产生了好奇与兴趣，甚至自愿舍弃一些假期时间对这些知识进行更深的了解。我不再是被动地去接受老师给我们灌输的知识，我充分发挥了自己的主观能动性，除了上课认真听讲以外，我会在课外搜集各种网课、查阅各类参考书籍，按照自己的安排与进度对课程进行更为深入的学习，在课后我也虚心向老师、同学们请教。我的学习成绩有了很大程度的提高，从第二学期开始我的排名就一直保持在专业第一，加权成绩也得到了稳步提升。大二学年综合分数达到96.70分，23门课中仅有1门课程分数低于90，位列专业第一，与大一时的成绩相比提升了近7分。

2. 国奖材子怎样学？

注重在平时的学习，养成预习和复习的习惯，之后取得比较好的成绩，更重要的是我考前会找一些针对性的题目，因为自己看书会觉得某一点很有用但是老师不一定会考，看题目复习会更有方向性。

3. 科研之路，知行合一

仅仅学习理论知识是远远不够的，作为一名新时代大学生，我们需要培养和锻炼理论与实践相结合的能力。而亲身参与科研项目，就是最好提升我们相关能力的方法。在本专业中，我是最早进入实验室学习并参与科研项目的。

从2018年11月开始，我每周都会抽出固定的时间进入纳米复合材料与绿色催化研究室进行学习。在这个过程中，我不仅学习掌握了材料的一些制备与表征方法，还对科研产生了浓厚的兴趣。目前我已经参与发表3篇论文，并有1项专利授权在申请中。在撰写论文的过程中，我的文献阅读能力与科技文献写作能力也得到了一定程度的提升，为将来进一步地深造打下了夯实的基础。

4. 科研学霸的成长之路

当时引航学姐正在申请国外的博士，她跟我讲科研经历是非常重要的一点："既然都是要进入实验室，为什么不早一点呢，趁大一不太忙就去找导师联系。"当时我参加了一些材料的名师讲堂，主讲老师是王戈老师，我觉得她的讲堂很有趣，就给老师发了一个邮件，然后就进入了她的课题组做一些科研项目。我觉得本科生具体的方向难以把控，需要把自己的兴趣和老师的研究方向相结合。

5. 科研路上没有一帆风顺

在第一次制备样品的时候我遇到过一些困难，当时制备样品花了两三天，但是最后成果没有那么好，知道这个样品要重新制备时内心比较崩溃，感觉两三天的心血都白费了。但是指导我的王静静老师安慰我说：这是很正常的事情，科研路上没有一帆风顺，要在不断的挫折中前进。后来我重新振作，重新制备了一次样品并且总结出了上次没有成功的原因。在这个过程中我知道了人生和科研不是所有的事情都是一帆风顺的，与其抱怨还不如着手下一件事情，继续努力。

6. 学霸也有瓶颈期

我不是一个特别会控制情绪的人，DDL特别多的时候心态特别容易崩溃。这些时候我会调整一下，打打篮球，去运动和听歌，或者暂时放下手里的任务，在某一天去调整一下、放松一下自己。

7. 科研路上，我和我的导师

老师给了我几乎所有的帮助，从进实验室开始就先给我进行实验室安全培训，然后跟我讲从哪个课题做起，实验也是老师最开始的时候就手把手教我的。除此之外老师会关心我学习上的事情，我成绩上升下降会替我开心或者难过或者帮着分析原因。作为18级班主任，老师也会经常带我去跟他们班同学一起交流学习经验。更深的体会就是对自己未来规划有了一些大致的把握，对材料也有了更深的了解。

8. 导师联系第一步

我觉得本科生导师直接过去当面聊就行，也不用太拘谨。多问自己想问的，然后慢慢地，也会熟起来。有些导师可能比较擅长和学生打交道，有些老师就可能不太擅长交流，我比较幸运，遇到的老师都很善于交流并且关心学生。

9. 课外活动，德才兼备

在大一时我就加入了篮球队，非常荣幸地代表材料学院参加了“三好杯”篮球赛，并获得了不错的成绩。在锻炼自己身体、提升自己篮球技术的同时，我也收获了一群可以互相依靠、互相信任的好队友。

此外，大一时我还加入了材料学院学生会外联部，作为一名部员，我不断学习技能、反思问题、提升能力，并参与沟通、筹划了北科大与中央财经大学的户外联谊活动。此外，我还积极参与各项志愿活动，有“把我的大学带回母校”寒假招生宣传、国家图书馆志愿活动、材料学院本科生志愿迎新活动等。

其中最令我印象深刻的是参与中华人民共和国成立70周年大会的群众游行。2019年是中华人民共和国成立70周年，阅兵活动中有着由大学生和群众共同组成的游行方阵。我得知消息后第一时间报名并通过了考核，并于国庆当天成功从天安门前走过，接受了党和国家的检阅。

我至今仍忘不了那一首属于第十方阵的《希望的田野》，忘不了那一次次的通宵排练。我此生都不会忘记这一天，不会忘记在我生命中这浓墨重彩的华丽篇章。

10. 院队骄子这样说

当然，在面对如此多的课外活动时，我们也要学会选择。人的精力是有限的，我们不可能参加每一项活动，将每一件事情都做到最好。这就需要我们学会取舍，明白哪些活动是自己真正热爱的，是自己想要参加的，再全力以赴将它做到最好。

11. 未来期待，再接再厉

面对科研成果和未来期待，梁凯彦：“我希望再接再厉。”

12. 未来的规划

在大三我跟老师交流想要自己负责一个项目，争取发表一篇一作的英文论文。因为之前发的三篇都是中文，所以说感觉没有特别优秀，希望再接再厉吧，继续努力。

对于之后的规划我现在也还会迷茫，我也不确定以后到底要从事什么样的事情，现在初步的规划就是读博士，我也还在纠结。我的目标的话就是希望成绩继续保持，科研上可以自己负责项目，再发几篇论文。希望在大四的时候不要觉得自己的大学荒废，希望自己不要有遗憾。

乔布斯曾说过：“求知若渴，虚怀若愚。”正是人类对知识的渴望和对未知的好奇推动了社会发展。对于我们大学生来说，我们不仅要学习课本上的理论知识，更要努力在实践中理解、应用知识，才能更好地为社会做出贡献。

13. 寄语

“Stay hungry，Stay foolish”是我最喜欢的一句话。也希望大家可以找到自己喜欢的事情，然后一直坚持下去。

（九）心觊科研，刻苦自砺：漫漫求学路，巍巍赤子心

余觊祺，北京科技大学材料科学与工程学院材料物理专业2017级本科生，2019—2020学年国家奖学金获得者。现任材料2008引航学长，已保研至中国科学院物理研究所硕博连读。综合成绩：95.15分。所获荣誉：国家奖学金；全国大学生数学竞赛一等奖；全国部分地区大学生物理竞赛二等奖；北京科技大学数学竞赛二等奖；北京科技大学物理竞赛二等奖；北京科技大学社会实践银奖；社会实践先进个人；北京科技大学优秀三好学生等。参加学生工作：校学生会干事；现任材物1702班班长、材料2008班引航学长

1. 化目标为动力 求刻苦与自省

“材料研究的进度影响着人类前进的速度，我若能为之贡献点点辉光，也就足够满足。”余觊祺的大学生活，是一直伴随着投身材料科研这一目标的。

心怀目标，不断反思。余觊祺总能随时调整自己面对学习生活的状态，前进不止。他在大二时学习成绩获得显著提升，在他看来这是目标和自我反思带来的结果。他在选择专业时毅然选择自己早已选定的、兴趣盎然的材料物理专业；同时经过大一的适应，再经过反思和总结，他在大二时摸索出适合自己的学习节奏，成绩就获得迅速提升。

在不久前的保研工作中，心怀自己的深造目标领域——非晶材料，余觊祺阅读了许多关于非晶材料的文章。在读到汪卫华院士的文章时，余觊祺的印象十分深刻：“汪老师的文章，文笔利落，能将深奥的知识用近乎于科普的方式传授给初学者，可见其对于非晶领域理解极深，同时在接触交流的过程中，给我的印象也是十分和蔼。”于是在保研时，余觊祺了解了许多关于汪卫华院士的信息，并且主动和他取得联系，讲述自己在该领域

的科研经历，最终顺利获得汪卫华院士的接纳。

在余觊祺看来，学习无捷径亦无秘诀。“对于学习，其实我也没有什么特别的经验，总结起来，仍是常谈的课上认真专注，课下多花时间，预习、做笔记、认真完成并理解作业内容，定期整理复习等。但我想要强调的是，我们一定要及时解决学习中遇到的问题”，只有在平时“埋头苦干”，严格要求自己，不断积累以提升能力，才能在机会来临时将它紧紧握在手中。

在平时的学习中，余觊祺就从不会把模糊不清的知识点抛到“没有尽头的以后”中去。以让许多同学感到头疼的量子力学科目为例，若他遇到难题而思考无果，他常常去询问老师，力求脚踏实地走好平时的每一步。“特别感谢材料物理系的杨善武老师和宋振老师，那时我常去向他们请教，也给他们添了不少麻烦。”

在学科竞赛中余觊祺先后获得全国大学生数学竞赛一等奖和全国部分地区物理竞赛二等奖等奖项。这些优秀的结果亦是他在平日里积累的结果。他谈到，竞赛只是展现能力的机会，下功夫重在平时，平日的基础打得牢固，抓得住考试重点，备考就轻松不少，考试也从容，结果自然不会差。

2. 科研探索秘境 磨砺推助成长

余觊祺非常感谢学院的本科生导师制度。他认为，材料学科既作为一个研究性学科，能够提前接触科研是很有好处的，但是实际情况是许多本科生没有门路接触到科研。而材料学院的本科生导师制度就是为大家提前铺好一条路，能让我们勇敢前进，不至于没有目的地盲目探索。

虽然本科生很难在短期内获得非凡的结果，但是细细探索自己所做出产品的独特性能与魅力的过程却是充满意义的。也正是在参与科研的过程中，余觊祺领会到了科研的魅力所在。

“接触科研之前，总觉得它神秘，仿若不可触碰。在近距离与之相处后，神秘的雾气散去，但难度仍在。”余觊祺最早接触科研，是在 2018 年 12 月开始的 SRTP 项目，他完成了响应性胶束用于光动力治疗课题。从那以后，科研逐渐成为余觊祺大学生活中与众不同的一段经历。

而在大三加入吕昭平老师课题组时，他更加坚定了今后投身材料科研领域的决心。那段时间余觊祺接触到非晶合金、高熵合金、现今钢铁材料等新金属的前沿研究，从中体会到先进钢铁材料的实用性。“吕老师课题组的很多成果已为我国国防事业做出贡献，确确实实在应用层面促进了国家发展。想到我们每次在科研上向前迈进的一小步都能点点累积成祖国前进的一大步，心中就充满成就感。”

在目前参与的科研中，余觊祺印象最深刻的是在SRTP中的一段经历。那时他们希望运用红外和紫外的表征手段来获取高分子化合物的参数，但由于这是全新知识，实验完成后的数据处理工作成为难题。余觊祺和队友们查文献，比对数据和结果，在陌生的领域摸索前进，最终通过自学克服困难。

而回想起来看时，这段过程虽然很痛苦，但是经历一次之后就再也不会忘记，“在科研中探索的过程能帮助我们将知识抽象具象化，加深知识的理解。那时对红外紫外表征技术的接触让我在目前的学习中很有画面感，学起来自然也从容不少。”这也是科研和学习的关系，正如余觊祺学长所谈到的，学习始终是学习课本的基础知识，但终归有一天我们需要将所学应用到实践中。

在本科科研经历里，余觊祺非常感谢自己的本科生导师：“我的本科生导师吕昭平教授虽然事务繁忙，但每每我向他寻求帮助时，他总是耐心帮我解答。”在他看来，是导师帮助他树立起科研目标和方向，“他总是向我强调，要好好把握机会，抓紧时间学习，早点进入科研领域，时刻在心中清醒自己想要什么”。

结合自己目前的科研经历，余觊祺认为在坚持和努力的基础上，更需要具备自我学习与探索的能力。“科研是一个自主探索的过程，老师给予我们指引，怎么走到终点全由自己决定。但是经历这样的自我磨炼，我们惊觉自己已成长不少。”

3. 全面发展添彩 引航传递温煦

余觊祺一直都清楚地认识到，大学生活不应只有学习，全面发展、努力提高自身综合素质也是大学中非常重要的部分。

他担任班长的同时，也是学生会的干事，但是他却从来没有经历过学生工作与学习间的冲突。“时常突如其来的工作，更促使我养成随时对自己高要求，‘凡事做在前头’的习惯，抓紧时间处理好自己学习上的任务，自然就能给自己留下充足的时间进行学生工作而不会出现矛盾的情况。”

同时他也提到，无论是现在的学习还是将来的工作，沟通能力都非常重要。一方面，我们潜在的能力通过沟通而展现，这也是学生工作给予他最大的收获。另一方面，在学生工作中收获的友谊也让余觊祺的大学生活更添宝贵的财富。

此外，余觊祺更感激自己所在的集体。刚来北科大时，宿舍内的每一个人都对即将到来的大学生活充满斗志，在接下来的大学年岁里，室友间始终在追求共同目标的道路上互帮互助，在相互的鼓励和支持中越来越优秀。目前，他所在的宿舍已连续两年获得"标兵宿舍"称号，他和舍友们正朝着100%深造率迈进。同时，班级也获得"首都高校、中职院校先锋杯优秀团支部"的荣誉称号。谈到这里，余觊祺表达了自己的感谢："人不免是有惰性的，感谢我的舍友和班级体，他们对于优秀的不懈追求也给予我一个向上的目标。"

一方面，受到自己曾经引航学长——现已保研至清华大学化学系的赵鹏学长的影响，在大四学年，余觊祺成为材料2008班的引航学长。"我曾经的引航学长十分优秀，他在我们进入大学时就为我们营造了良好的大学氛围，让我们对大学生活产生了积极的响应和规划。"他希望将曾接受的这份积极影响传承下去。

另一方面，余觊祺也希望将自己在四年里，在与班级体相处过程中点点滴滴的感动，并上自己的感悟和收获，通过担任引航学长的方式传递给刚刚来到大学校园的学弟学妹们。

"我希望学弟学妹们能在大学中坚持对自己的严格要求，优秀的人不管到哪里都不会停止努力。"但同时，余觊祺也希望大家不要像高中一样只注重学习，而应该充分利用大学提供的平台和资源，全面培养自身综合素质。

在余觊祺对引航学长这一工作的规划和展望中，他尤其注重新生班级中学风建设和心理疏导方面的工作。"我希望通过自己的引导，帮助他们建立优良的学风，保持良好的学习习惯。"他以朋友的身份同学弟学妹们相处，希望通过与大家的沟通交流，帮助大家获得能抗打击、处变不惊同时又阳光开朗的心理素质。

眼中注视目标，抬步坚实平稳向前，勇敢丈量路上的每一道沟沟壑壑。晴晴雨雨中记好沿途的好风景诉与他人听，寻觅的路途便早已草木葱茏，蓬然生机。

觊慕远山之巍峨，不如登之而望远。优秀是由长期以来一个个稳扎稳打的脚印累叠而成的。四年不长，但其内含却能因为我们的努力而无限丰富。愿我们能抓住平日里流过指缝间的秒秒分分，走好脚下匆匆而有力的每一个步子，用四年时光绘就独属于我们的斑驳光彩。

（十）追求卓越，心向远方：国奖材子佼佼者，材院主席逐梦人

陈章毅，中共预备党员，加权成绩为93.93，排名专业第二。

所获荣誉奖项：

人民（新生）二等奖学金；

国家奖学金；

北京科技大学数学竞赛三等奖；

北京市物理竞赛二等奖；

北京科技大学物理实验竞赛二等奖；

北京科技大学优秀三好学生；

北京科技大学体育先进个人。

参与学生工作：

材料1806班组织兼宣传委员；

材物1801班学习委员；

曾任北京科技大学学生会文化部部长；

现任材料科学与工程学院学生会执行主席。

1. 希望是努力的象征 成功是奋斗的未来

“月落人未眠，执笔有精神”，心中有了目标，做起事来自会激情不竭。对于陈章毅来说，“刚毅卓绝”就是他矢志不渝的追求。

对知识的渴望，对理想学校的向往，使他一直坚持不懈。尽管在大一学年就取得了加权91分的成绩，获得了国家奖学金，他也没有丝毫的傲慢懈怠。

勤勤恳恳，认认真真，身兼数职让他失去太多本该用于学习的时间，但一直名列前茅的成绩，却证明了他在学习上付出的心思和努力。课上专注投入，课后总结归纳，在自习室待到晚上10点、考前一份份的习题……每一分的背后都是十分的努力。在坚持和奋斗下，陈章毅大二学年18门必修课程中13门在90分以上，3门课程满分，加权成绩为93.93，位列专业第二，再次站上特奖答辩的舞台。

而在搞好自己学习的同时，他也热心奉献，成为讲师团的一员，为大一学生讲解高数和大物，帮助他人学习进步。陈章毅坚信，越努力越幸运，自己做过的、正在做的以及即将要做的一切都是向着理想学校前进的必经之路。

不受眼前干扰，保持最高方向和最佳状态，他冷静理智，奔赴梦想。陈章毅曾获得北京市物理竞赛二等奖、北京科技大学物理实验竞赛二等奖。竞赛带来的远不止奖项，更多的收获体现在所学知识更加精深、知识体系更加完善，对之前学习付出的肯定。秉持着一颗奋斗的心，在这两年的大学生涯中，他还参加了数学建模大赛和一些科研活动。

大二学年，在导师和辅导员的帮助下，他开始涉猎科研，一个方向是关于缺陷诱导掺杂单层二硫化钼场效应晶体管的构筑研究的SRTP项目，另一个是在清华摩擦学国家重点实验室中的二维材料飞秒瞬态能量研究中担任数值计算的工作。阅读文献，深入思考，和队友一起积极探讨，这是他在科研上迈出的第一步，也是他更接近梦想的一步。

看过早晨五点的天空，走过凌晨一点的北科大。成功从来都不是一蹴而就的，每一份卓越成绩的背后都是点滴努力的堆积。

2. 用奉献编织生活 让付出创造更好

学习是大学的底色，而丰富多彩的课外活动和学生工作为大学生活增添着不一样的色彩。

大二学年，陈章毅担任校学生会文化部部长，筹备策划了许多大型活动：厨艺大赛、柿子文化节、篮球嘉年华、线上吾肆放歌、2020年校会本科生迎新……在校学生会的570天，他先后共参与筹办了15场大型活动，丰富的活动经历对他来说不仅是提升自己、帮助别人的机会，更是一段美好而难忘的经历。

相隔仅仅一周的两场大型活动，连续一个星期凌晨1点多才回到宿舍，设计活动，准备物资，场地审批等，所有的事情他都需要考虑甚至参与，有时忙到焦头烂额，有时忙到不知所措。学业和工作的双重压力下，他迎难而上，对于活动的任何的一个小细节都严格把控。

大三学年，陈章毅留任了材料学院学生会执行主席。虽知前路辛苦，但他选择用激情和认真填满这充实的生活。出于对学生工作的热爱，对材院学生会特殊的情怀，他选择留任继续为材院的每一位同学奉献。陈章毅希望，用自己的努力将材料学院学生会建设得更好，让学生会的成员得到提升和成长，让每个参加活动的同学都感到开心、得到收获。

他不仅仅是将所在做的事当成工作，而是享受其中。他为同学们对活动的肯定感到开心，为活动的圆满完成感到满足。陈章毅每周周末还会去家属区看望退休的教职工，与他们一起聊天，教他们使用电子产品。他喜欢相处中的这份温暖，如同他为之辛苦付出的工作一般，这些都带给他一份归属感。

学生工作繁忙、困难重重。而既然选择去做，就一定做到最好。他投身奉献、热心服务、力求卓越，善用自己的每一分每一秒让自己成为更好的自己，也在不断地帮助别人成为更好的自己。

3. 思想指引行动 行动践行精神

正确的前进方向离不开思想的指引，而有了清晰的目标后，也需要一步步攻克险阻奔赴。从小在家庭和学校的熏陶下，陈章毅对党有着崇高的敬意，也始终怀着一颗想要入党的决心。

自入校以来，陈章毅不断加强对党的理论方针的学习，积极向党组织靠拢。申请入党，成为一名预备党员，对于陈章毅来说，这意味着更多的责任与担当。作为材本18级党支部第三党小组的组长，他主要负责每月组织生活的开展和党员发展材料的准备。同时他也积极参加党支部组织的助学零距离活动，与年级中的同学形成帮扶小组，一对一教学，用自己所学的知识帮助他人。

疫情期间，在辅导员的联系与推动下，陈章毅带领组员开展了与房山区良乡第五中学党支部开展红色“1+1”党支部共建活动，针对学生需求，结合当下时事，与初三学生进行线上学习分享，为他们解答难题，同时也传授给他们一些答题技巧与方法；在与初一学生进行两场有关疫情的宣讲中，不仅有讲述防疫的理论知识，最美逆行的故事，还和他们一起了解国家防疫措施，学习党在有关方面的政策方针。

不断向党组织靠拢的过程中，陈章毅一直严格要求自己。学习刻苦、成绩优异，服务班级、帮助他人，勇于创新、认真做好学生工作。他以实际行动践行党员精神，在思想上，也时刻不忘初心和责任。

心无旁骛，眼里有光，脚下有路，行囊有梦。他心有所向，脚步坚定，踏足之处方成坦途。

4. 寄语

山高路远，勇者为峰，没有比人更高的山峰。山再高，往上攀，总能登顶；路再长，往前走，定能到达。每一个逆流而上的你，都在攀登心中的珠穆朗玛峰。大学生活很精彩，你可以努力把它过成你想要的美好样子。希望你不辜负梦。

（十一）认真生活 努力成长：跌跌撞撞的旅途中，走向更好的自己

比起分享终点的美丽，我更愿回看一路上的风景与美好。三年时光，于学院路30号遇到的人、发生的故事、获得的成长，都让我觉得不负此行。——高明朗

姓名：高明朗

专业：材料科学与工程

年级：2017级

综合成绩：三年总加权成绩为95.4，专业第一。

获奖经历：人民一等奖学金、人民二等奖学金，北京科技大学服务保障国庆70周年活动贡献奖，北京市第三十届大学生数学竞赛（理工类甲组）三等奖，2019年本科生创新训练项目二等奖，北京科技大学第十三届全国大学生节能减排社会实践与科技竞赛校内赛三等奖，第二十一届“摇篮杯”大学生学术科技作品竞赛特等奖，2020年“挑战杯”首都大学生创业计划竞赛银奖，第六届中国国际“互联网+”大学生创新创业大赛北京赛区二等奖、北京科技大学优秀三好学生等多项荣誉奖励。曾承担SRTP项目负责人，与团队成员一起学习并开展国家级科技创新项目的研究，作为第四作者申请实用新型专利。

工作经历：曾为新闻宣传中心宣传部部员、爱心满屋社团外联部部员，现任行政班的文艺委员、专业班的学习委员，材料2006班引航学姐。

1. 学习——别让温水煮了青蛙

大一时，老师、导员、学长学姐的教导是“如果你不知道要干什么，那就先搞好学习”，高明朗曾经感到疑惑——“为什么进入大学后学习成绩仍然那么重要？”一边向前行走着一边思索着，渐渐地，她明白了这个评价体系与社会需求的高度契合，甚至这是目前最公平的一种评价手段，不管爱好、特长或者背景，学习能力与专业能力或许是一条可以将大

家归零的准线，而这些知识，似乎是早晚都要学会的。她逐渐感觉到当下在未来中的重要地位，从那时起，她就决定要尽力尽善尽美去做好手头的事。

无论什么事情，只有投入足够的有效时间才可能把它做好。大二后高明朗走出宿舍，去图书馆成为她新的生活习惯。面对疑难时，她的解决办法是——“没有什么问题是多翻几遍教材不能解决的，如果有，就去翻另一本”。因此，面对比较厚重的材科基，她选择多翻几次教材，尽量和它熟悉再熟悉一点，同时，她发现自己的数理基础并不突出，但是与实际相结合的专业课程反而学得比较顺手，这帮助她发现了自己的兴趣。一路走来，高明朗也渐渐发现，“学习是一个不断自我了解与认识的过程”。

高明朗享受独自学习的快乐，也时刻感受到温暖的陪伴。老师们的认真与严谨，耳濡目染地改变她求学的态度；朋友们的热情帮助，抱团学习不断鼓励着她……作为学习委员，她也会搜集学习资料，整理课程答案帮助同学。

2. 科研——不断学习，开拓眼界

喜欢满是瓶瓶罐罐、五颜六色的实验氛围的高明朗从小就对科研抱有浓厚的兴趣。在大二，她担任 SRTP 小队队长亲身参与《纳米纤维素不同亲疏水性表面的构建以及对细胞行为的调控》国家级科技创新项目，在郑裕东教授和杨莹莹学姐的指导下，在团队成员的配合与合作下顺利结题。

从英文文献需要有道词典的全文翻译到逐渐熟悉这一领域的专业词汇，从低效地通读全文到有的放矢地阅读与获取相应资料，她和队员一起学习，一起成长。尽管事情并非一帆风顺，但她深刻认识到了学习和实践的天壤之别，科研并不像她想的那么简单，也不是一直有趣，自此揭开了科研的神秘面纱。

高明朗发现，其实科研并不非要是一个高大上的项目，仅仅是平时的一个实验报告或者是课程设计，只要一步一步地往下想，都可以从中体会到科研的味道；或者只是一次问题的思考，就足以体会发现问题—分析问题—解决问题的过程。

3. 竞赛——参与即成长

因为没有充分准备而失去了大英、大物竞赛的机会后，高明朗将竞赛定为大三学年的关键词，为参加北京市第三十届大学生数学竞赛，她经历了小两个月的习题课和复习，获得了市级数学竞赛的三等奖。

凡事预则立，不预则废。有了原来的经验教训，她们SRTP小队开始尽早准备“摇篮杯”的比赛，在12月份就写好了研究报告和申报材料，虽然比赛推迟，但是提早的准备让后续工作从容了很多，最终她们的科研成果在“摇篮杯”的平台完成了成果转化，得到了学术科技作品特等奖的成绩。不止于此，因为队友发现了最终产品的创业价值，她们还组建了打创业赛的“日臻完疝”小队，从零开始，在云端合作，又一起完成了五万多字的商业计划书、演示PPT和路演视频，最终收获了第六届中国国际“互联网+”大学生创新创业大赛北京赛区二等奖和2020年“挑战杯”首都大学生创业计划竞赛银奖。

除此之外，节能减排比赛中也有高明朗的身影，塑料微粒过滤膜、噪声发电耳机、塑料热处理、改塑换纸、臭氧变废为宝……她和队友们一起提出新的想法与创意，在团队中找到自己合适的位置，与其他专业的朋友交流，探求材料领域外的广阔。真正体会到，用心参与，参与即成长。

4. 学生工作——独一份的体验与奉献

作为材料1707班的文艺委员，高明朗积极参与班级建设，组织班级同学设计班徽班旗，最终班级在线上投票中获得第四名，班级文化展示中获得三等奖，同时和其他文委一起辅助饺子文化节剧目排练，为班级评选优秀班集体答辩制作PPT等。她在2018学年秋季学期加入新闻宣传中心宣传部，负责“北科大材子风华”公众号的宣传工作，共制作10篇推送。作为爱心满屋社团外联部一员，她参与日常值班、旧衣捐赠和希尔顿社会实践的主持工作和支教等工作，在实践中感受自己的成长。

现在她成为材料2006班的引航学姐，这给了她新的力量——“看到了萌新们身上的冲劲与憧憬，给我也注入了不一样的青春与活力，希望我们可以一起努力，立足新的起点，奔赴新的梦想，扬帆起航。”

社会实践期间，高明朗参加了禾欣少儿服务中心实践团。在那里留下来太多“第一次”的珍贵回忆：第一次参加无领导小组面试；第一次做几个分团孩子们户外活动的运营；第一次来到苏州；第一次单独带几个幼儿园的小朋友。她们的投入与合作，以及因此收获到的能力、经验、友情都让这次经历成为大学生活最多彩的一抹颜色。

5. 写在最后

就像高明朗所说："我的经历就像每个人的经历一样，跌跌撞撞、起起落落，可能这就是大学最真实最独特的样子吧，感谢路上的风景与陪伴，都让我向更好的自己靠近。"

希望如她所愿，学院路的小贝壳们都坚信：

道阻且长，行则将至；

行而不辍，未来可期。

院级新媒体品牌化建设的实效性研究

项目概述

随着信息化时代的到来，网络育人部分成为高校育人工作核心环节，如何发挥网络平台在高校育人工作中的重要作用，在推进思想政治工作、贯彻落实“三全育人”战略方针具有重大现实意义。通过一年的探索与实践，计通学院院级新媒体品牌化建设的工作产生重要成效，在创新与实践的品牌项目建设中检验网络思政育人理论的正确性，在摸索中找寻工作开展的更多方向，找寻思政教育工作新可能。

一、树立党史学习栏目，加强思想政治教育

加强政治敏感度，紧跟中央开展思政教育，更广泛、更深入树立党史学习教育栏目，加强思想政治教育，提升青年学生政治素养。

2021 年是中国共产党成立 100 周年，第一个百年奋斗目标顺利实现，学院开展“计通青年说”栏目的策划。从 1921 年中国共产党在风雨飘摇中成立，抗日战争、解放战争再到社会主义建设、改革开放，中国在中国共产党的带领下、在百年中完成了挑战，迈入新时代。百年党史是思想政治教育的重要部分，从学“四史”到进一步推进党史学习教育，如何能够对更年轻、更有思想的“00 后”学生讲党史，借助院级新媒体平台的整体建设，在网络平台开展更具特色的思想政治教育成为学院研究的重点。

视频号是借助微信公众平台开设的全新新媒体平台，不仅在人际传播中占有很大优势，而且能够实现内容的精准分发，即“我”所点赞的视频，同时也会推荐给“我”的微信好友圈，以此实现内容的“三次曝光”，借助微信朋友圈人际传播实现内容的“裂变”。学院借助官方微信平台在全校范围内首先开通微信视频号，利用微信公众平台积攒的粉丝基础，利

用视频号全新形式最大限度提高粉丝黏性，提高影响力，带来新一轮的内容传播契机。

为深入学习贯彻习近平总书记在党史学习教育动员大会上的重要讲话精神，积极开展党史学习教育，学院党委开展党史学习动员大会，同步开设“计通青年说”栏目。“计通青年说·党史百讲故事汇”采用自愿报名、自行学习、自主录制的形式，给予学生充分的自主权。在建党 100 周年倒计时 100 天学院视频号正式推出“计通青年说·党史百讲故事汇”栏目，学生在建党 100 年里自愿选取感兴趣的年份，讲述当年的党史故事，一天一个故事、一步一个脚印，一起见证中国共产党百年奋斗史。以 10 年为节点，学院微信公众号开设趣味问答，知识重点涵盖党史故事中重要内容，考察思想政治教育成效。“计通青年说·百讲党史故事汇”栏目覆盖全部年级，本硕博各支部积极参与，以不同阶段、不同视角讲述学生眼中的党史故事；覆盖各地生源，少数民族学生以家乡为案例讲述中国共产党领导下的发展变迁，脱贫地区的学生以脱贫攻坚战实施的政治政策为切入点，讲述平凡中的党史故事；覆盖全体学生，以原有粉丝量为基础不断扩大影响，100 期“计通青年说，党史我来说”短视频总播放量达到 13.5 万，点赞及转发量近 4 千次，单期最高播放量达 2.3 万，在广泛传播中讲好党史故事。

院级新媒体平台在中国共产党成立 100 周年之际推出品牌栏目，以百期故事汇的形式初步建立具有品牌效应的栏目。重点利用新媒体平台“短、平、快”的特点，将栏目内容进一步精简，以两分钟以内的小视频作为栏目主打，通过学院师生的转发与点击进行平行传播，同时利用新媒体平台推广速度与智能算法传播速度快，提升栏目整体竞争力。通过“10 万 +”的播放量，院级新媒体的品牌栏目建设初见成效，借助新媒体的特点成为思想政治教育的最新手段。

二、打造院史品牌栏目，增强爱校荣校情怀

确立特殊时间节点，打造院史品牌栏目，多方位、全覆盖形成栏目内容，加强院史文化教育，增强学生爱校荣校情怀。

在建设新媒体平台的过程中，“北科大计通 News”作为学院新媒体平台，以更规范、更深入的方式进行相关建设的探索。自 2021 年推出“计

通青年说”品牌栏目后，于2022年迎来北京科技大学建校70周年，从北京钢铁学院到北京科技大学，70年风雨征程是一代代北科大人不断奋斗的结果。学院以此为契机，同时作为新生教育的重点项目再次开展“计通青年说”栏目的策划。明校史、知校情，为进一步加强青年学生爱校荣校情怀，以讲述建校70周年历史故事为题开启“计通青年说”品牌栏目的二次创新。

此次栏目创新形式，不局限于室内场景，学生可前往校园内不同角落，以实景形式对校史故事进行阐述。“计通青年说·建校七十周年史”具有形式多样、内容丰富的特点，更注重“真听真看真感受”，让学生在亲身经历的体会中讲好校史故事。建校70周年倒计时70天，学院视频号正式推出“计通青年说·党史百讲故事汇”栏目，从1952年到2022年的70个视频囊括了北京科技大学发展的重要阶段，定期推出主题推送，汇总重要内容。“计通青年说·建校七十周年史”栏目覆盖全体学生，本硕博各支部积极参与，以不同阶段、不同视角讲述学生眼中的校史故事；贴合专业内容，在校史故事中寻找专业发展足迹，传递学院文化和学院精神，进一步提升专业认同感；扩大传播范围，以原有粉丝量为基础不断扩大影响，70期“计通青年说，校史我来说”短视频总播放量达到9.2万，点赞及转发量3000余次，单期最高播放量达2.3万，在广泛传播中讲好校史故事。

院级新媒体平台通过院史栏目建设，讲好学院故事。以小故事讲出大情怀，通过挖掘专业发展故事，加强学生专业认知，增强学生专业认同感，有助于学生更好地投入专业学习。

三、保持媒体品牌优势，增加师生参与热情

院级新媒体平台持续推出榜样力量栏目，通过保持媒体品牌优势进一步推广学院师生榜样事迹，加强学生专业认同度，提升师生参与感。

学院新媒体平台对连续推出的榜样力量、集体之光、专业认知、娱乐活动等多项目、多平台、多栏目进行推广，以形式更多元化的方式加强新媒体品牌建设。以“计通向未来”特奖答辩选手个人事迹作为宣传，以榜样力量作为学院教育的日常工作；以优秀班集体的事迹进行宣传，加强学院班级与梯队建设，提升凝聚力；开展“圆桌会议”，以专业老师视角

为学生学业问题答疑解惑，加强创新创业能力培养；推出“辅导员版《本草纲目》”走遍校园角落，鼓励师生多锻炼，同时推出“疫情版《不怕不怕》”让同学在疫情期间保持良好心态。学院新媒体建设以网格化建设为基本方法，通过横向与纵向同步进行建设与宣传工作。横向加强传播与推广，以更年轻化的内容与形式获得年轻学生的喜爱与关注；纵向动员教师参与宣传工作，借助横向传播的快速与广阔范围进行宣传与建设。

院级新媒体平台借助品牌栏目树立的良好优势，开辟多范围、多栏目持续发力，建设打造品牌优势。广泛动员师生参与宣传教育工作，在新媒体平台开展多方面教育，填充学生课余生活、加强把握专业人才培养，以更紧贴时代的方式完成基于新媒体平台的思想政治教育工作。

四、创新文创产品设计，赋能传统 IP 形象

增强“爱校荣校”情怀，加强文化认同教育，进一步传播校园文化，赋能学院传统 IP 形象，设计研发相关文创产品，提升高校学生对学院发展历史的认同感。

“程序猿——海罗沃德”作为计通学院过去 5 年内传统 IP 形象，已经在学院师生心目当中具有较强的代表性。通过创新 IP 形象的设计推出一系列文创产品与品牌栏目，以更贴近“00 后”学生的形象作为核心点，加强学院文化衍生品的竞争力。学院在文创设计对于新媒体品牌建设工作的研究中，采用师生共建的方式进行。团委宣传部的学生对学院特色 IP 形象进行创新，学院老师为相关栏目建设以及整体形象进行把关和总体把握。在特色 IP 设计理念上，主体在保持原有基本形象的同时可以同步更新形象，进行全新设计。主要设计产品有新生文化衫、新生卡贴、新生成长纪念册及帆布包，在设计过程中融入“程序猿”形象，同时添加计算机相关元素，既要具有可用性，也要兼具美观度与创新性。一年来，学院新媒体设计全新文创产品内容丰富，包括日用品、装饰品、文具等多方面产品，能够将品牌形象覆盖师生生活。主要包括防晒服、马克杯、口罩，以提供产品的形式注重学院疫情防控情况，更近一步提升学院日常工作的深度、广度、用心度；同时设计并推出包括徽章、摆件玩偶的装饰品，具有较高的观赏性，赋能特色 IP 融入生活点滴；文件袋、鼠标垫、帆布袋作为学生日常使用度较高的产品能够进一步传播学院文化。2022 年迎新设计全新小猿

吉祥物，更加符合年轻人审美，为新生入学第一印象取得更高关注度。

学院借助新媒体品牌建设进行文化传播与思政教育。通过开展“小猿陪你过节气”品牌栏目，将中国传统历史文化与学院 IP 形象融合，加强对学生开展历史文化教育的同时，能够形成更具特色的学院文化形象。通过小猿形象开展新生入学教育，利用“成长纪念册”梳理本科各类活动时间点，从“学习、生活、竞赛”的不同方面，加强全方位人才培养，树立人才培养体系。

在过去一年以院级新媒体平台建设为目标的宣传工作中，加强媒体平台宣传工作，促进网络思政教育工作，以突破传统思政教育模式，减少以“师生关系”作为思政教育唯一渠道的传统形势，将学生为主体作为思政教育的本位者，打造从学到讲的连锁模式，更新颖的视角与易接受的形式作为思政教育内容的重要部分。

借助新媒体平台，树立学院品牌栏目，打造品牌效应，以更高点击率、更深思考度、更广传播量作为新媒体平台建设的核心工作。通过利用能够对人际传播、内容精准分发的微信视频号对思政教育、专业认知、娱乐生活的新内容进行“三次曝光”，借助微信朋友圈人际传播实现内容的“裂变”，利用学院公众平台已具备的较高粉丝黏性，进一步提高影响力并扩大粉丝基础。

作为突破传统思政教育工作的创新点，新媒体平台的建设已形成具有品牌效应的院级媒体，在近两年中借助中国共产党成立 100 周年、北京科技大学建校 70 周年的国家社会及学校发展重要时间节点，设计并推广“计通青年说”品牌栏目，以学生为讲述主体推广思政教育内容，覆盖范围广，实现网络思政平台建设探索新模式，实现“讲政治、有深度”的栏目塑造。

新媒体平台的品牌建设承载部分思政教育工作，利用互联网传播的特点成为传统思政教育工作有益补充。在课堂以外，利用新媒体平台积极开展思政教育工作，以学生为主体作为思政工作的开展者、教育者、传播人，以同龄人讲故事的方式进一步加强学生对思政教育内容的接受度。同时拓宽思政教育的渠道，利用新媒体平台，能够进一步提高资源共享效率，多平台同频共振、协同发声，使学院各宣传平台形成媒体融合矩阵，内容协同生产，服务学院发展和师生成长。

在未来，如何保证院级新媒体平台能持续向好发展是宣传工作的重中之重。对于已经构成的品牌栏目，要进一步发展并不断创新形式，以更与时俱进的主题、更巧妙的设计来展示新媒体平台上青年的风采与理解。“计通青年说”作为学院品牌栏目在持续发展当下仍需继续创新形式、加强内容，以年度热点内容作为品牌栏目的核心话题，“以讲代学”传播思政教育内容，开展思政教育工作。后续将以“二十大召开”“中华人民共和国成立七十五周年”等重要时间节点开展栏目创新，进一步拓展教育内容及形式。

同时，要依靠新媒体平台的不断建设，师生共育共创网络思想政治教育新发展。充分参考成功经验，对思政工作内容要根据网络平台发展与时俱进同步更新，不断探索解决问题的有效途径，提升教育质量。高校思政教育工作不断发展与变革，既要认识到网络思政工作的重要性，不断学习更新理论知识，加强队伍建设。

在新媒体平台的建设上，通过长期努力已经取得较好的发展，利用品牌栏目、特色 IP，打造全新内容，在师生中广泛传播。将思政工作利用新媒体平台进一步增加交互性、新鲜感，增加参与度，找寻思政教育工作新可能。

（2021 年立项项目　撰稿人：田斌）

北科大特色文化景观构建的实践探索

项目概述

立德树人是教育的根本任务，学校致力于培养具有行业特色、学科特色的高精尖人才。因此，特色鲜明、文化氛围浓厚的育人环境显得尤为重要。该项目的实践探索以学校70周年校庆为契机，立足于营造优美和谐的育人氛围，通过“绿化、硬化、美化、亮化”等具体途径，融学校特色文化与景观构建于一体，全面修缮校园整体环境，开展校园文化景观建设，充分发挥环境育人在“三全育人”工作中的重要作用。

一、项目背景与意义

习近平总书记在给我校老教授的重要回信中强调“民族复兴迫切需要培养造就一大批德才兼备的人才。希望你们继续发扬严谨治学、甘为人梯的精神，坚持特色、争创一流，培养更多听党话、跟党走、有理想、有本领、具有为国奉献钢筋铁骨的高素质人才”。从1952年建校开始，学校的发展与新中国的钢铁行业密切相关，校园中随处可见体现矿冶、材料特色的景观、雕塑。在校园文化景观构建过程中，应最大限度地保留学校原有的景观特色，并在此基础上，融入学校在新时期、新时代背景下形成的新特色、新元素，让校园景观既能体现学校深厚的历史底蕴，又能体现在新时代发展中的蓬勃活力，实现两者的和谐统一。

2022年，学校迎来了70岁生日，这既是集中展示学校发展成果的重要时刻，也是在广大师生中开展爱校荣校教育的良好契机。在此背景下，开展体现学校特色的文化景观构建工作，既有助于校庆氛围的营造，又有助于校园氛围环境的整体提升，让学习、生活在其中的广大师生耳濡目染，身心愉悦，增强师生作为北科大人的认同感、荣誉感和自豪感。

从1952年到2022年，学校走过70年的发展历程，值此重要时刻，习总书记为学校未来的建设发展指明了方向，为学校教学科研、人才培养等工作明确了目标。在此背景下，紧紧围绕学校特色文化，做好校园文化景观的设计、实施，具有重要的理论价值和现实意义。

二、项目主要内容

（一）全面提升校园整体环境

一是美化、亮化校园标志性楼宇。学校主楼、办公楼、理化楼见证了学校的发展历程，典型的苏联风格建筑展示着鲜明的时代特色，体现出学校厚重的历史沉淀。在上述建筑群周围，有1967年10月落成、高约9米的毛主席塑像，有1980年7月镶嵌于主楼正门之上、由76级毕业生赠送的白色大理石匾“为中华之崛起”，这些都是学校历史中的深刻记忆，鼓舞、激励着广大师生肩负起科技强国的历史重任。在学校的统一规划下，后勤管理处于2022年年初着手对上述建筑群进行外墙粉刷修缮，在保留原有建筑外墙材料质感、颜色的基础上，进行全面耐老化处理，同时为了在校庆期间做好氛围营造工作，在不影响建筑美感的前提下，对上述楼宇进行了景观灯装饰，实现夜间亮化的整体效果。具有年代感的建筑群，搭配科技感的装饰，焕发出全新的风采。二是重塑校门文化。校门是校园文化的重要载体和组成部分，不仅决定高校入口形象及品质，而且通过建筑的组合、体量、造型等因素的综合作用，对校园入口空间产生深刻影响，成为校园重要的文化景观。后勤管理处根据现有校门的实际情况，着重对车流、人流密度最大的学校南二门、南三门、北门进行维修改造，同时在设计过程中注重融入学校特色文化，使之成为校园文化的重要名片。以学校南二门为例，新做南二门与门卫室总体呈现一个大写的“ST”，代表着校名“北京科技大学”中“科技”两个字的英文“Science Technology”首字母缩写；门总长度为19.52m，代表1952年学校成立；门上梁宽度0.6m，代表1960年学校正式更名为“北京钢铁学院”；门柱宽度0.88m，代表1988年学校更名为“北京科技大学”；门总高度7m，代表学校截至2022年已成立70周年；门总宽5.5m，代表截至2022年学校已有55个本科专业。此外，学校北门年久失修，破损面严重；原柱身、雨棚、外饰面石材、铝板剥落，原有结构存在一定损伤；门房、铁艺大门风格不统一，缺乏整体性。此次改造中，充分参考学校西大门新古典建筑风格，改造后整体风格和谐统一，建筑整体庄重大气，简约而具历史感。三是做好校园基础设施改造。道路、体育场、绿化景观等都是校园文化景观的重要组成部分，体现着校园环境的治理水平以及校园文化的积淀程度。从 2021 年开始，学校投入大量资金，对校园主干道进行全面铺装改造，施工总量约 4.7 万平方米，彻底解决原有道路因为施工维修、年久损坏等原因造成的坑洼不平、塌陷积水等问题，同时去除减速带等陈旧设施，换之以更加美观、文明的减速标示，从细节处体现校园环境治理的用心用情；为满足 2022 年首都大学生田径运动会办赛需要，对田径场及塑胶跑道、看台、顶棚进行改造，同时将体现科大特色的标识标语进行重点展示；后勤管理处运行部门全面检修校园照明设施，并恢复原有与建筑风格相符、年久失修的非功能性灯饰，最大程度还原校园建筑的风貌，提升校园建筑的整体美感。

（二）重点打造校园特色景观

一是校庆期间校园景观构建。邀请机械工程学院艺术设计专业李淳教授及其研究团队，围绕“求实奋进七十载，鼎新未来向百年”的校庆主题，设计重要点位（4 处）、次重要点位（8 处）景观摆放方案，校庆期间全方位营造浓郁的节日氛围。其中，西门立体花坛主题为喜迎 70 周年校庆，海浪造型的立体花坛环抱校门前广场，延伸的浪花一路指引到校门立柱，寓意海浪迎接“贝壳”回家；西门景石后立体花坛主题为鼎新向百年，弧形立体花坛形成大门对景，花坛突出校庆主题，从西至东使得花坛、景石、毛主席塑像成为一个和谐整体，成为广大师生重要的拍照打卡场所，校庆后该景观已成为固定的校园文化景观。此外，后勤管理处物业部门将位于主楼东侧的 3000 平方米草坪重新铺设，同时用时令花卉摆出 ustb70、我爱北科大字样，丰富校园绿地的景观层次。二是校园景观小品的构建。协助宣传部，在学生公寓区搭建满井亭，在银杏大道安设 USTB 座椅，在逸夫楼搭建校园文化长廊，成为优美校园环境的精彩点缀；打造校园四季景观，以“春彩、夏花、秋叶、冬木”为主题，根据学校现有苗木、花卉种植情况，有计划、有目的地进行修剪、移植、补种工作，其中在修剪工作中注重树形、常青树木的保护，在移植、补种工作中注重整体景观的和谐统一，努力形成四季有景、步移景异的校园环境，让全校师生工作学习在其中，身心愉悦，潜移默化中受到熏陶与启发。重点对10—12斋前广场进行绿化改造，保留广场原有的国槐和大型雪松，新增白蜡、银杏、榆叶梅、海棠等苗木，融花、草、石、路、廊、亭于一体，形成丰富的植物群落景象，营造舒适宜人的居住环境，广大师生在工作学习之余能够得到美的享受；沿步行道增加绿篱、室外座椅，增加休闲、晾衣等功能性区域，实现使用功能与审美功能的统一，绿化工作能够真正“景上添花”。

（三）环境育人的实践探索

提升校园整体环境，构建具备学校特色的文化景观，最终目的就是营造良好的育人环境，发挥环境育人润物无声的教育作用。优美的环境会让人身心舒畅，能够以愉悦的心情投入学习工作中，除此之外，还应该结合校园环境和文化景观，有针对性地开展育人活动，让环境育人的功效最大化。一是积极探索美劳教育。定期组织学生进行校园环境清洁、绿化修剪等实践活动，在活动中了解校园文化景观的内涵，在劳动中磨炼意志品质；对校园内树木、花卉进行细致统计、归类，并在此基础上，制作树木、花卉标识牌，学生可以直观了解树木、花卉的名称与品种，也可以通过手机扫码进一步学习植物的习性、养护等相关知识，既丰富了知识结构，又能帮助他们深入了解、认识校园的一草一木，增进与校园的感情联系。二是举办品牌文化节活动。秋季举办银杏文化节、柿子文化节，引导学生主动发现、体会校园的美好，学会欣赏校园、赞美校园、热爱校园。其中，银杏文化节于学校的银杏大道两侧举办，通过发放银杏图片卡贴、寄送银杏风景明信片、征集评选银杏摄影作品、文学作品等活动，增进师生与校园环境的互动，引导他们融入校园、感悟校园；柿子文化节邀请全校师生一起品鉴学校自产的柿子，在活动中了解柿子的养生知识和趣闻典故，体会作为校园主人的归属感。

三、项目实施效果

（一）和谐优美的育人环境形成

学校以习近平总书记的重要回信精神为指引，以70年校庆为契机，投入大量人力物力，分阶段、有步骤地对学校环境进行了整体提升。后勤管理处在具体工作落地落实的过程中，充分考虑大学校园审美、学校特色文化、功能性与观赏性统一等多方面因素，为广大师生营造了优美和谐的校园环境，让师生们学习、生活在其中，能够感受美的熏陶、文化的浸染，良好的育人环境基本形成。

（二）学校特色文化景观构建基本完成

经过70年的发展，学校凝结出“求实鼎新”的校训、形成“学风严谨、崇尚实践”的优良传统，萌发于满井，从“钢院”走到“北科大”，学校的历史记忆与文化印记在校园中随处可见，点缀于办公区、学生宿舍区、教学区的各类景观小品，展示着学校发展过程中的厚重积淀，鼓舞着一代代北科大奋发图强，勇敢肩负起科技报国、科技强国的历史重任。通过宣传部、后勤管理处等相关部门的紧密合作，学校特色文化景观在统一的设计规划下，基本构建完成。

（三）环境育人功效初步显现

通过优美的环境熏陶人，品牌活动影响人，环境育人在“三全育人”中的重要作用初步体现。通过学生自律组织、学生社团、学生权益部门反馈，学生对于校园环境的满足度与认可度不断提升，广大师生通过朋友圈、微博等新媒体、自媒体途径，更多展示的是校园美景、文化景观以及身处其中的愉悦心情。随着校园环境的不断提升，具有学校特色的文化景观构建基本完成，学校师生对于学校的认同、自豪感日益增强，作为北科大人的主人翁意识不断强化。

四、项目后续设想

学校在进步发展，学校的文化内涵和精神内核也在不断充实和完善，该文化项目实践探索的告一段落，并不代表校园文化景观构建工作的结束。以70周年校庆为契机，学校校园环境的提升与文化景观的优化工作将会一直进行下去，以下是该文化项目组思考的若干方向，供后续工作参考。

（一）校园人工湖建设工作

中国传统文化有“仁者乐山，智者乐水”之说，水更被作为灵性与智慧的象征。近年来，学校师生对于建设校园人工水域的愿望愈加迫切，学生代表大会也多次形成提案提交学校。学校原定在鼎新广场设计带有水域的景观小品，但受疫情影响，在校庆前未能实现。今后工作中，应广泛征求师生意见建议，邀请专业设计单位，结合校园特色文化，形成人工水域建设设计方案，在不久的将来实现师生的美好愿望，使之成为校园重要的自然人文景观。

（二）古树景观小品

校园古树是学校悠久历史的见证，具有独特的文化价值和育人功能。学校现有古树绝大部分位于学生宿舍区，具有历史感的古树与现代感的高层建筑相映成趣，我们应深度挖掘校园古树背后的故事，做好古树相关历史、知识的宣传，同时以古树为景观核心，做好景观小品的构建工作，使之成为学校住宿区的点睛之笔，同时让学生能够感受到学校厚重的文化积淀。

（三）绿色智慧校园建设工作

绿色低碳是社会新风尚，也是校园文化景观的重要部分。我们应做好校园苗木、养护周期、工具物料使用等相关数据的统计工作，建立绿化数据库，实现科学规划、高效管理；主动采用节能、节水、低耗的新技术、新工艺，回收、利用可再生资源，在校园内逐步形成可持续的绿色生态循环；倡导师生参与校园绿化建设，开展行之有效的主题教育活动，营造爱护环境、保护环境的良好氛围。

（2021 年立项项目　撰稿人：仇安兵）

校园植被树牌维护与更新（第二期）

项目概述

本项目以校园文化建设为中心，以化生学院“魅力北科大”品牌项目为基础，结合学院生物、农业的专业特点，组建专项团队对校内植物分布进行全面梳理、系统分类、专项研究，对植物铭牌进行维护与更新，并汇编校园植物名录册，喜迎建校 70 周年。本项目不仅让北科大师生对校园植物有了更翔实、生动的了解，也是对广大师生进行知校、爱校、荣校教育的一项有力措施。

一、课题建设目标

化生学院“魅力北科大”平台已经成为校园文化中重要的部分。近年来学校新增了许多植物，部分旧版树牌磨损严重，因此开展校园植物种类分布统计与植物铭牌美化专项行动具有重要意义，可以凝练形成具有化生学院专业特色的校园文化元素，同时加强校园植物科普工作的广度、深度、力度，强化广大师生的绿色环保理念，也可借此对广大师生进行知校、爱校、荣校、兴校教育。

二、课题建设内容

1. 邀请植物专家加入团队，指导团队进行详细、准确的植物数据采集和信息整理，对校园内已有植物铭牌进行全方位的摸排统计，确定校园植被分布情况。

2. 将获取的植物数据、信息进行系统的分类整理，制作校园植物种类分布图，并重新设计制作植物铭牌。

3. 依托党团支部，组织学生党员、团员进行新树牌悬挂工作，同时开展专业认知教育、爱校荣校教育。

4. 开展校园植物优秀摄影作品比赛等活动。

三、课题研究成果与成效

自 2020 年 8 月本课题立项以来，课题组充分调动工作组成员的积极性，更新、完善校园植物种类分布与介绍，设计美化植物铭牌，设计制作校园植物图册，并通过小学期开展生物专业的植物科普活动。

（一）更新校园植物种类名录

通过开展团日活动，充分调动学生们利用田野调查法实地勘景，梳理校园植物分布、介绍信息，重新对白皮松、白玉兰、北京丁香、碧桃、侧柏、臭椿、棣棠、冬青卫矛、二乔玉兰、法国梧桐、黄刺玫、鸡爪槭、加杨、金银忍冬、蜡梅、连翘、楝树、金丝垂柳、龙柏、龙爪槐、栾树、马褂木、毛白杨、玫瑰、牡丹、木槿、爬山虎、三尖杉、沙地柏、山桃、芍药、石榴、柿子树、水杉、贴梗海棠、西府海棠、雪松、银杏、樱花、油松、榆叶梅、鸢尾、元宝枫、圆柏、早圆竹、珍珠梅、紫丁香、紫荆、紫藤、紫薇、紫叶李、紫玉兰、榆树、葡萄、白杜、白桦、稠李、刺槐、杜仲、国槐、海棠花、仙花、黑枣、红枫、红瑞木、华山松、黄玉兰、金焰绣线、金叶国槐、金钟花、菊花、龙爪榆、毛泡桐、美国白蜡、美人梅、木兰、青扦、绦柳、五叶地锦、香椿、小叶杨、洋白蜡、迎春花、云杉、醉鱼草等 100 余种植物进行科目辨认与信息梳理。

（二）设计植物铭牌与植物画册

通过开展党支部活动已完成 25 种植物新铭牌的设计和制作，通过举办摄影比赛完成校园内 10 余处教学生活区的植物摄影，确定校园植物图册设计方案。目前，校园植物图册主体工作已基本结束，正在进行后期制作、版面优化等工作。

（三）开展植物科普活动

在小学期开展生物技术专业大三年级学生认识实习活动，组织学生们走近植物、辨识植物、科学采集标本，开展专业教育的同时，让学生们更加了解植物，调动对生物专业学习的兴趣，唤起学生们保护植物、保护生态环境的意识。

四、下一步工作计划

化生学院将进一步贯彻落实习近平总书记关于生态文明建设的系列讲话精神，按照德智体美劳“五育并举”大学生思政工作要求，以化学和生物学科为背景，提出具有专业特色的学生综合素质与能力提升计划。

（一）树德

培养责任担当，铸就保护家园情怀。结合专业背景在学生中发起校园植物保护的倡议，通过开展环保系列活动提升大学生环保、生态文明建设意识。

（二）增智

提高专业能力，坚定科研为国理想。加强“魅力北科大”微信平台建设，打造生物认知实习的线上教学平台，对学生开展植物科普教育。

（三）强体

塑造健康体魄，助力健康中国战略。绘制校园植物分布图，开展以“生态文明·青春有我”为主题的素质拓展、定向越野活动。

（四）育美

提升人文素养，弘扬中华美育精神。举办“魅力北科大”摄影作品征集活动，继续完善校园植物图册，提升大学生发现美、记录美、欣赏美的能力。

（五）崇劳

磨炼意志品质，唱响劳动光荣旋律。通过“1 会 1 团 2 支部”（青年志愿者协会、社会实践团、党支部、班团支部）的志愿服务、社会实践、党班团日活动等形式，继续进行植物铭牌悬挂的工作。

（2020 年立项项目　撰稿人：苏靖）